Documentação pedagógica e avaliação na educação infantil

Publicada originalmente (em inglês) em parceria com a EECERA, esta obra é dedicada à memória do nosso querido amigo e colega, Professor Christos Frangos, homem de grande intelecto, entusiasmo e alegria que apoiou e orientou a EECERA desde seu surgimento e foi responsável pela profissionalização dos educadores da primeira infância na Grécia.

Agradecemos de modo especial a colaboração de João Formosinho, Inês Machado, Joana Sousa e Sara Araújo na revisão dos textos desta edição em língua portuguesa.

O48d   Oliveira-Formosinho, Júlia.
            Documentação pedagógica e avaliação na educação infantil : um caminho para a transformação / Júlia Oliveira-Formosinho, Christine Pascal; tradução: Alexandre Salvaterra ; revisão técnica: Júlia Oliveira-Formosinho, Mônica Appezzato Pinazza, Paulo Fochi. – Porto Alegre : Penso, 2019.
            xviii, 270 p. : il. ; 23 cm.

            ISBN 978-85-8429-139-7

            1. Educação infantil. 2. Pedagogia. I. Pascal, Christine. II. Título.

                                                        CDU 37-053.2

Catalogação na publicação: Karin Lorien Menoncin - CRB-10/2147

Júlia **Oliveira-Formosinho**
Christine **Pascal**

Documentação pedagógica e avaliação na educação infantil

UM CAMINHO PARA A TRANSFORMAÇÃO

Tradução:
Alexandre Salvaterra

Revisão técnica:
Júlia Oliveira-Formosinho
(Capítulos 1-3, 5-11)

Professora da Universidade Católica Portuguesa e da Universidade do Minho. Diretora do Centro de Pesquisa da Associação Criança. Membro do Conselho Diretor da European Early Childhood Education Research Association (EECERA) e coordenadora de edições especiais do EECERA Journal. Membro do Conselho Diretor do Instituto Latinoamericano de Estudios sobre la Infancia (ILAdEI) e da Revista Latinoamericana de Educación Infantil (RELADEI). Consultora do Projeto Brasileiro sobre Centros de Educação Infantil Integrados, da Faculdade de Educação da Universidade de São Paulo (USP).

Mônica Appezzato Pinazza
(Capítulo 3)

Professora associada, livre-docente, da Faculdade de Educação da USP.
Mestre e Doutora em Educação Infantil pela USP.

Paulo Fochi
(Capítulos 4, 12-14)

Professor do Curso de Pedagogia e coordenador da Especialização em Educação Infantil da Universidade do Vale do Rio dos Sinos (Unisinos). Especialista em Educação Infantil pela Unisinos. Mestre em Educação: Estudos sobre Infância pela Universidade Federal do Rio Grande do Sul (UFRGS). Doutorando em Educação: Didática e Formação de Professores da USP.

2019

Obra originalmente publicada sob o título
Assessment and evaluation for transformation in early childhood, 1st edition.
ISBN 9781138909748

All Rights Reserved. Authorised translation from the English language edition published by Routledge, a member of the Taylor & Francis Group.

Gerente editorial: *Letícia Bispo de Lima*

Colaboraram nesta edição:

Editora: *Mirian Raquel Fachinetto*
Capa: *Márcio Monticelli*
Imagens de capa: ©*shutterstock.com/gorillaimages, Cute girl painting sun e Elena Melnikova, Vintage seamless with polka dots. Hand drawn.*
Preparação de originais: *Heloísa Stefan, Cristine Henderson Severo*
Editoração: *Kaéle Finalizando Ideias*

Reservados todos os direitos de publicação em língua portuguesa à
PENSO EDITORA LTDA., uma empresa do GRUPO A EDUCAÇÃO S.A.
Av. Jerônimo de Ornelas, 670 – Santana
90040-340 – Porto Alegre – RS
Fone: (51) 3027-7000 Fax: (51) 3027-7070

SÃO PAULO
Rua Doutor Cesário Mota Jr., 63 – Vila Buarque
01221-020 – São Paulo – SP
Fone: (11) 3221-9033

SAC 0800 703-3444 – www.grupoa.com.br

É proibida a duplicação ou reprodução deste volume, no todo ou em parte, sob quaisquer formas ou por quaisquer meios (eletrônico, mecânico, gravação, fotocópia, distribuição na Web e outros), sem permissão expressa da Editora.

IMPRESSO NO BRASIL
PRINTED IN BRAZIL

Autores

Júlia Oliveira-Formosinho
Professora convidada da Universidade Católica Portuguesa, em Lisboa e no Porto. Foi professora da Universidade do Minho. Diretora do Centro de Pesquisa da Associação Criança. Em uma longa parceria com a Fundação Aga Khan, desenvolveu, com João Formosinho, a Pedagogia-em-Participação – uma abordagem participativa sociocultural ao desenvolvimento e aprendizado das crianças e de seus educadores. Membro da Direção da European Early Childhood Education Research Association (EECERA) e coordenadora de edições especiais da sua revista (EECERA Journal). Membro do Instituto Latinoamericano de Educação da Infância (ILAdEI) e da Revista do Instituto Latinoamericano de Educação Infantil (RELAdEI). Consultora do Projeto Brasileiro sobre Centros de Educação Infantil Integrados, da Faculdade de Educação da Universidade de São Paulo (USP). Publica muito sobre pedagogia da infância, aprendizagem infantil, desenvolvimento profissional, documentação pedagógica, avaliação e pesquisa praxeológica.

Christine Pascal
Diretora do Centre for Research in Early Childhood (CREC), um centro de pesquisas sem fins lucrativos independente e baseado no Saint Thomas Children's Centre, Birmingham, Reino Unido. Diretora da Amber Publications and Training. Foi professora do ensino fundamental em Birmingham de 1976 a 1985, antes de passar para a área universitária e se especializar em desenvolvimento profissional, pesquisas sobre primeira infância e projetos de avaliação. Atualmente, é presidente da EECERA. Também foi Presidente da British Association for Early Childhood Education (1994-1997), da qual hoje é vice-presidente. Trabalhou extensivamente no nível governamental no Reino Unido para apoiar o desenvolvimento de políticas para a primeira infância, participando de vários comitês nacionais e atuando como conselheira ministerial. Entre 2000 e 2010, atuou como Conselheira Especializada em Primeira Infância no House of Commons Select Committee on Education. Em 2001, foi reconhecida como OBE pela Ordem do Império Britânico por seus serviços prestados às crianças e recebeu a premiação Nursery World Lifetime Achievement Award em 2012.

Andreia Lima
Professora de educação infantil no Centro Infantil Olivais Sul, em Lisboa, Portugal, administrada pela Fundação Aga Khan, que desenvolve a Pedagogia-em-Participação nos contextos de creche e de educação infantil. Defendeu sua dissertação de Mestrado sobre Planejamento Educacional sob a perspectiva da Pedagogia-em-Participação na Universidade Católica Portuguesa.

Cristina Aparecida Colasanto
Graduada em Pedagogia. Mestre em Linguística Aplicada e Estudos da Linguagem e Doutora em Educação: Currículo pela Universidade Católica de São Paulo. Trabalha como orientadora pedagógica no sistema de educação municipal da cidade de São Paulo e é professora em instituição de ensino superior. Tem experiência nas áreas de formação de professores, avaliação na educação infantil e administração de escolas.

Donna Gaywood
Professora de um centro de educação infantil no Sudoeste da Inglaterra. Sua carreira, ao longo dos últimos 25 anos, é pouco convencional para uma profissional de educação: qualificada como professora em 1990, ela passou os 10 anos seguintes criando seus cinco filhos. Donna já trabalhou com crianças desde o nascimento até os 16 anos e ensinou adultos em uma variedade de papéis durante esse período. Trabalhou tanto em instituições voluntárias e solidárias como para uma prefeitura local e para uma creche privada. Sua paixão é usar suas competências como educadora para melhorar as oportunidades e escolhas dos que se encontram em situações difíceis (as crianças e seus pais). Acredita profundamente que a educação é bem mais profunda e duradoura do que a escolarização atual vivenciada por muitas crianças da Inglaterra, e que o papel do educador é mais empoderar do que controlar.

Elizabeth Fee
Consultora de Educação Infantil da prefeitura de Bristol, Reino Unido. Tem grande experiência como professora nos papéis de gestão sênior e diretora de uma grande escola de educação infantil com creche associada. Nos últimos 20 anos, tem trabalhado como conselheira principal nos Serviços de Melhoria das prefeituras de Gloucestershire e Bristol para aumentar a qualidade do serviço educativo e dos resultados para todas as crianças na educação infantil e no ensino fundamental, gerenciando equipes de professores que dão apoio a escolas, centros de educação infantil, cuidadores de criança, instituições privadas, voluntárias e independentes. Durante esse período, também trabalhou como inspetora registrada na Inspeção do OFSTED e foi convidada a trabalhar como conselheira da Early Years Foundation Stage. Elabora e ministra cursos de formação para diretores de escolas, gestores sêniores, professores e profissionais de educação infantil, além de já ter dirigido muitos programas e iniciativas para a melhoria da educação infantil em níveis nacional e municipal.

Hélia Costa
Professora de educação infantil há mais de 20 anos na Creche e Pré-Escola Albano Coelho Lima de Guimarães, Portugal. Pós-graduada em Educação Infantil pela Universidade do Minho. Membro da Associação Criança, tem desenvolvido projetos sobre a Pedagogia-em-Participação, alguns deles já publicados.

Inês Machado
Foi professora de educação infantil no Centro Infantil Olivais Sul de Lisboa, Portugal. Desde 2013, trabalha como formadora em contexto na contextualização da Pedagogia-em-Participação

em creches e centros de educação infantil no âmbito do Programa de Desenvolvimento da Educação de Infância da Fundação Aga Khan. Mestre em Educação de Infância pela Universidade do Minho, tendo defendido sua dissertação sobre a Avaliação da qualidade em creche. Trabalhou na Associação Criança em 2012, quando foi membro da comissão organizadora local na 22ª edição da Conferência da EECERA. Desde então, é membro da Associação Criança, tendo sido coautora em pesquisas e publicações dessa instituição.

Joana de Sousa
Foi professora de educação infantil no Centro Infantil Olivais Sul em Lisboa, Portugal. Desde 2013, trabalha como formadora em contexto na contextualização da Pedagogia-em-Participação em creches e centros de educação infantil no âmbito do Programa de Desenvolvimento da Educação de Infância da Fundação Aga Khan. Tem sido coautora em pesquisas e publicações da Associação Criança, da qual é membro. Mestre em Educação de Infância pela Universidade Católica Portuguesa, tendo defendido sua dissertação sobre Formação em contexto para a contextualização da Pedagogia-em-Participação.

João Formosinho
Professor convidado da Universidade Católica Portuguesa em Lisboa e no Porto. Foi professor da Universidade do Minho. Presidente da Associação Criança. Em uma longa parceria com a Fundação Aga Khan, desenvolveu, com Júlia Oliveira-Formosinho, a Pedagogia-em-Participação. Membro da EECERA e do ILAdEI. Consultor do Projeto Brasileiro sobre Centros de Educação Infantil Integrados, da Faculdade de Educação da USP. Publica muito sobre pedagogia da infância, administração da educação, educação de professores, desenvolvimento profissional e pesquisa praxeológica.

Maria Malta Campos
Graduada em Pedagogia e Doutora em Sociologia pela USP. Pesquisadora sênior da Fundação Carlos Chagas e professora da Universidade Católica de São Paulo. Foi pesquisadora visitante da Stanford University (1987) e da University of London (1990). Presidente da ONG Ação Educativa. Ex-presidente da Associação Nacional de Pesquisas em Educação (1995-1999). Publicou vários artigos e capítulos de livros no Brasil e no exterior, sendo que seus principais interesses são as políticas educacionais e a educação infantil.

Sara Barros Araújo
Professora adjunta da Escola Superior de Educação do Instituto Politécnico do Porto, Portugal, onde coordena o Mestrado em Educação Infantil. Doutora em Estudos da Criança pela Universidade do Minho. Membro da Direção da Associação Criança, é coordenadora nacional para Portugal na EECERA e coordenadora do SIG Group dos 0 aos 3 anos. Seus interesses de pesquisa são, particularmente, a pedagogia da infância, a educação de crianças de até 3 anos e a pesquisa praxeológica.

Sue Ford
Bacharel em Educação e Mestre em Gestão e Liderança da Educação da Primeira Infância.Trabalha como consultora de educação infantil para o desenvolvimento da Prefeitura de Birmingham, Reino Unido, apoiando e aconselhando profissionais em sua formação continuada, e em caminhos de formação e qualificação na educação infantil. Antes disso, atuou como coordenadora de melhoria da qualidade no Programa Municipal (Quality Improvement Programme). O Effective Early Learning Programme (EEL) fez parte desse Programa

de Melhoria da Qualidade e, nesse âmbito, a autora tornou-se formadora EEL registrada, apoiando profissionais e instituições. Antes de seu ingresso na prefeitura de Birmingham, trabalhou por 12 anos como coordenadora do Magic Carpet Playbus Project, proporcionando e promovendo brincadeiras inclusivas para crianças com limitações físicas. Também trabalhou em vários projetos de educação infantil em instituições voluntárias.

Tony Bertram
Diretor do Centre for Research in Early Childhood, em Birmingham, Reino Unido. Foi presidente-fundador da EECERA e continua sendo seu curador. Em 2008, foi eleito editor-coordenador do European Early Childhood Education Research Journal (EECERJ). Atual presidente da Early Education (antiga British Association for Early Childhood Education), é professor visitante tanto na Birmingham City University como na Wolverhampton University. Tem muitas pesquisas e trabalhos escritos sobre a educação infantil em níveis nacional e internacional e se empenha para que todo o seu trabalho seja útil tanto para a prática como para a elaboração de políticas educacionais. Seu escritório se localiza em um centro de educação infantil integrado, em Birmingham, Reino Unido.

Apresentação à edição brasileira

Documentação pedagógica e avaliação na educação infantil: um caminho para a transformação, organizada pelas pesquisadoras Júlia Oliveira-Formosinho e Christine Pascal, é bastante oportuna considerando o momento atual do País, em que a questão da avaliação da/na educação infantil ganha relevo em diferentes fóruns de debates entre pesquisadores, formadores e práticos atuantes nessa etapa da educação básica.

Na esfera nacional, a temática da avaliação da/na educação infantil aparece estreitamente vinculada a outras duas temáticas: da qualidade da/na educação e da documentação pedagógica. Em torno desses conceitos, coexistem posturas teóricas e práticas distintas e, até mesmo, conflitantes, o que requer explicitações essenciais dos princípios norteadores de dois paradigmas distintos de avaliação da qualidade (tradicional e o contextual) decorrentes de formas diferentes de se pensar e de se fazer a pedagogia da infância, ou seja, de "gramáticas pedagógicas" (OLIVEIRA-FORMOSINHO, 1998) que subjazem a esses paradigmas e definem a conformação de propostas curriculares.

Assim, este livro descortina uma possibilidade de conceituar a avaliação dos processos educativos para a primeira infância na perspectiva das pedagogias progressistas participativas e da investigação praxeológica.

Para tanto, traz ao centro os conceitos de monitoração de práticas, de coleta de informações, de documentação pedagógica e de avaliação na educação infantil, retomando concepções fundamentais de pedagogias assentadas nas lógicas da participação e da colaboração, respeitadoras do caráter autoral dos atores implicados direta e/ou indiretamente com o ato educativo em contextos educacionais (gestores, docentes e não docentes da equipe, familiares e membros da comunidade).

Ao percorrer as seções do livro, é possível desvelar o trajeto argumentativo que se compõe a partir do anúncio do "credo pedagógico", comungado pelas organizadoras e pelos autores convidados, iluminando o tratamento cuidadoso dos conceitos basilares de uma avaliação participativa e transformadora, fortemente comprometida com a prática investigativa de realidades educacionais da educação infantil. O livro atinge sua culminância na apresentação de experiências exemplares concernentes a processos avaliativos de contextos de educação da primeira infância, vividos, de modo colaborativo, por pesquisadores e práticos, em investigações praxeológicas.

Em tempos de expressivas discussões relativas ao currículo de creches e pré-escolas, e de fortes embates em torno do significado da avaliação em educação infantil, o mérito desta obra é destinar-se, especialmente, a leitores comprometidos, de modos distintos (pesquisadores, formadores, professores e estudiosos em geral), com a educação da primeira infância, contribuindo ao fortalecimento dos estudos nesse campo.

Ademais, reúne-se a produções brasileiras muito recentes no preenchimento de uma lacuna importante deixada pela escassez, quase ausência, de uma literatura nacional voltada às temáticas da documentação pedagógica e da avaliação em educação infantil.

Mônica Appezzato Pinazza
Professora associada, livre-docente, da Faculdade
de Educação da Universidade de São Paulo

Prefácio

Documentação pedagógica e avaliação na educação infantil: um caminho para a transformação é o título do primeiro livro de uma coleção produzida (em inglês) em parceria com a European Early Childhood Education Research Association (EECERA) cujo propósito é contribuir para os processos transformadores da educação infantil, buscando a criação de uma práxis ética.

Seguindo os passos de Oliveira-Formosinho e Formosinho, conceitualizamos a pedagogia como uma área do conhecimento praxeológico que é construído em uma ação situada em diálogo com as teorias e as crenças, valores e princípios. A pedagogia é vista como um "espaço ambíguo", não de "um-entre-dois" (a teoria e a prática), mas de "um-entre-três" (ações, teorias e crenças), em uma triangulação interativa e constantemente renovada. Convocar crenças, valores e princípios, bem como analisar práticas, constitui o movimento triangular da criação da pedagogia, a qual se baseia, portanto, em uma práxis ética. Em outras palavras, é uma ação que tem base em saberes e é sustentada em princípios éticos. Ao contrário de outras áreas do conhecimento que são identificadas pela definição estreita das áreas disciplinares, com fronteiras bem definidas, o conhecimento pedagógico distingue mas não compartimenta, porque a sua essência está na conectividade.

Com foco específico na documentação e na avaliação pedagógica, este livro apresenta-se como um todo narrativo coerente, constituído por várias narrativas com identidade própria. Ele objetiva sustentar a transformação de uma dimensão central da pedagogia – a avaliação – por meio do recurso da coleta de informações e documentação do cotidiano pedagógico.

O livro está organizado em três seções: Contexto e princípios (Capítulos 1 e 2), Abordagens e técnicas (Capítulos 3 a 6) e Retratos de práticas (Capítulo 7), que inclui sete estudos de caso de três países – Portugal, Brasil e Inglaterra (Capítulos 8 a 14).

O Capítulo 1, *Pedagogias transmissivas e pedagogias participativas na escola de massas*, busca desconstruir a onipresença da pedagogia transmissiva utilizada na educação de massas, que foi a educação convencional do século XX. Uma vez que a educação infantil está progressivamente fazendo parte do sistema educacional, este capítulo chama a atenção para os riscos dessa inclusão e procura contribuir para a preservação da liberdade de abordagens pedagógicas na educação infantil. O capítulo prossegue para a apresentação de alternativas a essa pedagogia convencional por meio de dois autores – John Dewey e Paulo Freire –, entendidos como se estivessem dialogando um com o outro, assim chamando nossa atenção para a riqueza das pedagogias participativas com a infância.

O Capítulo 2, *Pedagogia-em-Participação: em busca de uma práxis holística*, apresenta a Pedagogia-em-Participação que se enquadra na família das pedagogias participativas. Essa apresentação de uma abordagem específica ao desenvolvimento da pedagogia da infância é feita por meio de uma jornada que inclui a sua visão democrática do mundo, seguida pela identificação dos eixos de intencionalidade pedagógica e pelo *ethos* do ambiente educativo como um "segundo educador". A documentação pedagógica é, neste capítulo, destacada como uma base para a monitoração de um cotidiano pedagógico participativo e de uma avaliação pedagógica alternativa.

O Capítulo 3, *A natureza e o propósito da coleta de informações e avaliação em uma pedagogia participativa*, visa à exploração crítica da natureza, dos propósitos e do valor dos processos de coleta de informações e avaliação dentro de uma pedagogia participativa. Começa com um esclarecimento da contribuição desses processos para o desenvolvimento e a garantia da qualidade da educação infantil e para apoiar a responsabilização (*accountability*) e o empoderamento da comunidade profissional. A seguir, explora a natureza e o foco dos processos de coleta de informações e avaliação participativos e democráticos.

O Capítulo 4, *Métodos participativos de coleta de informações e avaliação*, parte das conceitualizações feitas no Capítulo 3 e busca oferecer exemplos de métodos e processos de coleta de informação e de avaliação fundamentados na prática e na ética que possam ser utilizados para apoiar uma pedagogia participativa. Os métodos apresentados foram desenvolvidos para documentar e avaliar a prática pedagógica e seu impacto, com a intenção de refletir criticamente a respeito de seu poder para transformar a aprendizagem e o desenvolvimento das crianças e adultos envolvidos.

O Capítulo 5, *Em busca de uma abordagem holística para a avaliação pedagógica*, apresenta os fundamentos teóricos e epistemológicos da abordagem holística à avaliação, que se situa em uma perspectiva democrática e ética. Essa abordagem se interessa por todos os aspectos da aprendizagem das crianças, com a intenção de vê-la no seu todo, e não nos elementos fragmentados de sua identidade e processos de aprendizagem.

O Capítulo 6, *A documentação pedagógica: revelando a aprendizagem solidária*, analisa o papel da documentação pedagógica em pedagogias participativas, especificamente na Pedagogia-em-Participação, mostrando a relação entre a aprendizagem das crianças e a aprendizagem dos professores, bem como entre documentação e avaliação pedagógica. O capítulo termina com uma breve apresentação da sala da educadora Andreia Lima, que serve de inspiração para mostrar como desenvolver documentação individual e coletiva que sustente o planejamento solidário, a ação cooperada, a aprendizagem solidária e a avaliação interativa da aprendizagem da criança e do professor.

O Capítulo 7, *Princípios éticos para uma avaliação pedagógica holística*, desenvolve o credo pedagógico para a avaliação pedagógica holística na educação infantil, sendo sustentado em nossas imagens de criança e de educador, em nossa compreensão da natureza da escola, da educação e da pedagogia da infância e da avaliação pedagógica. O capítulo expõe 12 princípios que podem inspirar uma coleta de informações, documentação e avaliação orientadas para uma práxis ética.

Esse capítulo é seguido de sete estudos de caso, de três países diferentes, que ilustram as teorias, os princípios e as técnicas apresentadas ao longo do livro. Cada um se insere na esfera das pedagogias participativas e utiliza o nosso credo pedagógico para analisar as práticas de avaliação.

O primeiro estudo de caso (Capítulo 8) apresenta o projeto intitulado *Por que as crianças do rio Omo se pintam?*, o qual constitui uma ilustração da abordagem holística para a avaliação apresentada no Capítulo 5. Esse estudo de caso se contextualiza na Pedagogia-em-Participação (descrita no Capítulo 2) e apresenta a jornada de um trabalho de projeto em que se dá visibilidade à relação entre a aprendizagem das crianças e dos educadores, entre a documentação e a avaliação.

O segundo estudo de caso (Capítulo 9), *Sintonia pedagógica: documentando a aprendizagem de crianças em contexto de creche*, contextualiza-se na Pedagogia-em-Participação (apresentada no Capítulo 2) e ilustra o poder da abordagem à documentação (apresentada no Capítulo 6). Esse estudo de caso praxeológico concentra-se na educação infantil para a diversidade, que propõe que se comece com os bebês.

O terceiro estudo de caso (Capítulo 10), *Avaliação da qualidade: comparação entre um ambiente educativo transmissivo e um ambiente educativo participativo*, avalia e contrasta um ambiente educativo tradicional em creche com um ambiente educativo participativo em creche no que diz respeito à promoção do bem-estar de crianças muito novas, chamando a atenção para a necessidade de mais pesquisas sobre o impacto que diferentes abordagens pedagógicas têm sobre o bem-estar e a aprendizagem das crianças.

O quarto estudo de caso (Capítulo 11), *Como trazer as vozes das crianças para os relatórios de avaliação? Uma proposta de trabalho realizada em duas escolas municipais de educação infantil de São Paulo*, baseia-se em dados da pesquisa-ação desenvolvida. As perguntas da pesquisa foram: como transformar as práticas dos profissionais a fim de possibilitar que as crianças sejam ouvidas? Como tornar visíveis as vozes das crianças nos relatórios de avaliação? Nesse processo, sucessivas camadas de práticas cotidianas foram exploradas e transformadas.

O quinto estudo de caso (Capítulo 12), *O Programa Desenvolvendo a Qualidade em Parceria (EEL, do inglês Effective Early Learning): coleta de informações e avalia-*

ção *no contexto de uma creche privada*, examina os desafios e os benefícios para a qualidade do uso de um programa participativo e fundamentado de autoavaliação e progressão (explicado nos Capítulos 2 e 3) em uma creche localizada em uma grande cidade metropolitana inglesa.

O sexto estudo de caso (Capítulo 13), *O Programa de Suporte Inicial à Aprendizagem ao Longo da Vida: coleta de informações participativas com os pais*, revela os desafios e benefícios para os pais e as crianças que adotaram este programa participativo de avaliação no âmbito de uma rede de creches no sudoeste da Inglaterra (programa explicado nos Capítulos 2 e 3).

O sétimo estudo de caso (Capítulo 14), *Um modelo participativo de coleta de informações em uma rede de centros infantis*, examina os desafios e benefícios para crianças, pais, profissionais, escolas e autoridades locais, do uso do programa participativo de avaliação das crianças desde o nascimento até os três anos de idade (o programa AcE, como explicado nos Capítulos 2 e 3) em uma grande cidade na região sudoeste da Inglaterra.

Este livro somente se tornou possível graças ao longo diálogo estabelecido entre a equipe de Formosinho e Oliveira-Formosinho (Associação Criança) e a equipe de Pascal e Bertram (CREC), e insere-se no cruzamento das respectivas contribuições praxeológicas. A contribuição da equipe de Oliveira-Formosinho e Formosinho situa-se predominantemente nos processos de desconstrução das pedagogias tradicionais e na reconstrução de pedagogias participativas, especificamente na criação da Pedagogia-em-Participação e na Formação em Contexto. A contribuição da equipe de Pascal e Bertram situa-se predominantemente na questão da qualidade na educação infantil e nas teorias participativas para a avaliação e respectivos métodos. Em colaboração, as duas equipes têm desenvolvido a pesquisa praxeológica.

As pedagogias participativas contextualizadas e situadas no cotidiano exigem jornadas profissionais sobre a documentação e a avaliação que permitem aos profissionais serem empoderados nos processos de desenvolvimento da qualidade e de avaliação pedagógica, dando-lhes voz em questões que lhes interessam: os processos de desenvolvimento da identidade das crianças conectados com os processos de desenvolvimento das suas identidades.

Concluímos apresentando o nosso credo pedagógico para a avaliação holística na educação infantil. Toda avaliação na educação infantil deve:

1. Servir melhor as crianças e as famílias, seguindo o princípio filosófico do bem maior para todos.
2. Ser democrática e participativa.
3. Envolver ativamente as crianças.
4. Respeitar a aprendizagem holística das crianças.
5. Buscar a participação dos pais e de outros cuidadores das crianças.
6. Ser ecológica, isto é, deve levar em conta os contextos, os processos e os resultados.

7. Apoiar a jornada de aprendizagem individual de cada criança e do grupo.
8. Favorecer as jornadas de aprendizagem das crianças em interatividade com as jornadas de aprendizagem dos profissionais.
9. Ser (inter)culturalmente relevante.
10. Ser documentada, ou seja, fundamentada nos registros de aprendizagem de cada criança.
11. Fornecer informações úteis para as crianças e suas famílias, para os profissionais e suas escolas, para os formadores dos professores e para os decisores políticos.

Boa leitura!

Júlia Oliveira-Formosinho e Christine Pascal
Organizadoras

Sumário

Parte 1 Contextos e princípios

1 Pedagogias transmissivas e pedagogias participativas
na escola de massas 3
João Formosinho e Júlia Oliveira-Formosinho

2 Pedagogia-em-Participação: em busca de uma práxis holística............ 26
Júlia Oliveira-Formosinho e João Formosinho

Parte 2 Abordagens e técnicas

3 A natureza e o propósito da coleta de informações e avaliação
em uma pedagogia participativa 59
Christine Pascal e Tony Bertram

4 Métodos participativos de coleta de informações e avaliação 75
Christine Pascal e Tony Bertram

5 Em busca de uma abordagem holística para a avaliação pedagógica... 96
João Formosinho e Júlia Oliveira-Formosinho

6 A documentação pedagógica: revelando a aprendizagem solidária..... 111
Júlia Oliveira-Formosinho

Parte 3 Retratos de práticas: estudos de caso

7 Princípios éticos para uma avaliação pedagógica holística.................... 137
*Júlia Oliveira-Formosinho, João Formosinho,
Christine Pascal e Tony Bertram*

8 Estudo de caso 1 149
Júlia Oliveira-Formosinho, Andreia Lima e Joana de Sousa

9 Estudo de caso 2 172
Júlia Oliveira-Formosinho, Sara Barros Araújo e Hélia Costa

10 Estudo de caso 3 184
Inês Machado e Júlia Oliveira-Formosinho

11 Estudo de caso 4 196
Maria Malta Campos e Cristina Aparecida Colasanto

12 Estudo de caso 5 211
Sue Ford e Christine Pascal

13 Estudo de caso 6 227
Donna Gaywood e Christine Pascal

14 Estudo de caso 7 249
Elizabeth Fee e Christine Pascal

Parte 1
Contexto e princípios

1
Pedagogias transmissivas e pedagogias participativas na escola de massas

João Formosinho e Júlia Oliveira-Formosinho

INTRODUÇÃO

O primeiro nível de educação a tornar-se de frequência obrigatória para todas as crianças foi o ensino fundamental, começando com crianças de 5 a 6 anos. A obrigatoriedade foi depois estendida para o ensino médio, que, por fim, foi considerado necessário para a educação completa dos cidadãos na sociedade atual. Ao mesmo tempo, a escola de massas foi progressivamente estendida até a educação infantil, tendo sido incluída assim na educação necessária para todos.

 O primeiro capítulo deste livro desconstrói a disseminação da pedagogia transmissiva praticada na escola de massas, que caracterizou a educação convencional tradicional no século XX. Uma vez que a educação infantil está progressivamente juntando-se a esta, o presente capítulo chama a atenção para os riscos de tal inclusão, na esperança de contribuir para conservar o espírito de liberdade educacional que estava mais presente nos centros de educação infantil.[1]

 A primeira seção deste capítulo expressa como a "gestão científica da educação" prevaleceu na construção da escola durante o século XX. Embora as ideias de John Dewey – considerando a escola como um lugar para aprender a viver e a construir democracia – tenham sido desenvolvidas exatamente ao mesmo tempo em que as ideias de gestão de Ford e Taylor para organizar a produção industrial, foram estas últimas que prevaleceram na expansão da educação. Tal expansão para muitos (para as massas) de uma educação construída para poucos (para uma elite) foi feita recorrendo-se mais a essas teorias de gestão do que a teorias pedagógicas.

---

[1] Ver Giardello, 2013, Nutbrown, C. e Clough, 2014.

Usamos aqui a análise da construção progressiva de uma educação convencional segmentada e compartimentada, feita por Formosinho e Machado (2007, 2012).

A segunda seção deste capítulo afirma que há – e sempre houve – alternativas *participativas* a essa pedagogia convencional transmissiva, desde o princípio da expansão da escola de massas. Fazemos esta apresentação por intermédio de dois autores que abriram mundos na pedagogia: John Dewey e Paulo Freire. Esses dois pedagogos, quando interpretados em diálogo um com o outro, ajudam-nos a compreender outras possibilidades, a desenvolver a vontade de empreender mudança e a criar redes de práxis participativa que respeitem os atores principais no desenvolvimento da pedagogia – as crianças, os educadores e as famílias.

Para ajudar a criar essas redes de práxis pedagógica participativa, a terceira seção se propõe a caracterizar as diferenças essenciais entre essas duas perspectivas básicas – *transmissiva* e *participativa* – explicando as respectivas fundamentações. Por trás dessas duas abordagens, estão visões diferentes de ensinar, aprender e educar. O objetivo desta seção é apresentar essas diferenças essenciais, que se relacionam com os valores e as perspectivas sobre o mundo, metas e objetivos, métodos e princípios operacionais, organização do conhecimento e organização do currículo, o papel e a imagem de professor e aprendente, bem como as respectivas concepções de avaliação. É também objetivo da presente seção explicar por que o processo educativo convencional é baseado em pedagogias *transmissivas*.

A seção final analisa como a crescente inclusão da educação infantil no ensino obrigatório pode tender a incluí-la no modo transmissivo, estimulando a frequência à educação infantil principalmente como preparação para o ensino fundamental. Argumentamos que seria contraditório e pouco ético que o progressivo reconhecimento da importância da educação infantil na aprendizagem das crianças levasse a serem promovidas neste nível educacional as próprias características que limitariam os seus benefícios.

A SEGMENTAÇÃO DA EDUCAÇÃO NO DESENVOLVIMENTO DAS ESCOLAS DE MASSAS

A "gestão científica da educação": a contribuição de Taylor e Ford

A *educação tradicional* procura transmitir à geração seguinte as competências, os fatos e padrões de conduta moral e social que os adultos consideram necessários para o sucesso material e social dessa geração (DEWEY, 1938). Essa transmissão é baseada em memorização e na prática de decorar (memorização sem tentativa de compreensão do significado). É esperado destes estudantes que recebam e acreditem obedientemente nestas respostas prefixadas; os professores são os instrumentos por meio dos quais este conhecimento é comunicado. O *movimento de educação progressiva*, ativo desde a última década do século XIX, propôs o oposto – uma ênfase na aprendizagem por meio do fazer e não pela transmissão; a seleção de conteúdos baseada nas necessidades futuras da sociedade em vez de uma continuidade meramente baseada nas necessidades de sequencialidade disciplinar; um currículo integrado focado em unidades temáticas em vez de um currículo baseado em conhecimento segmentado; uma pedagogia fundamentada na resolução de problemas e no pensamento crítico em vez de baseada no decorar dos conteúdos; uma pedagogia baseada na cooperação e no trabalho de grupo em vez de na promoção da competição; uma avaliação baseada nos projetos e nas realizações de cada criança e não no mero cumprimento de tarefas, em testes do tipo "verdadeiro ou falso" ou em respostas prefixadas.

John Dewey (1859-1952), um dos líderes do movimento progressivo,[2] foi contemporâneo de Frederick Taylor (1856-1915) e Henry Ford (1863-1947), os mais influentes proponentes da gestão científica da indústria e economia. Todos desenvolveram as suas principais ideias e concretizações nos últimos anos do século XIX e início do século XX. A visão de mundo e a concepção de homem que estão por trás do movimento da educação progressiva e por trás das teorias de gestão científica são opostas. Mas a importância para a educação dessas teorias organizacionais de gestão – ou seja, a "gestão científica da educação" – pareceu aos governos uma ferramenta mais eficiente para o desenvolvimento da educação de massas, uma vez que era já instrumento indispensável para a produção em massa na indústria.

A teoria de gestão de Taylor tinha como objetivo transformar a produção artesanal em produção em massa, melhorando a eficiência e uniformizando as melhores práticas (*best practices*). Não era necessário que os agentes de execução no modelo industrial fossem "inteligentes" para poder executar bem suas tarefas. A contribuição de Ford foi o desenvolvimento de um mecanismo importante para a uniformização da produção em massa por meio da prática de dividir tarefas complexas em uma série de passos simples, transformando os trabalhadores executores dessas tarefas simplificadas[3] em uma *linha de montagem*. Este é um processo de manufatura em que as diferentes partes são adicionadas em sequência, formando um produto semicompleto que é passado de posto de trabalho para posto de trabalho, até a montagem final.

Assim, o desenvolvimento de escolas públicas em todas as sociedades ocidentais parece dever, na sua dimensão organizacional, mais a Taylor, Ford e Weber[4] do que a Froebel, Montessori, Dewey, Steiner e outros pedagogos progressivos. Para que o

---

[2] O inspirador manifesto progressivo de John Dewey – '*My pegagogical creed*' – data de 1897.
[3] Reduzir a autonomia dos trabalhadores era um dos objetivos de Taylor, uma vez que ele acreditava que, se o trabalhador não fosse controlado pela especificação de tarefas, faria o mínimo trabalho possível.
[4] Max Weber (1864-1920) foi um proponente-chave do antipositivismo metodológico, argumentando em favor do estudo da ação social por meios interpretativos e não simplesmente empíricos, baseado na compreensão do propósito e significado que indivíduos atribuem às suas próprias ações. A sua preocupação era compreender os processos de racionalização e secularização, que ele associava com a ascensão da modernidade. No entanto, sua teoria burocrática (o modelo "Legal-Racional") foi tomada por muitos administradores de Estado como um modelo prescritivo e não interpretativo.

sistema de produção educacional em massa fosse eficiente, era necessário modernizar a educação tradicional do século XIX; a "gestão científica da educação" parecia servir mais eficientemente aos objetivos educacionais tradicionais, mediante uniformização do conteúdo e dos meios (currículo e pedagogia), maximizando assim a produção em massa na escola (Figura 1.1). Tal uniformização requeria um currículo único e uniforme para todos os estudantes, independentemente da sua motivação, interesses ou propósitos; exigia que a todos os aprendentes fossem ensinados os mesmos materiais ao mesmo tempo e no mesmo ritmo. Para que fosse possível alcançar esse objetivo, os grupos de ensino deveriam ser homogêneos, com estudantes equivalentes em idade e capacidade. Os estudantes que não aprendiam suficientemente depressa reprovavam, em vez de lhes ser permitido progredir em seu próprio ritmo. A avaliação dos estudantes – como controle de aquisição de conhecimentos – era feita por testes e exames finais.

A configuração da "linha de montagem educacional"

A uniformização de conteúdos foi conseguida quebrando o conhecimento em distintas unidades tópicas (segmentação horizontal do currículo), dividindo cada unidade tópica em graus de ensino (segmentação vertical do currículo) e organizando o currículo mediante a montagem dessas unidades tópicas em graus escolares sucessivos. A organização do calendário escolar para cada semana, mês ou ano letivo é baseada nos mesmos princípios, uma vez que acomoda e organiza ambos os tipos de segmentação com base em unidades temporais de ensino (em geral, uma hora). Os estudantes fluem ao longo do dia de um tópico para outro, de acordo com essas unidades temporais de ensino – assim construindo, dia após dia, semana após semana, ano após ano, a linha de montagem educacional.[5]

A "gestão burocrática da educação": a contribuição de Weber

O Estado desenvolveu um modelo burocrático para o desempenho da sua missão educativa. Weber soma-se a Taylor e Ford como um importante colaborador para o desenvolvimento da educação de massas.

Em países de tradições centralizadas, o Estado concebeu uma forma única de assegurar a universalidade da educação e, assim, de definir uma pedagogia ótima baseada em um currículo escolar único. Definindo o currículo, a administração central educacional determina de maneira uniforme para todos os estudantes e para todo o território nacional *o que* estes devem aprender e, como consequência, o que deve ser ensinado, assumindo, explícita ou implicitamente, opções básicas em

---

[5]Para facilitar este processo, existiam diferentes caminhos (linhas de montagem) para diferentes tipos de estudantes – vias vocacionais e vias acadêmicas; vias normais e vias especiais (estas para as crianças com necessidades educacionais especiais). Este sistema compartimentado por vezes criava vias escolares específicas para diferentes grupos sociais.

FIGURA 1.1 A "gestão científica moderna" da escola, maximizando a produção em massa da educação.

relação às concepções e aos propósitos da educação. A definição do *corpus* curricular é integrada na concepção da escola como um lugar para a educação formal e para o controle social que, na modernidade, transformou o currículo em um aparelho ideológico do Estado.

O modelo burocrático centralizado para estabelecimento do currículo cultiva a uniformidade e gira em torno de um estudante abstrato médio. O papel de cada disciplina no currículo, a carga horária semanal e os conteúdos programáticos, todos são definidos a um nível mais alto. Formulam-se diretrizes metodológicas gerais de modo a recomendar os melhores métodos e técnicas para transmitir esses conteúdos curriculares predefinidos em contextos presumivelmente uniformes.

Isso levou a uma "burocracia pedagógica" tanto ao nível do currículo como da sala de aula. A uniformidade de prática na sala de aula foi induzida mediante forte controle normativo de todos os detalhes pela gestão da escola, enquanto o currículo e as soluções pedagógicas eram planejados para o estudante de "capacidade média", a ser ensinado pelo "professor médio" na "escola média". Esse estudante de "capacidade média" era o estudante bem informado e motivado. O currículo continuou a ser uniforme para todos os estudantes e escolas, independentemente das suas experiências, dos conhecimentos prévios, de capacidades e motivações diversas e de interesses e expectativas diferentes. Este "currículo pronto-para-vestir de tamanho único" (FORMOSINHO, 1987, 2007) produzia para todas as escolas o mesmo número de horas de aula por tópico, usando o mesmo conteúdo programático, nas mesmas unidades de ensino, todos determinados por normas em nível central. Esse "currículo de tamanho único" era utilizado para todos os alunos, independentemente da sua capacidade de aprendizagem, motivação, interesses ou expectativas, em todas as salas de aula, independentemente da população ou comunidade a que serviam.

Ensinar o mesmo conteúdo a todas as crianças ao mesmo tempo e da mesma maneira foi visto não somente como a solução mais racional e científica, mas também como a personificação da igualdade de oportunidades educativas. Este ideal era uma mistura de um conceito ideológico de igualdade visto como tratamento uniforme para todos e da tradição burocrática de administração. Tal mistura de raciocínio burocrático e valores "igualitários" traduz-se em uma concepção de *igualdade como uniformidade* – igualdade de oportunidade quer dizer o mesmo tratamento para todos, independentemente das suas diferentes competências, interesses, necessidades ou variações no progresso da aprendizagem.

O instrumento organizacional e pedagógico usado para transformar o ensino de vários estudantes no ensino de um estudante abstrato, assumido em um currículo de tamanho único, foi a sala de aula homogênea (a turma ou classe), ou seja, o agrupamento permanente de estudantes etária e academicamente semelhantes.

O modo burocrático como educação convencional

Neste modo burocrático, a *imagem de criança* é a de *tábula rasa*[6]; a sua atividade é memorizar conceitos e reproduzi-los fielmente, discriminar em resposta a estímulos externos, evitar erros e corrigir aqueles que não foram evitados. A *imagem de professor* é a de um transmissor que geralmente usa materiais estruturados para a transmissão do conhecimento – manuais, folhas de atividades, livros didáticos. A motivação da criança é baseada em reforços extrínsecos, normalmente vindos do professor (OLIVEIRA-FORMOSINHO; FORMOSINHO, 2012). Este modelo burocrático é *cego à questão das diferenças culturais*, o que explica por que os professores que operam nesse modelo são frequentemente indiferentes à diversidade étnica, acreditando que as crianças também sejam indiferentes quando confrontadas com a cor ou outras diferenças sociais e culturais (FORMOSINHO; MACHADO, 2012; OLIVEIRA-FORMOSINHO; ARAÚJO, 2011).

Nos últimos anos, tem havido uma progressiva integração da educação infantil neste modelo burocrático. Como explicam Formosinho e Oliveira-Formosinho (2008, p. 20):

---

[6]N.T. Expressão latina que significa tábua raspada e tem o sentido de "folha de papel em branco".

A prática pedagógica convencional (tradicional transmissiva) em educação infantil vem sendo mais e mais influenciada pelo impacto convergente de todos estes fatores combinados. Eles promovem uma cultura pedagógica, profissional e organizacional que encoraja a consolidação de uma pedagogia transmissiva e uma prática burocrática influenciada pelas práticas do ensino fundamental. Isto pode ser indicado pela introdução de modelos burocráticos formatados (modelos de planejamento, projetos curriculares, registro de comparecimento, objetivos de desempenho, etc.), e a dependência sistemática de fichas de trabalho comerciais (materiais prontos) e livros de atividades, que formam a base de atividade diária.

Como mais bem explicado no Capítulo 5, este é o processo tradicional de simplificação da educação transmissiva, tendo o seu início na dimensão *organizacional* – por meio da construção de uma linha de montagem educacional que reduz a complexidade de qualquer trabalho a uma sequência de tarefas automáticas muito simples – continuando na dimensão *curricular* – mediante a explicitação sistemática e sequencial de conteúdos prescritos – e acabando na dimensão *pedagógica*, por meio da configuração de salas de aula homogêneas e da padronização de processos e resultados no ensino.

A diversidade cultural crescente na escola pública de massas

O caráter universal da escolarização induziu transformações importantes nas escolas, não apenas transformações quantitativas, mas também qualitativas. As mudanças quantitativas derivam do aumento do número de estudantes, de professores e de unidades escolares; já as transformações qualitativas provêm da diversidade cultural dos alunos e das comunidades locais. Desde os anos de 1960, devido à expansão da escolarização para áreas suburbanas vulneráveis, à migração maciça e à mobilidade do trabalho dentro da União Europeia, a diversidade cultural nas escolas de massas tem crescido.

As populações culturalmente diversas das escolas de hoje são constituídas por crianças de diferentes origens geográficas (população rural, urbana, suburbana e urbana vulnerável); de diferentes origens socioeconômicas (pobres e ricos, desempregados e classes trabalhadoras, classes média baixa e alta); e de diferentes nacionalidades e grupos linguísticos e étnicos (populações imigrantes, famílias de segunda geração). Tal diversidade social também abarca uma diversidade acadêmica, uma vez que as crianças recém-chegadas muitas vezes vêm de famílias que não conhecem os valores, as normas e as motivações do sistema educacional formal. Algumas dessas novas populações podem estar menos motivadas a participar na instrução formal; algumas são até resistentes à cultura escolar; outras adaptam-se facilmente uma vez superadas as barreiras culturais.

Houve mais uma contribuição importante para essa diversidade: a inclusão de crianças com necessidades educacionais especiais nas salas de aula. A Declaração de Salamanca (UNESCO, 1994), a que a maior parte dos governos aderiu, proclamou que devia ser permitido às crianças com necessidades educacionais especiais frequentarem a escola. Essas crianças representam uma nova população na escola de massas, com exigências e necessidades específicas.

Por todos esses motivos, a uniformidade deixou de fluir naturalmente dentro da tradição de escolas baseadas na homogeneidade (social e acadêmica) e teve de ser reforçada por normas burocráticas. Esta nova diversidade social e cultural foi frequentemente encarada pelo sistema escolar (administradores centrais do sistema educacional, diretores de escolas e professores) como problemática, uma vez que ensinar grupos acadêmicos homogêneos tinha sido o pilar da pedagogia tradicional da escola refinada pela "gestão científica da educação". Essa nova diversidade social e cultural foi considerada a heterogeneidade que quebrou o molde das práticas educativas tradicionais. A aplicação da homogeneidade tradicional a essas escolas culturalmente diversas levou a dificuldades e, em alguns casos, à reprovação maciça da nova população de estudantes.

Devido à globalização, às migrações maciças e à livre circulação de capitais, bens, serviços e pessoas inerentes a esse processo de globalização, está presente na maioria das sociedades atuais uma importante dimensão intercultural. A dimensão cultural e comunitária da escola tornou-se tão importante quanto a sua dimensão intelectual; as escolas, sejam elas vistas como comunidades de profissionais ou vistas como comunidades de aprendentes, são bens sociais e culturais essenciais da sociedade atual.

ABORDAGENS PARTICIPATIVAS À EDUCAÇÃO: DEWEY E FREIRE

A segunda seção deste capítulo afirma – a partir da apresentação de dois autores que promoveram abordagens participativas à educação – que há alternativas a esta tradicional pedagogia transmissiva. Conforme dito na introdução, escolhemos as abordagens pedagógicas de John Dewey e Paulo Freire para contrastar com esta "gestão científica da educação" desenvolvida no século XX. John Dewey (1859-1952) foi o mais proeminente membro do movimento *progressivo* e um dos educadores mais influentes. O educador e filósofo brasileiro Paulo Freire (1921-1997) esteve na vanguarda do movimento de defesa da pedagogia crítica. O fenômeno de crescente diversidade cultural das sociedades e as dificuldades encontradas pelas novas populações ao entrar na escola de massas nos dão a oportunidade de revisitar a questão de como organizar uma escolarização para todos na sociedade contemporânea, problematizando o conceito de pedagogia *transmissiva* como a melhor solução para promover aprendizagem relevante e coesão social.

Dewey e Freire são apresentados como pedagogos que criaram alternativas relevantes e influentes à pedagogia *transmissiva* e à compartimentação da educação escolar. Foram escolhidos porque apresentam alternativas participativas e holísticas cada vez mais importantes nas escolas de hoje. As suas pedagogias nos permitem compreender outras possibilidades, desenvolver a vontade de empreender mudança e de criar redes de práxis *participativa* que sejam respeitadoras dos atores-chave do desenvolvimento pedagógico: as crianças, os educadores e as famílias.

O "credo pedagógico" de John Dewey

John Dewey experienciou durante a sua vida três principais revoluções científicas: o desenvolvimento da teoria da evolução, o desenvolvimento da teoria da relatividade e o início da era atômica. Desse modo, os debates sobre o "método científico" foram muito importantes para o desenvolvimento do seu pensamento. John Dewey foi um filósofo, psicólogo e reformador educacional cujas ideias têm sido influentes tanto para a educação quanto para a reforma social. A pedagogia não é um foco secundário para Dewey, e tampouco apenas uma aplicação das suas ideias filosóficas, psicológicas e educativas. Pelo contrário, a pedagogia é muito central na sua arquitetura teórica (12 livros e cerca de 1.500 outros textos). As teorias educacionais de Dewey foram apresentadas em *O meu credo pedagógico* (1897), *A escola e a sociedade* (1900), *A criança e o currículo* (1902), *Democracia e educação* e *Experiência e educação* (1938).

Dewey não foi um universitário fechado em uma torre de marfim acadêmica. Ele foi um ativista democrático com participação política, envolvimento em organizações sociais e contribuição para publicações progressivas. Pode-se dizer que Dewey foi um pensador e ativista social, político e pedagógico. Foi líder do movimento para a educação progressiva, e durante certo tempo diretor da Escola Primária Universitária (a Escola Laboratório ou Escola Dewey), anexa à universidade de Chicago. Tal escola evoluiu para tornar-se um centro de pedagogia experimental. A conceitualização de Dewey dessa escola é importante para a compreensão do seu conceito de pedagogia. Essa escola não foi um espaço para aplicação, por parte dos professores universitários, da chamada psicologia científica ou da especulação filosófica. Uma vez que Dewey concebia a esfera pedagógica como um campo de produção de conhecimento, essa escola experimental foi vital para a construção da sua teoria pedagógica.

Os escritos de Dewey foram produzidos em tempos de instrução escolar opressiva que levava em conta somente a natureza do conhecimento e rejeitava pensar sobre a natureza da criança ou até mesmo sobre a natureza do professor. O professor era concebido meramente como um instrumento para o uso de um currículo pré-fabricado, projetado para transmitir um conhecimento fixo e uma moralidade inflexível.

Seu primeiro texto, *O meu credo pedagógico* (1897), um artigo de 10 páginas publicado no "School Journal", é uma apresentação muito abrangente e desafiadora das suas crenças pedagógicas (o que é educação, escola, tópico disciplinar, método e a relação entre escola e progresso social); a maior parte dessas crenças é reelaborada em trabalhos posteriores. Em 1938, no seu famoso livro *Experiência e educação* – o último livro de pedagogia –, Dewey elabora uma discussão curta, porém muito intensa, sobre os temas-chave da sua teoria da educação (e de qualquer teoria da educação): a reconstrução contínua da experiência e a integração de processos e metas.

Ao longo desses escritos, Dewey argumenta continuamente que a educação e a aprendizagem são processos sociais e interativos e, portanto, a escola em si é uma instituição social central à sociedade democrática, por meio da qual se pode fazer reforma social. Para Dewey, "[...] a educação é a regulação do processo de chegar à partilha da consciência social; o ajuste à atividade individual na base desta consciência social é o único método seguro de reconstrução social" (DEWEY, 1897, p. 16).

Para Dewey, as escolas não são apenas lugares para adquirir conhecimento de conteúdos, mas também lugares para aprender a viver. As escolas não são preparação para a vida: elas são a vida em si. Conforme sua percepção, o propósito da educação não deve girar em torno da aquisição de um conjunto de competências predeterminadas, mas sim na realização do potencial completo de cada um, e na habilidade de usar essas competências para um bem maior. No seu seminal *Credo pedagógico*, ele declara que todos os estudantes devem ter a oportunidade de participar na sua própria aprendizagem: "[...] uma vez que é impossível preparar a criança para qualquer conjunto de condições precisas" (DEWEY, 1897, p. 17).

> Com o advento da democracia e condições industriais modernas, é impossível prever com exatidão como será a civilização daqui a vinte anos. É impossível, portanto, preparar a criança para qualquer conjunto de condições precisas. Prepará-la para a vida futura significa dar-lhe comando de si própria; treiná-la para que tenha o uso completo e imediato das suas capacidades (DEWEY, 1897, p. 6).

Já em 1902 (em *A criança e o currículo*), Dewey discute duas escolas de pensamento discordantes na questão da pedagogia educativa. A primeira centra-se no currículo e foca-se quase exclusivamente nos conteúdos a serem ensinados. O maior erro dessa pedagogia é a inatividade da criança: "[...] a criança é simplesmente o ser imaturo que deve ser amadurecido; é o ser superficial que deve ser aprofundado" (1902, p. 13). Dewey argumenta que o conteúdo deve ser apresentado de modo que permita ao estudante relacionar a nova informação com a sua experiência prévia, aprofundando assim a sua ligação com este novo conhecimento. A escola de pensamento oposta é a pedagogia "centrada na criança" praticada por aqueles que diziam ser seus seguidores. Dewey argumentava que a excessiva dependência da criança podia ser igualmente prejudicial para o processo de conhecimento. A potencial limitação desta linha de pensamento é o fato de minimizar a importância do conteúdo, assim como o papel do professor. Em 1938, ele resume estas duas visões contraditórias:

> A história da teoria educacional está marcada pela oposição entre a ideia que a educação é desenvolvimento de dentro (para fora) e que é formação de fora (para dentro). [...] No presente, esta oposição tende a tomar a forma de contraste entre educação tradicional e educação progressiva (DEWEY, 1938, p. 17).

Em seu livro *A experiência e a educação*, Dewey procede à análise crítica de práticas das últimas três décadas que dizem ser inspiradas na sua teorização e desenvolve uma análise crítica do movimento progressivo, do qual ele foi figura central. Este livro mostra que Dewey reformulou as suas ideias como resultado da sua intervenção na Escola Laboratório, para crianças ligadas à universidade de Chicago;[7] nesta obra ele discute a relação do pensamento pedagógico e os seus efeitos.

Em resumo, Dewey desenvolveu, desde a última década do século XIX, uma perspectiva pedagógica baseada na participação dos estudantes na sua própria aprendizagem, dando valor à vida de comunidade como um contexto de aprendizagem social (não somente como preparação para a vida futura) e defendendo um papel importante para a educação como fator contribuinte para a reforma social. A educação não é só transmissão de conteúdos; é participação na vida, pela vida e pela democracia (DEWEY, 1916).

A interpretação de Freire da pedagogia transmissiva como opressão

Tal como Dewey foi um crítico da mera transmissão de fatos como o objetivo da educação, Freire é crítico daquilo a que ele chama "o conceito bancário da educação", em que os estudantes são vistos como uma conta vazia, a ser preenchida pelo professor. Ambos reconhecem a importância política da escolarização de massas e reconhecem que a construção do conhecimento é sempre uma ação social. Assim como Dewey valoriza a educação como o principal mecanismo de mudança social, Freire defende que a educação é um ato político, visto que desenvolve uma consciência crítica.

Freire vê a pedagogia transmissiva como uma prática social opressiva. No seu livro *Pedagogia do oprimido*, publicado no Brasil em 1970, Freire explica as suas ideias muito claramente, baseando-se nas experiências vividas como educador de adultos em programas de alfabetização. Freire desenvolve as suas ideias em outros livros – *Pedagogia da liberdade* (FREIRE, 1970, 1976), *Pedagogia da esperança* (FREIRE, 1993, 2002), *Pedagogia do coração* (FREIRE; FREIRE, 1997), *A educação na cidade* (1991) e muitos outros. Todavia, o seu livro seminal, *Pedagogia do oprimido*, em conjunto com os livros sobre pedagogia da liberdade, continuam sendo as principais referências para o seu pensamento.

Freire vê o papel tradicional do professor na pedagogia transmissiva como "enchendo" os estudantes com os conteúdos a serem transmitidos. Esses conteúdos são transformados em palavras ocas e sem vida.

> Os conteúdos, sejam eles valores ou dimensões concretas da realidade, tendem no processo de serem narrados a petrificar-se ou fazer-se algo quase morto. O professor fala da realidade como se esta fosse sem movimento, estática, separada

---

[7] Dewey reformulou as suas ideias analisando também a experiência de outras escolas progressistas e críticas à sua teoria.

em compartimento e previsível; ou, então, fala de um tema estranho à experiência existencial dos estudantes: neste caso sua tarefa é "encher" os alunos do conteúdo da narração, conteúdo alheio à realidade, separando da totalidade que a gerou e poderia dar-lhe sentido. A palavra, nestas dissertações, se esvazia da dimensão concreta que devia ter ou se transforma em palavra oca, com verbosidade alienada e alienante (FREIRE, 1996, p. 52).

Freire vê o papel tradicional do estudante na pedagogia transmissiva como o de repetir os conteúdos transmitidos e as palavras ocas.

> O educando fixa, repete, decora, memoriza sem perceber o real significado. [...] A narração, de que o educador é o sujeito, conduz os educandos à memorização mecânica do conteúdo narrado. Mais ainda, a narração os transforma em "vasilhas", em recipientes a serem enchidos pelo educador. Quanto mais vai se enchendo os recipientes com seus "depósitos", tanto melhor educador será. Quanto mais se deixem docilmente encher, tanto melhores educandos serão (FREIRE, 1996, p. 52-53).

Freire apresenta a sua concepção da educação tradicional como um ato de depositar – o seu conhecido conceito de "educação bancária":

> Desta maneira, a educação se torna um ato de depositar, em que os educandos são os depositários e o educador o depositante. [...] Se denomina de conceito 'bancário' de educação, no sentido que aos estudantes só é permitido o receber, arquivar e armazenar os depósitos (FREIRE, 1993, p. 53).

Ele considera esta pedagogia transmissiva uma prática social opressiva, uma vez que é baseada em uma relação opressiva de poder.

> No conceito bancário da educação, o conhecimento é uma dádiva que se estende do que se julga sabedor até aqueles que ele julga não saberem. Projetar sobre os outros uma ignorância absoluta, uma característica de ideologia de opressão, nega a educação e o conhecimento como processos. O educador se põe frente aos educandos como sua antinomia necessária. Reconhece, na absolutização da ignorância daqueles, a razão de sua existência (FREIRE, 1996, p. 53).

A crítica feita por Freire à pedagogia transmissiva é muito inspiradora. John Dewey foi altamente crítico da mera transmissão de fatos como o objetivo da educação. O trabalho de Freire atualizou tal apreciação, dando origem a uma *pedagogia crítica* que explicitamente relaciona o conhecimento com as relações de poder. É por esse motivo que Freire dá grande valor à prática dialógica como reivindicativa de uma perspectiva diferente sobre esta relação.

> Para compreender o significado da prática dialógica temos de pôr de lado a compreensão simplista do diálogo como mera técnica. [...] Pelo contrário, o diálogo caracteriza uma relação epistemológica. Então, o diálogo é uma forma de conhe-

cimento e não deve nunca ser visto como mera tática para envolver os estudantes em uma tarefa concreta. [...] Eu não entro em diálogo necessariamente porque gosto da outra pessoa. Eu entro em diálogo porque reconheço o caráter social e não meramente individualista do processo de conhecimento (FREIRE; MACEDO, 1995, p. 397).

Esta crítica ideológica da pedagogia transmissiva tradicional surgiu em um momento em que o conhecimento era compreendido – e propositadamente usado – como alavanca para o poder na educação e na sociedade. O diálogo e a participação são vistos por Freire como uma interação social essencial, e não como mero recurso didático. É essa uma das suas principais contribuições para o desenvolvimento de pedagogias participativas.

O CONTRASTE ENTRE PEDAGOGIAS TRANSMISSIVAS E PEDAGOGIAS PARTICIPATIVAS

A segunda seção deste capítulo afirma que, desde o princípio da expansão da escola de massas, existiram alternativas à pedagogia convencional. Como há várias abordagens participativas, esta terceira seção tem como objetivo caracterizar as diferenças essenciais entre as duas perspectivas. Por trás das diferentes pedagogias existem diferentes visões da educação. O objetivo desta seção, portanto, é apresentar essas diferenças essenciais, que têm a ver com visões do mundo e com valores, com metas e objetivos, com métodos e princípios operacionais, com a organização do conhecimento e a organização do currículo, com o papel e a imagem do professor e do aprendente, bem como com as respectivas concepções de avaliação. É também objetivo desta seção explicar por que o processo educativo convencional é, em geral, baseado nas pedagogias transmissivas.

Pedagogias transmissivas e participativas: duas visões opostas do processo educativo

As *pedagogias transmissivas* definem um conjunto mínimo de informação considerado essencial e perene, cuja transmissão, por si só, permitiria a sobrevivência de uma cultura e de cada indivíduo nessa cultura. A essência do modo transmissivo é a transferência desta herança cultural a cada geração e a cada indivíduo. A concepção do conhecimento como algo essencial e permanente é central na educação tradicional transmissiva. O professor é visto como mero transmissor daquilo que lhe foi transmitido ontem – como o elo entre esse conhecimento perpétuo e a criança aprendente. Os objetivos da educação são baseados na transmissão dessa herança permanente e na sua tradução para a aquisição de competências (pré-) acadêmicas, na aceleração do conhecimento e na compensação dos déficits que dificultam a escolarização. Os processos de ensino e aprendizagem transmissivos definem a memorização do conteúdo e a sua reprodução fiel como a atividade educacional central. Assim, o processo desenvolve-se a partir de uma iniciativa que vem de fora da escola e de fora dos professores e das crianças, enfatizando um papel meramente respondente para a criança e escolhendo propostas estereotipadas para a sala de aula.

As *pedagogias participativas* envolvem uma ruptura com a pedagogia transmissiva tradicional para, dessa maneira, promover uma visão diferente do processo de aprendizagem, bem como das imagens e papéis de crianças e profissionais da educação. Para desenvolver pedagogias participativas é preciso desconstruir o modo tradicional transmissivo, a fim de criar nova consciência sobre metas e objetivos e sobre formas e fins (OLIVEIRA-FORMOSINHO, 2007). O objetivo das pedagogias participativas é o envolvimento das crianças na construção do conhecimento, em uma experiência contínua e interativa. A imagem da criança é a de um ser ativo e competente; a motivação para a aprendizagem é sustentada pelo interesse intrínseco na tarefa e pela motivação intrínseca da criança. A atividade da criança é compreendida como uma colaboração essencial com o processo de aprendizagem; o papel do professor consiste em organizar o ambiente educativo e observar a criança, de forma a compreendê-la e responder-lhe. O processo de aprendizagem é um desenvolvimento interativo entre criança e adulto; os espaços e tempos pedagógicos são projetados para permitir e facilitar esta educação interativa. As atividades e os projetos são vistos como uma oportunidade para as crianças adquirirem uma aprendizagem significativa.

As Tabelas 1.1 a 1.3 apresentam uma síntese das principais diferenças entre as pedagogias transmissivas e as pedagogias participativas.[8]

A Tabela 1.1 apresenta as principais diferenças entre as pedagogias transmissivas e as participativas em relação aos principais objetivos da educação. As pedagogias transmissivas têm como objetivo o fornecimento rigoroso de conhecimento estruturado em formato acadêmico. A missão das escolas transmissivas é a aquisição correta pelos estudantes do conhecimento transmitido; o "correto" é avaliado a partir da reprodução, por parte dos estudantes, de conhecimento estruturado. A criança tem um papel passivo de repetir o conhecimento transmitido (memorizar e reproduzir), assim como o professor, que é reduzido a mero transmissor de conteúdos predefinidos. A escola é um espaço neutro, fechado e isolado, para a organização do conhecimento e ensino.

A missão das pedagogias participativas, por sua vez, é desenvolver pessoas responsáveis e cidadãos cívicos, capazes de ser autônomos e tomar iniciativa, envolvendo os estudantes na sua própria aprendizagem e usando a escola como plataforma para transformação cultural e reforma social. O sucesso desta pedagogia não está reduzido ao sucesso acadêmico: ele incorpora também o sucesso pessoal, social e cívico. Ambos, professor e estudante, têm um papel ativo, mediante o envolvimento em experiências de aprendizagem significativas. A escola é uma organização comprometida, ecológica e contextualizada, aberta ao envolvimento com os pais e a comunidade.

---

[8]Ver Oliveira-Formosinho, 2007; Oliveira-Formosinho; Formosinho, 2012.

TABELA 1.1 Comparando pedagogias transmissivas e participativas: principais objetivos da educação e concepções do ensino e aprendizagem

	Pedagogias transmissivas	Pedagogias participativas
Principal objetivo da educação	• Transmissão do conhecimento à geração seguinte • Fornecimento rigoroso de conhecimento estruturado em formato acadêmico	• Envolvimento dos estudantes na sua própria educação • Desenvolvimento de pessoas responsáveis e cidadãos cívicos • Reforma social e transformação cultural
Imagem da criança	• Papel passivo de repetição do conteúdo transmitido (memorizar e reproduzir)	• Papel ativo de participação no processo de aprendizagem
Imagem de professor	• Papel passivo de mero transmissor, "enchendo" os estudantes com os conteúdos a serem transmitidos	• Papel ativo de promover experiências de aprendizagem significativas, envolvendo os estudantes
Papel educativo da participação	• A participação do estudante no processo educativo é minimizada ou ignorada	• A participação do estudante no processo de aprendizagem é um componente intrínseco do processo educativo
Concepção de escola	• Isolada • Fechada à interação com os pais e com a comunidade local	• Ecológica e contextualizada • Aberta ao envolvimento com os pais e com a comunidade local
Prevalência em escolas de massas	• Pedagogia convencional que é majoritária na escola de massas	• Pedagogias alternativas que são minoritárias na escola de massas

Pedagogias transmissivas e participativas: visões diferentes da organização do conhecimento

A Tabela 1.2 apresenta as principais diferenças entre as pedagogias transmissivas e as participativas em relação à organização do conhecimento. O princípio operacional da educação transmissiva é reducionista e simplifica o conhecimento, que é apresentado compartimentado e fragmentado. Em pedagogias transmissivas, o currículo e o ensino são direcionados a um estudante abstrato de capacidade média, motivação média e cultura familiar média, presumindo assim uma uniformidade social e acadêmica dos estudantes, e encarando tal uniformidade como a síntese da equidade.

Já as pedagogias participativas são abrangentes e respeitam a complexidade do conhecimento, tendo como objetivo uma apresentação de conteúdos holística, integrada e conectada. As pedagogias participativas baseiam-se na diversidade dos estudantes; planejam o currículo levando em consideração os estudantes concretos com características, necessidades e interesses diferentes, encarando a

TABELA 1.2 Comparando pedagogias transmissivas e participativas: organização do conhecimento

	Pedagogias transmissivas	Pedagogias participativas
Princípio epistemológico	• Reducionismo, simplificação	• Abrangência, respeito pela complexidade • Análise da relação entre o todo e as partes
Organização do conhecimento	• Compartimentado, fragmentado, separado	• Holístico, integrado, conectado
Caráter principal do currículo e ensino	• Caráter abstrato do currículo e do ensino • O currículo e o ensino são direcionados a um estudante abstrato, de capacidade média, motivação média, meio cultural familiar médio, etc.	• Caráter concreto do currículo e do ensino • O currículo e o ensino são situados em um tempo e em um espaço • Contextualizados para uma comunidade concreta e para estudantes concretos
Premissas sobre contexto dos estudantes: uniformidade e diversidade	• Presume uniformidade social e acadêmica dos estudantes	• Presume diversidade social e acadêmica dos estudantes (tanto diferenças culturais como diferenças individuais)
Conceito de equidade humana	• Equidade como uniformidade	• Equidade como respeito por identidades plurais

equidade como respeito por estas diferenças dentro de um estatuto de igualdade. Como diz Boaventura Sousa-Santos,

> [...] temos o direito de ser iguais quando a nossa diferença nos inferioriza; e temos o direito de ser diferentes quando a nossa igualdade nos descaracteriza. Daí a necessidade de uma igualdade que reconheça as diferenças e de uma diferença que não produza, alimente ou reproduza as desigualdades (SANTOS, 2003a).[9]

Pedagogias transmissivas e participativas: visões diferentes da organização do ensino e da aprendizagem

A Tabela 1.3 apresenta as principais diferenças entre as pedagogias transmissivas e as participativas na organização dos processos educativos e na organização do ensino e aprendizagem.

O princípio operacional da educação transmissiva é baseado em um processo fechado e isolado em que o ensino é a transmissão de conteúdos e competências (de simples a complexo e de concreto a abstrato) e o aprendizado é adquirido ouvindo e reproduzindo. A avaliação é baseada na precisão desta reprodução.

---

[9]Ver também Santos, 2003b.

TABELA 1.3 Comparando pedagogias transmissivas e participativas: organização do processo educativo

	Pedagogias transmissivas	Pedagogias participativas
Organização do processo educativo	• Fechado, isolado	• Ecológico, contextualizado, situado em um tempo e em um espaço
Conceito de ensino	• Transmissão de conteúdos e competências	• Criação de experiências de aprendizagem significativas envolvendo os estudantes
Conceito de aprendizagem	• A aprendizagem faz-se ouvindo e reproduzindo	• A aprendizagem faz-se fazendo, experimentando e descobrindo
Atividade do estudante	• O estudante senta-se, ouve e reproduz	• O estudante participa ativamente no processo de aprendizagem
Atividade do professor	• O professor transmite conteúdos e competências	• O professor cria situações de aprendizagem e apoia o estudante no processo de aprendizagem
Organização dos espaços de ensino e aprendizagem	• Configura uma pedagogia ideal baseada na "gestão científica da educação" • Configura uma "linha de montagem educacional"	• Configura contextos e processos que facilitam o fazer, experimentar e descobrir
Conceito de avaliação	• Centrado em resultados • Centrado na comparação do desempenho individual com o desempenho médio • Repetição do conteúdo transmitido	• Centrado tanto em processos quanto em resultados • Centrado tanto na aprendizagem individual como na do grupo • Reflexão sobre as aquisições e realizações

O princípio operacional da educação participativa, por sua vez, é baseado em um processo ecológico e contextualizado, situado em um tempo e um espaço concretos, onde o ensino envolve a criação de situações de aprendizagem e o apoio aos estudantes durante o processo de aprendizagem, sendo a avaliação realizada pela documentação da aprendizagem que foi feita por meio do fazer, experimentar e descobrir.

O estatuto diferenciado no sistema educacional das pedagogias transmissivas e das pedagogias participativas: a educação convencional tem-se baseado na pedagogia mais previsível

Há uma diferenciação clara de estatuto dentro do sistema educacional: as abordagens transmissivas tradicionais formam a base da educação convencional, e as abordagens participativas constituíram sempre uma alternativa. As diferenças intrínsecas essenciais aqui apresentadas mostram-nos que uma das abordagens pedagógicas é muito mais controlável e previsível do que a outra.

A produção em massa baseada no modelo industrial exigiu uma pedagogia completamente planejada, baseada em unidades singulares de conhecimento sequencialmente encadeadas e montadas em estágios de progresso da aprendizagem predeterminados (anos escolares). A produção em massa demandou uma pedagogia onde as diferentes necessidades e interesses dos estudantes, as suas diferentes competências e até mesmo os diferentes ritmos de progressão fossem desvalorizados ou ignorados. Neste contexto, o ritmo de ensino é determinado pela aprendizagem esperada de um estudante abstrato médio, e não pela aprendizagem real de estudantes concretos em uma sala de aula. Uma vez que a responsabilidade pela aprendizagem é quase exclusivamente dos estudantes, o ritmo de transferência do conteúdo é predeterminado e independente do seu sucesso.

A compartimentação da vida escolar em relação à vida social e familiar – separando a aprendizagem da vida – permite à escola assumir uma uniformidade acadêmica e social, sustentando assim o modo transmissivo. Esta pedagogia planejada pode ser controlada burocraticamente; a expectativa é que progrida quase sempre de acordo com o plano. As burocracias estatais favorecem um sistema desta natureza, uma vez que é muito mais previsível e controlável (FORMOSINHO, 1987). Esse sistema é baseado na conformidade como um meio e como uma meta, ou seja, funciona por meio de comportamento conformista por parte dos estudantes e dos professores, inculcando passividade e conformismo – um conformismo que se espera ver reproduzido em unidades econômicas, sociais e culturais.

Ao contrário, a pedagogia participativa diminui a separação entre a vida escolar e a vida social, uma vez que considera as necessidades, os interesses e os projetos dos estudantes e a sua vida fora da escola, levando em conta os diferentes contextos em que os estudantes vivem. A pedagogia participativa é por definição menos compartimentada e mais holística do que a pedagogia transmissiva. Uma vez que as pedagogias participativas envolvem os estudantes no seu próprio conhecimento, visando o desenvolvimento de pessoas responsáveis e cidadãos cívicos, o conceito de escola é diferente: em vez da escola fechada e isolada da perspectiva transmissiva, temos uma organização ecológica e contextualizada, promovendo o envolvimento dos pais e interagindo com a comunidade local. Dentro dessa pedagogia, a aprendizagem pode evoluir de formas inesperadas, com base nas competências e nos interesses de todos, e não é controlável pela predefinição de unidades de tempo para cada tópico. Uma vez que promove o envolvimento na evolução das atividades dentro da escola, modela um modo de participação cívica em unidades econômicas e sociais.

Na maior parte das sociedades, a educação convencional (majoritária) tem sido baseada na pedagogia mais previsível, controlável e conformista.

EDUCAÇÃO INFANTIL: DE UM SISTEMA DUAL A UM PROGRAMA CONVENCIONAL

A última seção deste capítulo apresenta uma breve análise do surgimento e desenvolvimento da educação e cuidados infantis no século XX, começando com um sistema dual – educação *versus* cuidados – até a tendência corrente de unificação, onde se criou uma provisão educacional em modo de escolarização (quase) obrigatória.

O sistema dual: cuidados *versus* educação

O processo inicial de industrialização trouxe consigo uma força de trabalho barata e sem qualificações; em algumas comunidades, isso fez com que pai e mãe estivessem ambos empregados. A necessidade de cuidados adequados para as crianças da classe trabalhadora deu origem a instituições que lhe deram resposta – *creches* incluindo *berçários*. Assim se desenvolveu um sistema de cuidados infantis.

Por outro lado, filósofos e pedagogos do século XIX e início do século XX – como Pestalozzi, Froebel, Montessori, Dewey, Steiner e muitos outros – foram além desta preocupação com os cuidados, enfatizando a importância que os anos formativos têm para o projeto educativo de cada pessoa e para a sociedade. Defenderam e promoveram jardins de infância progressivos em toda a Europa e nos Estados Unidos. Esses jardins de infância progressivos promoveram abordagens holísticas e uma educação para a democracia e responsabilidade social como alternativa a um conhecimento estático por memorização; enfatizaram o jogo livre e os materiais "amigáveis" (*friendly*), a aprendizagem por meio do fazer, os projetos cooperativos de aprendizagem; a resolução de problemas e o pensamento crítico; o trabalho de grupo e o desenvolvimento de competências sociais; um currículo integrado e uma avaliação feita a partir dos projetos e realizações das crianças. Constrói-se assim um sistema educacional para a infância ao redor da ideia da competência da criança e da liberdade pedagógica.

Gradualmente, a maior parte dos países na União Europeia desenvolveu os seus sistemas para a infância em torno destas duas abordagens: educação e cuidados. O *sistema de cuidados* desenvolveu-se predominantemente com base em instituições privadas. Estes contextos permitiam extensas horas de permanência, menos férias e refeições na própria instituição. Como regra, as crianças em geral eram assistidas por pessoal menos qualificado do que nos contextos educacionais; este pessoal trabalhava mais horas e ganhava menos do que em um contexto educacional. Tal sistema de cuidados operava sob a supervisão do Ministério do Bem-Estar, da Segurança Social, do Trabalho ou da Saúde, conforme as designações de cada país e governo.

No *sistema educacional*, as crianças tinham menos horas de provisão; havia muitas vezes um intervalo de serviço na hora do almoço, e os profissionais tinham mais férias. Os centros de educação infantil empregavam sempre pessoal mais qualificado, muitas vezes qualificado especificamente para a educação infantil (professores de educação infantil); em vários países, esses centros adotaram o nome de jardim de infância ou jardim-infantil. Muitas vezes, esses centros ofereciam uma prática baseada em princípios educativos progressivos, com jogo livre e atividades centradas nas crianças, frequentemente com base em perspectivas pedagógicas específicas.[10] Este sistema educacional normalmente operava sob a supervisão do Ministério da Educação.

Creches e jardins de infância tinham, portanto, diferentes visões e missões; eram regulados por normas diferentes, além de serem de modo geral dependentes de departamentos governamentais distintos. Tal sistema de provisão dual prevaleceu durante a maior parte do século XX. Nos últimos 25 anos do século passado, muitos países começaram gradualmente a promover a unificação dos dois sistemas – de cuidados e educação – e, ao mesmo tempo, a estender a escolarização de massas para abranger os últimos anos de educação infantil, incluindo-a assim na educação (quase) obrigatória (MOSS, 2013, 2014).

A inclusão da educação infantil no programa convencional como preparação para o ensino fundamental

Uma vez que os cuidados e a educação infantil são destinados aos muito novos, a seres que as autoridades consideram como não sendo ainda pessoas competentes, os Estados não sentiram a necessidade de apresentar este nível educacional como um passo necessário para chegar ao ensino fundamental. Muitos grupos conservadores afirmam que a educação infantil deve ser uma decisão exclusiva das famílias. Foi assim que uma forma de negligência benigna e as preocupações ideológicas permitiram aos centros infantis desenvolver-se independentemente do modo convencional. A pedagogia nas escolas para a infância era claramente distinta da educação nas escolas fundamentais baseadas na pedagogia convencional.

Como foram surgindo estudos mostrando a importância de se frequentar a educação infantil para o sucesso na escola e na vida (OECD, 2011, 2012), muitos pais começaram a exigir da educação infantil algumas das mesmas características da educação de massas convencional. Diversos governos começaram a usar os termos "educação pré-escolar" em vez de "educação infantil", e os jardins de infância, agora pré-escolas ou escolas infantis, começaram a ser vistos primariamente como preparação para o ensino fundamental. Seguiu-se a gradual contaminação da educação infantil com características do ensino fundamental tradicional. Essa contaminação veio também por programas de formação de professores integrando educação infantil e ensino fundamental; e por uma tendência geral para tornar a formação de professores um empreendimento acadêmico em vez de um projeto profissional[11]

---

[10]Pestalozzi, Froebel, Montessori, Dewey, Steiner, Kilpatrick, Freinet, Malaguzzi.

[11]A academização da educação de professores – vista como a prevalência de tendências acadêmicas em programas de certificação profissional – é a subordinação progressiva de instituições de formação de professores à lógica tradicional da universidade na sua organização estrutural (fragmentação feudal do poder centrado em disciplinas acadêmicas); na organização do ensino; no planejamento e desenvolvimento do currículo; substituindo a lógica inerente à formação profissional. É o processo de construção de uma lógica predominantemente acadêmica em um programa de certificação profissional, e a aplicação de uma visão de educação positivista e aplicacionista (ver Capítulo 5) – Formosinho, 2002a, 2002b, 2009.

(FORMOSINHO, 2002a, 2002b, 2009), transformando assim a profissionalidade do professor de educação infantil (OLIVEIRA-FORMOSINHO, 2001).

Essa contaminação da educação infantil com características da educação obrigatória tem feito com que muitos a compreendam como uma forma de levar cada criança a estar "pronta-para-o-ensino fundamental" (Figura 1.2).

A preservação da liberdade educacional na educação infantil

Como reconhece Peter Moss (2013, 2014), a relação entre a educação infantil e a educação obrigatória tem suscitado o incremento da pesquisa e da atenção da política educacional. O investimento na educação infantil é cada vez mais

FIGURA 1.2 A escolarização da infância: "pronta-para-o-ensino fundamental".

defendido devido ao retorno que este cria nos níveis educacionais subsequentes. O próprio discurso sobre aprendizagem ao longo da vida enfatiza que essa aprendizagem começa ao nascimento.

Mas o crescente reconhecimento da importância da educação infantil no desenvolvimento da criança e na sua preparação para a escola e para o trabalho, para a vida econômica e social, não deve levar à promoção das características que limitariam os seus benefícios. Uma pedagogia baseada no modo convencional desvaloriza o planejamento participativo baseado no encontro com a criança; promove antes um planejamento baseado em princípios transmissivos.

Esta imersão progressiva da educação infantil no clima burocrático de ensino fundamental – a "escolarização" dos anos de infância (BENNETT, 2007) – torna ainda mais importante o desenvolvimento de pedagogias participativas como uma abordagem aos direitos das crianças, em que as crianças e os profissionais são vistos como constantemente desenvolvendo as suas identidades aprendentes e tendo direito a suporte profissional (PASCAL; BERTRAM, 2009).

Espera-se que este capítulo contribua para desconstruir o *ethos* transmissivo da pedagogia convencional e para preservar o espírito de liberdade educacional que permitiu que até agora coexistissem vários modelos pedagógicos na educação infantil.

REFERÊNCIAS

BENNETT, J. *Schoolifying" early childhood education and care*: accompanying pre-school into education. London: Institute of Education University of London, 2006. (Public lecture).

DEWEY, J. My pedagogic creed. *School Journal*, n. 54, p. 77-80, 1897. Disponível em: <https://archive.org/stream/mypedagogiccree00dewegoog#page/n10/mode/2up>. Acesso em: 16 maio 2018.

DEWEY, J. *The school and the society*. Chicago: The University of Chicago, 1899.

DEWEY, J. *The child and the curriculum*. Chicago: The University of Chicago, 1902.

DEWEY, J. *Democracy and education*: an introduction to the philosophy of education. New York: Macmillan, 1916.

DEWEY, J. *Experience and education*. Indiana: Kappa Delta Pi, 1938.

FORMOSINHO, J. *Educating for passivity* – a study of Portuguese education. Dissertation (phD) – University of London, Institute of Education, London, 1987.

FORMOSINHO, J. 2002a. Universitisation of teacher education in Portugal. In: GASSNER, O. (Org.) *Strategies of change in teacher education – European views*. Feldkirch: European Network on Teacher Education Policies, 2002a. p. 105-127.

FORMOSINHO, J. A universidade e a formação de educadores de infância: potencialidades e dilemas. In: MACHADO, M. L. A. (Org.). *Encontros e desencontros em educação infantil*. São Paulo: Cortez, 2002b. p. 169-188.

FORMOSINHO, J. *O currículo uniforme pronto-a--vestir de tamanho único*. Mangualde: Pedago, 2007.

FORMOSINHO, J.; MACHADO, J. Autor anônimo do século XX. A construção da pedagogia burocrática. In: KISHIMOTO, T. M.; OLIVEIRA-FORMOSINHO, J.; PINAZZA, M. A. (Orgs.). *Pedagogia(s) da infância*: dialogando com o passado, construindo o futuro. Porto Alegre: Artmed, 2007. p. 293-328

FORMOSINHO, J. A academização da formação de professores. In: FORMOSINHO, J. (Coord.). *Formação de professores*: aprendizagem profissional e acção docente. Porto: Porto, 2009. p. 287-302.

FORMOSINHO, J.; MACHADO, J. Democratic governance of public mass schools in Portugal. In: J. PARASKEVA, J.; SANTOME, J. T. (Orgs.). *Globalism and power*: iberian educational and curriculum policies. New York: Peter Lang, 2012. p. 25-41

FORMOSINHO, J., OLIVEIRA-FORMOSINHO, J. Working with young children in Portugal. In:

OBERHUEMER, P. (Ed.) *Working with young children in Europe*. München: Staatsinstitut für Früpädagogik, 2008. p. 353-365.

FREIRE, P. *Cultural action for freedom*. Cambridge: Harvard Educational Review, 1970.

FREIRE, P. *Education for critical consciousness*. New York: Seabury Press, 1973.

FREIRE, P. *Education, the practice of freedom*. London: Writers and Readers Publishing Cooperative, 1976.

FREIRE, P. *Educação como prática da liberdade*. Rio de Janeiro: Paz e Terra, 1976.

FREIRE, P. *Ação cultural para a liberdade e outros escritos*. Rio de Janeiro: Paz e Terra, 1970.

FREIRE, P. *Pedagogia da autonomia*: saberes necessários à prática educativa. Rio de Janeiro: Paz e Terra, 1970.

FREIRE, P. *Pedagogy of the city*. New York: Continuum, 1993.

FREIRE, P. *A educação na cidade*. São Paulo: Cortez, 1991.

FREIRE, P. *Pedagogia do oprimido*. Rio de Janeiro: Paz e Terra, 1970.

FREIRE, P. *Pedagogy of the oppressed*. London: Penguin Books, 1996.

FREIRE, P. *Pedagogy of freedom: ethics, democracy and civic courage*. Lanham: Rowman & Littlefield, 1998.

FREIRE, P. *Pedagogia da esperança*. Rio de Janeiro: Paz e Terra, 1993.

FREIRE, P. *Pedagogy of hope*: reliving pedagogy of the oppressed. New York: The Continuum, 2002.

FREIRE, P.; FREIRE, A. M. A. *Pedagogy of the heart*. New York: Continuum, 1997.

FREIRE, P.; FREIRE, A. M. A. *À sombra dessa mangueira*. Rio de Janeiro: Paz e Terra, 1997.

FREIRE, P.; MACEDO, D. A. Dialogue: culture, language, and race. *Harvard Educational Review*, v. 65, n. 3, p. 379, 1995.

GIARDELLO, P. *Pioneers in early childhood education*: the roots and legacies of Rachel and Margaret McMillan, Maria Montessori and Susan Isaacs. London: Routledge, 2013.

MOSS, P. *Early childhood and compulsory education*: reconceptualising the relationship. London: Routledge, 2013.

MOSS, P. *Transformative change and real utopias in early childhood education*: a story of democracy, experimentation and potentiality. London: Routledge, 2014.

NUTBROWN, C.; CLOUGH, P. *Early childhood education*: history, philosophy and experience. London: Sage, 2014.

THE ORGANISATION FOR ECONOMIC CO-OPERATION AND DEVELOPMENT. (OECD). *Investing in high quality Early Childhood Education and Care (ECEC), 2011*. − (www.oecd.org/preschoolsandschools/48980282.pdf).

THE ORGANISATION FOR ECONOMIC CO-OPERATION AND DEVELOPMENT. (OECD). *Starting strong III* − a quality toolbox for early childhood education and care. Paris: OECD, 2012.

OLIVEIRA-FORMOSINHO, J. The specific professional nature of early years education and styles of adult/child interaction. *European Early Childhood Education Research Journal*, v. 9, n. 1, p. 57-72, 2001.

OLIVEIRA-FORMOSINHO, J. Pedagogia(s) da infância: reconstruindo uma práxis de participação. In: OLIVEIRA-FORMOSINHO, J.; KISHIMOTO, T. M.; PINAZZA, M. (Orgs.), *Pedagogias(s) da Infância*: dialogando com o passado, construindo o futuro. São Paulo: Artmed, 2007. p. 13-36.

OLIVEIRA-FORMOSINHO, J.; ARAÚJO, S. B. Early education for diversity: starting from birth. *European Early Childhood Education Research Journal*, v. 19, n. 2, p. 223-235, 2011.

OLIVEIRA-FORMOSINHO, J.; FORMOSINHO, J. *Pedagogy-in-Participation*: Childhood Association educational perspective. Porto: Porto, 2012.

PASCAL, C.; BERTRAM, T. Listening to young citizens: The struggle to make real a participatory paradigm in research with young children. *European Early Childhood Education Research Journal*, v. 17, n. 2, p. 249-262, 2009.

SANTOS, B. S. Introdução: para ampliar o cânone do reconhecimento, da diferença e da igualdade. In: SANTOS, B. S. *Reconhecer para libertar*: os caminhos do cosmopolitanismo multicultural. Rio de Janeiro: Civilização Brasileira, 2003a. p.56.

SANTOS, B. S. Por uma Concepção Multicultural de Direitos Humanos. In: SANTOS, B. S. *Reconhecer para libertar*: os caminhos do cosmopolitanismo multicultural. Rio de Janeiro: Civilização Brasileira, 2003b. p. 429-461.

UNITED NATIONS MINISTRY OF EDUCATIONAL, SCIENTIFIC AND EDUCATION AND SCIENCE CULTURAL ORGANIZATION. (UNESCO). *The Salamanca statement and framework for action on special needs education*. Salamanca: Unesco, 1994. Disponível em: <http://www.unesco.org/education/pdf/SALAMA_E.PDF>. Acesso em: 16 maio 2018.

2

Pedagogia-em-Participação: em busca de uma práxis holística

Júlia Oliveira-Formosinho e João Formosinho

INTRODUÇÃO

Este capítulo apresenta a *Pedagogia-em-Participação*, uma perspectiva pedagógica situada na família das pedagogias participativas. Esta apresentação de uma abordagem específica do desenvolvimento pedagógico segue um roteiro que envolve uma visão democrática de mundo, na qual essa perspectiva está fundamentalmente embasada. É seguida pela identificação dos eixos pedagógicos que inspiram a criação de intencionalidade educativa para as experiências de aprendizagem diárias das crianças. O reconhecimento do ambiente educativo como um *segundo educador* nos leva à análise de alguns critérios utilizados para sua organização e revela as dimensões pedagógicas que sustentam o cotidiano de aprendizagem e formam sua tessitura educacional. Para o objetivo deste livro, entre essas dimensões, destacamos a documentação pedagógica que serve de apoio à avaliação pedagógica, conforme descrevemos de modo mais detalhado e completo no Capítulo 6.

Esperamos que aqueles que nos acompanharem ao longo deste percurso descubram o conceito de *isomorfismo pedagógico* como sendo a chave para a compreensão da natureza complexa e interativa da aprendizagem das crianças e dos adultos.

PEDAGOGIA-EM-PARTICIPAÇÃO: PERSPECTIVA EDUCATIVA DA ASSOCIAÇÃO CRIANÇA

A *Pedagogia-em-Participação* é a perspectiva educativa da Associação Criança.[1] Esta é uma pedagogia coconstrutivista participativa para a educação infantil que está sendo desenvolvida desde o final dos anos de 1990 (FORMOSINHO; OLIVEIRA-FORMOSINHO, 1996, 2008; OLIVEIRA-FORMOSINHO; FORMOSINHO, 2001, 2012) e utilizada em vários centros de educação infantil de Portugal e de outros países. A Associação Criança é apoiada desde sua criação pela Fundação Aga Khan, com sede em Portugal. A Pedagogia-em-Participação é atualmente utilizada em parceria com a Fundação Aga Khan Portugal em diversos contextos na área da Grande Lisboa, como o Centro Infantil Olivais Sul.

A PRÁXIS COMO O *LOCUS* DA PEDAGOGIA

A pedagogia organiza-se em torno de saberes que se constroem na ação situada, em articulação com as concepções teóricas (teorias e saberes) e com as crenças (crenças, valores e princípios). Como afirma Bruner (1996), uma pedagogia nunca é inocente e nunca é neutra. A pedagogia é um espaço "ambíguo", não de um-entre-dois, ou seja, a teoria e a prática, como alguns dizem, mas de um-entre-três: as ações, as teorias e as crenças em uma triangulação interativa e constantemente renovada. Convocar crenças, valores e princípios, analisar práticas e usar saberes e teorias constitui o movimento triangular de criação da pedagogia. Dessa forma, a pedagogia sustenta-se em uma *práxis*, ou seja, em uma *ação impregnada de teoria e sustentada por um sistema de crenças*. Uma vez que a práxis é o *locus* da pedagogia, ela se torna o *locus* para o desenvolvimento do conhecimento pedagógico (Figura 2.1).

A pedagogia é definida como a construção de conhecimento praxeológico em uma ação situada. Como tal, recusa tanto o academismo redutor no qual a lógica dos saberes constitui o critério único para conhecer e para desenvolver conhecimento, quanto o empirismo no qual a experiência primária do cotidiano, não ampliada nem refletida, constitui a referência central (FORMOSINHO, 2002a, 2002b). Diferentemente de outros domínios científicos, identificados pelo estabelecimento de fronteiras bem definidas, o saber e o conhecimento pedagógico são

---

[1] A Associação Criança (www.childhoodassociation.com) é uma associação civil de profissionais do desenvolvimento humano, criada no início dos anos de 1990. Seus principais objetivos são o desenvolvimento de processos de mudança e inovação com instituições de educação infantil, bem como o desenvolvimento da qualidade como equidade. A Associação Criança desenvolveu uma abordagem socioconstrutivista – Pedagogia-em-Participação – visando o desenvolvimento colaborativo de instituições de educação infantil como espaços democráticos e englobando pedagogia da infância, Formação em Contexto, envolvimento dos pais na aprendizagem das crianças, desenvolvimento profissional e organizacional, pesquisa. A Associação Criança apoia o desenvolvimento da Pedagogia-em-Participação em diversos contextos de educação infantil de Portugal, como Lisboa, Porto, Guimarães, Braga e outros, e desenvolve diálogos com instituições pedagógicas e acadêmicas no Brasil, na Inglaterra e na Espanha, entre outros.

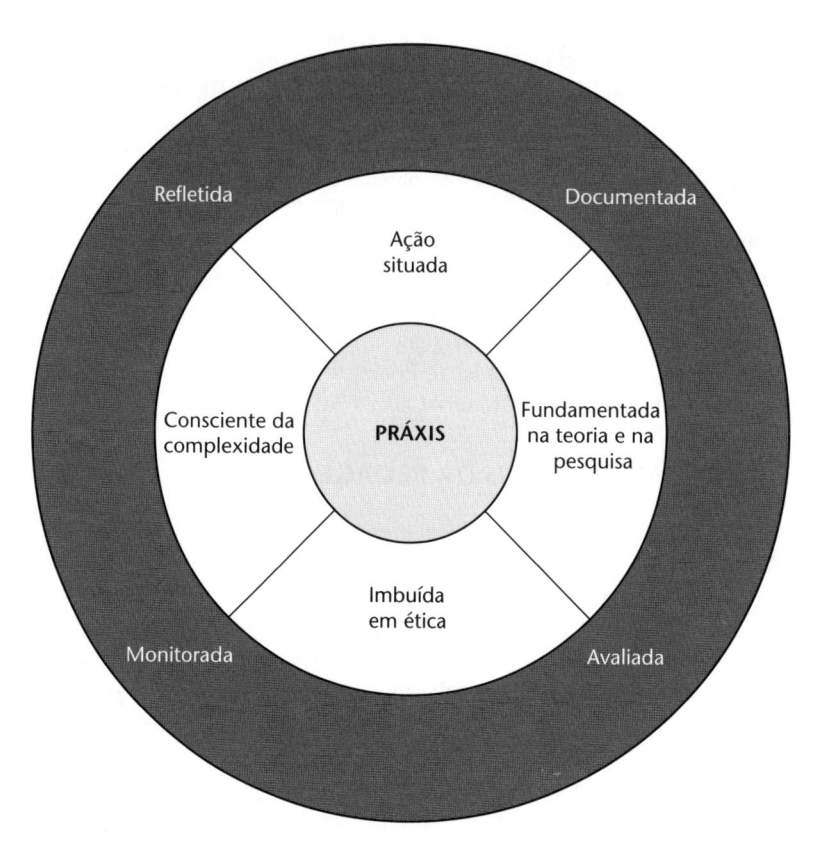

FIGURA 2.1 A práxis.

criados na ambiguidade e na complexidade de um espaço que conhece suas fronteiras, mas não as delimita, porque sua essência reside na integração.

Pedagogia-em-Participação

Existem dois modos essenciais de fazer pedagogia, conforme discutido no Capítulo 1: o modo *transmissivo* e o modo *participativo* (OLIVEIRA-FORMOSINHO, 1998, 2004, 2007).[2] A pedagogia transmissiva centra-se no conhecimento que quer veicular, enquanto as pedagogias participativas estão voltadas para os atores que coconstroem o conhecimento ao participar dos processos de aprendizagem. Conforme mencio-

---

[2] Morin (1999b), citando Bachelard, demonstra claramente que métodos carregam ideologias. O método de aprender-ensinar se materializa em processos, e estes qualificam o tipo de epistemologia presente, determinando se ela é transmissiva ou participativa. A conscientização (FREIRE, 2005) do papel do método é necessária quando se procura por uma epistemologia que respeite os direitos das crianças de aprender por meio da sua própria participação no processo de aprendizagem.

namos, a Pedagogia-em-Participação está situada na família das pedagogias participativas. Consiste, essencialmente, na *criação de ambientes pedagógicos nos quais interações e relações sustentam, no cotidiano, atividades e projetos conjuntos*, o que permite que a criança e o grupo coconstruam sua própria aprendizagem e celebrem suas conquistas (FORMOSINHO; OLIVEIRA-FORMOSINHO, 2008; OLIVEIRA-FORMOSINHO, 1998). Utilizamos a estrutura mostrada na Tabela 2.1 para apresentar nossa perspectiva pedagógica.

De acordo com Dewey (1939), a democracia é mais do que um modo de governo. É antes de tudo uma forma de viver em comunidade, de experiência comunicativa e compartilhada. É um modo de viver sustentado por uma crença profunda nas possibilidades da natureza humana.

A democracia está no âmago das crenças, dos valores e dos princípios da Pedagogia-em-Participação. Os centros de educação infantil devem ser organizados de tal maneira que a democracia seja tanto um meio quanto um fim, ou seja, esteja presente tanto no âmbito das grandes finalidades educativas, como no âmbito de um cotidiano do qual participam todos os atores centrais. A democracia está no âmago das crenças da Pedagogia-em-Participação porque enfatiza a promoção de equidade para todos e a inclusão de todas as diversidades (Figura 2.2).

Instituições de educação infantil como espaços democráticos

Esses princípios devem permear todos os níveis de intervenção educacional: a definição de objetivos educacionais, a escolha de métodos para o desenvolvimento do cotidiano de aprendizagem e sua avaliação, a organização das instituições educacionais, a organização da formação e o desenvolvimento da pesquisa. Os objetivos da aprendizagem, tanto para crianças como para adultos, devem ser permeados por ideais de democracia e participação. A congruência de valores, crenças e princípios para todos os atores é a exigência de um dinamismo ético como proposta ética. Isso requer a existência de um cotidiano coerente, que analisa a práxis pelos princípios que devem sustentá-la, tanto no que se refere à aprendizagem das crianças como à aprendizagem dos adultos, e aos níveis da organização, da pedagogia e da pesquisa.

TABELA 2.1 Pedagogia-em-Participação: uma perspectiva democrática e solidária

a. Suporte teórico: crenças, valores e saberes
b. Eixos pedagógicos
c. Aprendizagem experiencial (a criação de situações experienciais para o desenvolvimento dos eixos peda gógicos)
d. Áreas de aprendizagem
e. Organização do ambiente educativo para a aprendizagem experiencial (espaços e tempos, materiais pedagógicos, grupos de aprendizagem, interação entre adultos e crianças, planejamento com a criança, atividades e projetos)
f. Envolvimento dos pais
g. Documentação pedagógica e procedimentos de avaliação congruentes

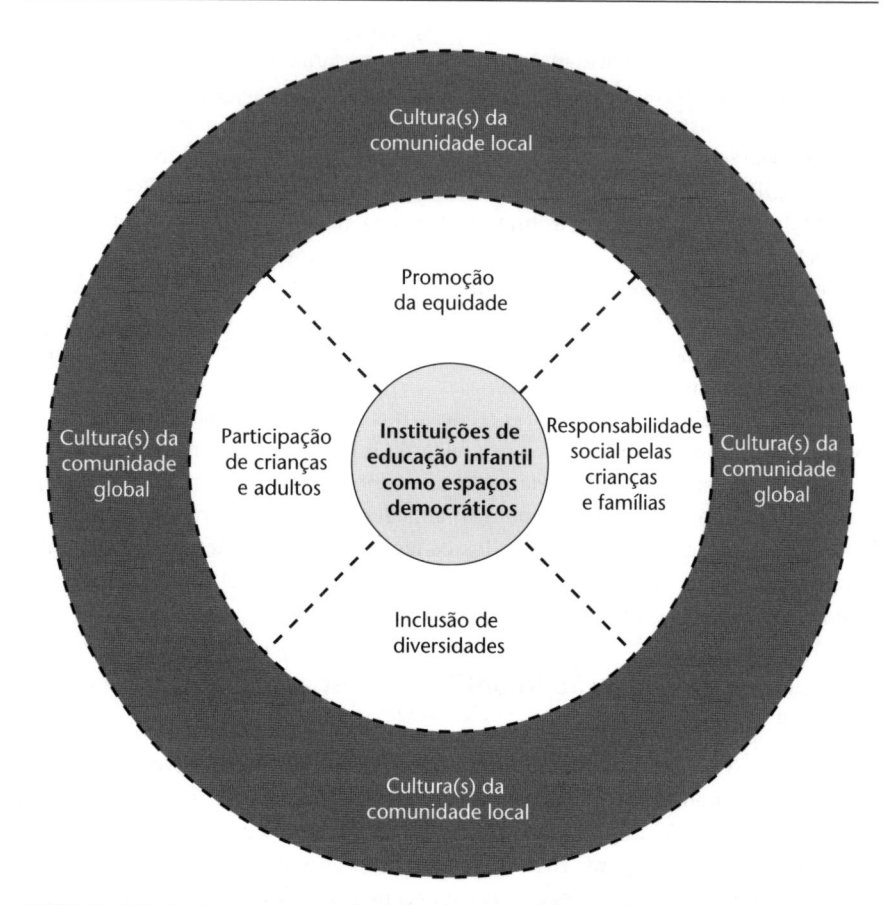

FIGURA 2.2 Centros de educação infantil como espaços democráticos.

[Diagrama circular com os seguintes elementos:
- Anel externo: Cultura(s) da comunidade local; Cultura(s) da comunidade global
- Setores internos: Promoção da equidade; Participação de crianças e adultos; Responsabilidade social pelas crianças e famílias; Inclusão de diversidades
- Centro: Instituições de educação infantil como espaços democráticos]

Partir do conceito de democracia como crença e valor fundador desse conjunto de princípios é partir de uma certa visão de mundo. Isso não significa otimismo ingênuo, mas antes um desafio árduo no sentido de criar condições para que tanto crianças quanto adultos possam exercer a capacidade de que dispõem. É esse poder de ação que os constitui como seres humanos livres e colaborativos, com capacidade para pensamento e ação reflexiva, inteligente e solidária.[3]

---

[3]Nossos pontos de partida são profundamente inspirados por Dewey e por toda a riqueza pedagógica do século XX (Dewey, Freinet, Piaget, Vygotsky, Malaguzzi, Bruner). O livro que publicamos juntamente com Tizuko Kishimoto e Mônica Pinazza (OLIVEIRA-FORMOSINHO; KISHIMOTO; PINAZZA, 2007) expressa nossa convicção de que devemos compreender melhor nosso pertencimento pedagógico de modo que possamos criar um presente e um futuro que melhor sirvam às crianças, às famílias e à sociedade. O processo de constante desconstrução que é necessário para a prática é profundamente inspirado em Paulo Freire. A esperança da possibilidade de uma nova construção é fortemente inspirada nas crianças com quem estivemos trabalhando e que nos apresentaram evidências de sua inventividade na construção conjunta do conhecimento.

A aprendizagem solidária (apresentada no Capítulo 6) desenvolve-se por meio do ensino solidário em profunda interconexão com o pensar, o sentir e o fazer de crianças e educadores. Esse conjunto de pontos de partida conduz à afirmação do respeito por todos os indivíduos e grupos envolvidos nos processos educativos. A Pedagogia-em-Participação promove o diálogo intercultural entre grupos e indivíduos envolvidos nos processos pedagógicos; reforça a aprendizagem colaborativa; busca o sucesso educativo para todos. O conceito de democracia se desenvolve em um contexto de respeito pelos direitos humanos (incluindo os direitos das crianças; em especial, o direito de aprender) e em um contexto de desenvolvimento da identidade das crianças e dos profissionais.

A Pedagogia-em-Participação considera necessário e indispensável o exercício de conscientização (FREIRE, 2005) do que é a pedagogia tradicional, desconstruindo-a em suas características essenciais (FORMOSINHO, 2007a, 2007b; FORMOSINHO; MACHADO, 2007) e em seu processo de educar para a passividade (FORMOSINHO, 1987), como visto no Capítulo 1. Enfrenta o duplo desafio da esperança constitutiva e da construção e reconstrução permanente que é exigida pelas pedagogias participativas em um contexto de desconstrução reflexiva crítica (FREIRE, 2002).

Os papéis de estudante e professor (ambos aprendentes) na Pedagogia-em-Participação são reconstruídos com base na reconceituação da pessoa (tanto a pessoa do estudante quanto a pessoa do professor) como detentora de competência e poder de ação, de capacidade e gosto pela colaboração, e portadora do direito à participação. Crianças e adultos desenvolvendo atividades e projetos (por meio do pensamento, da ação e da reflexão em companhia) se afirmam como coautores da aprendizagem como uma base para a construção do saber.

Os objetivos educacionais da Pedagogia-em-Participação são os de apoiar o envolvimento da criança no *continuum* experiencial e a construção da aprendizagem por meio da experiência contínua e interativa, em que a criança tem tanto o direito à participação quanto o direito ao apoio sensível, empoderador e estimulante por parte do educador (BERTRAM, 1996). A atenção partilhada (TOMASELLO, 1998, 2009) é conceituada na Pedagogia-em-Participação como *aprender em companhia*. É sabido que a atenção partilhada entre crianças e educadores, direcionada a pessoas e objetos, ações e situações, cria sintonia e serve de base para a intersubjetividade.

A atividade da criança é exercida em colaboração com seus pares e com o educador no nível de todas as dimensões da pedagogia, e muito especificamente no âmbito do planejamento, da execução e reflexão das atividades e dos projetos. Nas palavras de Dewey, esses processos de colaboração contribuem para o desenvolvimento de uma aprendizagem que se faz "junto com" (*togetherness*) e facilitam o encontro de mentes.

A motivação da criança para a aprendizagem experiencial desenvolve-se na identificação dos seus interesses, suas motivações e esperanças, criando intencionalidades e propósitos, e dialogando com as motivações profissionais do educador, cujo profissionalismo e identidade são projetados no encontro com a criança. O papel central do educador é coorganizar o ambiente educativo e observar e registrar, escutar e documentar o que foi observado em relação à criança, a fim de compreendê-la e responder-lhe, ampliando os interesses e conhecimentos da criança e do grupo em direção à cultura. A aprendizagem desenvolve-se em encontros culturais entre crianças e adultos.

O método de ensino centrado no aprender confere um papel importante à criança, à colaboração entre pares e à colaboração do educador, que é o de desenvolver uma metodologia coconstrutivista que visa a crescimento em colaboração e participação, tendo como objetivo o crescimento na aprendizagem. A pedagogia é vista como um encontro de culturas.

Nesse contexto, torna-se essencial realizar uma constante autovigilância das interações adulto-criança, perguntando reflexivamente: Será que estas interações desenvolvem sintonia com a criança? Será que favorecem a autonomia e, ao mesmo tempo, criam colaboração positiva? Será que promovem a escuta e a organização de situações estimulantes? Será que contribuem para o bem-estar, o envolvimento e a aprendizagem de crianças, pais e educadores?

A Pedagogia-em-Participação é essencialmente a *criação de ambientes educativos nos quais a ética das relações e interações permite o desenvolvimento de atividades e projetos* que possibilitam que as crianças vivam, aprendam, signifiquem e criem, porque valorizam a experiência, o conhecimento e a cultura das crianças e das famílias, em diálogo com a cultura e o conhecimento do educador.

EIXOS PEDAGÓGICOS DA PEDAGOGIA-EM-PARTICIPAÇÃO

Os eixos pedagógicos inspiram o processo de criação de intencionalidade educativa; eles definem as linhas centrais para o pensar e fazer pedagogia no cotidiano de vida e aprendizagem (FORMOSINHO; OLIVEIRA-FORMOSINHO, 1996, 2008). Esses eixos indicam os campos em que aspiramos negociar e desenvolver propósitos, objetivos, meios, processos, documentação, avaliação e pesquisa. Eles constituem mediadores entre a teoria e a práxis.

A Figura 2.3 mostra os eixos pedagógicos (âncoras) da Pedagogia-em-Participação, definidos pelos processos de desenvolvimento teórico, formação, intervenção e pesquisa, produzidos pela equipe da Associação Criança.

Esses eixos são profundamente interdependentes e visam inspirar e organizar processos educativos que colaborem na construção e no desenvolvimento de identidades sócio-histórico-culturais. A pedagogia é vista como um processo de aprofundamento de identidades: cultivar a humanidade por meio da educação, tornando-a um processo de cultivar o ser, os laços, a aprendizagem e o significado.

Definimos a pedagogia como um processo de fortalecimento de identidades: cultivar a humanidade por meio da educação, fazendo da pedagogia um processo

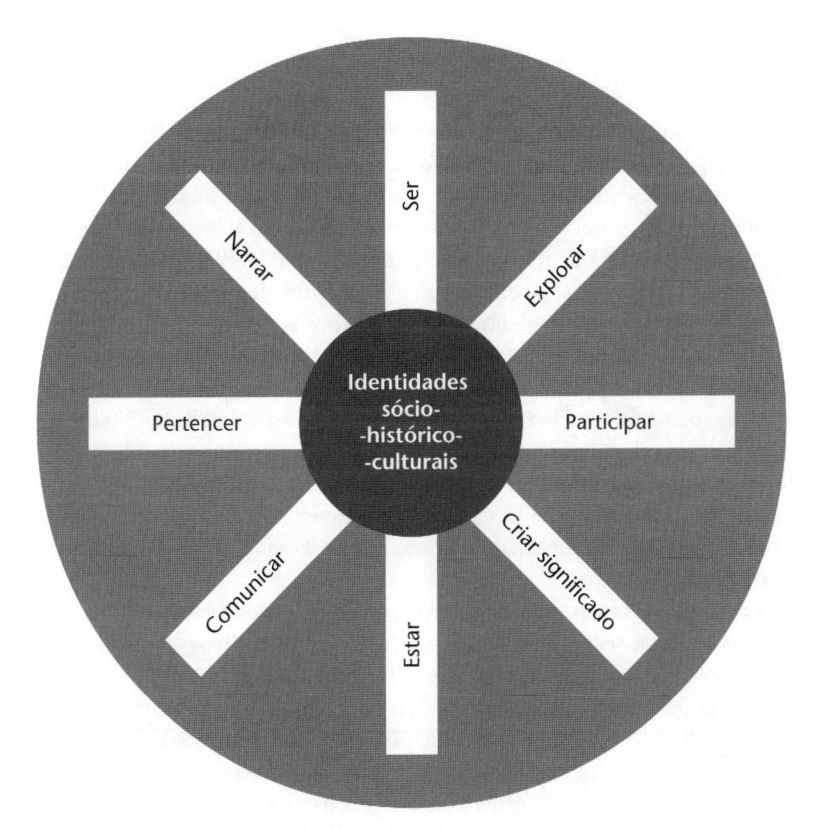

FIGURA 2.3 Eixos pedagógicos da Pedagogia-em-Participação.

de cultivar o *ser* holístico e relacional em contexto(s) e cultura(s), o aprendente *competente* em comunicação, diálogo e participação, o *criador de significados* para a aprendizagem em progresso.

O pensamento de Edgar Morin (1986, 1999a, 1999b) serviu de inspiração para a Pedagogia-em-Participação considerar a criança em sua totalidade, como unidade e diversidade, em processos que entrelaçam semelhanças e diferenças, sentidos e inteligências, exploração e comunicação, criação de significado por meio de múltiplas narrativas desenvolvidas no conforto do pertencimento e do direito de participação.

O percurso para desenvolver essas intencionalidades mostra claramente os processos dialógicos que envolvem o pensamento e a pesquisa de muitos membros da Associação Criança (ARAÚJO, 2011; AZEVEDO, 2009; MACHADO, 2014; OLIVEIRA-FORMOSINHO, 1998; OLIVEIRA-FORMOSINHO; FORMOSINHO, 2001; OLIVEIRA-FORMOSINHO; ANDRADE; GAMBÔA, 2009; OLIVEIRA--FORMOSINHO; COSTA; AZEVEDO, 2009a, 2009b, SOUSA, 2017.).

Ser/estar

Observando a Figura 2.3, o *primeiro eixo pedagógico – ser/estar –* confere intencionalidade a uma *pedagogia de desenvolvimento de identidades*, na qual a aprendizagem surge, desde o nascimento, focada no desenvolvimento de identidades que compartilham semelhanças e diferenças (Figura 2.4). Procuramos desenvolver identidades plurais, porque pretendemos incluir todas as diversidades, pensando o ser humano como ser intrinsecamente plural e social. As identidades individuais das crianças em contextos socioeducacionais começam, desde o nascimento, a aprender como se envolver com as identidades plurais dos educadores e de seus pares, que podem ajudá-las a ser, elas próprias, plurais. Se o ambiente educativo é concebido para promover identidades plurais e a identidade pessoal-social-plural do *eu*, a diferença do outro não constitui uma barreira; a convivência do arco-íris de identidades ajuda a aprender a desenvolver limites permeáveis. Nossa primeira preocupação pedagógica reside na criação de um clima de bem-estar para crianças e famílias indistintamente, no qual as identidades plurais são acolhidas e respeitadas. O processo sociocultural de desenvolvimento da identidade começa com o desenvolvimento de identidades pessoais em relação.

Esse primeiro eixo central de desenvolvimento de identidades plurais por meio de relações e interações, em contextos educacionais interativos com outros contextos de vida, foi inspirado em Oliveira-Formosinho (1987, 1992, 1998). As identidades dos aprendentes necessitam de espaço para se desenvolver como identidades pessoais e sociais. As crianças, em seus processos de desenvolvimento de identidades em interação com seus pares e com adultos, precisam de educadores que estejam em sintonia com eles, que os desafiem e os provoquem, que os apoiem e os sustentem (OLIVEIRA-FORMOSINHO, 1998, 2001; WERTSCH, 1985).

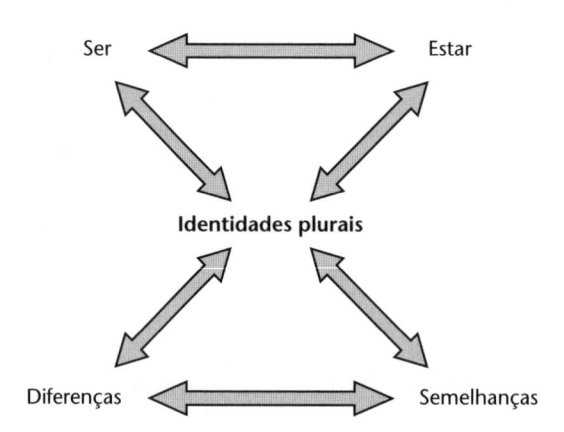

FIGURA 2.4 Ser, estar.

Pertencer e participar

O *segundo eixo pedagógico, pertencer e participar,* confere intencionalidade à *pedagogia dos laços* e da conectividade, na qual o reconhecimento do pertencimento à família é progressivamente ampliado para o reconhecimento do pertencimento ao centro de educação infantil e à comunidade educativa. Esse eixo também confere intencionalidade à aprendizagem das diferenças e semelhanças no processo humano de desenvolver laços, relações e pertencimentos (Figura 2.5). A participação adquire significado nesses contextos de pertencimento em que se pode participar. Crescer em participação é facilitado quando a criança sente que "pertence a este lugar" porque é respeitada e respondida. O desejo de pertencimento existe enquanto impulso social; o ambiente educativo deve ser projetado para ler os sinais das crianças, escutar, sintonizar e responder; tornar visível o respeito pelas crianças e famílias; incluir fundos de conhecimento (MOLL et al., 1992) das famílias às quais as crianças pertencem.

"Pertencer a este lugar" (ao centro de educação infantil) é mais fácil quando a criança sente o respeito pelo pertencimento da família (FORMOSINHO, 1989). A conectividade entre pertencimentos e o estabelecimento de laços com as famílias facilitam o desenvolvimento do sentimento de pertencimento ao centro de educação infantil. O envolvimento das famílias no centro de educação de suas crianças as ajuda a aprender a participar ativamente no cotidiano do centro de educação, e as ajuda a contribuir com sua força interior e com os fundos de conhecimento da família (MOLL et al., 1992).[4] Esses fundos representam recursos culturais e cognitivos para a educação das crianças em uma abordagem pedagógica democrática.

Pertencer ⇔ Participar

Pertencimentos participativos

Diferenças ⇔ Semelhanças

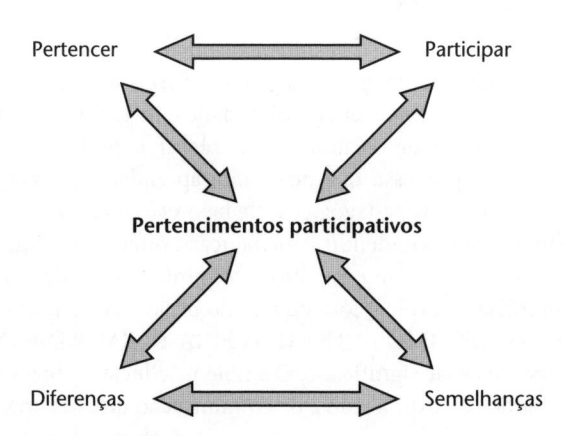

FIGURA 2.5 Pertencer e participar.

---

[4] De acordo com esses autores, o conceito de fundos de conhecimento (*funds of knowledge*) se refere ao "[...] acervo historicamente acumulado e culturalmente desenvolvido de conhecimentos e competências essenciais para a vida em família e para o funcionamento e o bem-estar individual" (MOLL et al., 1992, p. 133).

Uma das fontes essenciais de inspiração para esse eixo pedagógico foi a tese de doutorado de João Formosinho (1987). Formosinho, com sua pesquisa a respeito da educação para a passividade, desconstruiu o sistema educacional tradicional português da ditadura salazarista, demonstrando que foi projetada para a inculcação da passividade cultural por meio da conformidade pedagógica e do controle administrativo burocrático. Nessa pesquisa, ele aponta para uma nova abordagem da educação, centrada na participação. Uma das primeiras âncoras para o desenvolvimento da intencionalidade educativa da Pedagogia-em-Participação é a participação no processo de aprendizagem e na vida da comunidade educativa. Essa contribuição apoia o desenvolvimento do sentimento de pertencimento e promove mais participação.

O controle burocrático do governo central também pode ser exercido por meio do currículo, como evidencia outra parte da pesquisa de Formosinho (1987, 2007a): o *currículo pronto-para-vestir de tamanho único*, por meio da promoção de uma proposta educativa de tamanho-único-que-serve-para-todos, a qual suprime a participação tanto dos professores quanto dos estudantes. Isso dificulta bastante a criação de uma comunidade educativa escolar (FORMOSINHO, 1989), assim como a de comunidades de aprendizagem de educadores-crianças (KOHLBERG, 1987; OLIVEIRA-FORMOSINHO, 1987).

A desconstrução da passividade pedagógica realizada por João Formosinho mostra que a criação de comunidades educativas começa com uma proposta pedagógica que propõe o direito de todos a participar de um projeto compartilhado.[5]

Linguagens e comunicação

O terceiro *eixo pedagógico*, o *eixo da exploração e comunicação com as "cem linguagens"*, define uma pedagogia *de aprendizagem experiencial* na qual a intencionalidade é a do fazer – experimentar em continuidade e interatividade, em reflexão e comunicação, em autonomia e colaboração. Explorar, experimentar, refletir, analisar e comunicar é um processo que possibilita aprender a pensar e a conhecer. Assim como nos outros eixos pedagógicos, ele favorece os processos de aprender e conhecer, em espiral, compreendendo semelhanças e diferenças (Figura 2.6). Freire (2005) afirma que somente por intermédio da comunicação a vida humana pode ter significado. Comunicar as explorações de mundo utilizando sentidos inteligentes e inteligências sensíveis (FORMOSINHO; OLIVEIRA-FORMOSINHO, 2008) abre à criança mundos possíveis de significado. O ambiente educativo precisa desenvolver sintonia com os modos de exploração e de comunicação de cada criança, por meio da sua organização pedagógica, dos seus estilos e das estratégias de mediação peda-

---

[5] A metodologia dessa tese de doutorado (London Institute of Education) é centrada na análise de quatro décadas de livros didáticos (1932-1968) produzidos durante a ditadura de Salazar e na análise detalhada dos mecanismos administrativos para exercer controle burocrático sobre os diretores de escola, os professores e os alunos.

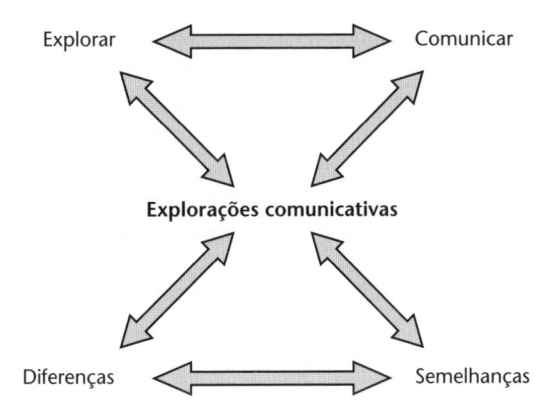

```
        Explorar  ⟷  Comunicar
              ↘   ↗
         Explorações comunicativas
              ↙   ↘
        Diferenças  ⟷  Semelhanças
```

FIGURA 2.6 Explorar e comunicar.

gógica, da sua abordagem à documentação pedagógica como narração e celebração das diversas jornadas de aprendizagem e suas respectivas avaliações.

Malaguzzi (1998) serviu como uma das fontes de inspiração para esse terceiro eixo, explorar e comunicar, quando nos referimos à criança em exploração comunicativa utilizando as *cem linguagens* e tendo o direito de ver seu processo de aprendizagem documentado como meio para revisitá-lo, comunicar, criar memória, narrar e desenvolver metacognição.

Narrativa e jornadas de aprendizagem

O *quarto eixo pedagógico* (Figura 2.7), o eixo da *narrativa das jornadas de aprendizagem*, permite outra ordem de intencionalidade e compreensão que se torna a base para aprender sobre aprender e aprender sobre si mesmo como aprendente. Esse eixo de

```
         Narrar  ⟷  Criar significado
              ↘   ↗
            Criar significado
              ↙   ↘
        Diferenças  ⟷  Semelhanças
```

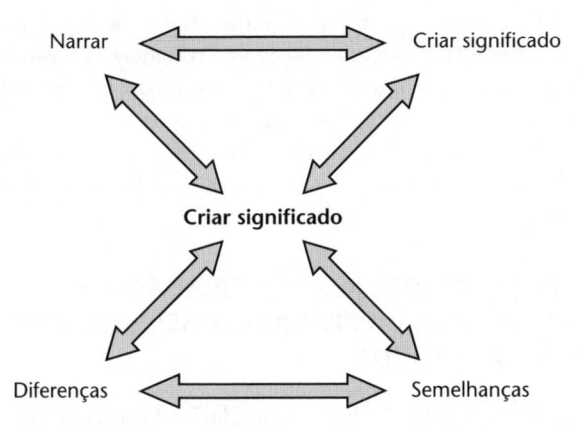

FIGURA 2.7 Narrar e criar significado.

intencionalidade pedagógica pretende ver a criança aprendendo e a "aprendizagem em desenvolvimento" (CARR; LEE, 2012). O acesso das crianças à documentação pedagógica a respeito da sua própria aprendizagem e a de seus pares lhes dá acesso às múltiplas formas de criar a realidade da aprendizagem – por meio de narrativas a respeito da sua própria aprendizagem. A documentação pedagógica é uma forma de narração de *viagens de aprendizagem*, que permite as conversas das crianças com seus processos de aprendizagem e com suas realizações (BRUNER, 1996). A documentação pedagógica facilita o distanciamento e a aproximação de quem aprende consigo mesmo por meio da narração. A dualidade da distância e da proximidade face ao fazer, que é oportunizada pela documentação, apoia as crianças na criação de significado para a sua aprendizagem e a verem-se a si mesmas aprendendo, relembrando e pensando, criando conhecimento e saberes, constituindo-se como identidades narrativas.

Bruner (1990, 1996) tem sido uma das inspirações para a definição desse eixo em seu entendimento da:

> [...] pedagogia moderna como se voltando cada vez mais para a noção de que a criança deve estar ciente dos próprios processos de pensamento, e de que é imprescindível que o teórico pedagógico e o professor a auxiliem a tornar-se mais metacognitiva – a ser tão consciente de como aprende e pensa quanto ela é a respeito do assunto que estuda. Não basta desenvolver habilidades e acumular conhecimentos. Pode-se auxiliar um aprendente a ser pleno, sabendo refletir a respeito de como faz seu trabalho e de como pode melhorar sua abordagem. Equipar uma criança com uma boa teoria da mente – ou teoria do funcionamento da mente – é uma das maneiras de ajudá-la a fazê-lo (BRUNER, 1996, p. 64).

A documentação pedagógica como uma narrativa das jornadas de aprendizagem individuais é um meio natural de organização da experiência. A narrativa é um modo bastante apropriado de enquadrar e relatar a experiência de aprendizagem.

O conceito de Bruner (1996) de "pensamento narrativo" pode ser entendido como um instrumento de negociação social do significado. Malaguzzi (1998) é fonte central para a práxis de documentação da Pedagogia-em-Participação. A sua teoria pedagógica sobre a documentação e a sua forma praxeológica de desenvolvê-la constituem-se como uma revolução coperniciana na pedagogia.

A compreensão dos eixos da intencionalidade educativa da Pedagogia-em-Participação situa-se na fronteira entre a ideologia dos direitos na qual se sustenta e as áreas de ação nas quais se desenvolve.

APRENDIZAGEM EXPERIENCIAL: A CRIAÇÃO DE SITUAÇÕES EXPERIENCIAIS PARA O DESENVOLVIMENTO DOS EIXOS PEDAGÓGICOS

A Pedagogia-em-Participação cria intencionalidade educativa ao redor desses eixos e cultiva as identidades e as relações que sustentam o reconhecimento das semelhanças e das diferenças. Desenvolve *aprendizagem experiencial* e a construção de significado por meio do uso dos sentidos inteligentes e das inteligências sensíveis; cria conversação e diálogos que se expressam na riqueza das linguagens plurais que promovem a organização e a narração das experiências de aprendizagem. A interconectividade entre os eixos de intencionalidade pede que se promovam e documentem as experiências de aprendizagem em cada um desses eixos e nas suas integrações para o desenvolvimento de uma pedagogia holística que valorize identidades holísticas. A aprendizagem experiencial é transversal. O trabalho em torno dos quatro eixos contribui para uma nova compreensão da pedagogia intercultural, de uma pedagogia que entrelaça os quatro eixos centrais da intencionalidade educativa, no respeito pela criança holística, nas suas semelhanças e diferenças.

A Pedagogia-em-Participação propõe a criação de situações experienciais para o desenvolvimento das identidades e das relações (identidades relacionais) e do pertencimento e da participação (pertencimento participativo). Propõe a criação de uma pedagogia da complexidade (MORIN, 1999a), em que a aprendizagem experiencial das *cem linguagens* esteja integrada com a aprendizagem experiencial do desenvolvimento de identidades e do pertencimento participativo. Pensar, refletir e comunicar ao longo desse percurso de aprendizagem possibilita a criação de significado a respeito do mundo dos objetos e das pessoas, da natureza e da cultura, do conhecimento e da ética, dos direitos e dos deveres.

A Figura 2.8 mostra a aprendizagem experiencial como a coconstrução do conhecimento por meio da experiência vivida e da reflexão sobre essa experiência. A experiência cria laços entre as crianças e o mundo, tornando-os um *continuum* de experiência relacional. O modo reflexivo e documentado de viver a experiência holística a transforma em narração e significação.

Um educador que desenvolve a Pedagogia-em-Participação organiza o ambiente educativo a fim de criar oportunidades ricas em possibilidades experienciais e narrativas que delas derivem. Isso permite o desenvolvimento da manipulação, da exploração e da representação, além de permitir a comunicação a respeito das experiências de manipulação, exploração e representação e a narração de experiências embasadas pela documentação e visando a criação de significado.

PEDAGOGIA-EM-PARTICIPAÇÃO: ÁREAS DE APRENDIZAGEM

A interatividade dentro de cada polo dos eixos de intencionalidade educativa e a interconectividade entre os eixos indicam quatro áreas de aprendizagem centrais: *identidades, relações, linguagens e significados*. As oportunidades de aprendizagem do ambiente educativo devem proporcionar aprendizagem experiencial tanto no desenvolvimento das identidades e das relações como na aprendizagem das cem linguagens e na construção do conhecimento. A experiência de explorar o mundo com acesso a instrumentos culturais como as cem linguagens (MALAGUZZI, 1998) abre espaço para oportunidades de participação na herança sócio-históri-

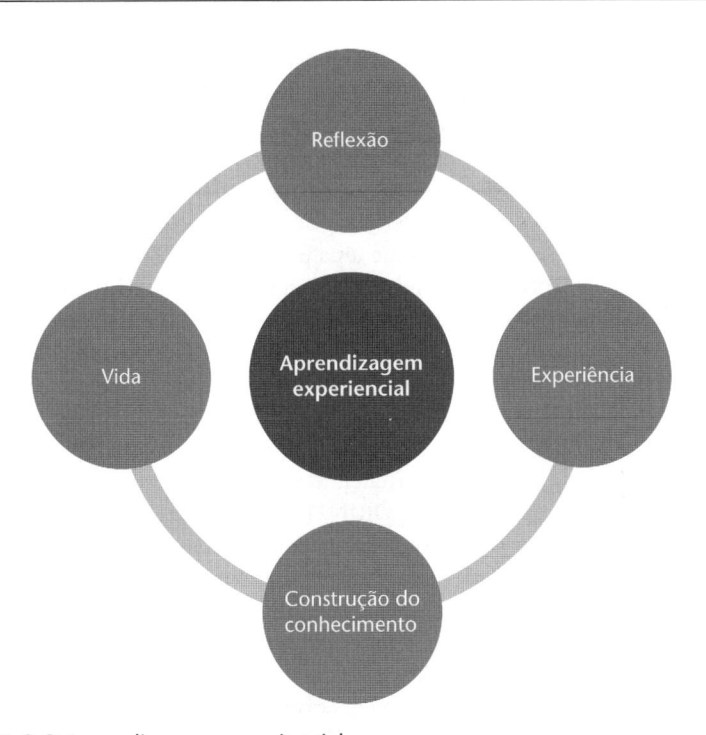

FIGURA 2.8 Aprendizagem experiencial.

ca-cultural. É muito importante negociar com as crianças os propósitos, as trajetórias e os percursos de aprendizagem nessas quatro áreas (identidades, relacionamentos, linguagens e significados). Também é de vital importância garantir que a aprendizagem seja vinculada ao aprender a aprender, uma vez que o modo de ensinar em uma pedagogia participativa é essencialmente voltado para o modo de aprender. Pedagogia é um modo que carrega mensagens e significados.

A Figura 2.9 mostra as quatro áreas de intencionalidade para a aprendizagem e sua relação com os eixos pedagógicos.

As duas primeiras áreas de aprendizagem, *identidades e relações*, são o resultado da intersecção entre dois eixos pedagógicos: ser-estar e pertencer-participar. Ambos promovem o desenvolvimento de identidades plurais e relações múltiplas, direcionam para a aprendizagem acerca de si próprio (corpo, mente, espírito) (MORIN, 1999a), acerca dos outros (corpos, mentes, espíritos), bem como direcionam para a aprendizagem acerca de relações, laços, conectividade e participação. São essas as áreas de aprendizagem vitais para as crianças, de modo que é necessário que o contexto educacional promova experiências nessas áreas. Tais experiências são, desde o nascimento aos seis anos (isto é, durante toda a educação infantil), tão importantes quanto as experiências de apropriação comunicativa e significativa das linguagens culturais e dos conteúdos curriculares.

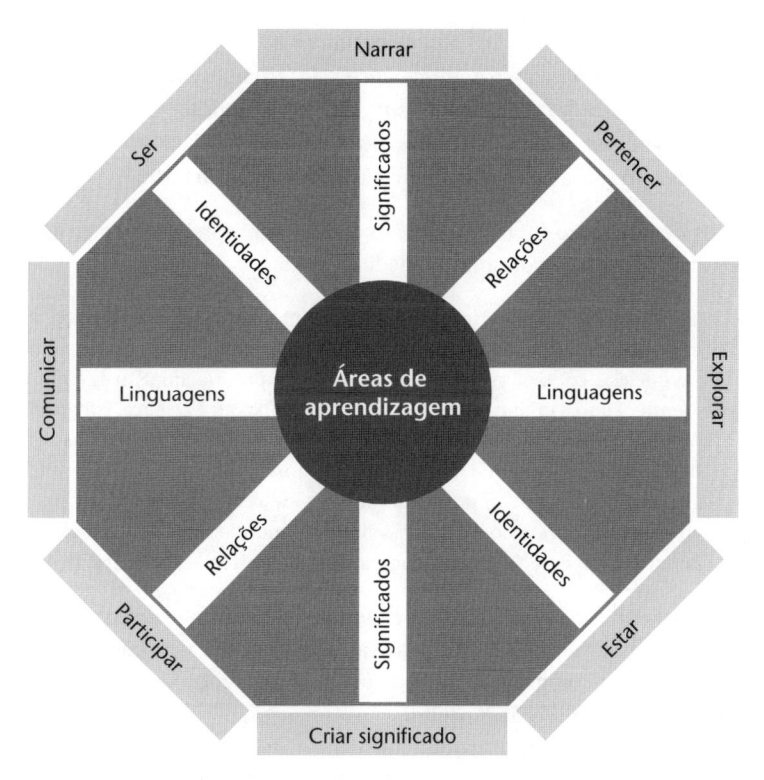

FIGURA 2.9 As áreas de aprendizagem da Pedagogia-em-Participação.

As duas outras áreas de aprendizagem, *linguagens e significados*, resultam da intersecção entre dois outros eixos pedagógicos (explorar e comunicar, narrar e criar significado), projetando a aprendizagem cultural das cem linguagens, dos conteúdos culturais e das funções psicológicas superiores (VYGOTSKY, 1998).

A partir do nascimento e ao longo da vida, as crianças precisam querer e poder responder a questões centrais como as que estão a seguir:

> *Quem sou eu? Quem é ele/ela? Qual a nossa relação? Como me sinto? Como ele/ela se sente? Como eles me veem? Como eu os vejo? A que lugar pertenço? Como posso contribuir? Tenho permissão para usar minhas inteligências sensíveis e meus sentidos inteligentes? O que eu aprendo? Como aprendo a ser um aprendente? Como posso responder? Como posso obter uma resposta? Como posso participar nesse processo de desenvolvimento de mim mesmo, do outro, da subjetividade e da intersubjetividade? Eu sinto que faço parte? Estou crescendo na participação? Estou utilizando os instrumentos culturais disponíveis (linguagens plurais)? Sou considerado/a um construtor/a de significado? Meus sinais são observados? Minhas*

perguntas são ouvidas? Sou respeitado/a na minha necessidade de ser um aprendente que cresce em competência e no conhecimento factual integrando a reflexão, o pensamento e a metacognição? Sou tratado/a como uma pessoa e aprendente ativa, agente, intencional que coconstrói o conhecimento sobre o mundo e sobre o entendimento do outro?

Centros de educação infantil precisam apoiar a compreensão entre as pessoas como condição e proteção da solidariedade humana:

> Compreensão humana implica conhecimento de pessoa a pessoa. Se vejo uma criança chorando, não vou compreender suas lágrimas aferindo a quantidade de sal que elas contêm, mas encontrando minha própria angústia infantil interior, identificando a criança comigo e a mim mesmo com a criança. Não percebemos o outro apenas objetivamente, os percebemos como outros sujeitos com quem nos identificamos e que identificamos conosco, um ego alter que se torna um alter ego. O ato de compreender compreende necessariamente um processo de empatia, identificação e projeção. Compreender, sempre intersubjetivamente, demanda um coração aberto, compaixão, generosidade (MORIN, 1999b, p. 50).

As oportunidades de aprendizagem experiencial das crianças são o veículo para aprender ferramentas culturais, tais como as cem linguagens, e para o desenvolvimento de funções psicológicas superiores, tais como a atenção, a memória, a imaginação e a reflexão (VYGOTSKY, 1998).

A aprendizagem de ferramentas culturais e o desenvolvimento de funções psicológicas superiores ocorrem no uso refletido e na ação pensada – eles são aprendidos na ação. Como Malaguzzi (1998) nos recorda, isso também é verdadeiro para a inteligência: a inteligência se desenvolve usando-a na reflexão que a experiência requer, durante e após a ação que provoca. A comunicação com os outros serve de apoio a esse desenvolvimento e à compreensão humana (FORMOSINHO; OLIVEIRA-FORMOSINHO, 2008).

ORGANIZAÇÃO DO AMBIENTE EDUCATIVO PARA A APRENDIZAGEM EXPERIENCIAL

O debate natureza/cultura (*nature/nurture*) é muito importante para o pensamento pedagógico. Sabemos que a aprendizagem e o desenvolvimento das crianças são processos simultaneamente biológicos dependentes da natureza e de processos sociais e ambientais dependentes da cultura, onde a pedagogia ocupa um espaço central. A concepção da criança como um sujeito pessoal e cultural requer repensar seus ambientes de vida, sobretudo seus contextos culturais. O recente entendimento das crianças como seres culturais, dotados de poder de ação e direitos, reforça a ideia de que as escolas devem ser contextos sociais e culturais de qualidade. As crianças, como seres socioculturais, têm o direito a contextos educacionais que respeitem e acolham tanto as crianças como as famílias e que sejam provocativos no que concerne ao desenvolvimento das identidades plurais.

Bettelheim e Zelan (1982) perguntam: "Nós fazemos o ambiente ou o ambiente nos faz?". A segunda metade do século XX trouxe muitas contribuições para o entendimento dos contextos de vida e suas interações nos processos de aprendizagem e desenvolvimento das crianças, enfatizando a importância da experiência vivida no contexto e de sua interpretação. Lewin (1948) defende a ideia de que o ambiente social em que as crianças vivem é tão importante para o desenvolvimento do sentimento de segurança quanto o ar que respiram. Foucault (1975) analisa os processos de organização do espaço e do tempo para a formação de certos hábitos e comportamentos. Bronfenbrenner (1979) estuda a influência dos ambientes micro e macro e de suas interações na aprendizagem e no desenvolvimento das crianças.

Dimensões pedagógicas integradas

O conhecimento disponível a respeito da importância dos contextos de vida como espaços e tempos para o desenvolvimento das identidades e da aprendizagem é desafiador tanto para educadores quanto para pesquisadores. Precisamos desenvolver um profundo processo de questionamento a respeito de como pensá-los e criá-los no cotidiano dos centros infantis. Isso exige uma jornada de pesquisa que vai desde uma concepção implícita das abordagens pedagógicas até uma concepção explícita delas mesmas para o desenvolvimento dos contextos de aprendizagem e seus cotidianos. Isso significa reconstruir as concepções pedagógicas sobre a organização dos ambientes educativos como contextos de vida e aprendizagem multidimensionais, cujas dimensões são interdependentes.

No âmbito da Pedagogia-em-Participação, pensar o ambiente educativo é um processo em progresso; a criação de ambientes educativos é, para nós, uma constante *experiência em democracia*, porque seu principal propósito é a inclusão de todas as vozes e a resposta a cada uma e a todas elas (PASCAL; BERTRAM, 2009).

O ambiente educativo é uma textura delicada e dinâmica. Ele transmite mensagens, colabora (ou não) para o desenvolvimento do projeto educativo e de seus objetivos. Ele apoia (ou não) a ideologia educacional dos educadores e dos centros educacionais. Respeita (ou não) os direitos das crianças de serem coautoras da sua aprendizagem.

A construção do conhecimento pela criança requer um contexto social e educacional que apoie, promova, facilite e celebre a participação, ou seja, um contexto que participa da construção da participação, porque em última análise aprender significa crescer em participação (ROGOFF, 1990). A Pedagogia-em-Participação quer desenvolver contextos que participem na construção da participação, contextos educacionais que facilitem e promovam a coconstrução da aprendizagem.

Para desenvolver a Pedagogia-em-Participação como um processo de escuta responsiva, é necessário considerar diversas dimensões da pedagogia (Figura 2.10): espaços, materiais e tempos pedagógicos; a organização dos grupos; a qualidade das relações

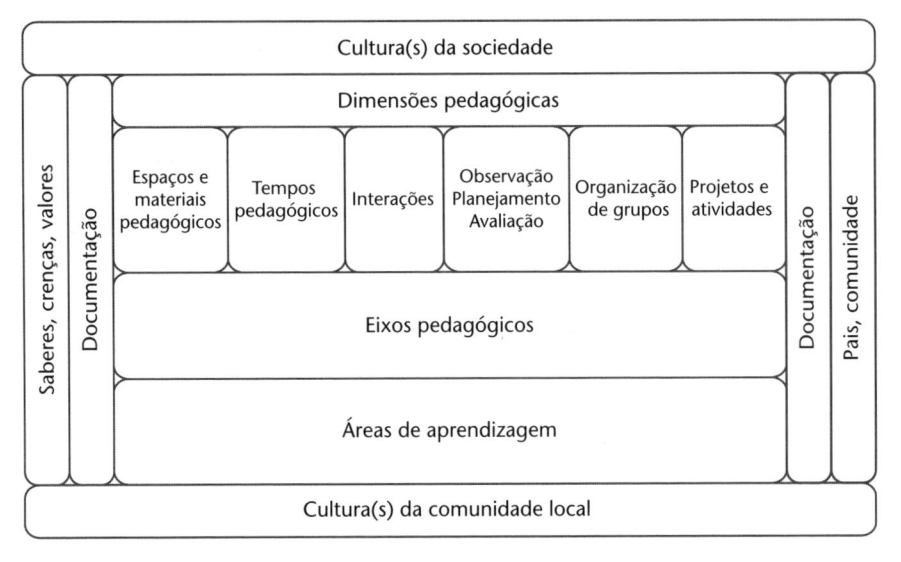

FIGURA 2.10 Dimensões pedagógicas integradas.

Diagrama com os seguintes elementos:
- Cultura(s) da sociedade
- Dimensões pedagógicas: Espaços e materiais pedagógicos | Tempos pedagógicos | Interações | Observação Planejamento Avaliação | Organização de grupos | Projetos e atividades
- Eixos pedagógicos
- Áreas de aprendizagem
- Cultura(s) da comunidade local
- Laterais: Saberes, crenças, valores; Documentação; Documentação; Pais, comunidade

e das interações; a observação, o planejamento e a avaliação da aprendizagem; as atividades e os projetos que trazem vida à construção conjunta da aprendizagem; a documentação pedagógica que cria memória da aprendizagem e meta-aprendizagem e sustenta a avaliação; o envolvimento de pais, famílias e comunidades. A qualidade das diversas dimensões pedagógicas tem diferentes implicações na coconstrução da aprendizagem da criança. A qualidade da delicada tessitura formada pela interconectividade dessas dimensões compõe um ou outro tipo de contexto educacional, diferencia os cotidianos.

Organização do espaço pedagógico

Há uma inquestionável pedagogicidade na materialidade do espaço, diz Paulo Freire a respeito de sua visita a escolas da Rede Municipal de São Paulo, quando era Secretário de Educação do Estado de São Paulo.

> Em "Educação na Cidade", eu chamei a atenção para esse fato [...] Como é possível exigir das crianças um respeito mínimo pelo ambiente físico que as rodeia quando as autoridades demonstram absoluta negligência e indiferença pelas instituições públicas que administram? É realmente inacreditável que sejamos incapazes de incluir todos esses elementos em nossa "retórica" sobre educação. Por que essa "retórica" não inclui higiene, limpeza, beleza? Por que ela negligencia o indispensável valor pedagógico da "materialidade" do ambiente escolar? (FREIRE, 1998, p. 48).

A Pedagogia-em-Participação reconhece a inquestionável pedagogicidade dos espaços físicos educativos. Na Pedagogia-em-Participação, o espaço é visto como um lugar de bem-estar, alegria e prazer; um espaço aberto às experiências plurais e aos interesses das crianças e das comunidades. Um espaço pedagógico aberto ao exterior que se caracteriza pelo poder comunicativo da natureza, pelo poder ético do respeito por toda identidade pessoal e social, transformado em um refúgio seguro e amigável, aberto à brincadeira e à cultura e responsável pela aprendizagem cultural. A criação de áreas diferentes com seus próprios materiais (biblioteca, área de expressão artística, área de faz de conta, área de ciências e experiências, área de jogos e construções, etc.) facilita a coconstrução de aprendizagens significativas. Como as áreas são territórios plurais de vida, experiência e aprendizagem, a organização dos espaços não é permanente: deve se adaptar ao desenvolvimento das atividades e dos projetos ao longo do ano e incorporar materiais produzidos pelas crianças.

Organização dos materiais pedagógicos

O espaço da sala de aula adquire densidade pedagógica com as decisões profissionais do educador na seleção de materiais pedagógicos, brinquedos e artefatos multiculturais. Adquire densidade ética quando as crianças e as famílias são respeitadas e envolvidas na seleção dos materiais pedagógicos. Os *materiais pedagógicos* são cruciais para promover o jogar e o brincar, as semelhanças e as diferenças, o aprender com bem-estar (LAEVERS, 2005). Os materiais pedagógicos são um pilar central para a mediação pedagógica do educador com as crianças, de modo a favorecer o brincar e o aprender.

Uma abordagem pedagógica que promove identidades plurais como a Pedagogia-em-Participação é inspirada por essa pluralidade na seleção dos materiais (incluindo aqui os brinquedos) de aprendizagem. Esses materiais que visam a ação da criança devem ser objeto de reflexão do profissional que observou essa ação com perguntas tais como: Este boneco é um instrumento sexista? Ele contribui para formar uma imagem agressiva da masculinidade? Estes livros contêm histórias a respeito de outras culturas? Os materiais para o jogo simbólico (materiais da área do faz de conta) representam apenas as tradições culturais nacionais ou são abertos para as realidades de outras nações, continentes e culturas? A pedagogicidade desses materiais constitui um veículo para a educação intercultural?

A pluralidade das experiências que são criadas, quando mediadas pela adequação pedagógica dos materiais, fortalece a consistência da proposta teórica que fundamenta a aprendizagem cotidiana. A imagem de uma criança competente como sujeito de direitos, e especificamente do direito de participar em colaboração com seus pares e com os adultos, encontra apoio diferenciado dependendo da escolha dos materiais pedagógicos. Os métodos não são neutros, ao contrário, são instrumentos cheios de ideologia (MORIN, 1999a). Os materiais pedagógicos, que na educação infantil são aliados dos educadores porque medeiam a mediação do profissional, são parte integrante do método. São carregados de ideologias. As cem linguagens, as inteligências múltiplas e os sentidos plurais, todas as diversidades (pessoais, sociais, culturais), podem ou não estar presentes em sua mediação. Eles são a chave para o desenvolvimento da ideologia educacional específica da participação.

No escopo da Pedagogia-em-Participação, a seleção, a disponibilidade e o uso de materiais são concebidos a montante e a jusante: a montante, a escolha inicial de materiais deve ser consistente com a teoria educacional que embasa a perspectiva pedagógica; a jusante, a continuidade de seu uso no cotidiano deve estar embasada na reflexão avaliativa sobre como os materiais usados têm sustentado a consistência com tal perspectiva. Como a práxis integra a teoria e as crenças na ação, a Pedagogia-em-Participação deve sistematicamente avaliar a pedagogicidade humanizante dos materiais que utiliza, porque as experiências das crianças com os objetos constituem transações em que as identidades dos aprendentes se formam como uma realidade em constante transformação.

Organização dos tempos pedagógicos

O *tempo pedagógico* organiza o dia em uma rotina que respeita os ritmos das crianças, levando em conta o bem-estar e a aprendizagem. Ao tempo pedagógico, pede-se que inclua uma polifonia de ritmos: o ritmo individual da criança, o ritmo dos pequenos grupos e o ritmo coletivo de todo o grupo. Ao tempo pedagógico, pede-se ainda que inclua um conjunto de intenções, as múltiplas experiências, a cognição e a emoção, as linguagens plurais, as diferentes culturas e diversidades.[6] Os espaços e tempos vividos são relacionais, ou seja, a organização, a diversidade, a beleza e a riqueza do espaço, do tempo e dos materiais adquirem significado por meio de relações e interações que humanizam a vida e a aprendizagem.

Lembrando Marguerite Yourcenar, o tempo é um grande escultor. Podemos acrescentar que esculpir no fluir cotidiano a experiência de aprender tem a ver com conhecer cada criança e a dinâmica do coletivo, conhecer cada criança e a sua família. Tem ainda a ver com dispor de intencionalidades educativas claras. Criar um cotidiano rico na experiência de aprender desafia o profissional a perguntar-se se no fluir temporal se desenvolvem experiências de autonomia e colaboração que respondem à curiosidade de que a criança é portadora desde que nasce.

Organização de grupos de aprendizagem

O significado da participação, às vezes, é apresentado por meio de perspectivas simplistas e opostas. Há uma *perspectiva individualista* que diz ser preciso permitir a cada criança ter influência no processo de tomada de decisões. Assim, a proposta pedagógica constitui-se em educar as crianças para, baseadas na afirmação

---

[6]Um exemplo de uma rotina diária típica – tempo de acolhimento, tempo de planejamento, tempo de realização de projetos e/ou atividades, tempo de reflexão, recreio, momento intercultural, momento de trabalho em pequenos grupos, conselho, tempo de partida.

do conhecimento dos seus direitos, desenvolverem a assertividade, incluindo o direito de participar dos processos de tomada de decisão a respeito dos assuntos que lhes digam respeito. O principal objetivo é que cada criança desenvolva o poder de influenciar os processos de aprendizagem.

As *perspectivas colaborativas* enfatizam a ideia de um grupo ou uma turma (e do centro educacional) como uma comunidade de aprendizagem, em que as interações e as relações são centrais, em que o sentimento de pertencimento e de participação é cultivado como uma forma de construir a comunidade. O conceito de *togetherness* de John Dewey é bastante inspirador, bem como o conceito de Lawrence Kohlberg (1985) de uma comunidade justa dentro de uma escola. É desejável educar as crianças para serem assertivas no que concerne aos seus direitos de participação, fazendo uso de seus poderes, mas entendemos que a afirmação da individualidade não deve ser buscada sem o desenvolvimento de um sentido de pertencimento comunitário. Por outro lado, o sentido comunitário não será alcançado de um modo integrador se os indivíduos da comunidade de aprendizagem não forem capazes de ser assertivos. Uma pedagogia da participação transformadora precisa certificar-se de que, simultaneamente, apoia o ator social em contexto, com múltiplas formas de participação, e o ator pessoal em crescimento, que é um sujeito autônomo, com sua própria iniciativa e expressão. A pedagogia novamente se revela em toda a sua complexidade, integrando a autonomia individual do exercício do poder e a influência com o exercício social, recíproco e relacional da participação coletiva.

Ao longo da rotina diária como uma sequência de sistemas, há muitas maneiras de participação e envolvimento das crianças na coconstrução da aprendizagem experiencial – individualmente, em duplas, em pequenos grupos, em um grande grupo. A Pedagogia-em-Participação favorece a organização de grupos heterogêneos (com relação à idade e às características psicológicas e sociais), refletindo a diversidade cultural do entorno.

DESENVOLVIMENTO DE INTERAÇÕES, ATIVIDADES E PROJETOS

A organização do ambiente educativo sustenta o desenvolvimento de relações e interações e promove atividades e projetos.

Interação com a(s) criança(s)

As interações adulto-criança são uma dimensão tão importante da pedagogia que a análise do estilo dessas interações nos permite determinar se uma pedagogia é transmissiva ou participativa (OLIVEIRA-FORMOSINHO, 2007). *Relações e interações* são meios centrais de concretização de uma pedagogia participativa (ARAÚJO, 2011; OLIVEIRA-FORMOSINHO, 1998, 2001). Promover interações, refletir sobre elas, pensá-las e reconstruí-las é um hábito (BORDIEU, 1990) que os profissionais que desenvolvem a Pedagogia-em-Participação precisam desenvolver. Mediar a aprendizagem em que a criança exerce poder de ação requer autovigilância dos estilos de interação (BERTRAM; PASCAL, 2004, 2006), porque nem todos são igualmente promotores do exercício do poder de ação da criança. O poder de ação do professor como alguém que tem o poder de fazer a diferença na pedagogia requer a transformação de estruturas, sistemas, processos e interações que podem acabar constituindo um obstáculo para o poder de ação da criança e para a aprendizagem experiencial participativa. Mediar o poder de ação da criança demanda uma compreensão da interdependência entre a criança que está aprendendo e o contexto de aprendizagem no qual as interações adulto-criança(s) são centrais (OLIVEIRA-FORMOSINHO, 2001). Mediar o poder de ação da criança exige uma ética para reconhecer que a participação ativa das crianças na aprendizagem depende do contexto educacional e dos processos que esse contexto desenvolve.

A Pedagogia-em-Participação é uma proposta que honra as identidades relacionais como uma condição prévia para a aprendizagem experiencial; é uma proposta que incorpora a coconstrução da aprendizagem no fluir das interações pedagógicas. A construção das interações pedagógicas como mediadoras do direito de cada criança a ser respeitada e a participar tem merecido nossa pesquisa teórica e empírica, bem como reflexão profissional cooperada sobre o cotidiano praxeológico.

Planejamento com a(s) criança(s)

A pedagogia da infância transformadora preconiza um planejamento pedagógico que conceitua a criança como uma pessoa, e não como alguém que está esperando para ser pessoa, ou seja, como alguém que tem poder de ação, alguém que lê e compreende o mundo, que constrói conhecimento e cultura, que participa como uma pessoa e como um cidadão na vida familiar, na escola e na sociedade. Os "ofícios" de criança e de professor são reconstruídos com base na reconceituação da pessoa como detentora de poder de ação: a pessoa do aprendente e a pessoa do professor.

O planejamento, na Pedagogia-em-Participação, cria momentos em que as crianças têm o direito de escutarem a si mesmas definindo suas intenções, e momentos em que as crianças escutam as intenções dos outros ou as do professor. Um papel importante que os adultos desempenham é o de criar espaços para que as crianças escutem a si mesmas. Planejar é dar à criança poder para se escutar e para comunicar essa escuta; é um processo humanizante – a criança sabe que o direito de escuta de si e dos outros está garantido. A criança que escuta cria hábito de incluir intenções e propósitos, bem como de tomar decisões; o educador cria o hábito de incluir os propósitos da criança e de negociar as atividades e projetos, promovendo uma aprendizagem experiencial cooperativa. Esse é um processo de negociação do currículo com crianças, por meio da negociação do planejamento educacional. Tal processo exige a observação como um processo contínuo, pois demanda que se conheça individualmente cada criança em sua construção da jornada de aprendizagem, a partir da sua estrutura de criação de significado para a experiência, o que necessariamente difere da estrutura de atribuição de significado à experiência desta outra criança individual, uma vez que, embora possa ter a mesma idade, possui outra história de vida, outra experiência, outra cultura familiar.

Isso requer uma simbiose entre a teoria e a prática. Necessita, portanto, que se observe a "criança-em-ação": não a observação da criança isolada, solitária, mas da criança que se situa em vários contextos – familiar, escolar e comunitário. Exige a escuta como um processo de ouvir os pensamentos das crianças sobre a colaboração no processo de construção conjunta do conhecimento, isto é, sobre a sua colaboração na definição conjunta de sua jornada de aprendizagem. Além de discutir formas de escuta, é importante alcançar um entendimento holístico e integrado de escuta. Escutar, assim como observar, deve ser um processo contínuo no cotidiano educativo, um processo de busca de conhecimento sobre crianças, seus interesses, motivações, relações, conhecimentos, intenções, desejos, mundos de vida. No contexto de uma comunidade educativa, isso significa buscar uma ética da reciprocidade. Portanto, escutar ou observar devem ser porto seguro para contextualizar e projetar situações educacionais; requer a negociação como um processo de debater e chegar a um consenso com cada criança e com o grupo. É uma participação guiada da turma na definição conjunta de experiências educacionais. É um instrumento de participação que afasta ainda mais a perspectiva socioconstrutivista da perspectiva tradicional, uma vez que leva as crianças a entrar no "santo dos santos" da pedagogia transmissiva: o currículo. Cria o *planejamento solidário*.[7]

Desenvolvimento de atividades e projetos

Revisitando Dewey (1910), Kilpatrick (2006) e Malaguzzi (1998) para desconstruir e reconstruir o trabalho de projeto, reaprendemos que tanto atividades como projetos são ações intencionais – a unidade básica que une atividades e projetos é a intencionalidade. Ao escutarem a si mesmas, descobrindo seus interesses e suas motivações, as crianças revelam progressivamente a intencionalidade que conferem às ações situadas. As crianças descobrem a si mesmas como pessoas com dinâmicas motivacionais e com a competência para agir intencional e racionalmente no âmbito das dinâmicas vivas que são seus interesses, criando propósitos ou roteiros experienciais para o desenvolvimento de propósitos.

Na Pedagogia-em-Participação as crianças desenvolvem, na companhia de seus pares e de adultos, atividades e projetos que possibilitam a aprendizagem experiencial de conteúdos e modos de aprender. A experiência do ambiente educativo, com o fluir de interações e relações que essa experiência envolve, medeia as aprendizagens construídas por meio de atividades e projetos. Atividades e pro-

---

[7] Ver Capítulos 6 e 8.

jetos implicam o envolvimento das crianças e a mesma dinâmica motivacional; os projetos, contudo, implicam necessariamente um envolvimento mais persistente e duradouro, baseado na pesquisa explícita apoiada de um grupo de crianças para resolver um problema.

A Pedagogia-em-Participação está preocupada com a simbiose da aprendizagem entre o conteúdo e o método, ou seja, os modos de construir esse conteúdo. Seguindo os passos de Dewey e Morin, ela se afasta do formalismo vazio daqueles que enfatizam apenas um dos polos da dualidade do processo de aprendizagem: ou os métodos ou os conteúdos. A integração e a interatividade entre métodos e conteúdos resgatam a aprendizagem do reducionismo que representa a mera ênfase no método ou a mera ênfase no conteúdo, e nos projeta para uma pedagogia da complexidade (MORIN, 1999a) e da significatividade (BRUNER, 1990). Resgata-se a criança como um sujeito ativo e competente e resgata-se o aprendente como um sujeito pedagógico participativo que, na companhia de outros, desenvolve os poderes de participar no roteiro da aprendizagem experiencial e em suas aquisições. A imagem da criança competente e com papel participativo no processo de aprendizagem é resgatada. Cria-se uma epistemologia da participação e da integração.

Não há dimensões neutras na pedagogia. A maneira como se pensa e concretiza as dimensões centrais da pedagogia está imbuída de uma determinada visão de mundo, da vida, do homem e da sociedade, do conhecimento e especificamente da relação entre a criança e o conhecimento. De acordo com Dewey e Kilpatrick, implica resgatar o conhecimento-em-ação, isto é, o caráter prático do conhecimento como uma expressão viva da conexão ética e racional das transações entre o sujeito e o mundo (FREIRE, 2005). O objetivo é resgatar a democracia na educação infantil, permitindo que a criança exerça seus poderes na situação em que desenvolve a aprendizagem experiencial.

Na educação transmissiva, as atividades das crianças são pré-programadas pelo professor. O projeto, se e quando aparece, surge como algo diferente, mas é frequentemente assimilado e acomodado ao método tradicional de realizar as atividades. A Pedagogia-em-Participação propõe que, em um contexto educacional que promove a participação das crianças e a problematização das questões, atividades e projetos nasçam da mesma dinâmica motivacional e ganhem intencionalidade para e na ação.

DOCUMENTAÇÃO PEDAGÓGICA

Documentação pedagógica como processo de construção de significado para situações pedagógicas

A documentação pedagógica é desenvolvida em torno das aprendizagens das crianças e das aprendizagens dos profissionais. A Pedagogia-em-Participação coloca a documentação no centro dos processos de aprendizagem. A documentação permite observar, escutar e interpretar a experiência vivida e narrar a aprendizagem. Também possibilita ao educador e à criança a construção de significado sobre as experiências de aprendizagem, sobre o progresso da criança nessa aprendizagem e sobre a construção da identidade aprendente da criança. Constitui-se, portanto, em uma base sólida e autêntica para os processos de avaliação, porque está próxima dos processos experienciais de aprendizagem. A documentação permite à comunidade profissional descrever, interpretar e compreender o cotidiano pedagógico experiencial das crianças onde a aprendizagem se desenrola. A documentação permite que a criança se veja aprendendo, e permite que o educador veja sua contribuição para a aprendizagem das crianças. Um dos grandes valores atribuídos à documentação pedagógica é sua capacidade de tirar as práticas pedagógicas do anonimato, tornando-as visíveis. Permite, assim, colocar em diálogo culturas e identidades: a cultura da criança e a cultura do adulto, a identidade da criança e a identidade do educador. A documentação cria evidências para a compreensão da criança como ser que sente, pensa, relaciona-se, age, explora, comunica, narra, ou seja, um ser que vive e aprende.

A documentação é compreendida como um processo local, contextual e situado de construção de significado para as situações pedagógicas. Essa (res)significação do conceito se deve essencialmente ao fato de que o processo de aprender e ensinar foi reconceituado como mais democrático, assumindo a participação de seus atores centrais (professores, crianças, famílias). A aprendizagem é compreendida como um processo de construção conjunta que requer o envolvimento de seus atores centrais, e a documentação permite um cruzamento de olhares (das crianças, dos pais, dos educadores) sobre as marcas da ação educacional que foi vivida nas situações educacionais que foram sendo criadas. A documentação das relações entre ensinar e aprender cria evidências para os processos de monitoração desse aprender e desse ensinar. Na Pedagogia-em-Participação dizemos que a documentação revela a *aprendizagem solidária*.[8]

Realizamos uma pesquisa a respeito do ponto de vista das crianças sobre seus portfólios – essa pesquisa revela que, quando as crianças olham a sua história de aprendizagem narrada nos portfólios individuais, elas se reconhecem nessa história, ficam satisfeitas e felizes e procuram comunicar, interpretar e significar os seus caminhos do aprender, envolvendo-se em processos de metacognição (AZEVEDO; OLIVEIRA-FORMOSINHO, 2008).

Na perspectiva da Pedagogia-em-Participação, busca-se compreender, na História da Pedagogia, a emergência de diferentes modos de documentar e, com as lições aprendidas, reconstruir um formato de documentação contextual e situado. Atendendo ao propósito de ver e compreender a aprendizagem das crianças, o formato permite:

- Reconstruir a imagem da criança como pessoa e aprendente.
- Apoiar o desenvolvimento de identidades individuais e de identidade de grupo.
- "Ver" a aprendizagem, falar sobre a aprendizagem, refletir sobre a aprendizagem.

---

[8] Ver Capítulos 5, 6, 7 e 8.

- Apoiar o planejamento que passa a criar uma intencionalidade educativa de natureza bidirecional, isto é, que compatibiliza e harmoniza interesses, motivações e propósitos das crianças com os requisitos educacionais provindos da sociedade e de seu projeto educativo.
- Apoiar a monitoração e a avaliação da aprendizagem de crianças e adultos;
- Responder a três questões centrais: o que a criança está fazendo, como está se sentindo e o que está aprendendo.

Em nossa abordagem, a documentação pedagógica é uma estratégia para criar descrições, análises, interpretações e compreensão que nos permitam identificar os progressos na aprendizagem. Na Pedagogia-em-Participação, a documentação nos permite verificar se nossas intencionalidades estão sendo desenvolvidas na práxis cotidiana, ou seja, permite-nos verificar se as crianças estão desenvolvendo experiências de aprendizagem holística.

A narrativa é um caminho para criar significado. Quando o professor é um "colecionador" de artefatos culturais das crianças, pode facilmente iniciar conversas, comunicações, diálogos em torno desses artefatos e das experiências que os criaram, tornando disponível para a criança a documentação editada que a ajuda a revisitar a aprendizagem, a identificar processos de aprender como aprender (os processos de conhecimento), a celebrar realizações. As crianças se conceituam como pessoas que aprendem quando têm acesso às suas jornadas de aprendizagem por meio da documentação. A complexidade desse processo favorece a criação de significado, o qual, por sua vez, impulsiona a criatividade (FORMOSINHO; OLIVEIRA-FORMOSINHO, 2008). As narrativas das crianças a respeito das experiências de aprendizagem documentadas representam uma análise de segunda ordem sobre a aprendizagem. À medida que narram a aprendizagem, descobrem processos e realizações e descobrem a si mesmas nesses processos e nessas conquistas. Elas descobrem a energia psicológica que advém de se autorrepresentarem como pessoas que aprendem. Elas estão em processo de constituição de suas identidades de aprendentes, então ouvi-las é muito importante. O modo como aprendemos e nos vemos como aprendentes tem influência na construção pessoal, social, cívica e cognitiva do aprendente.

Documentação pedagógica e coconstrução da aprendizagem com os pais

Os pais e as famílias são nossos parceiros fundamentais no desenvolvimento da aprendizagem das crianças. Desde o primeiro dia, quando visitam o centro de educação infantil, conversamos a respeito de nossas intencionalidades fundamentais e nossos modos de colocá-las em prática, no centro e na sala de aula. É muito gratificante compartilhar uma abordagem pedagógica de direitos e abrir às famílias espaços de colaboração. Nosso objetivo de desenvolver a circularidade do bem-estar das crianças e do bem-estar dos pais é central para o desenvolvimento das outras intencionalidades educativas. A percepção das crianças a respeito do bem-estar e da felicidade de seus pais é muito importante para o bem-estar delas próprias (FORMOSINHO; OLIVEIRA-FORMOSINHO, 2008) e vice-versa. A experiência cotidiana do envolvimento das famílias com o centro e do envolvimento do centro com as famílias é ao mesmo tempo exigente e compensadora. As portas abertas para os fundamentos teóricos e para as salas de aula são extremamente apreciadas pelas famílias. A documentação pedagógica é um modo muito especial de favorecer o envolvimento, a colaboração e a parceria. É, também, uma forma bastante especial de oportunizar aos pais o suporte necessário para que possam apoiar as crianças em sua transição para o ensino fundamental (MONGE, 2015).

Documentação pedagógica como processo de sustentação da Pedagogia-em-Participação

A documentação pedagógica é desenvolvida em torno das aprendizagens das crianças e das aprendizagens dos profissionais. A documentação como descrição, análise e interpretação do pensar-fazer-sentir-aprender de uma criança requer a documentação do pensar-fazer do adulto. Portfólios de desenvolvimento profissional, portfólios reflexivos construídos pelos educadores em torno de sua práxis, são muito importantes para o desenvolvimento e compreensão complexa dos portfólios de aprendizagem das crianças e também para o próprio desenvolvimento profissional do educador e sua construção da identidade profissional.

Dessa maneira, a documentação pedagógica não é apenas um processo central para a (meta)aprendizagem das crianças: é também um processo central para a (meta)aprendizagem dos educadores (professores, mediadores pedagógicos, supervisores, pesquisadores). Ela serve para monitorar, supervisionar, avaliar e pesquisar o fluir de atividades e projetos, processos e realizações, ou seja, o fluir da aprendizagem e do conhecimento (FORMOSINHO; OLIVEIRA-FORMOSINHO, 2008). Uma vez que a Pedagogia-em-Participação pretende ser uma perspectiva coerente, demanda uma documentação que evidencie a presença dos princípios que a sustentam, ou que revele a ausência de tais princípios em determinadas situações; nesse último caso, ajuda a promover a resolução dos problemas de incoerência e desintegração que a documentação possa ter revelado.

Seguindo os passos de Morin (1986), como o todo está em cada parte, a documentação a respeito de qualquer parte é reveladora do todo. A documentação, como parte integrante da práxis, é muito útil para analisar e transformar a própria pedagogia, contribuindo para a análise da coerência teórica da proposta educativa. Assim, a documentação pedagógica permite a meta-aprendizagem para todos que estejam (re)construindo a Pedagogia-em-Participação. Consequentemente, é um processo central para sustentar a práxis, por meio da triangulação entre as intenções, ações e realizações, sendo, ainda, um processo central para (re)criar a pedagogia como uma *ação fecundada nos saberes e sustentada por uma ética relacional*.

Na Pedagogia-em-Participação, a criação de documentação constituiu um processo evolutivo longo e foi o caminho escolhido pela Associação Criança para experimentar diálogos com outras culturas pedagógicas. O Capítulo 6 apresenta em detalhes nossa abordagem para a documentação pedagógica, sua relação com a *aprendizagem solidária* por meio do ensino solidário e sua relação com a avaliação pedagógica.

REFERÊNCIAS

ARAÚJO, S. B. *Pedagogia em creche*: da avaliação da qualidade à transformação praxeológica. Tese (Doutorado em Estudos da Criança) – Universidade do Minho, Braga, 2011.

AZEVEDO, A.; OLIVEIRA-FORMOSINHO, J. A documentação da aprendizagem: a voz das crianças. In: OLIVEIRA-FORMOSINHO, J. (Ed.). *A escola vista pelas crianças*. Porto: Porto Editora, 2008. p. 117-143.

AZEVEDO, A. *Revelando a aprendizagem das crianças*: a documentação pedagógica. Dissertação (Mestrado em Educação de Infância) – Universidade do Minho, Instituto de Estudos da Criança, Braga, 2009.

BERTRAM, A. D. *Effective early educators*: a methodology for assessment and development. Tese (Doutorado em Filosofia) – Coventry University, Coventry, 1996.

BERTRAM, T.; PASCAL, C. *The baby effective early learning programme*: improving quality in early childhood settings for children from birth to three years. Birmingham: Centre for Research in Early Childhood, 2006.

BERTRAM, T.; PASCAL, C. *The effective early learning programme*. Birmingham: Centre for Research in Early Childhood, 2004.

BETTELHEIM, B.; ZELAN, K. *On learning to read*: the child's fascination with meaning. New York: Knopf, 1982.

BOURDIEU, P. *The logic of practice*. Cambridge: Polity, 1990.

BRONFENBRENNER, U. *The ecology of human development*. Cambridge: Harvard University, 1979.

BRUNER, J. *Acts of meaning*. Cambridge: Harvard University, 1990.

BRUNER, J. *The culture of education*. Cambridge: Harvard University, 1996.

CARR, M.; LEE, W. *Learning stories*: constructing learner identities in early education. London: Sage Publications, 2012.

DEWEY, J. *Creative democracy*: the task before us. Beloit, 1939. Disponível em: <www.philosophie.uni-muenchen.de/studium/das_fach/warum_phil_ueberhaupt/dewey_creative_democracy.pdf>. Acesso em: 26 maio 2016.

DEWEY, J. *How we think*. Boston: D.C. Health & Company Publishers, 1910.

FORMOSINHO, J.; OLIVEIRA-FORMOSINHO, J. *Pedagogy-in-participation*: childhood association's approach. Lisboa: Aga Khan, 2008.

FORMOSINHO, J. A academização da formação de professores de crianças. *Infância e Educação: Investigação e Práticas*, v. 4, p. 19-35, 2002b.

FORMOSINHO, J. De serviço de estado a comunidade educativa: uma nova concepção para a escola portuguesa. *Revista Portuguesa de Educação*, v. 2, n. 1, p. 53-86, 1989.

FORMOSINHO, J. *Educating for passivity*: a study of Portuguese education. 544 f. Tese (Doutorado em Educação) – University of London. Londres, 1987.

FORMOSINHO, J. et al. *Comunidades educativas*: novos desafios à educação básica. Braga: Livraria Minho, 1999.

FORMOSINHO, J. Modelos curriculares na educação básica: um referencial de qualidade na diversidade (Prefácio). In: J. OLIVEIRA-FORMOSINHO, J. (Ed.). *Modelos curriculares para a educação de infância*: construindo uma praxis de participação. 3. ed. Porto: Porto Editora, 2007b. p. 9-12.

FORMOSINHO, J. *O currículo uniforme pronto-a-vestir de tamanho único*. [Ramada]: Pedago, 2007a.

FORMOSINHO, J. Universitisation of teacher education in Portugal. In: GASSNER, O. (Ed.). *Strategies of change in teacher education*: european views. Feldkirch: ENTEP, 2002a. p. 105-127.

FORMOSINHO, J.; MACHADO, J. Autor anônimo do século XX. A construção da pedagogia burocrática. In: OLIVEIRA-FORMOSINHO, J. O.; KISHIMOTO, T.M.; PINAZZA, M.A. (Org.). *Pedagogia(s) da infância*: dialogando com o passado, construindo o futuro. Porto Alegre: Artmed, 2007. p. 293-328.

FORMOSINHO, J.; OLIVEIRA-FORMOSINHO, J. *The search for participatory curricular approaches for early childhood education*. Lisboa: Aga Khan, 1996.

FOUCAULT, M. *Surveiller et punir*: naissance de la prison. Paris: Gallimard, 1975.

FREIRE, P. *Pedagogy of freedom*: ethics, democracy, and civic courage. Maryland: Rowman & Littlefield, 1998.

FREIRE, P. *Pedagogy of hope*: reliving pedagogy of the oppressed. New York: Continuum 2002.

FREIRE, P. *Pedagogy of the oppressed*. New York: Continuum, 2005.

KILPATRICK, W. *O método de projecto*. Viseu: Livraria Pretexto e Edições Pedago, 2006.

KOHLBERG, L. Democratic moral education. *Psicologia*, v. 5, n. 3, p. 335-341, 1987.

LAEVERS, F. (Ed.) *Well-being and involvement in care*: a process-oriented self-evaluation Instrument. Leuven University: Kind en Cezin and Research Centre for Experiential Education, 2005.

LEWIN, K. *Resolving social conflicts*. New York: Harper and Row, 1948.

MACHADO, I. *Avaliação da qualidade em creche: um estudo de caso sobre o bem-estar das crianças*. Dissertação (Mestrado em Educação de Infância) – Universidade do Minho, Instituto de Educação, Braga, 2014.

MALAGUZZI, L. History, ideas, and basic philosophy: an interview with Lella Gandini. In: EDWARDS, C.; GANDINI, L.; FORMAN, G. (Ed.). *The hundred languages of children*: the Reggio Emilia approach – advanced reflection. Greenwich: Ablex, 1998. p. 49-97.

MOLL, L., et al. Funds of knowledge for teaching: using a qualitative approach to connect homes and classrooms. *Theory into Practice*, v. 31, n. 2, p. 132-141, 1992.

MONGE, G. As transições das crianças na pedagogia-em-participação: o cruzamento das diversas vozes. In: MONGE, G.; FORMOSINHO, J. (Ed.). *As transições das crianças na pedagogia-em-participação*. Porto: Porto Editora, 2015.

MORIN, E. *L'intelligence de la complexité*. Paris: L'Harmattan, 1999a.

MORIN, E. *O método 3*: o conhecimento do conhecimento. Lisbon: Europa América, 1986.

MORIN, E. *Seven complex lessons in education for the future*. Paris: UNESCO, 1999b.

OLIVEIRA-FORMOSINHO, J.; FORMOSINHO, J. (Ed.). *Associação Criança*: um contexto de formação em contexto. Braga: Livraria Minho, 2001.

OLIVEIRA-FORMOSINHO, J.; FORMOSINHO, J. *Pedagogy-in-Participation*: Childhood Association Educational Perspective. Porto: Porto Editora, 2012.

OLIVEIRA-FORMOSINHO, J. A formação de professores para a formação pessoal e social: relato de uma experiência de ensino. In: SOCIEDADE PORTUGUESA DE CIÊNCIAS DE EDUCAÇÃO. *Formação pessoal e social*. Porto: Sociedade Portuguesa de Ciências de Educação, 1992. p. 151-163.

OLIVEIRA-FORMOSINHO, J. A participação guiada: coração da pedagogia da infância? *Infância: Família, comunidade e educação*, v. 38, n. 1-3, p. 145-158, 2004.

OLIVEIRA-FORMOSINHO, J. Fundamentos psicológicos para um modelo desenvolvimentista de formação de professores. *Psicologia*, v. 5, n. 3, p. 247-257, 1987.

OLIVEIRA-FORMOSINHO, J. *O desenvolvimento profissional das educadoras de infância*: um estudo de caso. Tese (Doutorado em Estudos da Criança) – Universidade do Minho, Braga, 1998.

OLIVEIRA-FORMOSINHO, J. Pedagogia(s) da infância: reconstruindo uma práxis de participação. In: OLIVEIRA-FORMOSINHO, J.; KISHIMOTO, T.M.; PINAZZA, M. (Ed.). *Pedagogias(s) da infância*: dialogando com o passado, construindo o futuro. Porto Alegre: Artmed, 2007. p. 13-36.

OLIVEIRA-FORMOSINHO, J. The specific professional nature of early years education and styles of adult/child interaction. *European Early Childhood Education Research Journal*, v. 9, n.1, p. 57-72, 2001.

OLIVEIRA-FORMOSINHO, J.; ANDRADE, F.F.; GAMBÔA, R. Podiam chamar-se lenços de amor. In: OLIVEIRA-FORMOSINHO, J. (Ed.). *Podiam chamar-se lenços de amor*. Lisboa: Ministérios da Educação e Direcção-Geral de Inovação e de Desenvolvimento Curricular (DGIDC), 2009. p. 15-53.

OLIVEIRA-FORMOSINHO, J.; ARAÚJO, S. B. Early education for diversity: starting from birth. *European Early Childhood Education Research Journal*, v.19, n.2, p. 223-235, 2011.

OLIVEIRA-FORMOSINHO, J.; ARAÚJO, S. B. Children's perspectives about pedagogical interactions. *European Early Childhood Education Research Journal*, v. 12, n. 1, p. 103-114, 2004.

OLIVEIRA-FORMOSINHO, J.; COSTA, H.; AZEVEDO, A. A minha árvore: Leonor. In: OLIVEIRA-FORMOSINHO, J. (Ed.). *Limoeiros e laranjeiras:* revelando as aprendizagens. Lisboa: Ministérios da Educação e Direcção-Geral de Inovação e de Desenvolvimento Curricular (DGIDC), 2009a. p. 15-27.

OLIVEIRA-FORMOSINHO, J.; COSTA, H.; AZEVEDO, A. A minha laranjeira: Sofia. In: OLIVEIRA-FORMOSINHO, J. (Eds.). *Limoeiros e laranjeiras:* revelando as aprendizagens. Lisboa: Ministérios da Educação e Direcção-Geral de Inovação e de Desenvolvimento Curricular (DGIDC), 2009b. p. 29-42.

OLIVEIRA-FORMOSINHO, J.; KISHIMOTO, T.M.; PINAZZA, M. (Ed.). *Pedagogias(s) da Infância:* dialogando com o passado, construindo o futuro. Porto Alegre: Artmed, 2007.

PASCAL, C.; BERTRAM, T. Listening to young citizens: the struggle to make real a participatory paradigm in research with young children. *European Early Childhood Education Research Journal,* v.17, n.2, p. 249-262, 2009.

ROGOFF, B. *Apprenticeship in thinking:* cognitive development in social context. Oxford: Oxford University, 1990.

SOUSA, J. *Formação em contexto*: um estudo de caso praxiológico. 2016. 111 f. Dissertação (Mestrado em Educação de Infância) – Universidade Católica Portuguesa, Lisboa, 2017.

TOMASELLO, M. The role of joint attentional processes in early language development. *Language Sciences,* v. 10, n. 1, p. 69-88, 1998.

TOMASELLO, M. *Why we cooperate*. Cambridge: A Boston Review Book & The MIT, 2009.

VYGOTSKY, L.S. *A formação social da mente*. São Paulo: Livraria Martins Fontes, 1998.

WENGER, E. *Communities of practice:* learning, meaning and identity. Cambridge: Cambridge University, 1998.

WERTSCH, J. V. *Vygotsky and the social formation of mind.* Cambridge: Harvard University, 1985.

WHALLEY, M. (Ed.). *Involving parents in their children's learning.* London: Paul Chapman Publishing, 2001.

WHALLEY, M. (Ed.). *Learning to be strong:* setting up a neighbourhood service for under-fives and their families. Sevenoaks: Hodder & Stoughton Educational, 1994.

Parte 2
Abordagens e técnicas

3
A natureza e o propósito da coleta de informações e avaliação em uma pedagogia participativa

Christine Pascal e Tony Bertram

INTRODUÇÃO

Este capítulo pretende examinar criticamente a natureza, os propósitos e o valor do processo de coleta de informações e avaliação em uma pedagogia participativa. Inicia com um esclarecimento acerca da contribuição da coleta de informações e da avaliação para desenvolver e garantir a qualidade da educação infantil e para auxiliar na prestação de contas do setor. Parte, então, para um exame da natureza e do enfoque do processo de coleta de informações e avaliação participativas.

Em um paradigma participativo, são privilegiadas as abordagens pedagógicas construídas em conjunto, nas quais os aprendentes (profissionais, pais e crianças) conduzem ativamente a própria aprendizagem e o desenvolvimento e são vistos como parceiros ativos e iguais na construção do currículo e dos ambientes e processos de aprendizagem adotados. A aprendizagem e o desenvolvimento são considerados processos socioculturais (BRUNER, 1996; ROGOFF, 2003; VYGOTSKY, 1978) nos quais aqueles que estão envolvidos em um dado contexto educacional (professor, criança, pais) são vistos como cidadãos ou sujeitos com direitos democráticos de ter voz ativa no plano das realizações (PASCAL; BERTRAM, 2009, 2012). Nesse paradigma pedagógico e andragógico (KNOWLES, 1973; MEZIROW, 2006), são priorizadas as abordagens de aprendizagem – tanto para as crianças quanto para os profissionais – que sejam dinâmicas, construídas em conjunto e situadas socialmente, contemplando os resultados do desenvolvimento de crianças e adultos de forma holística. A aprendizagem e o desenvolvimento são, desse modo, considerados processos complexos, não lineares, e as experiências de aprendizagem não são compartimentadas em áreas rigidamente definidas, constituídas de passos lineares e pré--programados por meio dos quais os aprendentes progridem, mas como um conjunto de "possibilidades" (GIBSON, 1977) ou oportunidades a partir das quais o aprendente constrói os próprios significados e sua jornada de desenvolvimento. Assim, são necessários processos e procedimentos de avaliação que estejam de acordo com essa realidade educacional complexa, democrática, dinâmica e multidimensional. O processo participativo de coleta de informações e avaliação no ambiente da educação infantil é fundamentalmente caracterizado por aqueles que estão sistematicamente envolvidos no contexto educacional, reunindo evidências no intuito de adquirir mais conhecimento, compreensão e confiança para fazer mudanças construtivas para melhor. É um processo conduzido interiormente, subjetivo e profundamente conectado, em vez de um processo exterior, objetivo e desconectado.

Outra qualidade da coleta de informações e da avaliação participativa é ser baseada em um forte código de conduta moral com o objetivo explícito de encorajar ativamente a participação dos envolvidos no contexto da educação infantil, incluindo as crianças e os pais, dotando-os de voz ativa e de poder nos processos de avaliação.

Por meio de nosso trabalho para os programas *Effective Early Learning* (EEL)[1] e *Accounting Early for Lifelong Learning* (AcE),[2] aprendemos muito a respeito dos desafios de escutar atentamente e agir de modo a qualificar a participação dos pais e crianças nos processos avaliativos. Esse trabalho nos revelou que:

- Há uma forte demanda para o estabelecimento de diálogos mais abertos com pais, profissionais e crianças em todas as comunidades.
- Existe uma clara conscientização por parte dos pais, dos profissionais e das crianças a respeito da desigualdade nas relações em muitos ambientes de educação infantil e um desejo de desafiar essa situação por meio de mais diálogo e treinamento.

Tais descobertas, oriundas de nossa análise das visões expressas em nossos diálogos em grupos focais avaliativos, desafiaram-nos a desenvolver uma estratégia para abrir e aprofundar diálogos igualitários e respeitosos em contextos de educação infantil. Levamos essas mensagens para a fase seguinte de trabalho, que oferece material de treinamento e atividades que visam modificar as práticas, encorajando interações mais francas, abertas e igualitárias entre as crianças, os pais, os profissionais e os pesquisadores em nossas comunidades ricamente diversificadas. A ideia de "abrir janelas" vem de uma citação de Mahatma Ghandi (discurso realizado em 1 de junho de 1921):

---

[1] *Effective Early Learning* (EEL) *Programme* foi adaptado, em Portugal, como Programa Desenvolvendo a Qualidade em Parceria (DQP). O leitor brasileiro pode se orientar por essa denominação na língua portuguesa. Mais detalhes podem ser obtidos em Pascal; Bertram (1999).

[2] *Accounting Early for Lifelong Learning* (AcE) pode ser traduzido como Programa de Suporte Inicial à Aprendizagem ao Longo da Vida.

Não quero que minha casa seja coberta de paredes por todos os lados e minhas janelas estejam fechadas. Ao contrário, quero que as culturas de todas as terras circulem pela minha casa o mais livre possível. Mas me recuso a ser derrubado por qualquer uma delas (GANDHI, 1981, p. 170).

Fomos inspirados pela ideia de abrir nossas instituições de educação infantil e nossas práticas para sentirmos e respirarmos a diversidade de culturas e visões de mundo que compõem as comunidades no século XXI, bem como pela ideia de que essa abertura para a diferença e a diversidade pode realmente fortalecer a coesão da comunidade e a identidade de todos. Essa é a intenção do paradigma participativo que esperamos inserir na pesquisa e na prática em educação infantil.

Nosso trabalho também foi inspirado pela ação dialógica e reflexiva de Paulo Freire em *Pedagogia do oprimido* (1970), em que promove o desafio de trabalhar com aqueles que foram *domesticados* ou *silenciados*, com o claro objetivo da *libertação*. Seu trabalho, naturalmente, era com adultos, mas aplicamos essas ideias radicais em nosso trabalho como pesquisadores e profissionais com crianças. O primeiro passo nesse processo de libertação é a "conscientização" e o desenvolvimento da identidade nos oprimidos (profissionais e crianças), com a intenção de ajudá-los a nomear seu mundo e começar a dar forma a ele, ou seja, trata-se de uma perspectiva empoderadora. A capacidade das crianças novas de adotarem e participarem ativamente desses encontros ficou clara na popularidade da "roda de conversa", que se tornou uma das atividades predominantes nos ambientes de educação infantil. A diferença-chave é que pretendemos criar círculos de escuta, nos quais as crianças encontrem terreno para gerar e desenvolver suas próprias ideias e onde os diálogos sejam simétricos, em termos de distribuição de poder.

Nesses projetos, treinamos pesquisadores e profissionais para fazerem uso de várias técnicas e abordagens que encorajam as vozes, os diálogos e as narrativas das crianças e dos pais a serem ouvidas, respeitadas e colocadas em prática. Esse modelo de diálogo simétrico foi a princípio formulado pela equipe de pesquisa, mas cada vez mais os profissionais e pais têm sido encorajados a assumirem esse papel e a inserirem essas práticas na rotina diária e no seu modo de lidar e estar com as crianças. O desenvolvimento desse processo foi totalmente documentado e os participantes foram encorajados a manter diários, de forma que o impacto do projeto de intervenção pudesse ser completamente avaliado. Uma das principais descobertas foi a de que profissionais e pais precisavam desenvolver mais confiança, competência e comprometimento antes que os diálogos simétricos fossem implementados. O processo de redistribuição de poder foi mais difícil do que havíamos pensado. Essa dificuldade foi expressa de muitas maneiras, com muitos profissionais e pais resistindo a oportunidades de permitir que as crianças "dessem nome ao seu mundo" e com isso dessem forma aos diálogos (FREIRE, 1970). Muitos demonstraram relutância em "revelar as amarras" do *status quo*, com medo de que fossem incapazes de exercer o controle sobre a situação ou lidar com os desdobramentos disso. Descobrimos que essa resistência, ou opressão internalizada (FREIRE, 1970), tinha de ser reconhecida e trabalhada respeitosamente e com compaixão.

Nossas experimentações e inovações realizadas nesse projeto nos conduziram a um programa com o objetivo explícito de desenvolver estratégias e práticas que sirvam de apoio para encontros democráticos, igualitários e participativos dentro do contexto da educação infantil e também dos anos iniciais do ensino fundamental, para pesquisadores, profissionais, pais e crianças. Isso significou um trabalho inicial para aprimorar as habilidades dos participantes, tanto dos pesquisadores quanto dos profissionais, de compreender a diversidade, tornar claros os valores, favorecer diálogos abertos, lidar com conflitos e desenvolver abordagens de escuta atenta e ativa.

No cerne deste trabalho está um processo crítico de autoavaliação, reflexão e ação (práxis) com o objetivo de aprimorar a prática e auxiliar os profissionais a desenvolverem uma compreensão mais profunda de seu trabalho e, portanto, uma prestação de serviços mais efetiva para as crianças e as famílias. Em resumo, é uma ação embasada e transformacional para o contexto e para as pessoas envolvidas na prestação e no recebimento dos serviços. Como aponta McNiff (2010, p. 6), essa ação envolve "[...] uma estratégia que ajude você a viver da forma que você sente como uma boa forma. Isso ajuda a viver as coisas em que você acredita (seus valores); e permite que você atribua razões a cada passo do caminho [...]."

Essa abordagem participativa, cultural e socialmente situada, conduzida de dentro, apresenta muitos pontos fortes. É fundamentalmente direcionada para investigar a prática e examinar o que funciona e por que a partir da linha de ação, utilizando esse conhecimento para transformar realidades. Até o momento, grande parte das evidências de avaliação que embasou a prática na educação infantil foi gerada a partir de fontes externas, mas essa abordagem alternativa modifica radicalmente essa perspectiva e procura tirar proveito das evidências originadas dentro do mundo real da prática, por meio da participação ativa e autêntica dos envolvidos, que determinam suas próprias prioridades e produzem os dados para explorações, pesquisas e mudanças futuras. Um dos principais pontos fortes dessa abordagem é o fato de que os próprios envolvidos nas práticas identificam maneiras de qualificar seu mundo e assumem a responsabilidade por essa ação, inspirando e gerando ação e aprendizagem colaborativas. Possibilita um relato aproximado dos aspectos que funcionam, e de como e por que funcionam, garantindo credibilidade e utilidade no mundo real da prática. Por fim, e criticamente, para aqueles que trabalham com crianças pequenas e suas famílias, essa abordagem possui uma ética e valoriza uma postura transparente.

O OBJETIVO DA COLETA DE INFORMAÇÕES E DA AVALIAÇÃO PARTICIPATIVAS

O principal objetivo da coleta de informações e da avaliação no contexto da educação infantil é interrogar, documentar e fazer julgamentos embasados a respeito da qualidade e da efetividade das experiências de aprendizagem propiciadas às crianças pequenas. A intenção é oferecer àqueles que criam oportunidades de aprendizagem rigorosas evidências que podem ser utilizadas para direcionar e desenvolver a oferta pedagógica, garantindo que todas as crianças possam ter acesso a um programa educacional de alta qualidade e que se aprimora constantemente. Sua pretensão organizacional é a de que a responsabilidade pelo desenvolvimento contínuo e autodirigido, por meio de processo de coleta de informações e avaliação estabelecido, é daqueles que estão dentro e não fora da organização, uma vez que isso garante que a educação oferecida seja apropriada, desafiadora e esteja de acordo com os propósitos. Em uma pedagogia participativa, o processo de coleta de informações e avaliação é visto como uma maneira de garantir que as experiências de aprendizagem construídas em conjunto, oferecidas e experimentadas pelas crianças nos contextos de educação infantil possuam valor e exerçam um impacto sobre a criança, a família, a comunidade e a sociedade em que se inserem, isto é, que sejam de qualidade. Nesse sentido, a coleta de informações e a avaliação se constituem em ferramentas pedagógicas essenciais para garantir que a educação oferecida seja culturalmente situada, empoderadora e transformadora para todos os envolvidos.

A coleta de informações e a avaliação também são mecanismos fundamentais que possibilitam a prestação de contas das contribuições educacionais. A prestação de contas é outro objetivo fundamental do processo de coleta de informações e avaliação, e esse aspecto é visto como tendo três facetas. Em primeiro lugar, as evidências oferecidas por meio da coleta de informações e avaliação podem alimentar a prestação de contas, fornecendo uma narrativa ou "relato" dos processos educativos e de seus resultados. Em segundo lugar, essas evidências podem oferecer uma explicação ou "relato" de como e por que a aprendizagem ocorreu. Em terceiro lugar, essas evidências podem fornecer uma "medida" ou "análise" quantitativa ou qualitativa dos resultados alcançados. Em um paradigma participativo, todas essas facetas da prestação de contas são obtidas por meio da adoção de rigoroso processo de coleta de informações e avaliação, e são percebidas como responsabilidades desejáveis e necessárias para com os envolvidos, por garantirem que experiências educacionais de alta qualidade sejam disponibilizadas a todos.

Nessa perspectiva, também se argumenta que, para que sejam plenamente alcançadas as intenções e os objetivos da prestação de contas, é essencial que aqueles que estão envolvidos e experimentam a educação oferecida e se beneficiam dela sejam vistos como participantes e parceiros ativos em todos o processo de coleta de informações e avaliação (BERTRAM; PASCAL, 2006, 2009; PASCAL; BERTRAM, 2012). Esse movimento é parte de um processo lento, mas crescente de conscientização a respeito da centralidade dos direitos das crianças como cidadãos e do reconhecimento dos Artigos 12 e 13 da Convenção das Nações Unidas sobre os Direitos da Criança (FUNDO DAS NAÇÕES UNIDAS PARA INFÂNCIA, 1989, documento *on-line*) que estabelece que:

Artigo 12: Os governos de todos os países devem garantir que uma criança capaz de conceber seus próprios pontos de vista deve ter o direito de expressar esses pontos de vista livremente em todos os aspectos que envolvam essa criança e que os pontos de vista dessa criança devem ser levados em consideração de acordo com a idade e a maturidade da criança.

Artigo 13 (que inclui o direito à liberdade de expressão): Este direito deve incluir a liberdade para procurar, receber e compartilhar ideias de todos os tipos, independentemente de fronteiras, oralmente, por escrito, por meio de imagens, em forma de arte ou por qualquer outro meio que a criança escolha.

O progresso no sentido de assegurar esses direitos continua, mas as profundas mudanças nos valores e nas atitudes necessárias para realizar esse compromisso com todas as crianças em todos os contextos de educação infantil são difíceis de transformar em realidade. Em muitos contextos, esses direitos das crianças, pelos quais muito se lutou, ainda não são evidentes na prática. Muitas crianças não são ouvidas em seus cotidianos, seja em casa, seja nas escolas, e o desenvolvimento de sua capacidade de participação efetiva como cidadãs é, por esse motivo, prejudicado. Essa situação caracteriza particularmente a realidade das crianças mais novas, que podem permanecer "silenciadas" e muitas vezes excluídas das decisões que configuram suas vidas, com base na justificativa de que são "muito novas" para expressarem seus direitos e para possuírem uma voz ativa e de que nós, como adultos, devemos agir em seu benefício. Também descobrimos que ao "cruzarem a fronteira" da casa para a escola, as crianças de famílias imigrantes, em trânsito, em busca de asilo e refugiadas de uma variedade de comunidades e origens diferentes tendem a ser ainda menos ouvidas (BERTRAM; PASCAL, 2006, 2008). Acreditamos que, se todas as crianças devem usufruir dos direitos reunidos na Convenção das Nações Unidas sobre os Direitos da Criança, então tanto a pesquisa como a prática devem reconfigurar seus paradigmas para se tornarem mais inclusivas e participativas.

Nosso próprio trabalho, e também o de muitos outros pesquisadores e profissionais da área, documentou os desafios para fazer essa mudança de paradigma acontecer (CLARK; MOSS, 2011; DAHLBERG; MOSS; PENCE, 2006; LEWIS; LINDSAY, 2000; LLOYD-SMITH; TARR, 2000; OLIVEIRA FORMOSINHO; ARAÚJO, 2006; WOODHEAD, 1999). Essas iniciativas refletem uma crescente aceitação da visão das crianças pequenas como cidadãs com direitos e vozes em nossos serviços, tendo como base a noção, bem descrita por Lloyd-Smith e Tarr (2000), de que a "realidade experimentada pelas crianças e jovens nos contextos educacionais não pode ser plenamente compreendida apenas por inferências e suposições". O ponto central dessa perspectiva é que as experiências efetivamente percebidas pelas crianças não podem ser inferidas por outros e, dessa forma, os profissionais devem incluir as vozes das crianças do modo como elas falam, e não da maneira como as inferimos ou interpretamos. Acreditamos que nossa tarefa enquanto profissionais é enfrentarmos esse desafio e abrirmos nossos olhos, ouvidos e mentes para essas vozes; é nos especializarmos, tornando-nos ouvintes ativos das crianças e reconhecendo as diversas maneiras com que elas habilmente nos comunicam suas realidades (MALAGUZZI, 1998).

Talvez, como desdobramento deste trabalho que promove as perspectivas das crianças, possamos também identificar um crescente reconhecimento, no setor dos anos iniciais, da importância de ouvir as perspectivas das crianças no processo de coleta de informações e avaliação. Essa participação coletiva no processo de coleta de informações e avaliação assegura que a responsabilidade e o comprometimento sejam compartilhados e ajuda a garantir que as evidências reunidas sejam relevantes e úteis para a melhoria da qualidade, outro objetivo essencial para a criação de uma educação de qualidade para todos. Nesse sentido, a coleta de informações e a avaliação se tornam extremamente conectadas, fundamentadas e culturalmente situadas no contexto educacional e são consideradas processos continuados e motivados internamente, em vez de um evento objetivo, desconectado e externamente imposto. Essa abordagem também reconhece que crianças, pais e profissionais têm o poder de ação, a capacidade e o direito democrático de definir, configurar e influenciar o próprio mundo positivamente. Nesse sentido, a coleta de informações e a avaliação podem ser vistos como forças extremamente políticas, libertadoras e transformadoras para os envolvidos no processo (BERTRAM; PASCAL, 2006; FORMOSINHO; OLIVEIRA-FORMOSINHO, 2012; FREIRE, 1970; PASCAL; BERTRAM, 2009, 2012). Por fim, nesse relato das práticas e processo de coleta de informações e avaliação, procuramos oferecer meios de estabelecer evidências robustas e embasadas na prática que possam servir para a reflexão e para a ação (práxis), que acreditamos ser o centro da educação infantil de qualidade.

Em resumo, o processo de coleta de informações e avaliação participativo têm dois objetivos principais. Primeiramente, visam produzir conhecimentos e ações práticas e relevantes que são diretamente úteis para melhorar a qualidade da educação infantil oferecida no contexto educacional. Ao mesmo tempo, procuram empoderar aqueles que fazem parte do contexto da educação infantil para buscar transformação social por meio de um processo de construção e utilização de seus próprios conhecimentos.

A produção de conhecimento

O processo participativo de coleta de informações e avaliação está sempre situado em um contexto específico e, dessa maneira, reconhece o localismo, mas também é democrático e participativo no sentido mais amplo da sociedade. As concepções de Wenger (1998) a respeito de *comunidades de prática*, por exemplo, embasam essa perspectiva social e colaborativa de produção de conhecimento. Mas, filosófica e politicamente, a liberdade individual orientada contra o bem comum do universalismo e o poder político do Estado contêm perigos políticos, à direita, com o neoliberalismo, e à esquerda, com o anarquismo. Portanto, uma perspectiva participativa situa-se no meio-termo e incentiva a participação, a voz e a democracia, em que as individualidades são reconhecidas, mas como integrantes de uma comunidade mais ampla. Uma vez que não há nada tão cultural e individualmente situado, nada tão central ao nosso conceito de identidade e pertencimento quanto a maneira como damos suporte a nossas pequenas crianças, os contextos de educação infantil devem reconhecer e ser sensíveis a esses conceitos e, também, às significâncias locais e às diversidades culturais. O processo participativo de coleta de informações e avaliação toma cuidado com generalizações e universalidades e com a redução das complexidades a representações numéricas que negam a pluralidade das pessoas. Nessa perspectiva, o conhecimento é visto como mais significativo e confiável quando é construído em conjunto e validado por aqueles que estão sendo investigados. Ademais, assume que o conhecimento pode ser situado e ainda assim ser autêntico, genuíno, significativo e transferível.

Libertação e transformação

O conceito de práxis de Freire (1970) é essencialmente político, no sentido de que procura investigar o "estudo da práxis" com a preocupação de evitar a "domesticação" do pensamento, a partir do estabelecimento de uma postura de autoconhecimento e autocrítica. Isso possibilita a criação de acervos do conhecimento e do pensamento mundial extremamente relevantes e, ao mesmo tempo, personalizados e individualizados. A coleta de informações e a avaliação participativas adotam essa ênfase na importância de paradigmas e metodologias inclusivas, que reconheçam o valor de abordagens polifônicas e que contemplem múltiplas perspectivas, conduzindo à percepção de profissionais, pais e crianças como colaboradores na construção do conhecimento a respeito dos serviços e de seu desenvolvimento. Assim como os pesquisadores em ação de McNiff (2010), essa abordagem envolve uma história intelectual de indivíduos ousados, líderes encorajadores, exploradores e pessoas que assumem riscos, trabalhando na vanguarda da criação do conhecimento e da compreensão em uma *zona de desenvolvimento* vygotskyana, inseridos em uma cultura de transformação, forjada por colaborações novas e integradas, que atravessam culturas, paradigmas e disciplinas. As compreensões mais amplas que advêm dessas férteis condições participativas são, com frequência, desorganizadas, mas esse "caos", como sugere Gladwell (2006), possibilita a emergência criativa de novos conceitos e metodologias. Muito desse caminho já foi percorrido, mas Reason e Bradbury (2008) afirmam que esse caminho vem adquirindo ressonância recentemente, reiterando o que temos testemunhado, ou seja,

> [...] uma visão de mundo emergir, mais holística, pluralista e igualitária, que finalmente é participativa. Essa visão de mundo entende os seres humanos como cocriadores da própria realidade por meio da participação e de suas experiências, imaginação, intuição, pensamento e ação. Essa visão de mundo participativa está no núcleo das metodologias questionadoras, que enfatizam a participação como uma estratégia central (REASON; BRADBURY, 2008, p. 324).

Podemos ver, em muitos países, o surgimento de um interesse por práticas avaliativas que sejam conduzidas de "baixo para cima", e não de "cima para baixo". Como afirma Martha Zaslow, Diretora do Office of Policy and Communications for the Society for Research in Child Development,

> Estamos em meio a uma mudança conceitual. Acreditamos por muito tempo que o desenvolvimento profissional direcionado para o conhecimento – cursos e treinamentos – seria suficiente para garantir mudanças na prática e na qualidade. Agora estamos começando a mudar de ideia e a dizer: se você quer ver mudanças na prática e na qualidade, deve começar intervindo diretamente na prática (ZASLOW; TOUT; MARTINEZ-BECK, 2010, p. 6).

Sugerimos que há muitas possibilidades de "intervir na prática" no intuito de transformar e aprimorar a vida das pessoas, mas acreditamos que mudanças profundas deveriam partir, e realmente partem, da experiência para a conceitualização, e não no sentido inverso. O trabalho de Barnett (2011), por exemplo, examinando os sucessos e fracassos em programas de intervenção nos Estados Unidos, que pretendiam transformar as oportunidades de vida das crianças, sugere que a natureza do desenvolvimento profissional oferecido aos profissionais de educação infantil foi um fator-chave no sucesso de uma intervenção. Seu trabalho demonstrou que as iniciativas que enfocaram o desenvolvimento dos conhecimentos dos profissionais a partir de uma perspectiva participativa levaram a mudanças específicas na prática, e tais mudanças tiveram maior impacto na qualificação das oportunidades de vida das crianças. O possível papel e o poder da geração de evidências das práticas participativas estão começando a ser percebidos.

A NATUREZA DA COLETA DE INFORMAÇÕES E DA AVALIAÇÃO PARTICIPATIVAS

A natureza da prática da coleta de informações e da avaliação participativas é definida por três conceitos fundamentais, que são centrais para a abordagem adotada no Programa *Effective Early Learning* (BERTRAM; PASCAL, 2006):

1. *Uma abordagem democrática*: o processo de coleta de informações e avaliação adota uma "abordagem democrática", na qual a avaliação da qualidade é vista como um processo significativo, que se realiza melhor por meio do envolvimento ativo dos participantes nesse processo.
2. *Uma abordagem inclusiva*: essa abordagem adota um "modelo inclusivo", no qual o processo de avaliação é percebido como algo "feito juntamente com" os participantes, e não "feito para" eles.
3. *Múltiplas percepções e vozes*: a subjetividade da definição é, portanto, reconhecida e as percepções compartilhadas sobre a qualidade são celebradas como fundamentais para o debate relativo à qualidade em cada ambiente

específico. A qualidade é definida pelo compartilhamento de reflexões e por um acordo estabelecido entre profissionais experientes, pais e crianças dentro da estrutura do programa. Ela é validada e sua adequação é determinada por aqueles que estão mais próximos da experiência de aprendizagem, sendo avaliados.

Tal abordagem é, portanto, profundamente estabelecida com base em princípios democráticos, e seus proponentes necessitam trabalhar duro para estabelecer uma parceria e uma noção de autoria compartilhada de todo o processo e devem continuar refletindo a respeito da distribuição de poder dentro dessas relações. Um comprometimento filosófico com essa abordagem é reforçado na esperança de contribuir para que o processo de coleta de informações e avaliação se torne um importante veículo para o desenvolvimento dos profissionais envolvidos. Além do mais, pretende garantir que os contextos particulares se tornem mais produtivos, mais adequados aos propósitos e que aqueles que participam desses contextos sejam empoderados pelo processo. Desse modo, o processo de revisão e implementação se torna parte da definição.

Essa perspectiva de qualidade na coleta de informações e avaliação não é estática ou finita, mas situada localmente e variável conforme o tempo, a cultura e o lugar. Não pretendemos oferecer uma definição fixa, mas, ao contrário, fornecer um enquadramento de reflexões teóricas que sirvam para encorajar os indivíduos em cada contexto, inclusive os pais, cuidadores e crianças, a documentarem e reverem, como experiência deles próprios, a qualidade e a efetividade do processo de aprendizagem. O objetivo é apoiar os profissionais a qualificarem aquilo que tinham como de "seu melhor" (*previous best*) por meio de uma evolução gradual, incrementando mudanças e desenvolvimentos, e não por meio de uma revolução. Essa abordagem apresenta um embasamento filosófico que entende que:

- Julgamentos a respeito de qualidade devem ser feitos.
- A avaliação deve surgir de um diálogo aberto, honesto e colaborativo, utilizando vocabulário compartilhado.
- Esse diálogo deve ser promovido por um período expandido.
- O diálogo deve possuir um formato e um enquadramento claros, sistemáticos e consensuais.
- As evidências para avaliação são reunidas coletivamente e questionadas em conjunto.
- O processo de avaliação deve levar a planos de ação.
- A ação deve ser conduzida, apoiada e monitorada.
- Os contextos devem assumir a autoria do processo e de seus resultados.
- Todos os participantes no processo devem ser encorajados a fazer contribuições que serão reconhecidas e valorizadas.
- Colaboração e participação são mais efetivas do que imposição e hierarquias.

O processo participativo de coleta de informações e avaliação tem subjacentes os seguintes princípios de operação:

- Avaliação e aperfeiçoamento são vistos como inseparáveis.
- O processo de avaliação e aperfeiçoamento é participativo, democrático e colaborativo.
- O processo promove a igualdade de oportunidades e reconhece a diversidade cultural.
- O processo não é imposto, é uma opção.
- O enquadramento da avaliação é rigoroso, mas flexível.
- Os planos de ação são postos em prática e apoiados.
- O processo tem o intuito de empoderar e desenvolver profissionais, pais/cuidadores e crianças.

O FOCO DA COLETA DE INFORMAÇÕES E AVALIAÇÃO

A fim de alcançar esse objetivo profundamente transformacional, o foco do processo de coleta de informações e avaliação deve ir além de examinar resultados educacionais e de aprendizagem e adotar um foco mais amplo, tridimensional. Deve analisar criticamente e em detalhes (1) o contexto pedagógico, (2) o processo pedagógico e (3) os resultados pedagógicos e identificar suas contribuições para o valor, poder e impacto (potencial transformador) da educação oferecida para e experimentada pelas crianças. Esse foco de avaliação mais amplo foi desenvolvido no programa EEL (BERTRAM; PASCAL, 2006), uma estratégia de coleta de informações e avaliação estabelecida em muitos contextos de educação infantil no Reino Unido e em Portugal (OLIVEIRA-FORMOSINHO, 2009; OLIVEIRA-FORMOSINHO, COSTA; AZEVEDO, 2009), que estabeleceu um foco tridimensional para o aperfeiçoamento da qualidade em contextos de educação infantil, conforme apresentado na Figura 3.1.

Nessa abordagem, a coleta de informações e a avaliação focalizam três alvos:

1. *Contexto Pedagógico* enfoca aspectos do contexto que definem o ambiente em que a aprendizagem infantil se dá. Isso inclui aspectos como:
    - Propósitos e objetivos pedagógicos.
    - Experiências de aprendizagem/currículo.
    - Estratégias de ensino e aprendizagem.
    - Planejamento, coleta de informações e manutenção de dados.
    - Profissionais.
    - Relações e interações.
    - Inclusão, igualdade e diversidade.
    - Parcerias com pais, famílias e comunidade.
    - Ambiente físico.
    - Liderança, monitoração e avaliação.

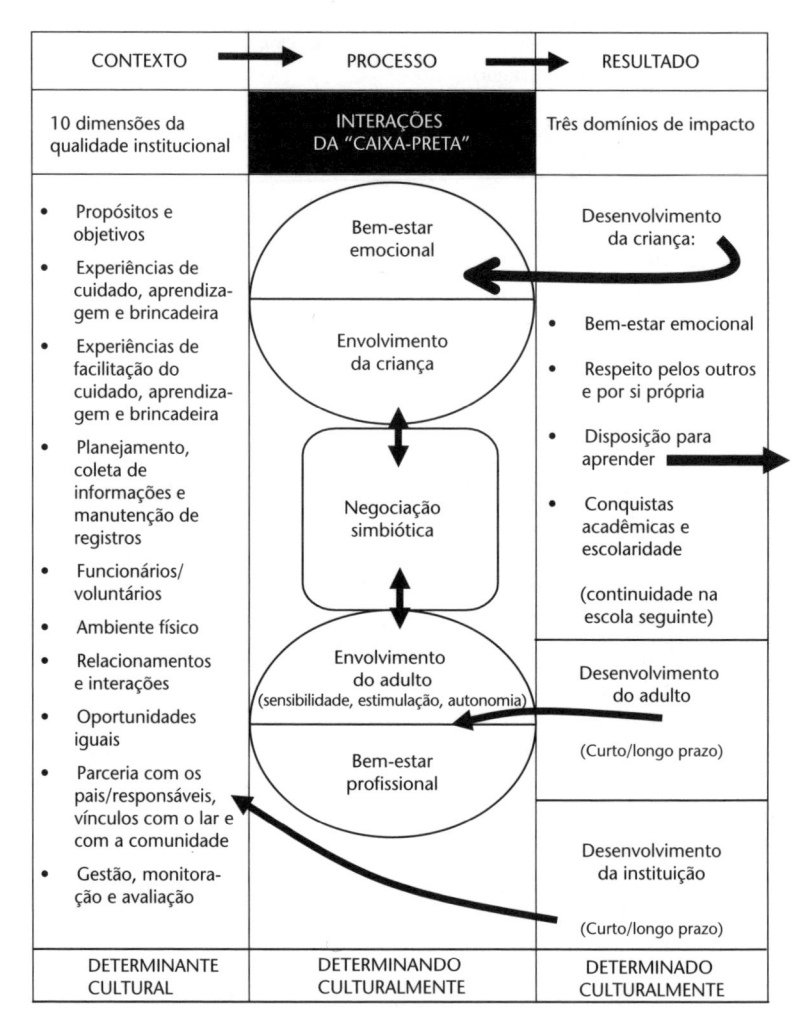

CONTEXTO ➤	PROCESSO ➤	RESULTADO
10 dimensões da qualidade institucional	**INTERAÇÕES DA "CAIXA-PRETA"**	Três domínios de impacto
• Propósitos e objetivos • Experiências de cuidado, aprendizagem e brincadeira • Experiências de facilitação do cuidado, aprendizagem e brincadeira • Planejamento, coleta de informações e manutenção de registros • Funcionários/ voluntários • Ambiente físico • Relacionamentos e interações • Oportunidades iguais • Parceria com os pais/responsáveis, vínculos com o lar e com a comunidade • Gestão, monitoração e avaliação	Bem-estar emocional Envolvimento da criança Negociação simbiótica Envolvimento do adulto (sensibilidade, estimulação, autonomia) Bem-estar profissional	Desenvolvimento da criança: • Bem-estar emocional • Respeito pelos outros e por si própria • Disposição para aprender • Conquistas acadêmicas e escolaridade (continuidade na escola seguinte) Desenvolvimento do adulto (Curto/longo prazo) Desenvolvimento da instituição (Curto/longo prazo)
DETERMINANTE CULTURAL	DETERMINANDO CULTURALMENTE	DETERMINADO CULTURALMENTE

FIGURA 3.1 A estrutura conceitual do programa EEL para avaliação e desenvolvimento da qualidade em contextos de educação infantil.
Fonte: Bertram; Pascal (2006).

2. A evidência do *Processo Pedagógico* está focada na qualidade e na natureza das interações pedagógicas entre adultos e crianças dentro de um contexto. Isso requer que seja reunida evidência a respeito de aspectos como:
   • Engajamento e envolvimento das crianças.
   • Engajamento dos adultos.
   • Bem-estar infantil.
   • Bem-estar profissional.

3. A evidência dos *Resultados Pedagógicos* recai sobre o consequente impacto no desenvolvimento proporcionado pelo contexto de aprendizagem, o que é avaliado em três níveis: o desenvolvimento da criança, o desenvolvimento do adulto e o desenvolvimento institucional. Isso envolve a coleta de evidência a respeito de:
   - Desenvolvimento infantil – em áreas como comunicação e desenvolvimento da linguagem; atitudes e disposição para aprender; competência social e emocional; desenvolvimento físico.
   - Desenvolvimento dos pais e profissionais.
   - Desenvolvimento e aprimoramento do contexto.

Nesse contexto de avaliação participativa, é plenamente reconhecido que qualquer medida do Contexto, do Processo e dos Resultados Pedagógicos será embasada no ambiente sociocultural mais amplo e dele dependerá. Cada contexto de educação infantil existe em um ambiente que é determinado pelas normas e valores da sociedade ou do subgrupo dentro da sociedade. A avaliação da qualidade de um contexto será, portanto, influenciada pela extensão em que seus valores são compartilhados e adotados por todos os seus participantes e também pelo quanto o contexto está em concordância com os valores dos grupos mais amplos como, por exemplo, a comunidade local, a autoridade regional, o governo e outras opiniões públicas. Esse ponto de vista de contextos individuais inseridos em círculos mais amplos de influência é chamado de "perspectiva ecológica" (BRONFENBRENNER, 1979).

Esse foco mais amplo, tridimensional de coleta de informações e avaliação da educação infantil garante que a qualidade de um contexto pedagógico seja considerada de modo holístico e que cada elemento da prática pedagógica seja avaliado como uma parte significativa constituinte de um sistema complexo, dinâmico e integrado de relações e interações.

O PROCESSO DE COLETA DE INFORMAÇÕES E AVALIAÇÃO

O processo de coleta de informações e avaliação participativas tem quatro fases distintas de ação cíclica, que fluem de uma para a outra e que encorajam um processo contínuo de reflexão e ação, como exemplificado no diagrama do programa EEL na Figura 3.2. Cada fase possui um conjunto de métodos e estratégias participativos e eticamente negociados que irão auxiliar na implementação democrática e bem-sucedida do processo de avaliação. Cada estágio do processo também é rigorosamente documentado e analisado a partir da reflexão de todos aqueles que tenham participado do processo de coleta de evidências. A intenção é garantir que todos se sintam autores de cada um dos estágios de desenvolvimento do processo e também assegurar que todos compartilhem um senso efetivo de responsabilidade pelos resultados das avaliações e suas implicações para as futuras melhorias da qualidade da prática.

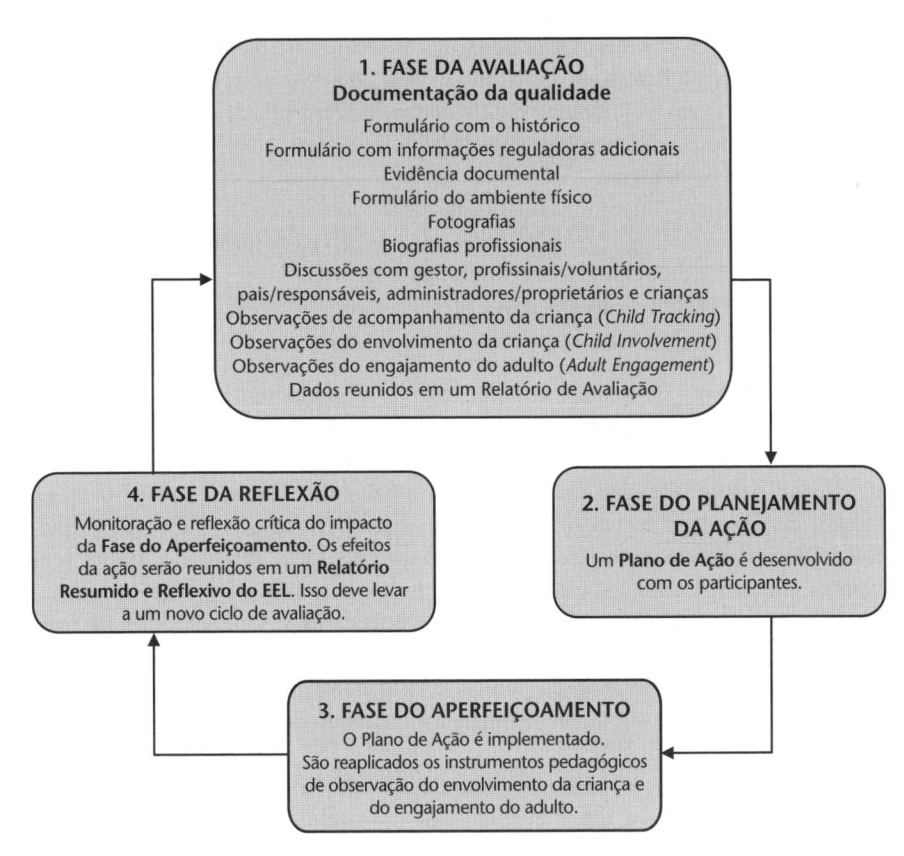

```
┌─────────────────────────────────────────────────┐
│            1. FASE DA AVALIAÇÃO                 │
│            Documentação da qualidade            │
│                                                 │
│         Formulário com o histórico              │
│   Formulário com informações reguladoras adicionais │
│              Evidência documental               │
│         Formulário do ambiente físico           │
│                  Fotografias                    │
│             Biografias profissionais            │
│   Discussões com gestor, profissinais/voluntários, │
│   pais/responsáveis, administradores/proprietários e crianças │
│  Observações de acompanhamento da criança (Child Tracking) │
│  Observações do envolvimento da criança (Child Involvement) │
│  Observações do engajamento do adulto (Adult Engagement) │
│       Dados reunidos em um Relatório de Avaliação │
└─────────────────────────────────────────────────┘

┌──────────────────────────────┐    ┌──────────────────────────────┐
│      4. FASE DA REFLEXÃO     │    │     2. FASE DO PLANEJAMENTO  │
│ Monitoração e reflexão crítica do impacto │    │            DA AÇÃO           │
│ da Fase do Aperfeiçoamento. Os efeitos │    │ Um Plano de Ação é desenvolvido │
│ da ação serão reunidos em um Relatório │    │     com os participantes.    │
│ Resumido e Reflexivo do EEL. Isso deve levar │    └──────────────────────────────┘
│    a um novo ciclo de avaliação. │
└──────────────────────────────┘

              ┌──────────────────────────────┐
              │   3. FASE DO APERFEIÇOAMENTO │
              │   O Plano de Ação é implementado. │
              │ São reaplicados os instrumentos pedagógicos │
              │ de observação do envolvimento da criança e │
              │       do engajamento do adulto.        │
              └──────────────────────────────┘
```

FIGURA 3.2 Ciclo de melhoria e avaliação da qualidade do aprendizado do programa EEL.

Fase 1: Avaliação – Documentação da qualidade

Nessa primeira fase, os profissionais trabalham junto com seus colegas, com os pais e cuidadores e com as crianças para documentar e avaliar a qualidade da aprendizagem dentro do contexto infantil. Evidências a respeito dos contextos e processos são reunidas colaborativamente. Os dados coletados são utilizados pelos profissionais para mediar uma avaliação da qualidade da aprendizagem infantil e dos cuidados dentro de seus contextos. Todos os dados coletados a respeito da documentação e avaliação da qualidade são inseridos em um *Relatório de Avaliação*, detalhado e cuidadosamente estruturado, da qualidade da aprendizagem infantil em cada um dos ambientes. O Relatório de Avaliação é, então, compartilhado com os profissionais no ambiente de estudo para validação.

Fase 2: Planejamento da ação

Os profissionais se reúnem com todos os participantes para identificar as prioridades de ação. Esse plano será individualizado conforme as necessidades de cada ambiente. Deve ser produzido um *Plano de Ação* estruturado e factível para o aperfeiçoamento dos cuidados, da aprendizagem e do desenvolvimento. Esse plano deve apresentar metas articuladas dentro de uma escala de tempo identificável.

Fase 3: Aperfeiçoamento

É implementado um programa individual e/ou contextual de desenvolvimento que esteja intimamente relacionado às metas determinadas no Plano de Ação. Ao longo dessa fase, o progresso deve ser monitorado e os profissionais devem ser encorajados a reunir evidências dos efeitos da ação na qualidade do cuidado das crianças, da aprendizagem e do desenvolvimento de experiências no contexto (medidas de impacto).

Fase 4: Reflexão

Os profissionais são encorajados a refletir a respeito da avaliação e dos processos de aperfeiçoamento, bem como a rever as evidências dos impactos de seu Plano de Ação sobre a qualidade da aprendizagem das crianças dentro de seu ambiente educativo. Os profissionais reúnem seus resultados em um *Relatório Resumido* que inclui os resultados da coleta final de dados e da opinião dos participantes a respeito de futuros aprimoramentos, o que leva a outro ciclo de avaliação e aperfeiçoamento.

REFERÊNCIAS

BARNETT, W.S. Effectiveness of early educational intervention, *Science*, v. 333, n. 6045, p. 975-978, 2011.

BERTRAM, T.; PASCAL, C. *Effective Early Learning (EEL):* a handbook for evaluating, assuring and improving quality in early childhood settings. Birmingham: Amber Publishing, 2006.

BERTRAM, T.; PASCAL, C.; SAUNDERS, M. *Accounting Early for Life Long Learning (AcE):* a handbook for assessing young children. Birmingham: Amber Publishing, 2008.

BRONFENBRENNER, U. *The ecology of human development*. Cambridge: Harvard University, 1979.

BRUNER, J. *The culture of education*. Cambridge: Harvard University, 1996.

CLARK, A.; MOSS, P. *Listening to children:* the mosaic approach. London: National Children's Bureau and Joseph Rowntree Foundation, 2001.

DAHLBERG, G.; MOSS, P.; PENCE, A. *Beyond Quality in Early Childhood Education and Care* postmodern perspectives. 2. ed. London: Falmer, 2006.

FORMOSINHO, J.; OLIVEIRA-FORMOSINHO, J. Towards a social science of the social: the contribution of praxeological research. *European Early Childhood Education Research Journal*, v. 20, n. 4, p. 591-606, 2012.

FREIRE, P. *Pedagogia do oprimido*. Rio de Janeiro: Paz e Terra, 1970.

FUNDO DAS NAÇÕES UNIDAS PARA INFÂNCIA. *A convenção sobre os direitos da criança*. [Geneva]: UNICEF, 1989. Disponível em: <http://www.unicef.org/brazil/pt/resources_10120.htm>. Acesso em: 25 mar. 2016.

GANDHI, M.K. *Young India*, v.1, p. 170, 1981.

GIBSON, J.J. The theory of affordances. In: SHAW, R.E.; BRANSFORD, J. (Ed.). *Perceiving, acting, and knowing*. Hillsdale: Lawrence Erlbaum Associates, 1977.

GLADWELL, M. *Blink:* the power of thinking without thinking. Harmondsworth: Penguin, 2006.

KNOWLES, M.S. *The adult learner:* a neglected species. Houston: Gulf Publishing, 1973.

LEWIS, A.; LINDSAY, G. (Ed.). *Researching children's perspectives.* Buckingham: Open University, 2000.

LLOYD-SMITH, M.; TARR, J. Researching children's perspectives: a sociological perspective. In: LEWIS, A.; LINDSAY, G. (Ed.). *Researching children's perspectives.* Buckingham: Open University Press, 2000. p. 46-58.

MALAGUZZI, L. *The hundred languages of children:* the Reggio Emilia approach. Greenwich: Ablex Publishing, 1998.

McNIFF, J. *Action research for professional development.* Dorset: September Books, 2010.

MEZIROW, J. An overview of transformative learning. In: SUTHERLAND, P.; CROWTHER, J. (Ed.). *Lifelong learning:* concepts and contexts. New York: Routledge, 2006. p. 24-38.

OLIVEIRA-FORMOSINHO, J. (Org.). *Desenvolvendo a qualidade em parcerias:* estudos de caso. Lisboa: Ministério da Educação, 2009.

OLIVEIRA-FORMOSINHO, J.; ARAÚJO, S. B. Listening to children as a way to reconstruct knowledge about children: some methodological implications. *European Early Childhood Education Research Journal,* v. 14, n. 1, p. 21-31, 2006.

OLIVEIRA-FORMOSINHO, J.; COSTA, H.; AZEVEDO, A. A minha árvore: Leonor. In: OLIVEIRA-FORMOSINHO, J. (Ed.). *Limoeiros e laranjeiras:* revelando as aprendizagens. Lisboa: Ministérios da Educação e Direcção-Geral de Inovação e de Desenvolvimento Curricular (DGIDC), 2009. p. 15-27.

PASCAL, C.; BERTRAM, T. Desenvolvendo a qualidade em parcerias: nove estudos de caso. Porto: Porto, 1999. (Infância, 6).

PASCAL, C.; BERTRAM, T. Listening to young citizens: the struggle to make real a participatory paradigm in research with young children. *European Early Childhood Education Research Journal,* v. 17, n. 2, p. 249-262, 2009.

PASCAL, C.; BERTRAM, T. Praxis, ethics and power: developing praxeology as a participatory paradigm for early childhood research. *European Early Childhood Education Research Journal,* v. 20, n. 4, p. 477-492, 2012.

REASON, P.; BRADBURY, H. (Ed.). *Sage handbook of action research:* participative inquiry and practice. 2nd ed. London: Sage Publications, 2008.

ROGOFF, B. *The cultural nature of human development.* New York: Oxford University Press, 2003.

VYGOTSKY, L. S. *Mind in society.* Cambridge: Harvard University Press, 1978

WENGER, E. *Communities of practice:* learning, meaning and identity. Cambridge: Cambridge University Press, 1998.

WOODHEAD, M. Towards a global paradigm for research into early childhood education. *European Early Childhood Education Research Journal,* v. 7, n. 1, p. 5-22, 1999.

ZASLOW, M.; TOUT, K.; MARTINEZ-BECK, I. *Measuring the quality of early care and education programs at the intersection of research, policy, and practice.* Washington: Office of Planning, Research and Evaluation, Administration, 2010.

4
Métodos participativos de coleta de informações e avaliação

Christine Pascal e Tony Bertram

INTRODUÇÃO

Este capítulo tem como ponto de partida os conceitos estabelecidos no Capítulo 3 e visa oferecer exemplos práticos e eticamente fundamentados de métodos e processos de coleta de informações e avaliação que possam ser utilizados como suporte para uma pedagogia participativa. Conforme definido no Capítulo 3, buscamos métodos participativos de reunir evidências e informações que possibilitem o exercício da reflexão crítica e da avaliação a respeito de aspectos que estão funcionando, de como estão funcionando e do impacto que exercem. O objetivo é obter um conjunto rigoroso, substancial e sistematicamente coletado de evidências que estejam embasadas na prática, fundamentadas na realidade da vida cotidiana dos estabelecimentos de educação infantil ao longo do tempo. Os métodos apresentados foram desenvolvidos para avaliar a prática pedagógica e seu impacto, com a intenção de refletir criticamente sobre seu poder de transformar a aprendizagem e o desenvolvimento das crianças e dos adultos envolvidos.

Os métodos descritos neste capítulo estão em conformidade com nosso código ético e com nossa crença na adoção de uma prática pedagógica fundamentada nos direitos e, desse modo, são significativos, situados e culturalmente relacionados com os envolvidos no processo. Também oferecem oportunidades para a construção conjunta e democrática de evidências a partir das perspectivas de pais, crianças e profissionais, reconhecendo as múltiplas realidades de todos os parceiros. As evidências coletadas por meio desses métodos têm o intuito de servir de apoio às reflexões críticas e ao diálogo avaliativo entre crianças e adultos, o que produz conhecimento acerca de seus percursos de aprendizagem e da qualidade do ambiente pedagógico e pode servir como base para estabelecer possíveis melhorias e também para torná-los visíveis à comunidade.

CONSIDERAÇÕES METODOLÓGICAS: OBSERVAR E ESCUTAR

Segundo nosso entendimento, observar e escutar as crianças e seus pais constitui parte do processo de compreender não apenas o que elas sentem e experimentam, mas também de identificar suas necessidades em relação aos primeiros anos da experiência educacional. É importante ter em mente que todas as crianças (e seus pais) são "peritos em suas próprias vidas" (LANGSTED, 1994) e participam ativamente na "coconstrução de significados". Essas ideias a respeito da infância, dos direitos das crianças, da participação democrática e do direito à voz são centrais em nossas considerações sobre as metodologias adequadas de avaliação. Acreditamos que o processo de observação e escuta sistemática de crianças e pais e o registro daquilo que escutam e observam está no âmago de uma prática avaliativa eficaz.

Observando crianças e adultos

A observação é um modo de coletar informação a respeito da criança, do adulto (dos pais e profissionais) e de suas capacidades individuais. Quando voltamos nossa atenção para as crianças, isso possibilita que os profissionais e os pais compreendam a visão de mundo específica da criança e o nível de suas competências e habilidades, percebam algum dom ou talento particular que ela esteja desenvolvendo, as necessidades específicas que porventura possua e seu estado de bem-estar emocional, bem como procurem entender como a compreensão e o pensamento da criança estão evoluindo. A informação adquirida também permite que os profissionais e os pais acompanhem a aprendizagem e o desenvolvimento da criança ao longo do tempo e em diferentes contextos, a fim de planejar os próximos passos da aprendizagem. Profissionais habilidosos avaliam o progresso das crianças a partir da análise e da interpretação de suas observações regulares das crianças envolvidas em uma variedade de experiências e atividades cotidianas A informação obtida a partir da observação das crianças em contexto é fortalecida quando a ela se soma a informação acerca das observações feitas pelos pais, em casa. As observações podem ser formais (planejadas e estruturadas) ou informais (espontâneas e narrativas). Os profissionais precisam dos dois tipos de observação para garantir que se possa traçar um perfil completo da aprendizagem e do desenvolvimento da criança. Os profissionais planejam possibilidades de aprendizagem em nível individual e coletivo, com base na informação obtida por meio de suas observações das crianças. Isso possibilita que as experiências de aprendizagem planejadas estejam de acordo com o nível de desafio necessário para ampliar as capacidades das crianças.

Quando observamos adultos, é importante fazê-lo em contextos e ambientes que sejam vistos como organizações educacionais em que todos – pais, crianças e profissionais – aprendam juntos em "comunidades de aprendizagem" (PASCAL; BERTRAM, 2012; WENGER, 1998). Toda aprendizagem acontece em um contexto social, e aprendemos melhor quando temos autoestima, confiança e nos sentimos conectados. "Comunidades de aprendizagem" criam um ambiente favorável à mudança e ao desenvolvimento, pois não são ameaçadoras. Contudo, para evitar que sejam simplesmente um ambiente de autorreforço positivo, também precisam ter mecanismos rigorosos para fazer julgamentos e efetuar mudanças. "Comunidades de aprendizagem" profissionais deveriam ser um elemento fundamental de todos os ambientes participativos, e o uso de instrumentos de observação de adultos na avaliação consiste em uma forma útil de garantir que os colegas dirijam sua atenção para a interação com as crianças, a partir da avaliação de alguns aspectos dessa interação, como sensibilidade, estimulação e autonomia (BERTRAM; PASCAL, 2006a, 2006b, 2008). Profissionais de educação infantil experientes devem ser capazes tanto de fazer como de receber julgamentos críticos embasados a respeito da qualidade do ensino e da aprendizagem oferecida. No que concerne a essa importante relação entre pares, estamos cientes da necessidade de promover relações de trabalho positivas entre os colegas. É preciso reforçar, todavia, a igual importância de que a condução dessas observações seja tão franca e honesta quanto possível, de forma a oferecer um modo efetivo de desenvolver a qualidade da prática de um ambiente de aprendizagem.

Para que seja possível alcançar uma análise crítica produtiva feita por pares, por meio da observação de adultos, é necessário levar em consideração os seguintes aspectos:

- A equipe deve ser treinada e compreender o propósito do processo de análise crítica feita por pares, bem como a importância central de suas interações com as crianças, pais e colegas para uma provisão adequada.
- Sempre que possível, cada membro da equipe deve ter a possibilidade de escolher com quem fará as observações por pares.
- Cada membro da equipe deve sentir que seu parceiro de trabalho é alguém confiável, com quem se sinta seguro, respeitado e valorizado.
- A análise crítica feita por pares é um processo contínuo, e não apenas uma das etapas de um diálogo contínuo a respeito do desenvolvimento profissional.
- Cada membro da equipe recebe um retorno confidencial como um diálogo acerca de suas interações profissionais logo após a realização do processo de observação.
- O retorno sobre as observações deve, por um lado, enfatizar a identificação e o encorajamento de aspectos positivos e, por outro, explicitar os aspectos a melhorar, priorizando essas duas questões em vez de se constituir em uma catalogação de cada nuance observada.
- Um retorno de avaliação individual deve ser seguido de oportunidades apropriadas de desenvolvimento profissional.
- Comentários e observações de caráter pessoal devem ser evitados.

A orientação inglesa do *Early Years Foundation Stage Curriculum Guidance* (DEPARTMENT FOR CHILDREN, SCHOOLS AND FAMILIES, 2008) propõe cinco habilidades para o processo de observação:

1. *Observação*: ter clareza a respeito de quais aspectos da aprendizagem e do desenvolvimento do adulto ou da criança estão sendo analisados.
2. *Escuta*: prestar atenção às interações e narrativas do adulto ou da criança ao se envolverem com o mundo à sua volta.
3. *Registro*: anotar os aspectos relevantes de modo eficiente e adequado.
4. *Reflexão*: refletir acerca do que se observa e fazer conexões entre as observações e os processos de planejamento e avaliação.
5. *Questionamento*: fazer perguntas aos pais, às crianças e a outros adultos para esclarecer, confirmar ou rejeitar julgamentos sobre o que foi observado.

Há muitos tipos de observação. Algumas observações são espontâneas e tomam a forma de notas ocasionais (blocos de papel são frequentemente utilizados para esse fim), que capturam a resposta de uma criança a uma atividade ou evento no momento em que ocorrem. Outras observações são mais cuidadosamente planejadas. Tais observações são agendadas previamente, uma vez que o profissional deve estar apto a se distanciar para observar as crianças enquanto estão engajadas em uma atividade cotidiana e, particularmente, quando estão brincando ou envolvidas com atividades que elas mesmas tenham escolhido. Elas geralmente levam em conta alguns aspectos específicos da aprendizagem e do desenvolvimento da criança. Essas observações com frequência são documentadas em um formato predefinido, que pode mapear áreas específicas da aprendizagem. As observações planejadas, de modo geral, duram entre 2 e 10 minutos, com algumas observações sendo registradas à medida que a observação progride, com algumas notas adicionais acrescentadas posteriormente.

Esses tipos de observações têm a vantagem de que, ao serem reunidas com o passar do tempo e em uma série de contextos, podem fornecer evidências mais válidas e confiáveis sobre o perfil de desenvolvimento da criança. Algumas observações também são registradas por meio de fotografias, gravações de áudio e vídeo. Tal tipo de informação observacional é útil no sentido de capturar muito mais informações e contextualizar a aprendizagem, mas pode demandar mais tempo para que se façam análises e interpretações sistemáticas. O tipo de observação gravada apresenta a vantagem de servir como apoio para os momentos de diálogo com os pais e as crianças sobre as evidências observacionais. São um complemento muito útil para as notas e os registros realizados em formato reduzido.

É importante que as observações sejam conduzidas regular e sistematicamente, para garantir que as evidências acumuladas sejam confiáveis, adequadas e válidas. Por esse motivo, o ideal é que as observações envolvam diferentes momentos do dia, atividades diversas, diferentes maneiras de agrupar as crianças, e também que toda a equipe esteja envolvida nesse processo. Todas as crianças em um ambiente educativo devem ser observadas ao longo do tempo, e é importante que as avaliações de uma criança não sejam feitas com base em uma única observação, mas em uma série de observações realizadas ao longo do tempo, que capturem a criança em diferentes contextos e atividades.

Uma prática boa e ética sugere que as crianças desde a mais tenra idade e seus pais sejam envolvidos no processo de observação e avaliação. Todas as observações devem ser compartilhadas com esses parceiros no processo de aprendizagem, uma vez que oferecem uma ótima oportunidade de comemorar as conquistas das crianças e planejar o próximo estágio do desenvolvimento. Desse modo, os pais e as crianças também podem saber mais acerca das competências da criança, e assim podem fortalecer, validar e ampliar as evidências observacionais reunidas pelos profissionais. O processo de avaliação do Programa de Suporte Inicial à Aprendizagem ao Longo da Vida (AcE, do inglês *Accounting Early for Lifelong Learning*) (BERTRAM; PASCAL; SAUNDERS, 2008), por exemplo, não apenas inclui as crianças e os pais no compartilhamento de observações, mas também encoraja as crianças e os pais a fazerem suas próprias observações e registrá-las na forma de uma História de Aprendizagem (*Leaning Story*), da maneira que julgarem mais adequada. Esse trabalho de avaliação conjunta oferece um processo autêntico e positivo de parceria ativa e envolvimento dos pais e das crianças na aprendizagem.

Ouvindo pais e crianças e ouvindo com eles

Os pais vêm em primeiro lugar. Eles são os primeiros educadores da criança e a influência mais importante em sua vida. As crianças aprendem desde o momento do nascimento, se não antes, e seus pais e sua família estendida oferecem tanto o contexto em que a aprendizagem ocorre quanto a continuidade entre a casa, a creche e a escola. Conforme a criança avança na educação infantil e nos ambientes de cuidado, sua aprendizagem continua sendo fortemente influenciada pelo seu lar, daí decorrendo que, quanto mais conexões houver entre os pais e os ambientes de educação infantil, mais efetiva será sua aprendizagem. Os pais possuem um conhecimento único a respeito dos aspectos do desenvolvimento da criança, o que é fundamental para o processo de avaliação adequado e efetivo. Um dos fatores essenciais de envolvimento efetivo dos pais é a existência de um diálogo contínuo e simétrico entre os pais e os profissionais. Uma parceria real com os pais nos processos de avaliação exige uma noção compartilhada de objetivos, respeito mútuo e vontade de pactuar. Requer uma comunicação franca, regular e recíproca, em que os avanços são comemorados, problemas são confrontados, soluções são buscadas e políticas são implementadas, conjuntamente. Demanda tempo, esforço e confiança. Implica que as competências parentais sejam equiparáveis às habilidades dos profissionais.

É importante reconhecer que os pais não constituem um grupo homogêneo – cada família e suas vidas são diferentes, e os profissionais podem considerar desafiador conhecer e se comunicar com os pais das crianças. Não há um modo único de interagir com os pais; o que funciona com um não funciona com outro, de maneira que diferentes formas de interação devem ser pensadas e experimentadas. Os ambientes também devem ser preparados para adaptar seu funcionamento de maneira a se adequar às diferentes necessidades das famílias e também para possibilitar experimentações e inovações nas situações em que práticas existentes não funcionem bem. Um dos pontos de partida poderia ser uma visita inicial ao ambiente familiar por um dos profissionais da instituição ou do governo antes mesmo de a criança começar a frequentá-la. Essa é uma oportunidade ideal para começar a construir relações positivas com a criança e a família, e também para trocar conhecimentos e informações. Muitas vezes os ambientes educativos organizam reuniões introdutórias antes que a criança comece a frequentá-los, para ajudar os pais a compreenderem a filosofia da abordagem e o desenvolvimento da aprendizagem. Esse é outro modo de começar a construir boas relações, pautadas pelo respeito e compreensão mútuos.

O desenvolvimento de relações francas e respeitosas pode ser desafiador para alguns pais e profissionais por diversos motivos. Freire (1970, p. 71) afirma que uma série de passos devem ser seguidos antes que os participantes possam começar a desenvolver um diálogo simétrico um com o outro. Esses passos exigem que os participantes:

- Percebam a própria ignorância e desistam da ideia de que são os únicos detentores da verdade e do conhecimento.
- Se identifiquem com os outros e reconheçam o fato de que "nomear o mundo" não é uma tarefa da elite.
- Valorizem a contribuição dos outros e sejam capazes de ouvi-los com humildade, respeitando a visão de mundo particular de cada pessoa.
- Percebam o quanto precisamos uns dos outros e não tenham medo de perder seu lugar.
- Sejam humildes, tenham fé nos outros e acreditem em seus potenciais.

Acreditamos que uma escuta ativa é uma das habilidades avaliativas mais importantes que um profissional pode ter. A habilidade de escuta de um profissional tem um profundo impacto na qualidade do seu trabalho e também nas suas relações com os outros. Os profissionais escutam para obter informações, para compreender, para aproveitar e para aprender. A escuta efetiva é uma atividade ativa, e não passiva. O ouvinte deve ser um participante ativo para que o ciclo de comunicação se complete. Há uma série de elementos envolvidos no ato de ouvir ativamente, que incluem o seguinte (PASCAL; BERTRAM, 2013):

1. *Preste atenção.* Dê ao falante atenção exclusiva e reconheça a mensagem. Aceite que aquilo que não está sendo dito também possui significado.
2. *Mostre que você está escutando.* Use sua própria linguagem corporal e seus gestos para mostrar que você está prestando atenção, ocasionalmente acene com a cabeça, sorria e use outras expressões faciais, preste atenção na sua postura e certifique-se de que ela se mostre aberta e convidativa, estimule o falante a continuar com pequenos comentários verbais.
3. *Dê retorno.* Nossos filtros pessoais, pressupostos, julgamentos e crenças podem distorcer o que ouvimos. Como ouvinte, seu papel é compreender o

que está sendo dito. Isso pode exigir que você reflita sobre o que está sendo dito por meio de paráfrases "o que estou ouvindo é..." ou "parece que você está dizendo que...". Faça perguntas para esclarecer certos pontos: "o que você quer dizer quando diz...?", ou "é isso mesmo que você está dizendo?". Resuma os comentários do falante periodicamente.
4. *Adie os julgamentos.* Interromper é uma perda de tempo. Frustra o falante e limita a compreensão completa da mensagem. Permita que o falante termine e não o interrompa com contra-argumentos. Responda apropriadamente. A escuta ativa é um modelo para respeito e compreensão. Você está obtendo informação e perspectiva. Você não contribui em nada ao atacar o falante ou rebaixá-lo.
5. *Seja sincero, aberto e honesto em sua resposta.* Afirme suas opiniões respeitosamente. Trate a outra pessoa como você gostaria de ser tratado.

Ao mesmo tempo em que aprendemos a ouvir atentamente as vozes dos pais na educação e cuidado infantil, também devemos nos preocupar em ouvir as crianças. Muito do que acabou de ser dito é igualmente importante quando ouvimos crianças pequenas. Ouvir as crianças faz parte do processo de compreender o que elas sentem e o que precisam obter por meio da experiência na educação infantil. É uma maneira de reconhecer seu direito a serem ouvidas e de levar a sério suas experiências e pontos de vista. Ouvir pode fazer a diferença em nosso entendimento sobre as prioridades, os interesses e as preocupações das crianças, e pode modificar nossa compreensão acerca de como as crianças se sentem em relação a elas mesmas. Escutar é uma etapa vital para o estabelecimento de relações respeitosas com as crianças com quem trabalhamos e é uma parte central do processo de aprendizagem. Ouvir pode desafiar premissas e aumentar as expectativas. Ver e ouvir as crianças expressarem seus interesses e prioridades pode nos revelar aspectos inesperados de suas habilidades (OLIVEIRA-FORMOSINHO; FORMOSINHO, 2012).

Entendemos essas perspectivas de escutar as crianças e os pais como fazendo parte do processo de construção de diálogos em que haja respeito mútuo, participação ativa e negociação e construção conjunta de significado. Particularmente, ouvir as crianças e encorajar sua participação em processos de coleta de informações e avaliação e, consequentemente, nos processos de planejamento e tomada de decisão é importante por diversas razões. Educadores enfatizam a importância da participação no processo de empoderamento das crianças como aprendentes, possibilitando que façam escolhas, expressem suas ideias e opiniões e desenvolvam uma visão positiva de si mesmas (BRUCE, 2004; ROBERTS, 2002). Outros autores salientam os benefícios da participação das crianças para a sociedade como um todo e para o desenvolvimento da cidadania. Conforme Miller (1997) salienta, as crianças que aprendem a participar em seus primeiros anos de vida costumam se tornar cidadãos mais capazes e envolvidos quanto ao respeito aos princípios e às práticas da vida democrática. Embora concordemos com esse ponto de vista, acreditamos também que devemos ser cautelosos com relação a ele, pois entende as crianças como futuros adultos e, portanto, as concebe como um "vir a ser". Entretanto, para nós, essa perspectiva é válida apenas se consideramos as crianças como cidadãos ativos aqui e agora, como pessoas que já participam de uma vida democrática, na qual possuem plenos direitos e responsabilidades que estão praticando continuamente em suas interações diárias com o mundo, comprometidas com o que Biesta, Lawy e Kelly (2009) chamam de "aprendizagem da democracia". James e Prout (1997) e Dahlberg, Moss e Pence (2006) mencionam esse ponto de vista na postura ética e filosófica que adotam, a qual reconhece as crianças como atuantes e interessadas nas próprias vidas, desafiando o ponto de vista tradicional que as concebe como recipientes vazios e seres vulneráveis que são incapazes de agir com propósitos e interesses próprios. Eles veem as crianças como indivíduos competentes e poderosos que são capazes de expressar preferências e fazer escolhas fundamentadas. No entanto, Maybin e Woodhead (2003) também nos advertem contra a adoção de uma concepção única e "ocidentalizada" da participação das crianças. Se os ambientes de educação infantil são verdadeiramente os primeiros fóruns democráticos em que os participantes aprendem a compreender as perspectivas uns dos outros, seus valores e suas histórias, então são também uma arena de grande sensibilidade cultural. Nada pode ser mais culturalmente sensível do que o modo como as famílias escolhem criar suas próprias crianças e o modo como a visão do Estado se enquadra nessa perspectiva. Os provedores de serviços para as crianças, em especial aqueles que são mantidos pelo Estado e que executam programas e currículos oriundos do Estado, precisam equilibrar os valores e as crenças do Estado com os valores e as crenças particulares das famílias. Nesse sentido, serviços de educação infantil estatais funcionam como alavancas políticas, educacionais, cívicas e econômicas do governo.

Mas a preocupação deste livro não é com o âmbito restrito. Conforme nosso ponto de vista, ouvir as crianças pequenas é necessário para compreender o que estão sentindo e experimentando, e quais experiências precisam em seus primeiros anos de vida.

Para nós, ouvir as crianças é um processo ativo de receber, interpretar e dar retorno àquilo que comunicam. "Ouvir" envolve o uso de todos os sentidos e emoções, e acessar os níveis de comunicação da criança claramente não se limita apenas a compreender sua comunicação verbal. Como profissionais participativos, acreditamos que seja necessário garantir a participação das crianças e uma abordagem que nos permita estar em sintonia com todas como indivíduos em seu cotidiano. Compreender o processo de escuta dessa maneira é fundamental no sentido de disponibilizar um ambiente em que todas as crianças se sintam seguras, confiantes e poderosas, garantindo que possuam o tempo e o espaço necessários para se expressarem do modo que julgarem mais conveniente. Quando escutamos bebês ou crianças com deficiências, é necessário observar sua linguagem corporal, diferentes padrões tonais, expressões faciais e movimentos corporais. Esses sinais nos ajudam a construir uma imagem de como é a vida nesses contextos para essas crianças, identificando quais são suas preferências e determinando o quão seguras e competentes se sentem.

Essas ideias acerca da infância, dos direitos das crianças, da participação democrática e do direito à voz afetaram profundamente tanto nossa pesquisa como o desenvolvimento de nosso trabalho, levando-nos à adoção de um código ético que estabelece que as crianças devem ser contempladas como participantes ativos em qualquer procedimento de avaliação e que suas vozes devem sempre compor uma parte central e igualmente considerada de qualquer base de evidência que lhes diga respeito. Isso também reconhece que devemos "responder" (BAKHTIN, 1981) pela forma com que essas vozes são documentadas e representadas em nossos registros de avaliação (FORMOSINHO, Capítulo 6 deste livro).

Nosso trabalho nos mostrou que as crianças possuem a habilidade de expressar suas opiniões de modo bastante perspicaz e, com isso, revelam-nos como são suas vidas e que tipo de significado elas atribuem a essas vidas. Tais revelações nos permitem acessar uma desafiadora dimensão alternativa para nosso conhecimento e entendimento da educação e do cuidado infantil e de que aspectos moldam as vidas das crianças. É evidente que contemplar e captar as vozes das crianças é um processo complexo, desafiador e composto de múltiplas etapas, que envolve uma mudança de paradigma com relação aos valores, ações e pensamentos tanto de pesquisadores quanto de profissionais. Recordamos aqui os comentários sagazes de Woodhead (1999, p. 19):

> Moralmente, me parece que, enquanto professores, estudantes e pesquisadores, temos a responsabilidade de estar atentos a como as tarefas da infância são percebidas, sentidas e compreendidas por essas crianças, por seus pais e por outros responsáveis, as quais podem ser significativamente diferentes daquelas que determinam nossas próprias prioridades acadêmicas e pessoais.

e

> A questão diz respeito ao *status* que conferimos à criança por meio das metodologias que adotamos e das conclusões a que chegamos; e diz respeito ao fato de possibilitarmos ou não que as crianças possuam espaço para alterar nossos conjuntos de pressuposições.

A convenção das Nações Unidas a respeito dos Direitos da Criança agora é parte de nossos pensamentos e discursos, mas ainda está longe de ser praticada em nossas ações. É responsabilidade de todos nós que estamos envolvidos no trabalho com crianças lutar para garantir que o direito delas à participação ativa esteja presente em nossas práticas avaliativas.

POSSIBILIDADES METODOLÓGICAS

Existe uma ampla gama de métodos de coleta de informações e avaliação possíveis que estão de acordo com uma pedagogia participativa. Nenhum método é capaz de, exclusivamente, fornecer toda a evidência necessária para conduzir uma avaliação nem contemplar a participação plena de todos os interessados, de modo que é preciso adotar um repertório de métodos que permita o questionamento e a avaliação coletivos dos contextos, processos e resultados pedagógicos. A seguir apresentamos um conjunto de possíveis métodos, mas enfatizamos que eles não constituem uma lista exaustiva, e sim ilustrativa de possibilidades.

Dadas as ambições e os desafios aqui discutidos, esta seleção de possíveis métodos reconhece a necessidade de ampliar a variedade de vozes e explorar métodos diferenciados de fazer, relatar e discutir evidências de avaliações. Assim, é possível melhorar o potencial das avaliações para revelar maior complexidade e riqueza do contexto ao permitir diferentes níveis de envolvimento com o processo avaliativo, os quais são, ao mesmo tempo, cognitivos, emocionais e multissensoriais. Aqueles que conduzem a prática pedagógica precisam ter a coragem de inovar e experimentar, indo além dos métodos de coleta de informações e avaliação tradicionais e ortodoxos, de modo a melhor encorajar as pessoas silenciadas a encontrarem seu caminho e maneiras de contar e reivindicar sua própria história. Portanto, enquanto os avaliadores da primeira infância utilizam métodos ortodoxos, como observações, entrevistas, estudos de caso, histórias de vida, questionários e assim por diante, há um claro movimento entre profissionais, pesquisadores e avaliadores, incluindo nós mesmos, em direção a considerar a narração de histórias, o desenho, a pintura, as canções, a poesia, a fotografia, a produção de vídeo, os jogos teatrais, a mímica e as brincadeiras em suas caixas de ferramentas metodológicas. Argumenta-se que essa visão mais alargada de atividades expressivas amplia a riqueza do processo de avaliação e fornece complexidade e profundidade, permitindo que uma nova veia de conhecimentos e de compreensões se torne visível. Também oferece meios pelos quais pessoas comuns possam se expressar melhor, bem como experimentar e validar os dados que estão sendo gerados. Acreditamos que essas diferentes formas de expressão e representação podem oferecer um relato mais autêntico das práticas pedagógicas investigadas e desmascarar alguns aspectos frequentemente escondidos dos entendimentos e significados que derivam das evidências. Autores como Reason e Bradbury (2008) têm defendido com veemência que essas formas alternativas e expressivas de conhecimento devem ser levadas mais a sério no planejamento de processos de coleta das informações e avaliação se quisermos ver modos mais inclusivos, democráticos, participativos e intensos de investigação daqui para a frente.

No restante deste capítulo apresentamos um conjunto de métodos de avaliação participativos que poderia ser utilizado para avaliar a qualidade pedagógica nas três dimensões delineadas anteriormente – contextos, processos e resultados pedagógicos. Esses exemplos não pretendem ser uma lista exaustiva de métodos, mas oferecer exemplos de abordagens úteis para reunir evidências que estejam de acordo com nossos princípios éticos.

MÉTODOS DE COLETA DE INFORMAÇÕES: CONTEXTOS PEDAGÓGICOS

Método 1: Ferramenta *Effective Early Learning* (EEL) de Acompanhamento da Criança (EEL *Child Tracking*)

A ferramenta EEL de Acompanhamento da Criança é um instrumento pedagógico de observação desenvolvido por Bertram e Pascal (2006a, 2006b), no qual uma pequena amostra de crianças de um contexto é acompanhada durante uma "sessão normal" por meio do uso de técnicas de acompanhamento da criança (*EEL Child Tracking*) em intervalos de tempo determinados. O objetivo é ter uma ideia geral ou poder vislumbrar o dia da criança. A técnica oferece informações narrativas e estatísticas com relação à frequência e à natureza das experiências de aprendizagem, a quantidade de oportunidades oferecidas às crianças no contexto, o agrupamento das crianças, o nível de envolvimento delas em atividades oferecidas e as interações marcantes estabelecidas entre adultos e crianças. Os dados estatísticos e narrativos são analisados para auxiliar na avaliação a respeito da natureza e da diversidade das experiências pedagógicas e de aprendizagem no contexto educacional.

Método 2: Análise documental

A documentação escrita do contexto é reunida, incluindo os relatórios mais recentes de verificação ou controle de qualidade, declarações de políticas, apontamentos sobre o programa pedagógico e curricular, materiais e registros de avaliação, papéis informativos, formulários, etc. Essa informação narrativa e estatística é criticamente analisada em relação a cada uma das dimensões de qualidade, a fim de determinar a filosofia especificada, os objetivos, as metas e as abordagens para as políticas e práticas no contexto educacional.

Método 3: Diálogos reflexivos

Diálogos reflexivos são estabelecidos com as crianças, os pais, os profissionais, a direção/proprietários. Os diálogos são semiestruturados, mas conduzidos informalmente, com frequência tomando a forma de uma conversa ampliada e crítica sobre as políticas e práticas do ambiente educativo. Diferentes meios de comunicação, informação e tecnologia, mídias sociais ou conversas estabelecidas em rede constituem fóruns adicionais para facilitar os diálogos.

Método 4: Instrumentos observacionais

A informação é coletada por meio de formulários estruturados ou questionários relativos a um aspecto específico dos recursos como, por exemplo, o ambiente físico do contexto educacional; a formação, as qualificações e as experiências daqueles que trabalham no contexto e as oportunidades que a equipe tem para desenvolvimento profissional; a natureza das interações no contexto; liderança e gerência; organização e agrupamento; gerenciamento de comportamento. Tais observações podem permitir que cada um desses aspectos seja classificado de acordo com uma escala numérica.

Método 5: Imagens e gravações de áudio

Fotografias, vídeos e outras imagens ou registros de áudio de práticas de reflexões, sugestões ou comentários avaliativos são encorajados e analisados. Nossas experimentações e inovações, no Projeto Abrindo Janelas (*Opening Windows Project*) e no programa AcE (BERTRAM; PASCAL; GILL, 2008; BERTRAM; PASCAL; SAUNDERS, 2008), por exemplo – estimulados pelo trabalho de Freire (1970) a respeito de círculos culturais e adaptando algumas técnicas enfatizadas na Abordagem Mosaico (CLARK; MOSS, 2001) –, na escuta de crianças, levaram-nos a experimentar uma ampla gama de maneiras de auxiliar e registrar o pensamento reflexivo, incluindo:

- Murais de grafite.
- Postos de escuta.
- Caixas de comentários.
- Círculos culturais.
- Análise crítica de incidentes.
- Contação de histórias e Nomeando seu Mundo.
- Árvores dos desejos.
- Construção de mapas.
- Visitas guiadas.
- Criação de filmes e fotografias.

Método 6: Questionários e enquetes

Questionários e enquetes estruturados ou semiestruturados das perspectivas de pais, crianças e profissionais a respeito dos aspectos das políticas e práticas no ambiente educativo são distribuídos, e os resultados são analisados.

Método 7: Diários

Os participantes (profissionais, pais, crianças) são encorajados a manter um diário no qual registram e refletem criticamente sobre suas experiências no contexto educacional. Os participantes são aconselhados a anotar em detalhes o que fizeram, ou como fizeram alguma coisa e então se perguntarem:

- Como foi? Por quê?
- O que eu pensei e senti?
- O que eu pensei e não disse? Por quê?
- O que aprendi?
- O que faria diferente em outro momento?
- Aprendi algo sobre mim?
- Como posso usar essa experiência no futuro?

MÉTODOS DE COLETA DE INFORMAÇÕES: PROCESSOS PEDAGÓGICOS

Método 8: Engajamento da criança (*Baby Effective Early Learning – BEEL Child Engagement Scale*)

O instrumento pedagógico de observação do engajamento da criança foi desenvolvido por Bertram e Pascal (2006b) para o Programa Desenvolvendo a Qualidade em Parceria[1] (BEEL, do inglês *Baby Effective Early Learning Programme*) e é direcionado para crianças com menos de 3 anos de idade. É uma maneira de avaliar o engajamento da criança com as experiências de aprendizagem e desenvolvimento oferecidas em um contexto educacional. Possui três elementos:

- *Conectividade*: observa a noção da criança a respeito de seu pertencimento no mundo e relaciona esse aspecto com sua independência, cooperação, abertura, atenção, humor, vitalidade, participação, empatia e cordialidade. Pesquisas evidenciam que crianças que demonstram as qualidades mencionadas têm uma boa noção de pertencimento, bem como apresentam segurança emocional e bem-estar, sendo mais predispostas a fazer explorações com confiança e a tomar iniciativas de interação e aprendizagem do que aquelas que são inseguras, tímidas, irritadas, agressivas, ansiosas ou confusas.
- *Exploração*: esse elemento procura capturar a motivação interna da criança para descobrir o mundo, incluindo a força de seu ímpeto exploratório, de sua persistência e sua habilidade para intensificar o foco. A habilidade de se envolver em atividades reflexivas é um aspecto central de nosso desenvolvimento como espécie e pode ser observada até mesmo em crianças bem pequenas.

---

[1] N. de R.T O Baby Effective Early Learning (BEEL) e o Effective Early Learning (EEL) são programas originalmente produzidos para o contexto inglês. Nos anos de 1990, Julia Oliveira-Formosinho conduziu um trabalho de avaliação e utilizou tal programa para o contexto português. Em diálogo com os autores Christine Pascal e Tony Bertram, Júlia traduziu o Programa EEL e BEEL como "Desenvolvendo a Qualidade em Parceria (DQP)". Neste livro adotamos a mesma tradução já utilizada na versão portuguesa.

- *Criação de significados*: esse elemento procura evidências da habilidade da criança em construir hipóteses, usar estratégias, tentar coisas diferentes e aprender com os erros, prever o que pode acontecer, perceber diferenças e semelhanças e ser capaz de explorar de modo independente e com propósitos.

Observadas em conjunto, essas três qualidades das reações das crianças às experiências de aprendizagem oferecidas revelam a eficácia do ambiente educativo em estimular o desenvolvimento social, emocional e cognitivo da criança (BERTRAM; PASCAL; SAUNDERS, 2008). As crianças são sistematicamente observadas em diversas ocasiões e, em cada uma das observações, os três elementos-chave do engajamento da criança são avaliados em uma escala de um a cinco pontos. Essas classificações são coletadas para gerar evidências estatísticas sobre os processos de aprendizagem oferecidos no ambiente educativo.

Método 9: Envolvimento da criança

O instrumento pedagógico de observação do envolvimento da criança foi desenvolvido por Laevers (1994) com o intuito de medir o nível de "envolvimento" de uma criança com uma atividade, enfocando os processos de aprendizagem em vez dos resultados. O envolvimento é visto como uma característica da atividade humana que pode ser identificada ao se observar a concentração e a persistência da criança. É entendido como uma medida de qualidade aplicável a várias situações e que pode ser observável em todas as idades. Caracteriza-se pela motivação, pela fascinação e pela disponibilidade a estímulos, pela intensidade da experiência tanto no nível físico quanto no nível cognitivo e por uma profunda satisfação ligada a um considerável fluxo de energia. O envolvimento está situado no limite das capacidades da criança, ou na *zona de desenvolvimento proximal* (VYGOTSKY, 1978). Evidências apontam que uma criança "envolvida" está adquirindo uma experiência de aprendizagem profunda, motivada, intensa e duradoura (CSIKSZENTMIHAYLI, 1979; LAEVERS, 1994). As crianças são sistematicamente observadas em inúmeras ocasiões e, em cada observação, o nível de envolvimento da criança é avaliado em uma escala de um a cinco. Essas classificações são coletadas para gerar evidências estatísticas a respeito dos processos de aprendizagem oferecidos no ambiente educativo.

Método 10: Programa EEL de engajamento do adulto (*EEL Adult Engagement*)

Esse é um instrumento pedagógico de observação desenvolvido por Bertram e Pascal (2006a, 2006b) para ser utilizado no Programa Desenvolvendo a Qualidade em Parceria (EEL), que consiste em um recurso por meio do qual a qualidade do engajamento pedagógico do adulto com as experiências de aprendizagem e desenvolvimento em um contexto educacional pode ser avaliada. Engajamento pode ser entendido como um conjunto de qualidades pessoais que descreve a natureza da relação educativa entre o adulto e a criança. Essas qualidades pessoais interferem nas habilidades do adulto para motivar, ampliar, aprimorar e envolver as crianças no processo de aprendizagem. As ações de um adulto podem, portanto, ser classificadas como apresentando atributos "engajada" ou "não engajada". Inspirado no trabalho de Laevers (1994) a respeito de Estilos de Adultos, esse instrumento pedagógico de observação avalia três categorias do comportamento adulto:

- *Sensibilidade*: envolve a sensibilidade do adulto em relação aos sentimentos e ao bem-estar emocional das crianças, incluindo elementos como sinceridade, empatia, receptividade e afeto.
- *Estimulação*: é a maneira com que o adulto intervém no processo de aprendizagem e o conteúdo dessas intervenções.
- *Autonomia*: é o grau de liberdade que o adulto oferece à criança para que ela experimente, faça julgamentos, escolha atividades e expresse ideias. Também diz respeito à maneira como o adulto lida com conflitos, regras e questões comportamentais.

Profissionais e/ou pais são sistematicamente observados em inúmeras ocasiões e, para cada observação, o nível do engajamento do adulto é avaliado em uma escala de um a cinco. Essas classificações são coletadas para gerar evidências estatísticas acerca do estilo das interações do adulto e da qualidade da aprendizagem oferecida pelos adultos no contexto educacional. Cada ponto na escala de um a cinco reflete o grau com que as ações observadas representam as qualidades do adulto que contribuem para a aprendizagem das crianças.

Método 11: Bem-estar do adulto e da criança

O envolvimento das crianças em uma aprendizagem profunda não acontece sem que seja garantido seu bem-estar emocional. O envolvimento do adulto nos processos de aprendizagem depende igualmente da sensação de bem-estar profissional do adulto. Desse modo, acreditamos que é importante avaliar se as crianças e os adultos se sentem valorizados no ambiente educativo, bem como se eles se sentem motivados, seguros de suas habilidades e empoderados. O bem-estar está relacionado com a extensão em que adultos e crianças se sentem à vontade, agem espontaneamente, demonstram vitalidade e autoconfiança. É um componente essencial da inteligência emocional e da boa saúde mental. O instrumento pedagógico de observação de Leuven de bem-estar emocional (*Leuven Scales for Emotional Well-being*) (LAEVERS et al., 2005) é um recurso observacional útil para avaliar essa condição em uma escala de um a cinco.

MÉTODOS DE COLETA DE INFORMAÇÕES: RESULTADOS PEDAGÓGICOS

Método 12: Programa de Suporte Inicial à Aprendizagem ao Longo da Vida (AcE)

O instrumento pedagógico AcE foi desenvolvido por Bertram, Pascal e Saunders (2008) e avalia os avanços das crianças em cinco domínios de aprendizagem:

- Desenvolvimento da comunicação e da linguagem.
- Atitudes e disposições.
- Competência social.
- Bem-estar emocional.
- Desenvolvimento físico.

As crianças são sistematicamente observadas, tanto pelos profissionais quanto pelos pais, em casa e no ambiente escolar nas inúmeras ocasiões das suas atividades cotidianas, em especial nas situações em que as crianças estão envolvidas em brincadeiras e atividades de sua escolha. Para cada observação, a capacidade da criança em cada domínio é avaliada em uma escala de um a quatro. Essas estimativas são coletadas para gerar evidências estatísticas sobre o perfil de desenvolvimento da criança em cada um dos domínios de aprendizagem e do progresso feito pela criança ou grupo de crianças ao longo do tempo. O resultado das avaliações é utilizado como suporte para as ações pedagógicas tanto no contexto educacional quanto em casa e também está ligado com o estabelecimento de estratégias precoces de apoio e intervenção. As avaliações iniciais por meio dos instrumentos pedagógicos de observação são feitas após as primeiras semanas de experiência de uma criança no determinado local em que ela se encontra, de modo a garantir um tempo para que a criança se "adapte" e, a partir de então, mais observações e avaliações são conduzidas periodicamente para acompanhar o desenvolvimento da criança e auxiliar no planejamento da aprendizagem. Esse instrumento pedagógico de observação também evidencia a capacidade da criança ao ingressar nos diferentes serviços e mostra como as crianças se desenvolveram durante seu tempo no contexto educacional.

Método 13: Resultados dos profissionais – desenvolvimento profissional

Os adultos em um ambiente escolar também podem analisar seu próprio desenvolvimento. Estimativas da equipe por meio de autoavaliação e de análises de desempenho realizadas por um membro da equipe/voluntário podem sugerir maneiras de melhorar a eficácia e identificar progressos das habilidades profissionais. Os indicadores de desempenho devem ser negociados. O desenvolvimento pode ser de curto ou longo prazo, mas todo tipo de desenvolvimento de adultos alimenta o bem-estar profissional e sua habilidade de se relacionar com crianças pequenas.

Método 14: Resultados dos pais

Analisar o desenvolvimento dos pais em um serviço de educação infantil oferece evidências importantes de avaliação acerca da qualidade de um determinado serviço educativo em influenciar o contexto social mais amplo da criança. Serviços que envolvem ativamente os pais em suas oportunidades geram resultados claramente positivos para o desenvolvimento dos pais e cuidadores. Tal desenvolvimento pode incluir aspectos como o aprimoramento das habilidades parentais, o aumento da confiança dos pais, a qualificação das aprendizagens cotidianas e o aumento das aspirações. Esses resultados podem ser avaliados qualitativamente por meio de ferramentas de narrativa como estudos de caso familiar, entrevistas, questionários. Podem, também, ser avaliados por meio do uso de uma escala quantitativa que convida os pais a avaliarem seu nível de confiança, suas habilidades parentais, etc.

Método 15: Resultados do contexto educacional – aperfeiçoamento da qualidade

Processos de coleta de informações e avaliação devem produzir dados sólidos, consistentes e relevantes a respeito do desempenho do ambiente educativo em uma série de dimensões. Uma avaliação desse conjunto mais amplo de evidências deve alimentar diretamente um planejamento de desenvolvimento ou melhoria, identificando as principais medidas que se deve tomar para possibilitar o aperfeiçoamento. A ênfase das melhorias de qualidade dependerá fortemente da capacidade da equipe/dos voluntários, mas planos de ação de curto e longo prazo dentro do ciclo de avaliação e aperfeiçoamento devem levar ao alcance de medidas de impacto identificadas. Com o tempo, as conquistas em relação ao desenvolvimento trarão melhorias para o contexto educacional em relação aos três aspectos: contexto, processos e resultados.

MÉTODOS DE AVALIAÇÃO

Método 16: Planejamento de ação

A direção do ambiente educativo ou um profissional externo de apoio devem atuar como agentes de mudança e fonte qualificada de conhecimento ao longo desse processo. Sua primeira tarefa é reunir e analisar todas as evidências de avaliação acerca do ambiente, dos processos e dos resultados coletadas em determinado contexto educacional em um único relatório avaliativo. Trabalhando em conjunto, a equipe, os pais e as crianças do contexto devem realizar uma série de encontros para discutir as evidências reunidas e avaliar as práticas com base nas evidências, identificando suas prioridades de ação. Essa ação pode se dar na forma de realização de uma perícia, identificando recursos, formações complementares, estruturas de apoio e mudanças organizacionais. Ao final dessa etapa, um plano de ação estruturado e alcançável para o desenvolvimento da educação infantil, com objetivos claros e articulados em uma escala de tempo identificável, deve ter sido produzido.

Método 17: Ciclos de melhorias específicas

O responsável pela avaliação deve, com o apoio da equipe, identificar e mobilizar os recursos e apoios necessários para possibilitar a ação. A ação pode se dar na forma de perícia, recurso, formação complementar, estruturas de apoio, mudanças organizacionais, etc. Em conjunto com os participantes da equipe, o responsável elabora uma planilha para a implementação do plano de ação e delega responsabilidades. Os contextos educacionais podem escolher fazer processos de melhorias como miniciclos, três ou quatro vezes antes de completar todo o processo de avaliação. A fase completa de avaliação deve, desse modo, acontecer a cada dois ou três anos. Um programa de aperfeiçoamento individual e/ou do contexto que esteja intimamente relacionado com as metas do plano de ação é implementado. Ao longo dessa fase, o progresso deve ser monitorado e os profissionais devem ser encorajados a reunir evidências dos efeitos da ação na qualidade do cuidado das crianças, da aprendizagem e do desenvolvimento de experiências no contexto (medidas de impacto). A eficácia da ação pode ser averiguada por meio de uma nova aplicação dos instrumentos pedagógicos de observação do envolvimento da criança (*Child Involvement Scale*) e do engajamento do adulto (*Adult Engagement Scale*), comparando os resultados obtidos com os resultados anteriores.

ESTABELECENDO O RIGOR

Neste relato de métodos de coleta de informações e avaliação participativas, procuramos oferecer evidências consistentes, concretas e baseadas em práticas que podem ser utilizadas para o estabelecimento de reflexões críticas e de ações (práxis). É fundamental que tais evidências sejam consideradas como sendo rigorosas, confiáveis e profundas o suficiente para possibilitar que sejam realizados juízos avaliativos adequados e rigorosos. Como já mencionado, a coleta de informações e a avaliação participativas podem adotar diferentes métodos, mas estabelecer o rigor e a confiabilidade em suas execuções é de suma importância. McNiff (2010) argumenta que esse tipo de avaliação é parte de uma transição de um "paradigma tradicional" para o que hoje é chamado de "novo paradigma", o que exige o estabelecimento de critérios diferentes para avaliar seu rigor. Nesse novo paradigma, os antigos critérios técnicos que definiam o mérito ou valor dos dados por meio da confiabilidade estatística e de verificações de validação precisam ser substituídos por critérios mais qualitativos e experimentais, que devem ser considerados com o *status* e a credibilidade equivalentes aos critérios anteriormente utilizados. Lincoln e Guba (1985) argumentam que estabelecer o grau de confiabilidade de qualquer estudo avaliativo é importante para determinar sua validade. Para eles, estabelecer a confiabilidade implica demonstrar:

- *Credibilidade*: mostrando confiança na "veracidade" das descobertas.
- *Aplicabilidade*: evidenciando que as descobertas são aplicáveis a outros contextos.
- *Consistência*: mostrando que os resultados são consistentes e poderiam ser novamente obtidos.
- *Comprovabilidade*: revelando considerável grau de neutralidade ao mostrar o quanto os resultados de um estudo são obtidos com base nos dados e não nas predisposições dos pesquisadores.

Guba e Lincoln (2005) também descrevem uma série de técnicas que podem ser utilizadas para realizar pesquisas qualitativas que alcancem os critérios que eles estabelecem.

Técnicas para estabelecer a credibilidade

Um dos fatores mais importantes no estabelecimento de confiabilidade nas evidências é a garantia de credibilidade. As seguintes precauções, em uma estratégia de coleta de informações e avaliação, asseguram que as evidências sejam adequada e autenticamente documentadas.

Engajamento prolongado: é importante assegurar que os envolvidos na coleta de informações e avaliação estejam familiarizados com o contexto e, nesse sentido, que estejam "vinculados" e não "desvinculados" e que o processo resulte de um período prolongado de engajamento e não de uma abordagem "às pressas".

Observação contínua: as avaliações surgem de um processo de observação contínua e regular das práticas em um ambiente educativo.

Diálogo entre pares: é necessário conduzir sessões frequentes de discussão entre os pares ao longo dos processos de coleta de informações e avaliação, o que permite que outras experiências e percepções sejam oferecidas e incluídas no processo avaliativo. Tais sessões também permitem um espaço para a ampliação das análises de avaliações, o que pode ajudar a identificar preferências e opiniões tendenciosas.

Análise de casos negativos: esse processo garante que todos os dados sejam incluídos nos procedimentos de avaliação e análise e que os casos negativos também recebam espaço na avaliação.

Verificação pelos membros: obter retorno dos participantes em todas as etapas permite conferir as evidências e as interpretações realizadas na avaliação.

Técnica para estabelecer a aplicabilidade

Descrição básica: a descrição detalhada dos vários elementos de provisão nesta área pode ser uma importante estratégia para promover a credibilidade, uma vez que ajuda a transmitir as situações reais que vêm sendo investigadas e os contextos que as circundam (GEERTZ, 1973). Isso permite julgar se as descobertas parecem aceitáveis e autênticas dentro do contexto maior e esclarece sua aplicabilidade mais ampla.

Técnica para estabelecer a consistência

Auditoria da investigação: exige o reconhecimento da subjetividade do processo de avaliação e a transparência de qualquer predisposição ou forma de trabalho preferida. Deve haver clareza no modo como o processo de avaliação e interpretação avançou e uma auditoria que mostre como isso se relacionou com os dados, e não com qualquer pressuposto preexistente.

Técnica para estabelecer a comprovabilidade

Pista de auditoria: uma "pista de auditoria" das evidências esclarece como foram obtidas, com quem foram obtidas e detalha as decisões passo a passo feitas ao longo do processo de coleta de informações e avaliação. Isso permite a qualquer observador acompanhar o curso do processo e criticar a análise e suas descobertas.

Triangulação: pode envolver o uso de diferentes métodos ou a obtenção das informações de diferentes fontes de informantes e em distintos documentos. Isso permite a conferência do equilíbrio das evidências e da força de qualquer julgamento avaliativo feito com base nas evidências.

Reflexão: captura o "comentário reflexivo" do participante e exige um comentário interno sobre os padrões emergentes, as questões que surgem e as possíveis interpretações. Uma ferramenta útil para facilitar e documentar esse processo é manter um diário.

REFERÊNCIAS

BAKHTIN, M. M. *The dialogic imagination:* four essays. Austin: University of Texas Press, 1981.

BERTRAM, T.; PASCAL, C. *Effective Early Learning (EEL):* a handbook for evaluating, assuring and improving quality in early childhood settings. Birmingham: Amber Publishing, 2006b.

BERTRAM, T.; PASCAL, C.; GILL, D. *Opening windows:* a handbook for enhancing equity and diversity in early childhood settings. Birmingham: Amber Publishing, 2008

BERTRAM, T.; PASCAL, C.; SAUNDERS, M. *Accounting Early for Life Long Learning (AcE):* a handbook for assessing young children. Birmingham: Amber Publishing, 2008.

BERTRAM, T.; PASCAL, C. *The Baby Effective Early Learning Programme:* improving quality in early childhood settings for children from birth to three years. Birmingham: Centre for Research in Early Childhood, 2006a.

BIESTA, G. J. J.; LAWY, R. S.; KELLY, N. Understanding young people's citizenship learning in everyday life: the role of contexts, relationships and dispositions. *Education, Citizenship and Social Justice*, v. 4, n. 1, p. 5-24, 2009.

BRUCE, T. *Developing learning in early childhood*. London: Sage Publications, 2004.

CLARK, A.; MOSS, P. *Listening to children*: the mosaic approach. London: National Children's Bureau and Joseph Rowntree Foundation, 2001.

CSIKSZENTMIHAYLI, M. The concept of flow. In: SUTTON-SMITH, B. *Play and learning*. New York: Gardner, 1979. p. 257-273.

DAHLBERG, G.; MOSS, P.; PENCE, A. *beyond quality in early childhood education and care*: postmodern perspectives. 2nd ed. London: Falmer Press, 2006.

DEPARTMENT FOR CHILDREN, SCHOOLS AND FAMILIES. *Practice Guidance for the Early Years Foundation Stage*. Nottingham: DCFS, 2008.

FREIRE, P. *Pedagogy of the oppressed*. New York: Herder and Herder, 1970.

GEERTZ, C. Thick description: toward an interpretive theory of culture. In: GEERTZ, C. (Ed.). *The interpretation of cultures*: selected essays. New York: Basic Books, 1973. p. 3-30.

GUBA, E. G.; LINCOLN, Y. S. Paradigmatic controversies, contradictions, and emerging influences. In: DENZIN, N. K.; LINCOLN, Y. S. (Ed.). *The Sage Handbook of Qualitative Research*. 3rd ed. Thousand Oaks: Sage, 2005. p. 191-215.

JAMES, A.; PROUT, A. *Constructing and reconstructing childhood*: contemporary issues in the sociological study of childhood. London: Psychology Press, 1997.

LAEVERS, F. et al. *Observation of well-being and involvement in babies and toddlers*. Leuven: Research Centre for Experiential Education, 2005.

LAEVERS, F. *The Leuven Involvement Scale for Young Children LIS-YC*. Leuven: Centre for Experiential Education, 1994.

LANGSTED, O. Looking at quality from the child's perspective. In: MOSS, P.; PENCE, A. (Ed.). *Valuing quality in early childhood services*: new approaches to defining quality. London: Paul Chapman, 1994.

LINCOLN, Y. S.; GUBA, E. G. *Naturalistic inquiry*. Newbury Park: Sage, 1985.

MAYBIN, J.; WOODHEAD, M. Socializing children. In: MAYBIN, J.; WOODHEAD, M. (Ed.). *Childhoods in context*. Chichester: Wiley, 2003.

McNIFF, J. *Action research for professional development*. Dorset: September Books, 2010.

MILLER, J. *Never too young*: how young children can take responsibility and make decisions. London: Save the Children, 1997.

OLIVEIRA-FORMOSINHO, J.; FORMOSINHO, J. *Pedagogy-in-participation*: Childhood Association Educational Perspective. Porto: Porto Editora, 2012.

PASCAL, C.; BERTRAM, T. Small voices, powerful messages: capturing young children's perspectives in practice-led research. In: HAMMERSLEY, M. et al. *Issues in research with children and young people*. Milton Keynes: Sage Publications: Open University Press, 2013.

PASCAL, C.; BERTRAM, T. Praxis, ethics and power: developing praxeology as a participatory paradigm for early childhood research. *European Early Childhood Education Research Journal*, v. 20, n. 4, p. 477-492, 2012.

REASON, P.; BRADBURY, H. (Ed.). *Sage handbook of action research*: participative inquiry and practice. 2nd ed. London: Sage Publications, 2008.

ROBERTS, R. *Self esteem and early learning*. London: Sage Publications, 2002.

VYGOTSKY, L.S. *Mind in society*. Cambridge: Harvard University Press, 1978.

WENGER, E. *Communities of practice*: learning, meaning and identity. Cambridge: Cambridge University Press, 1998.

WOODHEAD, M. Towards a global paradigm for research into early childhood education. *European Early Childhood Education Research Journal*, v. 7, n. 1, p. 5-22, 1999.

5

Em busca de uma abordagem holística para a avaliação pedagógica

João Formosinho e Júlia Oliveira-Formosinho

INTRODUÇÃO

Este capítulo apresenta a nossa própria abordagem à avaliação pedagógica: uma perspectiva democrática guiada por princípios éticos, que incorpora a contribuição ativa das crianças, dos profissionais e das famílias. Essa abordagem interessa-se por todos os aspectos da aprendizagem da criança, com a intenção de vê-la como um todo – alternativa a uma visão composta de elementos fragmentados da sua identidade, processo de aprendizagem e progressão. Esta perspectiva pedagógica holística é congruente com pedagogias de infância participativas e epistemologias coconstrutivistas.

É sabido que processos de avaliação podem alimentar ou dificultar o desenvolvimento completo da abordagem pedagógica de fundo. A abordagem aqui descrita demanda dos profissionais uma ativação consciente do seu pensar, fazer e sentir, a fim de conseguir uma compreensão profundamente contextual da aprendizagem da criança, criando assim, aos poucos, um antídoto de resiliência à pressão generalizada para usar instrumentos de avaliação abstratos e descontextualizados.

A POSTURA EPISTEMOLÓGICA: A INADEQUAÇÃO DA VISÃO APLICACIONISTA DA AVALIAÇÃO EDUCACIONAL

Durante décadas, a educação tem sido vista por investigadores e legisladores como a aplicação da ciência positivista, da mesma forma que a tecnologia é encarada como uma mera aplicação de conquistas das ciências exatas e naturais. Cientistas como psicólogos, sociólogos e economistas investigam, desenvolvem teorias e criam conhecimento; profissionais e legisladores aplicam o conhecimento produzido. A isso se resume a visão aplicacionista da prática profissional.

Assim, a identidade do campo de educação foi compartimentada pelos domínios científicos que vieram a ser mais influentes no seu desenvolvimento. A essência da educação desenvolveu-se como uma série de processos cumulativos dos vários domínios científicos centrais: psicologia da educação (psicologia educacional e psicologia do desenvolvimento), sociologia da educação, antropologia da educação e outras. Mas a educação como um campo de ação é muito mais do que essa acumulação de conhecimento compartimentado. É um campo *per se*, por direito próprio (DEWEY, 1938; MALAGUZZI, 1993). Nos últimos 20 anos, no campo da educação infantil, temos visto uma chamada de atenção para a pedagogia como um campo em si mesmo (OLIVEIRA-FORMOSINHO, 2007; FORMOSINHO; OLIVEIRA-FORMOSINHO, 2012). A pedagogia precisa empreender diálogos que enriqueçam a sua identidade – e quer empreendê-los –, mas não quer ser colonizada.

A perspectiva aplicacionista do paradigma positivista na avaliação educacional

Rejeição da complexidade

Como diz Morin (1986), a ciência clássica rejeitou a complexidade em favor do *princípio do reducionismo*, que consiste em conhecer qualquer composto por meio do conhecimento dos seus elementos básicos. Também incorporou o *princípio da disjunção*, que consiste em separar dificuldades cognitivas, levando à separação de disciplinas. À medida que se isola o objeto, a complexidade desaparece. Em uma disciplina fechada, esse objeto descontextualizado não é um problema científico; mas logo que se começa a conectar esses objetos isolados, tem de se encarar o problema da complexidade.

As ciências sociais, a educação e a pedagogia da infância não são bem servidas pela rejeição da complexidade. Como práxis, a pedagogia da infância assenta-se na complexidade, uma vez que serve crianças cuja natureza é holística e multidimensional, em interações complexas com colegas e educadores, vivendo processos integrados de ensino-aprendizagem.

Falta de contextualização

Flyvbjerg (1998, 2010) comenta que o modo de conhecimento característico da ciência disciplinar isola objetos uns dos outros e isola-os do seu ambiente. O princípio da experimentação científica permite isolar um objeto da natureza, em um ambiente controlado de laboratório, e estudar esse objeto nas suas reações às variações que se lhe impõem. Isso permite conhecer certo número das suas qualidades e propriedades,[1] mas não serve nem para a prática educativa nem para a investigação educacional enquanto transformação (OLIVEIRA-FORMOSINHO; FORMOSINHO, 2012). De acordo com Formosinho e Oliveira-Formosinho (2012), é necessário empreendermos uma busca de uma *ciência social do social* e de uma *ciência educacional da práxis*.

Controle do subjetivismo

O conhecimento objetivo, que é a ideia da ciência positivista, resultou da e na necessidade de eliminar a subjetividade, ou seja, o componente emocional inerente a cada observador ou investigador, mas resultou também na eliminação do sujeito, ou seja, do ser que concebe e sabe.

Como escreve Giddens (1982, p. 13):

> A linguagem técnica e as proposições teóricas das ciências naturais estão isoladas do mundo que estudam, uma vez que o mundo não lhes responde. Mas a teoria social não pode ser isolada do seu "mundo-objeto", que é na verdade um "mundo-sujeito".

A perspectiva aplicacionista como reducionismo na educação infantil

Como a avaliação da educação infantil tem sido conduzida, na tradição psicológica, dentro de um paradigma de investigação positivista, é importante pensar sobre isso como uma forma de melhor compreender a avaliação que se faz na infância.

Reducionismos psicológicos

A pedagogia da infância desenvolveu-se em tempos em que a psicologia (a comportamental e a do desenvolvimento) estava se esforçando para adotar o paradigma positivista de investigação. O paradigma positivista de investigação psicológica desenvolveu, para fins de investigação, instrumentos de medição; esses instrumentos foram depois transferidos para a avaliação na educação infantil. Temos visto a transposição desses instrumentos de pesquisa para a avaliação pedagógica da aprendizagem das crianças. O domínio da psicologia sobre a pedagogia da infância tem sido constante ao longo do século XX – o que se tem visto principalmente ao nível de avaliação como mera aplicação.[2]

---

[1] Mas como disse Morin, também se pode arguir que este princípio de descontextualização se tornou inadequado no momento em que foi transposto para o estudo de processos vivos. As observações de Jane Goodall, desde 1960, de uma tribo de chimpanzés no seu ambiente natural provaram a supremacia da observação em ambiente natural sobre a experimentação em um laboratório de conhecimento. A ideia de conhecer os processos vivos no seu ambiente natural tornou-se capital. A autonomia do ser vivo tem de ser conhecida no seu ambiente, dentro do seu contexto e cultura. A identidade do aprendente deve ser desenvolvida e avaliada em contexto.
[2] Note-se que a psicologia tem sido e é de fundamental importância como um dos diálogos dentro da pedagogia.

A visão imperialista da psicologia sobre a educação é, como diz Lawrence Kohlberg (1987), muito clara no que se refere à avaliação da aprendizagem. A tradição de avaliação da pedagogia da infância importou práticas da psicologia sem sentir a necessidade de contextualização.

O paradigma positivista da ciência clássica em educação transforma a pedagogia da infância em um mero campo de aplicação das referidas disciplinas. A educação é vista e conceitualizada como uma aplicação linear e simples de outras ciências dominantes. Este processo de redução e simplificação é típico do paradigma positivista (MORIN, 1986).

O *reducionismo da psicologia comportamental* é a crença de que o comportamento é o melhor indicador de capacidades e aprendizagem dos estudantes.

Kozulin (1998, p. 88-89) diz:

> Recentemente houve uma série de tentativas de ir mais além da total rejeição ou completa aceitação do paradigma psicométrico. Essas tentativas foram desenvolvidas no contexto de variadas tradições de investigação e avaliação, e em alguns casos refletindo metas e objetivos discordantes. Dado este contexto, é útil examinar as premissas implícitas no paradigma dos testes estandardizados:
> - O nível de funcionamento manifestado revela com relativa precisão as capacidades interiores da criança.
> - O desempenho solitário é o melhor formato para a avaliação.
> - O objetivo dos testes é prever o funcionamento futuro e classificar a criança de acordo com o seu nível de capacidades.

A crença de que o funcionamento visível é a melhor maneira de medir a aprendizagem – e o meio privilegiado de medir as capacidades – é simplista; um simplismo tornado falso pela pura complexidade da vida e aprendizagem humanas, onde a cognição e a emoção são de importância incontornável.

O *reducionismo da psicologia do desenvolvimento* influenciou o currículo da educação infantil (Práticas Adequadas ao Desenvolvimento e outros currículos semelhantes) e deu origem a práticas de educação infantil fortemente centradas nas etapas psicológicas dos diferentes domínios de desenvolvimento. Com Malaguzzi (1993), podemos dizer que Piaget apresenta uma imagem de uma criança interativa que negocia com o contexto e é participante nos seus próprios processos de aprendizagem. O risco é que a sequência das etapas predefinidas, se for interpretada como idêntica para todos, resulte em um abortar de processos individuais. Tal simplificação é fictícia pelo fato de que a natureza contextual do desenvolvimento humano tem a influência da natureza da criança e da sua experiência ambiental, gerando uma diversidade de percursos individuais.

Reducionismo da pedagogia transmissiva

O *reducionismo da pedagogia transmissiva* é a crença, tão bem desconstruída por Paulo Freire (1996), de que a reprodução exata do conhecimento adquirido é o melhor indicador para medir a aprendizagem e para avaliar as capacidades individuais. Tem sido característica constante da pedagogia transmissiva a desvalorização da aprendizagem pela descoberta, do trabalho de projeto, da criatividade e das competências para resolução de problemas. Mesmo quando o professor experimenta métodos mais participativos na sua sala de aula, a avaliação é frequentemente marcada pela síndrome transmissiva.

A pedagogia transmissiva ignora ou minimiza a complexidade das experiências vividas de cada criança; ignora ou minimiza a complexidade do conhecimento em si (a interação entre diferentes disciplinas científicas, a inevitável interação entre disciplinas curriculares, a necessidade de estudos interdisciplinares e de tópicos interdisciplinares); ignora ou minimiza a absoluta complexidade do ato educativo. Em resumo, ignora ou minimiza a complexidade do viver e aprender humano em um mundo complexo. A escola cria um ambiente fechado, ignorando tudo aquilo que as crianças aprendem fora das suas quatro paredes (DEWEY, 1938; FREIRE, 1996).

Sendo a educação essencialmente a preparação das gerações mais novas para o futuro, temos de reconhecer o princípio da *incerteza racional* (MORIN, 1986, 2008). A educação não pode depender apenas da transmissão de conhecimento passado, minimizando a aprendizagem das competências essenciais – aprender como aprender, como procurar e organizar novas informações, como resolver problemas – e desvalorizando a imaginação educativa e a criatividade humana.

Hoje em dia experienciamos uma aceleração histórica (HARGREAVES; FINK, 2006), o que torna esta ênfase no transmissivo ainda mais inadequada. A complexidade do aprender e do saber, e do desabrochar do conhecimento em um mundo complexo, não pode ser compreendida pela mera reprodução de diferentes segmentos disciplinares do conhecimento humano.

As dimensões da visão aplicacionista da avaliação educacional

Como vimos no Capítulo 1, este processo de simplificação começa pela *dimensão organizacional*, mediante a construção de uma linha de montagem educacional que reduz a complexidade de qualquer trabalho a uma sequência de tarefas mecânicas muito simples. A essência da linha de montagem educacional faz com que a avaliação final se torne equivalente a um controle de qualidade do produto acabado no mundo industrial. É esta a essência do processo reducionista de simplificação – um *comportamento regido por normas*.

Esse processo de simplificação permeia a *dimensão curricular* por meio da explicitação sistemática e sequencial de conteúdos prescritos para cada disciplina (muitas vezes acompanhados de didáticas prescritas), conteúdos esses a serem transmitidos independentemente dos interesses, necessidades e projetos do grupo de aprendizagem, e independentemente do progresso individual de cada estudante.

O currículo é construído como uma acumulação dos programas de estudos das diferentes disciplinas. Os objetivos gerais do currículo são obtidos pela soma dos objetivos específicos de cada disciplina curricular. É esta a essência do processo reducionista de simplificação – *uniformidade* e *abstração*.

Tal processo de simplificação anula a *dimensão pedagógica* com a uniformização dos processos e objetivos para ensinar. Todo esse processo é baseado em conceitos abstratos – escola e sala de aula, conteúdo e processo, professor e aluno. Ou seja, o processo pedagógico é desenhado para escolas abstratas, professores abstratos e estudantes abstratos, em um processo distanciado. É esta a essência do processo reducionista de simplificação – *abstração* e *distanciamento*.

Finalmente, esse processo de simplificação culmina com a *dimensão avaliativa*, por meio da uniformização de objetivos, processos e resultados para o ensino. A avaliação é quase reduzida à quantificação do conhecimento, mediante aplicação de instrumentos de medição. O que é valorizado nesse processo simplista de avaliação? A reprodução exata do conteúdo transmitido pelo professor, ou seja, a devolução do conhecimento depositado pelo professor (FREIRE, 1996), ou apresentado em manuais, folhas de atividade e livros didáticos.

Este modo simplista de avaliação é consequência de um processo reducionista ao nível organizacional, curricular e pedagógico. É consequência de uma visão de mundo muito específica, que desvaloriza o poder de ação humano e os direitos humanos.

A inadequação da visão aplicacionista da avaliação educacional

A educação como aplicação da ciência positivista não tem sido muito útil para a transformação da práxis educativa, nem para a melhoria das práticas, uma vez que não gera conhecimento pertinente acerca da condição humana e da identidade contextual integrada da criança, ou acerca dos processos envolvidos em um processo de transformação. Esses mesmos processos são fundamentalmente dependentes da ação e da interação humana contextual.

A razão pela qual o paradigma das ciências naturais não é adequado ao desenvolvimento da ação educacional (ou da investigação nas ciências sociais) é que o objeto da investigação não é um material inerte: é um sujeito cognitivo, com sentimentos e vontade; é um ator social com poder de ação; é uma pessoa com uma história de vida específica e projetos singulares. Muitas das variáveis que influenciam a relação causa-efeito supradescrita são variáveis de processo, dependentes da atuação das pessoas envolvidas e das suas aprendizagens de vida (GIDDENS, 1982; FORMOSINHO; OLIVEIRA-FORMOSINHO, 2012; PASCAL; BERTRAM, 2012).

As predições e as explicações de fatos isolados do seu contexto, prevalentes nas ciências naturais, não podem ser aplicadas à ação dependente do contexto, que é característica da atividade humana. A teoria social não pode ser isolada do seu mundo-objeto, que é na verdade um mundo-sujeito (GIDDENS, 1982).

A ABORDAGEM EPISTEMOLÓGICA: UMA VISÃO COCONSTRUTIVISTA SOBRE A AVALIAÇÃO EDUCACIONAL

Uma caracterização da avaliação holística

Um dos obstáculos à aprendizagem de uma avaliação alternativa é a própria falta de recursos para aprender a fazê-la. Na comunidade de educação infantil, a avaliação estabeleceu algumas ideias fixas sobre o que é rigor e objetividade. Uma vez que, geração após geração, os profissionais se formam em diálogo com elas, tais ideias fixas têm de ser confrontadas com outras. A única maneira de desafiar o imperialismo de ideias precconcebidas é introduzindo ideias diferentes. Por isso partilhamos com o leitor duas tabelas que nos ajudaram na compreensão dos objetivos e processos de avaliação (Tabelas 5.1 e 5.2).[3]

A avaliação deve reconhecer a complexidade da experiência das crianças e do ato educativo

A primeira característica importante de uma avaliação holística na educação infantil é o *respeito pela complexidade* das identidades das crianças, pela sua experiência de aprendizagem do mundo e de si próprias, e pela complexidade do ato de educar. Nós propomos uma avaliação holística complexa – holismo não se trata de mais um conceito para reduzir e simplificar a realidade, mas sim de um conceito para revelar a complexidade de aprender, de saber, de saber sobre saber e de ser. No que diz respeito a este último aspecto, as neurociências já tornaram muito clara a relação entre cognição e emoção (DAMÁSIO, 1994, 2000).

A noção de holismo foi desenvolvida por muitos pensadores em diferentes disciplinas e metodologias, por exemplo, no método científico de Goethe. A essência da ciência de Goethe está em ser holística em dois níveis: primeiro, no nível do processo, ativando o envolvimento do pesquisador nas suas capacidades de fazer, sentir e pensar; segundo, no nível do resultado, procurando uma compreensão profunda e contextualizada do fenômeno estudado. É reconhecido que uma compreensão completa da natureza do método de Goethe exige um envolvimento sustentado. Bortoft (1996, 1998) e Steiner (2000) são úteis na elucidação da metodologia de Goethe; eles afirmam que, no decorrer da vida, esquecemo-nos de que a maneira como vemos o mundo é aprendida. Bortoft diz que a nossa maneira espontânea de ver o mundo toma por garantido que tudo, incluindo o nosso corpo e a nossa mente, pode ser compreendido enquanto objeto manipulável que pode ser sepa-

---

[3] As avaliações reducionistas e holísticas são apresentadas como tipos ideais (tipos puros), usando o conceito de Max Weber – é uma descrição e interpretação que coloca ênfase nos elementos comuns à maior parte dos casos de um determinado fenômeno; uma síntese de muitos fenômenos individuais difusos, organizados de acordo com um ponto de vista específico incorporado em uma construção analítica unificada. Este ponto de vista específico é apresentado nas tabelas fornecidas.

TABELA 5.1 Características da avaliação holística: objetivos da avaliação no pré-escolar

	Avaliação reducionista	Avaliação holística
Intencionalidade da avaliação	• Procura somente medir/ quantificar a aprendizagem	• Procura compreender a aprendizagem e contribuir para mais aprendizagem
Características principais da avaliação	• Tradicional, compartimentada, transmissiva, seletiva	• Participativa, holística, ecológica, inclusiva
Quantificação versus avaliação	• A avaliação é centrada em quantificação (notas) em áreas específicas e limitadas, resultando em uma redução do ensino e da aprendizagem	• A avaliação abrange aprendizagem integrada em todas as áreas
Orientação da avaliação	• Orientada para resultados	• Orientada para contextos, processos e resultados
Atores envolvidos no processo de avaliação	• É um processo fechado e não interativo, envolvendo somente os professores e/ou os avaliadores	• É um processo participativo, implicando a contribuição dos profissionais, das crianças e das famílias
Orientação da avaliação	• É um processo em circuito fechado, fechado em si próprio	• É um processo ecológico, aberto a vários contextos
Foco do processo de avaliação	• O processo de avaliação está focado naquilo que o aprendente ainda não sabe – uma abordagem de déficit – para superar essa lacuna	• O processo de avaliação está focado naquilo que o aprendente sabe, para ampliar e enriquecer o conhecimento
Seleção e inclusividade	• A dimensão seletiva é forte	• A dimensão inclusiva é fundamental

Fonte: Adaptada de Formosinho; Oliveira-Formosinho (1996).

rado e descrito em termos das suas partes. Essas partes podem ser desmanteladas e descritas através das suas propriedades, que depois serão artificialmente agregadas.

Aprendemos o distanciamento para vermos tudo como separado de nós. Na expressão de Lehr (1951), tornamo-nos *espectadores permanentes*. Tudo é separado de tudo, portanto encaramos um todo como uma coleção melhor ou pior organizada de objetos separados, de partes separadas. Esta forma de ver tem várias consequências: uma delas é a compreensão inadequada de um todo como um *todo* decomposto em partes e mais tarde recombinado. O todo em si não é nada por si próprio, pois é somente uma coleção de partes.

Bortoft (1996, 1998) aponta que os méritos deste método têm sido provados de forma absoluta na ciência e tecnologia – no mundo "inorgânico". Ele expressa dúvi-

TABELA 5.2 Características da avaliação holística: processos de avaliação no pré-escolar

	Avaliação reducionista	Avaliação holística
Modo de avaliação	• Processos abstratos	• Processos concretos e situados
Modo de avaliação simples ou complexo	• Segue a lógica simplista da pedagogia transmissiva (p. ex., questões de múltipla escolha)	• Reconhece a complexidade do ato educativo por meio da documentação
Abrangência	• Compartimentada e fragmentada	• Holística e integrada
Ritmo de avaliação	• Periódica	• Contínua e sistemática
Tipos de efeitos avaliados	• Efeitos imediatos	• Efeitos imediatos, de médio e longo prazo
Ligação com a aprendizagem	• A avaliação é independente do processo de aprendizagem; é autossuficiente	• A avaliação está ligada ao processo de aprendizagem
Rigor na avaliação	• O rigor é obtido por meio do distanciamento	• O rigor é obtido por meio do envolvimento e da triangulação

Fonte: Adaptada de Formosinho; Oliveira-Formosinho (1996).

das sobre os méritos desta forma de ver quando aplicada à compreensão do mundo orgânico, usando o exemplo de uma planta.

> Claro que podemos ver uma planta como composta de raiz, caule e folha, e isto pode ser útil para questões práticas, como para alimentos, ou fins medicinais. No entanto, a planta viva e em crescimento não é em si mesma construída de raiz, caule e folha. Não há uma fase de crescimento e desenvolvimento da planta em que estas três partes sejam montadas para formar a planta inteira. A raiz, o caule e a folha formam gradualmente o processo de crescimento em que são as três partes contínuas umas com as outras e com a planta como um todo. Resulta que a planta como um todo não pode ser compreendida explicando-a em termos somente das suas partes (BORTOFT, 1996, p. 77).

O problema está em nossa forma de ver, que é adquirida. A solução é readquirir, reaprender a nossa forma de ver. A nossa forma de ver nos ensinou a separar coisas que não são separadas; portanto, depois de separar, recriamos um todo artificial. O todo essencial ficou perdido. Esta brecha produz um pensamento dualista que depois precisa de uma ponte unificante, e às vezes descobrimos pontes artificiais. Por que não ir à fonte e explorar outra forma de encarar o mundo, outro paradigma científico? Por que não explorar a complexidade?

O todo é maior que as partes, ou seja, o todo não é meramente a soma das partes. O todo é mais significativo do que a soma das suas partes – qualquer avaliação de uma parte (uma disciplina, uma competência, um desempenho, etc.) revela menos do que a avaliação do todo, e só pode ser compreendida de forma adequada em relação a uma apreciação do todo.

O todo não assimila as partes, e a soma das partes não substitui o todo. O grupo de crianças não é apenas a soma das crianças individuais; a sala de aula não é somente a soma de todas as crianças mais os educadores. Do mesmo modo, a comunidade profissional de um centro não é apenas a soma dos educadores individuais; e um centro infantil não é a mera justaposição de diferentes salas de aula.

Há um caráter dinâmico entre as diferentes partes que é uma característica intrínseca do todo. A relação entre as diferentes partes é caracterizada pela interatividade, bidirecionalidade e recursividade (MORIN, 1986, 2008). Isso quer dizer que há complexidade nesta dinâmica.

Isso significa que a perspectiva holística da avaliação não pode ser baseada na apreciação somativa das diferentes partes: as crianças individuais, o professor individual e as aulas individuais. Temos de construir mecanismos para avaliar também a dinâmica do todo, ou seja, a interação recursiva entre as partes, como discutido no Capítulo 6, ao se apresentar a documentação da aprendizagem.

A criança é uma entidade holística, uma identidade holística. Tal identidade deve ser caracterizada: ela é uma integração interativa (e recursiva) de todas as dimensões psicológicas (cognitiva e emocional, social e cívica, estética e física) e também das dimensões sociais, históricas e culturais. Tanto o todo como as partes devem ser considerados (e avaliados) dentro dos seus contextos e nas suas interações (BROFENBRENNER, 1979, 2006). Ao nível do rigor, uma pedagogia intercultural participativa é desafiada a levar em conta a integração interativa e recursiva de todas as dimensões constituintes da identidade das crianças. Ao nível da ética, isto é um pré-requisito da equidade para todos. É sabido que as capacidades e inteligências das crianças são plurais, assim como o são as culturas a que elas pertencem. Uma pedagogia intercultural participativa não pode ignorar as diferenças culturais ou as diferenças individuais.

Visto que o paradigma da simplificação controla a ciência tradicional por meio da imposição dos princípios da redução e disjunção de qualquer conhecimento, o paradigma da complexidade rege-se pelos seus próprios princípios: o da distinção e o da conjunção (MORIN, 1986).

A avaliação deve reconhecer que a ação humana é contextual e situada culturalmente

Bronfenbrenner (2004, 2006) e outras abordagens ecológicas ajudam na compreensão da aprendizagem como desenvolvimento em contexto. A aprendizagem de cada criança, e do grupo, desenvolve-se nos seus contextos plurais e sociais e nas suas interações. A aprendizagem é ecológica. Os contextos são socialmente construídos e localizados em um tempo, um espaço e em uma cultura. A avaliação deve referir-se à aprendizagem experiencial das crianças em contextos socioculturais e situações pedagógicas específicas. A avaliação deve então seguir uma abordagem ecológica.

Uma vez que a aprendizagem é contextual, há uma necessidade metodológica[4] (e ética), por parte dos profissionais, de conduzir uma análise reflexiva sobre o contexto de aprendizagem: o ambiente educativo. Para avaliar com rigor a aprendizagem das crianças, os profissionais precisam primeiro avaliar a qualidade dos contextos de aprendizagem, dos ambientes educativos e das oportunidades educativas providenciadas a todas as crianças e a cada criança individualmente.[5] Precisam perguntar se o ambiente educativo é testemunhal.

A avaliação deve reconhecer que a ação humana não é completamente previsível

A avaliação deve reconhecer que a ação humana não é completamente previsível e, portanto, a aprendizagem e o progresso das crianças não o são também; em consequência, o mesmo vale para a avaliação. Um grau de aparente insucesso é o preço da liberdade humana. A educação é uma ação de pessoas com pessoas por meio de pessoas. Pessoas têm vontade e liberdade – o que quer dizer que não podemos prever com exatidão o resultado de qualquer processo educativo. Esta não previsibilidade é inerente à liberdade humana – a capacidade de resistir e transformar a proposta inicial (FORMOSINHO, 2009).

A avaliação tem consequências no sistema educacional, uma vez que facilita ou dificulta o progresso na escola, tem consequências para a pessoa, no seu acesso ao trabalho e ao emprego, uma vez que leva a credenciais educacionais e profissionais, e tem consequências na identidade de cada uma. No entanto, a avaliação costuma ser feita em um contexto de comportamentos antecipados e abstratos: expectativas da sociedade, dos profissionais, dos pais e do professor, geralmente excluindo a criança. Portanto, o julgamento avaliativo depende da conformidade não somente com padrões alcançados, mas também com padrões esperados. Sabemos que a avaliação impacta na imagem que a criança cria de si própria, e que esta tem impacto na sua vida presente e futura. Este é um assunto da maior seriedade, e deve ser conduzido de acordo com princípios éticos, conforme será discutido no Capítulo 7.

A avaliação deve reconhecer que os resultados de curto prazo facilmente observáveis não são os resultados mais importantes na educação

Os resultados facilmente observáveis não são os únicos resultados de importância na educação. Os resultados da ação educacional mais significativos e relevantes não são

---

[4]Também há uma necessidade ética de avaliar os contextos para melhor avaliar a aprendizagem da criança.
[5]Uma avaliação baseada em documentação tem de tornar visível a relação entre ensino e aprendizagem, conforme discutido no Capítulo 6.

facilmente observáveis pelo comportamento de quem aprende, ou por meio de quantificações. Resultados abrangentes envolvem a cognição, a emoção, a ética e a moralidade. Envolvem o aprender como aprender, a educação social e cívica, educação afetiva e empática, valores sociais e morais. Muito desses resultados não são passíveis de quantificação por instrumentos de medição. E seria desejável que o fossem?

Uma vez que estão relacionados com o sucesso escolar, profissional e pessoal, e outras medidas como a sensatez, a sagacidade e a felicidade, os resultados mais significativos e relevantes dos processos educativos só podem ser avaliados a médio e longo prazo. Vários estudos longitudinais o têm demonstrado (ARAÚJO, 2011).

A avaliação deve reconhecer a natureza isomórfica de uma pedagogia participativa coconstrutivista

Uma pedagogia participativa coconstrutivista é sempre isomórfica. O *isomorfismo pedagógico* é uma metáfora importada das ciências naturais[6] para, no âmbito da pedagogia da infância, expressar a equivalência dos modos de aprender das crianças e dos adultos. A avaliação deve reconhecer a natureza isomórfica de uma pedagogia coconstrutivista participativa.

Em uma pedagogia coconstrutivista, quando os profissionais promovem as jornadas de aprendizagem das crianças, eles estão também encorajando as suas próprias jornadas de aprendizagem. A pedagogia isomórfica reconhece crianças e adultos como pessoas e utiliza uma pedagogia de envolvimento, que reconhece o conhecimento e experiência prévios dos participantes e os envolve ativamente nos processos da sua própria mudança (FORMOSINHO; OLIVEIRA-FORMOSINHO, 2005).

Os seres humanos (tanto adultos como crianças) aprendem por meio de processos homólogos, e em ambos os casos a interação interpessoal é um componente importante na aprendizagem intrapessoal. Existe uma interdependência entre a *dimensão intrapessoal* do processo de aprendizagem – a construção das jornadas de aprendizagem individuais de crianças e de adultos – e a *dimensão interpessoal* – a construção dessas jornadas de aprendizagem em contexto social e interpessoal, dentro de uma comunidade de aprendizagem.

Daqui decorre que a avaliação pedagógica da criança, além de ser holística, deve ser feita no contexto da reflexão crítica do profissional sobre a sua própria aprendizagem, sobre o ambiente educativo que coconstrói e sobre o cotidiano vivencial que cria.

Há diferentes níveis de isomorfismo (paralelismo) significativos para a aprendizagem, a documentação e a avaliação pedagógica de crianças e adultos. Ao nível ontológico de isomorfismo entre crianças e adultos, chamamos a atenção para o para-

---

[6]Em *química* e *mineralogia*, *isomorfismo* é uma propriedade que substâncias de composição análoga exibem, de cristalizar da mesma forma ou de forma muito próxima. Em *matemática*, significa identidade operacional e de forma entre dois conjuntos, ou uma correspondência exata no que diz respeito ao número de elementos constituintes e às relações entre eles.

lelismo de uma pedagogia de direitos para crianças e adultos, enquanto pessoas que se querem respeitadas e respeitam. Ao nível psicológico de isomorfismo, chamamos a atenção para a homologia entre a aprendizagem das crianças e dos adultos, uns e outros aprendendo melhor quando são coconstrutores da aprendizagem (como muito bem nos chama a atenção a psicologia sociocultural). Ao nível do isomorfismo pedagógico, chamamos a atenção para o fato de tanto crianças como adultos serem mais felizes, construírem conhecimentos e transferirem melhor esses conhecimentos em contextos e situações educacionais que os escutam e lhes dão voz.

A avaliação deve reconhecer a conectividade no desenvolvimento dos primeiros anos de infância

Outra característica importante da avaliação holística é a *conectividade* – uma vez que todas as partes do todo estão ligadas e inter-relacionadas, toda e qualquer apreciação parcial é incompleta e até enganadora.

Ao contrário do reducionismo, a complexidade requer que se tente compreender as relações entre o todo e as partes. O conhecimento das partes não é suficiente, e o conhecimento do todo como um todo também não é suficiente se ignoramos as partes; somos encorajados a alternar, a ir e vir das partes para o todo e do todo para as partes, reunindo assim um conhecimento profundo. Desse modo, o princípio do reducionismo é substituído por um princípio que concebe a implicação mútua entre o todo e as partes.

O princípio da disjunção, ou separação (entre objetos, entre disciplinas, entre noções, entre sujeito e objeto de conhecimento), deve ser substituído por um princípio que mantém a distinção mas tenta estabelecer a relação.

Como diz Morin (1986), uma vez que fomos domesticados pela nossa educação, que nos ensinou mais a separar do que a conectar, a nossa aptidão para conectar está subdesenvolvida e a nossa aptidão para separar está superdesenvolvida. A avaliação holística pedagógica da aprendizagem das crianças precisa de uma práxis sustentada de desconstruir a separação e construir a conexão, a fim de honrar o direito de todas as crianças a participar na aprendizagem e na sua avaliação com as suas semelhanças e diferenças individuais e sociais.

No Capítulo 6, sobre documentação pedagógica, voltamos a este assunto para compreender o processo em ação.

A avaliação pedagógica deve reconhecer a intersubjetividade na educação infantil

A avaliação pedagógica assume um grau de *subjetividade*. A autoproclamada avaliação objetiva é necessariamente parcial e incompleta, uma das razões sendo a de que separa o sujeito que avalia e o objeto avaliado, acreditando que pela distância conquista a objetividade e ignorando a importância da autoconsciência que o sujeito avaliador deve ter do impacto das suas lentes de visão, análise e avaliação. A avaliação pedagógica assume a proximidade e a subjetividade, e não se preocupa com a objetividade que separa, mas sim com a intersubjetividade que dialoga. Toda a nossa apreciação da realidade tem um grau de subjetividade, e na avaliação holística complexa a intersubjetividade é um dos critérios de rigor. Isso quer dizer que a triangulação das vozes dos atores (de professores e outros educadores, crianças e pais), ao longo do cotidiano de aprendizagem, e a triangulação de instrumentos pedagógicos de observação que interrogam a documentação pedagógica e a fazem falar sobre a aprendizagem experiencial, situada, contextual, cultural, são de importância primordial para conseguir uma apreciação mais autêntica das aprendizagens. Toda avaliação autêntica é obtida não pela distância, mas pela *proximidade reflexiva, crítica e intersubjetiva* dos atores educacionais que vivem no tempo experiencial as situações educacionais que estão analisando.

Os profissionais têm o direito e o dever cívicos de monitorar o desenvolvimento da pedagogia no cotidiano e de documentar as suas consequências na aprendizagem e assim obter informação (provinda da documentação pedagógica) que lhes permite um olhar longitudinal sobre a aprendizagem das crianças, e não uma verificação instantânea em um momento predeterminado e descontextualizado. A coleta de informações cotidiana é um instrumento privilegiado para criar uma avaliação pedagógica da aprendizagem, que tem como objetivo compreender as identidades sócio-histórico-culturais (OLIVEIRA-FORMOSINHO; FORMOSINHO, 2013) em um contexto pedagógico que cria dinâmicas cooperadas para o planejamento e a ação solidárias,[7] que permitem a aprendizagem significativa e a sua narração.

REFERÊNCIAS

ARAÚJO, S. B. *Pedagogia em creche: da avaliação da qualidade à transformação praxeológica*. Tese (Doutorado em Estudos da Criança) – Universidade do Minho, Braga, 2011.

BERTRAM, T.; PASCAL, C. *The Effective Early Learning Programme*. Birmingham: Centre for Research in Early Childhood, 2004.

BERTRAM, T.; PASCAL, C. *The Baby Effective Early Learning Programme*: improving quality in early childhood settings for children from birth to three years. Birmingham: Centre for Research in Early Childhood, 2006.

BORTOFT, H. *The wholeness of nature*: Goethe's way of science. Edinburgh: Floris Books, 1996.

BORTOFT, H. Conterfeit and authentic wholes. In: SEAMON, D.; ZAJONC, A. (Eds.) *Goethe's way of science*: a phenomenology of nature. New York: State University of New York, 1998.

BRONFENBRENNER, U. *The ecology of human development*. Cambridge: Harvard University, 1979.

BRONFENBRENNER, U. *Making human beings human*: bioecological perspectives on human development. Thousand Oaks: Sage, 2004.

BRONFENBRENNER, U. *The ecology of human development*: experiments by nature and design. Englewood Cliffs: Harvard University, 2006.

DAMÁSIO, A. *Descartes' error*: emotion, reason, and the human brain. Putnam: Quill, 1994.

DAMÁSIO, A. *The feeling of what happens: body and emotion in the making of consciousness*. Harcourt: Mariner Books, 2000.

---

[7] Ver Capítulo 6 para compreender os conceitos de ensino e aprendizagem solidárias.

DEWEY, J. *Experience and education*. Indiana: Kappa Delta Pi, 1938.

FLYVBJERG, B. *Rationality & power:* democracy in practice. Chicago: University of Chicago, 1998.

FLYVBJERG, B. *Making social science matter:* why social inquiry fails and how it can succeed again.12. ed. Cambridge: Cambridge University, 2010.

FORMOSINHO, J. *Dilemas e tensões da universidade frente à formação de profissionais de desenvolvimento humano*. São Paulo: USP – Pró-Reitoria de Graduação, 2009. (Cadernos de Pedagogia Universitária, 8)

FORMOSINHO, J.; OLIVEIRA-FORMOSINHO, J. *The search for participatory curricular approaches for early childhood education*. Lisbon: Research Report, Aga Khan Foundation, 1996.

FORMOSINHO, J.; OLIVEIRA-FORMOSINHO, J. *Developing learning Communities:* the final report on the evaluation of the impact of the National Professional Qualification in Integrated Centre Leadership (NPQICL) leadership programme. (Final report). Braga: National College for School Leadership, 2005.

FORMOSINHO, J.; OLIVEIRA-FORMOSINHO, J. Towards a social science of the social: the contribution of praxeological research. *European Early Childhood Education Research Journal*, v. 20, n. 4, p. 591-606, 2012.

FREIRE, P. *Pedagogy of the oppressed*. London. Penguin Books, 1996.

GIDDENS, A. *Hermeneutics and social theory*. Profiles and critiques in social theory. Berkeley: University of California, 1982.

HARGREAVES, A.; FINK, D. *Sustainable leadership*. San Francisco: Jossey-Bass, 2006.

KOHLBERG, L. Democratic moral education. *Psicologia (Revista da Associação Portuguesa de Psicologia)*, v. 3, p. 335-341, 1987.

KOZULIN, A. *Psychological tools:* a sociocultural approach to education. Cambridge: Harvard University, 1998.

LEHRS, E. *Man or matter*. London: Rudolf Steiner, 1951. p. 73.

MALAGUZZI, L. History, ideas, and basic philosophy: an interview with Lella Gandini. In: EDWARDS, C.; GANDINI, L.; FORMAN, G. (Eds.). *The hundred languages of children:* the Reggio Emilia approach: advanced reflection. Greenwich: Ablex, 1993. p. 49-97

MORIN, E. *O método 3 – o conhecimento do conhecimento*. Lisboa: Europa América, 1986.

MORIN, E. *On complexity*. Cresskill: Hampton, 2008.

OLIVEIRA-FORMOSINHO, J. Pedagogia(s) da infância: reconstruindo uma práxis de participação. In: OLIVEIRA-FORMOSINHO, J.; KISHIMOTO; T. M.; PINAZZA, M. (Orgs.). *Pedagogias(s) da infância:* dialogando com o passado, construindo o futuro. São Paulo: Artmed, 2007. p. 13-36.

OLIVEIRA-FORMOSINHO, J., FORMOSINHO, J. Praxeological research in early childhood: A contribution to a social science of the social. *European Early Childhood Education Research Journal*, v. 20, n. 4 (special issue), 2012.

PASCAL, C.; BERTRAM, T. Praxis, ethics and power: developing praxeology as a participatory paradigm for early childhood research. *European Early Childhood Education Research Journal*, v. 20, n. 4, p. 477-492, 2012.

STEINER, R. *The philosophy of freedom*. London: Rudolf Steiner, 1984.

6

A documentação pedagógica: revelando a aprendizagem solidária

Júlia Oliveira-Formosinho

INTRODUÇÃO

Este capítulo visa analisar o papel da documentação pedagógica nas pedagogias participativas e a sua relação com os processos de monitoração e avaliação das aprendizagens das crianças e dos profissionais, recorrendo a exemplos oriundos, principalmente, da perspectiva da Pedagogia-em-Participação[1] (OLIVEIRA-FORMOSINHO; FORMOSINHO, 2012).

A primeira seção está centrada na identificação do *ethos* das pedagogias participativas e a sua implicação nos novos papéis e nas relações entre as crianças e os educadores. Esses novos papéis e relações não anulam as vozes dos educadores e a sua intencionalidade educativa, mas tornam o ensino uma atividade muito mais interessante e complexa, uma vez que o fluir do processo educativo se torna menos previsível e mais participativo. Considerando que a documentação pedagógica revela a aprendizagem das crianças em um contexto pedagógico específico, ela está situada no centro dos processos de aprendizagem-ensino desenvolvidos no cotidiano educativo.

A segunda seção apresenta a jornada profissional da comunidade reflexiva que desenvolve a Pedagogia-em-Participação (FORMOSINHO; OLIVEIRA-FORMOSINHO, 2017) e que vem construindo uma práxis de documentação que serve tanto à aprendizagem quanto à avaliação. Esta abordagem de documentação evoluiu por meio de duas fontes: os diálogos teóricos e as práticas experienciais contínuas, debatidas na comunidade de aprendizagem que é a Associação Criança a partir das jornadas profissionais praxeológicas. Nesta segunda seção, refletimos ainda a

---

[1] O Capítulo 2 deste livro faz uma apresentação detalhada da Pedagogia-em-Participação.

respeito das consequências epistemológicas de uma compreensão da complexidade do processo educativo considerado simultaneamente do ponto de vista da aprendizagem das crianças e dos adultos.

A terceira seção do capítulo mostra a documentação pedagógica como um estudo dos processos e das realizações da aprendizagem das crianças que também servem de suporte para a monitoração profissional e para a avaliação pedagógica. Esta seção termina com uma breve apresentação da sala de aula da educadora Andreia Lima, que pode inspirar outras práticas de desenvolvimento profissional enquanto base para a monitoração e a avaliação. O Capítulo 8 apresenta um estudo de caso desenvolvido na sala de Andreia Lima que dará continuidade a este capítulo.

A quarta seção desenvolve o conceito pedagógico de aprendizagem solidária, que faz parte do quadro conceitual da Pedagogia-em-Participação. A aprendizagem solidária é entendida como uma harmonização entre as vozes das crianças e as vozes dos educadores, entre os propósitos das crianças e as intencionalidades educativas e que deve ser visualizada por meio da documentação pedagógica, evidenciando a negociação entre crianças e educadores no âmbito dos processos de aprendizagem e ensino.

O *ETHOS* DAS PEDAGOGIAS PARTICIPATIVAS

Observar, ouvir e responder às crianças

A pedagogia da infância tradicional parte de um conteúdo bem organizado, se possível apresentado de modo agradável. Este conhecimento predefinido comanda o ensino, e a metodologia para ensinar facilita a aprendizagem, isto é, a apropriação do conhecimento pelos alunos. A desconstrução desta forma de pensamento simplista foi uma das grandes heranças da pedagogia do século XX (OLIVEIRA-FORMOSINHO; KISHIMOTO; PINAZZA, 2007). Essa desconstrução levanta novas questões a respeito do papel das crianças no processo pedagógico, a respeito do lugar atribuído às vozes das crianças no processo de construção conjunta de conhecimento e a respeito da colaboração entre as crianças e os educadores no cotidiano pedagógico.

A revisitação de *Experiência e Educação*, publicado por Dewey em 1938, é esclarecedora do que acaba de se afirmar:

> O principal propósito ou objetivo [da educação] é preparar o jovem para as suas futuras responsabilidades e para o sucesso na vida, por meio da aquisição de corpos organizados de informação, normas morais e competências, que constituem o material de instrução. Visto que as matérias de estudo, tanto quanto os padrões de conduta apropriada, nos vêm do passado, a atitude dos alunos, de modo geral, deve ser de docilidade, receptividade e obediência. Livros, especialmente manuais escolares, são os principais representantes do conhecimento e da sabedoria do passado, e os professores são os órgãos por meio dos quais os

alunos entram em relação com esse material. Os mestres são os agentes de transmissão do conhecimento e competências e de imposição das normas de conduta.

[...] Se tornarmos explícita a crítica implícita recém-apresentada, podemos dizer: o esquema educativo tradicional é, em essência, um esquema de imposição de cima para baixo e de fora para dentro. Impõe os padrões, as matérias de estudo e os métodos dos professores sobre aqueles que estão ainda crescendo, as crianças, os alunos. A distância entre o que se impõe e os que sofrem a imposição é tão grande, que as matérias exigidas, os métodos de ensino e as normas de conduta são algo de estranho para os jovens. Estão além do alcance da experiência que o aluno então possui. Por conseguinte, há que impô-los. E isto é o que acontece, mesmo quando os "bons" professores fazem uso de artifícios para mascarar a imposição e deste modo diminuir-lhe os aspectos obviamente brutais.

O abismo entre o saber amadurecido e acabado do adulto e a experiência e capacidade do jovem é tão acentuado, que a situação criada impede qualquer participação ativa dos alunos no desenvolvimento do que é ensinado [...] Aprender significa adquirir o que já está incorporado aos livros e à mente dos mais velhos. Considera-se ainda o que se ensina como essencialmente estático. Ensina-se um produto acabado, sem atenção aos meios pelos quais este produto foi originariamente desenvolvido, nem também quanto às mudanças que seguramente irá sofrer no futuro. Trata-se de produto cultural de sociedades que supõem o futuro em tudo semelhante ao passado, o qual passa a ser usado como o alimento educativo de uma sociedade, em que a regra e não a exceção é mudar.

Se buscarmos formular a filosofia de educação implícita nas práticas da educação atuais, podemos, creio, descobrir certos princípios comuns entre a variedade de escolas progressivas ora existentes. À imposição de cima para baixo, opõe-se a expressão e cultivo da individualidade; à disciplina externa, opõe-se a atividade livre; ao aprender através dos livros e dos professores, aprender por experiência; à aquisição por exercício e treino de habilidades e técnicas isoladas, a aquisição de meios para atingir fins que têm apelo vital e direto para o aluno; à preparação para um futuro mais ou menos remoto opõe-se o aproveitar-se ao máximo as oportunidades do presente; a fins e conhecimentos estáticos opõe-se a tomada de contato com um mundo em mudança (DEWEY, 1971, p. 5-7).

Tudo isso significa uma revolução copernicana na pedagogia da infância. Tal "revolução" não fez uma mera inversão do lugar e papéis de alunos e professores, mas antes os aproximou por meio do planejamento colaborativo, da tomada de decisões compartilhada, da ação e reflexão conjunta, da avaliação integrada. As realidades interconectadas de ensino e aprendizagem situam-se em uma teoria da educação, que, por sua vez, se situa em uma teoria do conhecimento. As pedagogias participativas partem do pressuposto de que o conhecimento é uma construção conjunta na ação contextualizada e que a práxis pedagógica é a construção conjunta de processos educativos e realizações por meio de métodos participativos. A este nível, apoiamo-nos nos *ombros de gigantes*, os gigantes que desenvolveram o coconstrutivismo: Berger e Luckman (1966), Vygotsky (1978), Wertsch (1985, 1991) e Rogoff (1990). Eles defendem que o conhecimento é gradualmente coconstruído por meio da exploração, da comunicação, da negociação e da criação de significado, o que demanda uma concepção de epistemologia não tradicional, uma epistemologia da complexidade (MORIN, 2008).

É muito importante que todas as crianças, desde as muito pequenas até as com mais idade, participem no processo "revolucionário" de recriação do seu papel como sujeitos, considerando que a realidade educacional é um processo permanente de humanização e democratização. Esse é o cerne da revolução copernicana no ensino e aprendizagem em educação infantil. O direito das crianças à aprendizagem, visto como uma experiência vivida, cultural e democrática, desafia os educadores a serem pensadores profundos a respeito das identidades das crianças, bem como a respeito das suas próprias identidades e papéis. A documentação pedagógica apoia os profissionais a serem reflexivos e a ter poder de ação em todos estes níveis. O direito das crianças a aprender desafia os educadores a pensarem sobre o tipo de relações que estabelecem, sobre as interações pedagógicas, sobre como usar o seu conhecimento (poder) para provocar os processos de pensamento das crianças, sobre a suspensão ética do poder do seu conhecimento de maneira a criar, para cada criança e para o grupo, um espaço para o exercício dos seus próprios poderes.

As pedagogias participativas criam um *ethos* educacional participativo que garante espaço interativo para todos os atores envolvidos nas situações de aprendizagem e ensino (OLIVEIRA-FORMOSINHO, 2007). Para Paulo Freire, professores e alunos, ao escutarem mutuamente as vozes e as perspectivas, tornam-se simultaneamente alunos e professores, desenvolvem assim uma melhor compreensão para poder *dizer o mundo*. Freire (1970) fala sobre ajudar o aluno a sair do silêncio e a aventurar-se a *narrar o mundo* tornando-se ativo nos processos de aprendizagem. Freire nos inspira a pôr em prática uma abordagem educativa que desafia os aprendentes a pensar, ouvir e falar ativamente, a comunicar para *nomear o mundo*, para lhe atribuir significado.

Se, tradicionalmente, as preocupações se centravam em que as crianças estudassem fatos, os memorizassem e reproduzissem, nas pedagogias participativas estamos preocupados também com o modo de aprender e com o modo de compreender a criação de significado para o aprender. A documentação facilita esta jornada reflexiva e comunicativa. Os processos comunicativos devem ser criticamente analisados e reflexivamente negociados para reconciliar os papéis das crianças e dos professores no âmago do processo de aprendizagem. O *ethos* central das pedagogias participativas é a práxis diária de observar, escutar, documentar e responder às crianças, apoiando-se nos processos críticos da documentação de situações de aprendizagem.

A imagem da criança nas pedagogias participativas: em busca de significado

Iniciamos este capítulo na companhia de Dewey, levantando questões – por que na pedagogia tradicional o conteúdo é o centro da aprendizagem da criança? Por que o professor é o único a falar? Por que...? Por que...? Para responder a essas questões, precisamos fazer uma reflexão profunda a respeito da natureza da criança, que inclui a expectativa que temos para a criança, tanto como pessoa quanto como aprendente. Isso se relaciona com a teoria da educação adotada, a qual conceitualiza as respostas para o que é educação e o que é uma escola, o que é aprender e o que é ensinar, o que é documentação e o que é avaliação.

A pedagogia transmissiva tradicional diz sobretudo o que a criança não é; o que ainda não tem; o que ainda não consegue fazer. Isso significa que, desde o início, está predefinido, em termos adultos, o que a criança será graças ao que os adultos farão dela. A Pedagogia-em-Participação compreende a imagem de criança a partir da sua identidade real: o que ela é, o que sente, o que pensa, o que faz, o que aprendeu e como aprende.

Para as pedagogias participativas, a criança é um sujeito – autor, ator, agente de vida e aprendizagem, sujeito individual e sujeito social, pessoa e cidadão, utilizador e criador de artefatos culturais. Esta criança é um indivíduo autônomo, cooperativo e competente, com direitos e deveres, reflexivo e crítico, ativo e participativo, que se relaciona com o mundo e as pessoas, com as coisas e o conhecimento. Esta criança pensa, sente e questiona, aceita e rejeita, diz sim e não; possui uma identidade relacional que participa do lugar ao qual pertence, na expectativa de respeitar e ser respeitada. Esta criança, utilizando o conceito de Malaguzzi, expressa-se com *cem linguagens* (MALAGUZZI, 1998).

Quando as sociedades falam de bebês muito novos, tendem a conceituá-los como seres que ainda não o são. As pedagogias participativas preferem dizer que os bebês são seres curiosos, seres que querem experimentar e explorar o mundo, a natureza, os objetos, as pessoas com *sentidos inteligentes e inteligências sensíveis* (OLIVEIRA-FORMOSINHO; FORMOSINHO, 2012) e possuem a capacidade de comunicar e compartilhar as suas explorações e experiências por meio de processos comunicativos que criam conhecimento e significado desde o início. A documentação ajuda a compreender este poder de ação precoce das crianças.

Será que esta é uma criança fácil para uma cultura tradicional e para uma educação transmissiva? Esta é uma criança que traz surpresas para o processo de educação, cria situações emergentes e coloca questões imprevisíveis, algumas vezes cria problemas... Esta é uma criança que exige dos educadores a capacidade e a vontade de lidar com a surpresa, com o desconhecido, com o não planejado... Esta é uma criança que tem muitas coisas interessantes para nos dizer se quisermos ouvir o que ela tem a dizer e não o que queremos que ela diga... Se nós, como profissionais, aprendermos a gostar de ser surpreendidos com assuntos, temas, interrogações emergentes e aprendermos a nos envolver em jornadas de aprendizagem negociadas com as crianças, contribuiremos para o desenvolvimento de pessoas e cidadãos participativos que constroem saberes e poderes.

Nas pedagogias participativas, especificamente na Pedagogia-em-Participação, a educação torna-se um desafio complexo, um projeto cívico gratificante, que não pode ser alcançado com objetivos e atividades predefinidos. O fluir dos processos participativos é menos previsível; isso não significa dizer que seja um processo caótico, mas sim que não é um processo linear nem totalmente programável. Envolve a complexidade de reunir crianças competentes e professores competentes, ambos tendo o direito de expressar os seus propósitos para as situações educacionais, para as atividades e projetos. Envolve os desafios de comunicar, de negociar o estabelecimento de compromissos para o planejamento da experiência educacional e o seu desenvolvimento na ação. Envolve a reflexão compartilhada sobre a documentação do cotidiano e a avaliação sustentada na documentação da aprendizagem experiencial.

A harmonização dos propósitos das crianças e das intencionalidades dos educadores

As pedagogias participativas desenvolvem uma compreensão específica da imagem de criança como um coconstrutor competente, com pares competentes e educadores competentes, que negocia por meio de processos comunicativos a sua participação na aprendizagem e na aprendizagem de como aprender. Todavia, os propósitos das crianças não suprimem as intencionalidades educativas e a voz dos educadores. A documentação não revela unicamente a aprendizagem da criança; ela revela também a aprendizagem da criança em um contexto pedagógico específico, no âmbito de uma pedagogia específica, o que significa que revela também o ensino. A documentação pedagógica situa-se no âmago dos processos de ensino e aprendizagem, implicando a necessidade de uma compreensão clara dos objetivos educacionais, do conteúdo curricular e da pedagogia (MALAGUZZI, 1998; RINALDI, 2012).

A harmonização dos propósitos das crianças e das intencionalidades dos educadores na Pedagogia-em--Participação: os eixos das intencionalidades educativas

A Figura 6.1 mostra os eixos de intencionalidade educativa da Pedagogia-em-Participação que desafiam a imaginação e a criatividade profissional a priorizar a necessidade de responder à criança, em vez de torná-la silenciosa por meio da afirmação da "verdade" predefinida.

Conceitualizamos a pedagogia como um processo de cultivar a humanidade por meio da educação, cultivar o *ser* holístico e relacional no(s) seu(s) contexto(s) e cultura(s), o aprendente *competente* em comunicação, diálogo e participação, o *construtor de significados* que progride com bem-estar, o *aprendente* que lida com as vicissitudes das narrativas sobre a sua aprendizagem experiencial como um meio para organizar a aprendizagem experiencial, construir conhecimento sobre ela e significá-la (BRUNER, 1990).

Os eixos de intencionalidade educativa da Pedagogia-em-Participação constituem âncoras para pensar a educação como uma importante janela aberta para a promoção da humanidade por meio da cultura e da democracia (DEWEY, 1916), a fim de criar significado para o processo educativo integrando o ser, o aprender e o narrar.

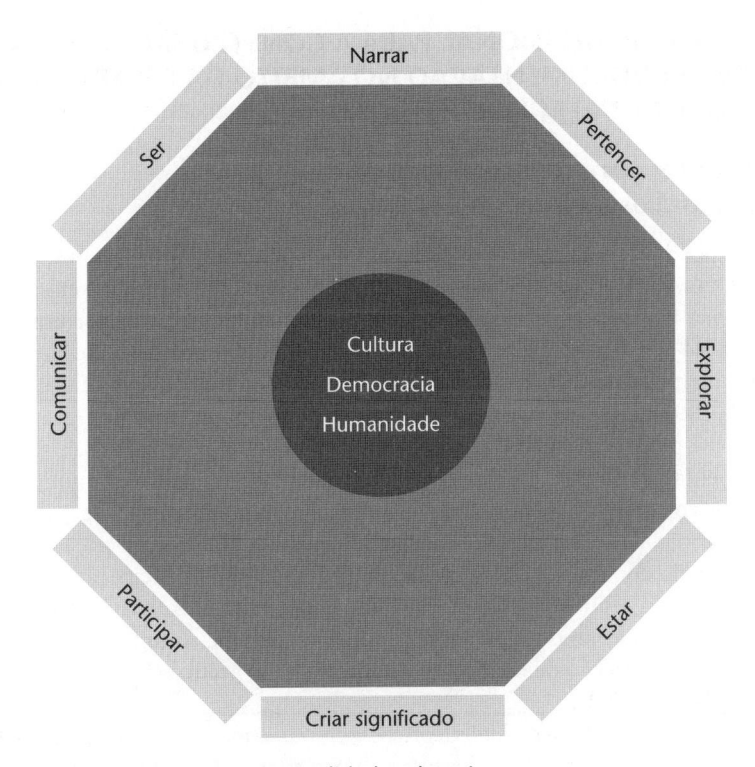

FIGURA 6.1 Os eixos de intencionalidade educativa.

O ambiente educativo criado com as crianças e para as crianças envolve intencionalidades educativas; essas intencionalidades são abrangentes o suficiente para ser inclusivas, e flexíveis o suficiente para orientar e inspirar processos de aprendizagem e ensino interativos. Essas intencionalidades educativas devem ser instituídas no cotidiano, em colaboração entre as crianças e os educadores. Elas nos orientam para apoiar:

1. O desenvolvimento de identidades relacionais plurais.
2. O desenvolvimento de sentimentos de pertencimento e participação na vida e na aprendizagem.
3. O desenvolvimento das identidades aprendentes na exploração comunicativa do mundo, da natureza, das pessoas e do conhecimento por meio dos *sentidos inteligentes e das inteligências sensíveis*.
4. A narração da aprendizagem com as *cem linguagens* com vista à criação de significado para a aprendizagem.
5. A consciência e a compreensão de si como pessoas e como identidades aprendentes.

A JORNADA PROFISSIONAL PARA A CONSTRUÇÃO DE UMA PRÁXIS DA DOCUMENTAÇÃO NO ÂMBITO DA PERSPECTIVA DA PEDAGOGIA-EM-PARTICIPAÇÃO

Duas fontes para o desenvolvimento de uma práxis da documentação

A nossa práxis da documentação pedagógica situa-se em um tempo, um espaço e uma cultura, é informada por questões paradigmáticas (como vemos e entendemos o mundo, a natureza e as pessoas, as relações e o conhecimento), por uma teoria da educação que se inscreve em uma teoria do conhecimento, pela adoção de uma perspectiva pedagógica específica e pelas orientações curriculares oficiais (PORTUGAL, 1997).

A nossa própria perspectiva (a perspectiva da Pedagogia-em-Participação para a documentação) evoluiu por meio de duas fontes importantes – os múltiplos diálogos teóricos desenvolvidos ao longo do tempo e as contínuas práticas experienciais debatidas no seio da comunidade de aprendizagem da Associação Criança. Desde o início dos anos de 1990, quando a Pedagogia-em-Participação começou a ser desenvolvida (FORMOSINHO, 1987, 2007; OLIVEIRA-FORMOSINHO, 1987, 1992, 2001), aventuramo-nos na aprendizagem experiencial do fazer documentação com vista à criação de conhecimento profissional prático (BOURDIEU, 1990, 1998; DUNNE, 1993).

No que diz respeito aos diálogos teóricos, a comunidade de aprendizagem da Associação Criança tem praticado a abertura a outras comunidades como Reggio Emilia (MALAGUZZI, 1998; RINALDI, 2012), Pen Green (MAIRS; PEN GREEN TEAM, 2013; WHALLEY, 2001), CREC (PASCAL; BERTRAM, 2009), as *histórias de aprendizagem* de Carr e Lee (2012), as conversas de Fleet e seus colegas sobre documentação (FLEET; PATTERSON; ROBERTSON, 2012) e os estudos de Paulo Fochi (2015).

Os profissionais da educação infantil sempre fizeram algum tipo de documentação – livros das crianças, livros da sala de atividades, livros da aprendizagem das crianças. No entanto, as teorias e os conceitos atuais sobre documentação pedagógica beneficiam-se dos diálogos em torno dos paradigmas da metodologia de investigação das últimas cinco décadas do século XX (AZEVEDO, 2009), bem como dos debates do final do século XIX e de todo o século XX em torno do *ethos* das pedagogias participativas.[2]

Desde o início da nossa jornada de desenvolvimento da documentação pedagógica, tornou-se óbvio que o desafio desta práxis resulta da nossa filiação à família das pedagogias participativas. A criança não é um ser silencioso, mas sim uma pessoa que precisa de espaço e tempo para nomear o mundo, que precisa de espaço e tempo para mostrar competência em um processo de documentação no qual a

---

[2] Ver o Capítulo 1 desta obra.

comunicação é um aspecto central (EMILSON; SAMUELSON, 2014). Do mesmo modo, as famílias não são silenciosas, são antes atores educacionais com tempo, espaço e voz para "contar o mundo" de aprendizagem das suas crianças.

Na Pedagogia-em-Participação, aprendemos que a práxis da documentação é um processo que integra teorias, práticas e crenças;[3] é uma ação fundamentada em saberes, ética e experienciação. A documentação, enquanto meio para revelar a aprendizagem das crianças e dos profissionais, necessita de esclarecimento teórico e conceitual, bem como de esclarecimento ao nível da *techne*, isto é, de como fazê-la.

A comunidade de aprendizagem da Associação Criança (que inclui educadores infantis e professores universitários, formadores e investigadores, supervisores, diretores e profissionais da instituição) debateu em conjunto sobre o desenvolvimento da documentação como forma de obter informação a respeito da aprendizagem das crianças, que simultaneamente permite a conscientização sobre a práxis. Não quisemos entrar em um modo nominalista de fazer a mudança – que adota apenas o "nome" sem criar a substância a que se refere, muitas vezes batizando unicamente uma realidade preexistente com uma palavra nova (FORMOSINHO; MACHADO, 2007). A mudança educacional não acontece dessa maneira... Precisa da fusão entre um pensamento rigoroso e um fazer rigoroso.

Os debates realizados no interior da comunidade de aprendizagem da Associação Criança procuraram responder a muitas questões que surgiram em torno da práxis da documentação no cotidiano – O que ela tem para oferecer às crianças? O que tem para oferecer aos educadores? O que tem para oferecer às famílias? Traz benefícios? A documentação me traz informações a respeito dos processos em desenvolvimento, mas será que me ajuda a prestar contas pelos resultados alcançados? O que posso aprender para tornar o meu fazer documentação praticável no cotidiano? Como posso interagir com as crianças e simultaneamente documentar de forma densa esta interação? Como posso ao mesmo tempo fazer e documentar o fazer? De que maneira a documentação me permite avaliar a progressão da aprendizagem de cada criança?

A jornada de aprendizagem experiencial

Estas e outras questões sobre a documentação pedagógica foram refletidas criticamente no âmbito da Pedagogia-em-Participação. Aprendemos há muito tempo que qualquer estratégia pedagógica pode ser generativa ou degenerativa dependendo da forma como a transpomos do mundo do pensar para o mundo do fazer. Um dos desafios de nossa comunidade de aprendizagem (OLIVEIRA-FORMOSINHO; FORMOSINHO, 2001) foi a criação de situações de aprendizagem participativa com os educadores em um modo situado – Formação em Contexto –, o que nos permite criar novos significados para a ação profissional (OLIVEIRA-FORMOSINHO, 1998). A aprendizagem expe-

---

[3] Ver o conceito de *práxis pedagógica* (FORMOSINHO; OLIVEIRA-FORMOSINHO, 2012).

riencial é importante tanto para as crianças quanto para os adultos. Criar situações de aprendizagem participativa e experiencial, crítica e reflexiva, para a aprendizagem profissional da documentação e investigá-la foi a nossa maneira de criar o saber fazer documentação pedagógica (OLIVEIRA-FORMOSINHO, 1998, 2014).

A Figura 6.2 apresenta de modo icônico a nossa compreensão da Formação em Contexto (OLIVEIRA-FORMOSINHO, 1998), desenvolvida a partir de diálogos

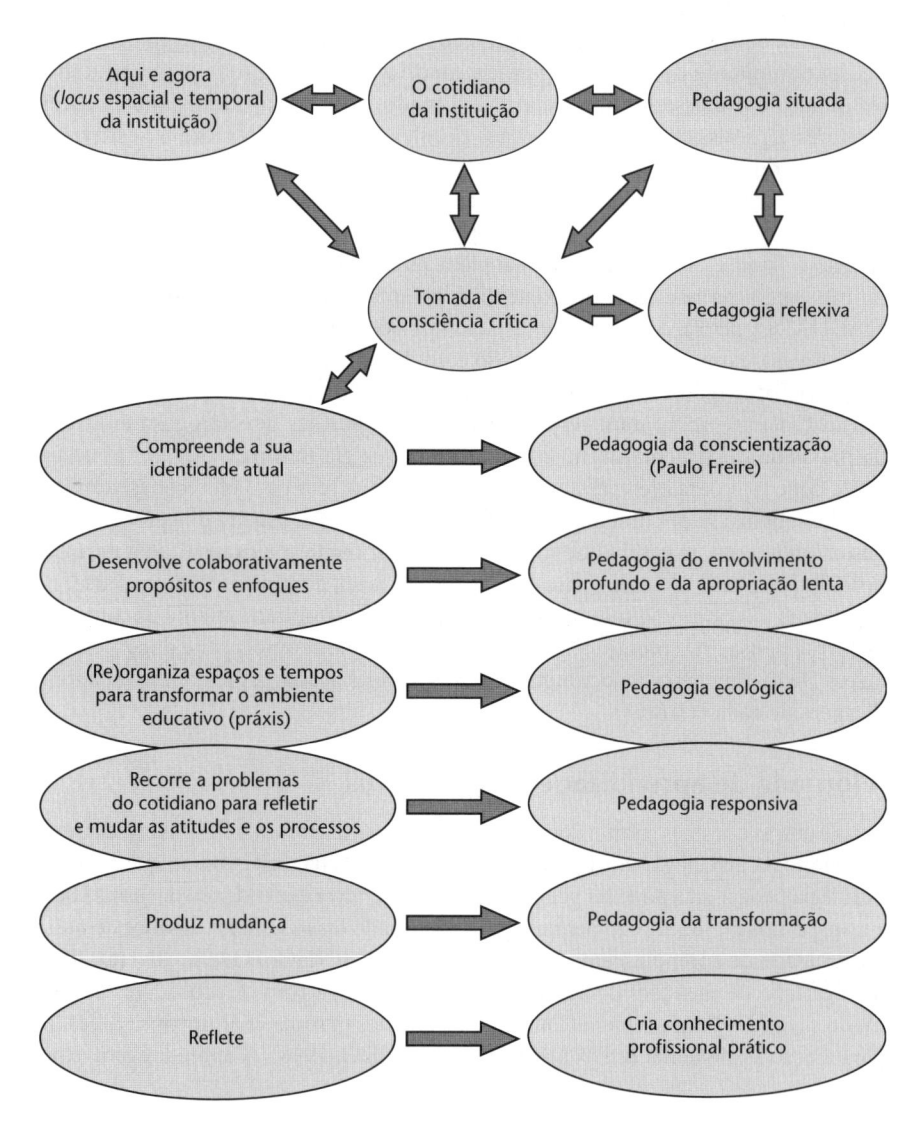

FIGURA 6.2 Representação esquemática da Formação em Contexto.

com outras abordagens que procuram o desenvolvimento de uma aprendizagem profissional de maneira reflexiva, tais como o Movimento da Escola Moderna (FOLQUE, 2008; NIZA, 2012), algumas abordagens italianas (MALAGUZZI, 1998) e a aprendizagem situada (LAVE; WENGER, 1991).

O processo específico de sustentar colaborativamente a aprendizagem dos educadores em torno da documentação nos permite olhar brevemente para a *Formação em Contexto*, a qual é situada no cotidiano (espaço e tempo) e se refere às interrogações das salas de aula e dos centros de educação infantil. A Formação em Contexto começa com a tomada de consciência crítica, a conscientização, de um tema, uma interrogação – por exemplo, o que significa avaliar as crianças a partir de um conjunto de resultados mensuráveis em um determinado tempo, realizados para verificar a "prontidão" (*readiness*) das crianças para a fase seguinte. Desconstrói este processo e contribui para a experienciação que vai mais além, sustentando a criação de possibilidades alternativas – o pensar e o fazer da documentação e da avaliação pedagógica participativa, a criação de significado sobre a natureza da documentação e da avaliação pedagógica. Tudo isso requer novas significações a respeito do ser humano – a criança, o aprendente, o educador – sustentadas na aprendizagem experiencial em torno do desafio de como documentar o cotidiano da sala de aula. Esta pedagogia responsiva produz mudança contextual, reconstrói progressivamente a práxis e cria conhecimento profissional práxico (OLIVEIRA--FORMOSINHO, 1998, 2014).

A jornada de aprendizagem profissional coletiva realizada pela Associação Criança, utilizando a sua perspectiva para o desenvolvimento profissional (a Formação em Contexto), foi desenvolvida ao longo das duas últimas décadas e foi investigada, principalmente, sob a forma de estudos de caso (ARAÚJO, 2011; AZEVEDO, 2009; AZEVEDO; SOUSA, 2010; CRAVEIRO, 2007; LINO, 2005; MACHADO, 2014; NOVO, 2010; OLIVEIRA-FORMOSINHO, 1998; PARENTE, 2004; PIRES, 2013; VIEIRA, 2010; SOUSA, 2017). Cada um desses estudos de caso possui as suas idiossincrasias, mas também saliências partilhadas que nos permitem tomar consciência acerca de duas questões essenciais que nos ocupam neste livro: a documentação e a avaliação pedagógicas. Essas duas questões nos fazem pensar sobre:

1. A natureza das pessoas e do conhecimento.
2. A identidade das crianças.
3. A necessidade de conceitualizar uma pedagogia da infância referida à natureza e à identidade das crianças.
4. As relações entre aprender e ensinar.
5. As relações entre a documentação e a avaliação.
6. A apoio à aprendizagem experiencial (de crianças e adultos) por meio da produção da documentação.
7. A importância de compartilhar a documentação com as famílias.

Entramos agora, até o final do capítulo, no âmbito da praxeologia da nossa perspectiva para a documentação pedagógica. De início, a nossa comunidade de aprendizagem tomou consciência do fato de que, tal como todo o conhecimento é provisório, o conhecimento sobre a avaliação e a documentação é igualmente provisório. Aceitamos que o conhecimento que estávamos construindo sobre a documentação pedagógica não seria definitivo, estaria sujeito a erro e passaria por processos de desenvolvimento. Consideramo-lo como um trabalho em progresso, que se beneficia de ser compartilhado e submetido à avaliação dos nossos pares profissionais, pois, para nós, este é o modo de reconstruir a práxis que visa melhor servir as crianças e as famílias.

A DOCUMENTAÇÃO PEDAGÓGICA COMO O ESTUDO DOS PROCESSOS E REALIZAÇÕES DA APRENDIZAGEM DAS CRIANÇAS SUSTENTA A MONITORAÇÃO DA QUALIDADE E A AVALIAÇÃO PEDAGÓGICA

Na procura de novos modos integrados de avaliação pedagógica, confrontamo-nos com a complexidade de monitorar e avaliar, por meio da documentação pedagógica, o progresso nas aprendizagens. Documenta-se para conhecer a criança, para vê-la pensar, sentir, fazer, aprender. Documenta-se para criar e mostrar outra imagem de criança. Cria-se material de grande autenticidade porque se refere à vivência, à experiência de cada criança e do grupo. Usa-se esse material para projetar a ação educacional, para partilhar com as famílias e com a organização, para monitorar o cotidiano de ensino e a sua relação com as aprendizagens das crianças, para fazer investigação praxeológica.

A monitoração e a avaliação pedagógicas baseiam-se na documentação da aprendizagem

A monitoração e a avaliação pedagógicas são processos integrados, entrelaçados ao ensino e à aprendizagem, sustentados na documentação pedagógica (Figura 6.3). Então a documentação pedagógica deve ser capaz de:

FIGURA 6.3 Documentação pedagógica.

- Revelar os processos de ensino e aprendizagem.
- Mostrar a aprendizagem-em-ação.
- Mostrar o ensino em ação.
- Gerar informação para aprender sobre a aprendizagem situada, quer das crianças, quer dos educadores.
- Revelar resultados ligados aos processos de aprendizagem.
- Revelar o progresso na aprendizagem.

Conforme explicamos, a nossa perspectiva para a documentação foi desenvolvida por meio de jornadas de aprendizagem em torno de diálogos teóricos e de uma práxis experiencial contínua. Assim, as âncoras da Pedagogia-em-Participação para a avaliação (Figura 6.4) partem a montante da nossa visão do mundo e perspectiva epistemológica (ver os eixos 1 e 2) e a jusante da nossa teoria da educação em ação (ver os eixos 3 e 4).

Essas âncoras nos apoiaram no esclarecimento de que a perspectiva holística da Pedagogia-em-Participação para a avaliação é:

- *Participativa*, porque inclui uma melodia de vozes que contribui para coletar informações sobre a aprendizagem, que possibilitam a criação de juízos avaliativos intersubjetivos.
- *Multidimensional*, para responder aos seres humanos que são multidimensionais (físicos, biológicos, psicológicos, culturais, sociais, históricos).
- *Holística*, porque a natureza psicológica da criança é holística e as crianças são sujeitos e não objetos da avaliação.

Eixo um: aprender por meio de processos participativos vividos e democráticos

Eixo dois: aprender mediante experimentação do respeito pela sua própria identidade

Eixo três: aprender a partir do encontro solidário entre crianças e educadores

Eixo quatro: melodia de vozes que contribui para a coleta de informações e os juízos avaliativos éticos

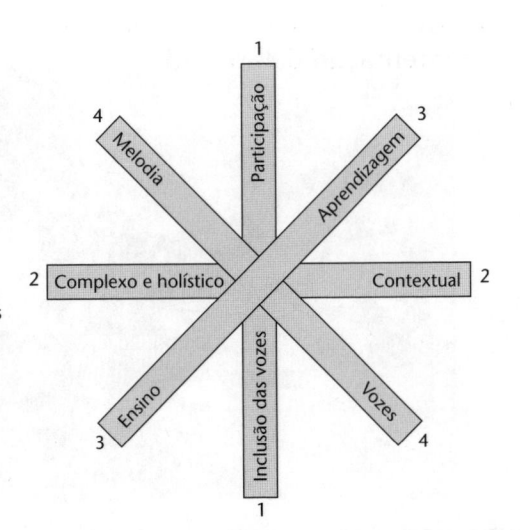

FIGURA 6.4 Âncoras da Pedagogia-em-Participação para a avaliação.

- *Contextual*, porque a natureza histórica dos seres humanos é situada no tempo, no espaço e nas culturas.
- *Conectada ao ensino*, na medida em que os processos de ensino são o contexto pedagógico para a aprendizagem.
- *Intersubjetiva e local*, porque se sustenta em múltiplas vozes (crianças, pais, profissionais) e no contexto de aprendizagem em que o educador é maestro que harmoniza o coro de vozes.

A documentação pedagógica na jornada da Pedagogia-em-Participação: a voz de Tiago

Experienciamos, e por isso aprendemos, que dar voz às crianças para que expliquem a sua experiência educacional é muito esclarecedor, significativo e provocador. Vamos, então, escutar Tiago em conversa com Andreia (a educadora) em torno do contexto educacional e do cotidiano pedagógico que nele se desenvolve. Eles começam conversando sobre o ambiente educativo: os diferentes espaços pedagógicos (áreas), os tempos pedagógicos (uma sucessão de ritmos temporais diários) e a visão de Tiago sobre a vida e a aprendizagem na sala de aula, assim como sobre a documentação (Figura 6.5).

> Nós cantamos canções... Vemos os nossos portfólios... Lemos histórias e tocamos músicas. Construímos casas, florestas, fazendas... Viajamos para muitos lugares: para a praia, a selva, o jardim zoológico... Montamos quebra-cabeças, separamos objetos, contamos e escrevemos... Eu observo coisas pequenas com uma lupa.

FIGURA 6.5 Sintonia entre criança e educadora na revisitação da documentação contida no portfólio de aprendizagem de Tiago.

Nós desenhamos com muitos materiais... Pintamos...
Construímos objetos com argila e outros materiais.

Tiago descreve os tempos pedagógicos da sua sala de aula:

Acolhimento: Nós cantamos a canção de bom-dia...
Conversamos sobre o que vamos fazer durante o dia.

Planejamento: Planejamos para que áreas nós queremos ir para terminar e começar trabalhos e para continuar a trabalhar no projeto.

Atividades e/ou projetos: Vamos para as áreas... Trabalhamos juntos ou sozinhos.

Reflexão: Contamos para os colegas e para Andreia e Maria [*auxiliar*] o que estivemos fazendo e elas escrevem o que nós dizemos.

Recreio: Vou lá fora e brinco com os meus amigos... Pego sementes e folhas... Vejo animais subindo nas árvores... Também converso com a minha namorada.

Momento intercultural: Nós contamos histórias, fazemos jogos, dramatizamos histórias... Os pais vêm nos ajudar com os projetos.

Momento de trabalho em pequenos grupos: Trabalhamos naquilo que planejamos pesquisar... Cada grupo trabalha em coisas diferentes.

Conselho: Conversamos sobre o que fizemos... Andreia nos mostra a documentação que fez e nós planejamos com ela o que vamos fazer a seguir.

A visão geral de Tiago sobre a vida e a aprendizagem na sala de aula enquanto revisita o seu portfólio de aprendizagem:

Estes são os meus colegas. Alguns deles são meus colegas desde que éramos bebês... Outros entraram na nossa escola depois... Outros já estavam aqui na escola, mas em outras salas.

Andreia conversa conosco, nos escuta e escreve o que estamos fazendo e o que queremos fazer e pesquisar. Ela também pesquisa as coisas que não sabe. Às vezes, também aprende conosco.

Andreia faz os nossos portfólios conosco: põe as fotografias do que estamos fazendo, mas nós escolhemos as coisas mais importantes. Também coloca as nossas famílias.

Ela documenta... Ela coloca nas paredes o que estamos aprendendo e o que queremos aprender.

Para ajudar a planejar as atividades da semana, Andreia projeta na parede a documentação do que fizemos durante a semana, nós conversamos e decidimos o que queremos aprender a seguir.

As famílias também nos ajudam a pesquisar as coisas que queremos aprender.

Conforme Tiago, "Andreia nos mostra a documentação que fez e nós planejamos com ela o que vamos fazer a seguir... Põe nas paredes [por meio da documentação] o que estamos aprendendo e o que queremos aprender".

Existe nesta sala um "nós" (*we-ness*, na terminologia inglesa não padronizada de Christine Pascal). Não se trata de um "eu, tu e eles", mas de um "nós" que diz que nós estamos juntos, em conjunto e individualmente, na primeira pessoa do plural. Esse "nós" é visível nesta sala de aula, a qual é um *nicho* social para o desenvolvimento de identidades plurais, relacionais e individuais. Tiago refere-se especificamente a como esta comunidade de aprendizagem planeja: "Para ajudar a planejar as atividades da semana, Andreia projeta na parede a documentação do que fizemos durante a semana, nós conversamos e decidimos o que queremos aprender a seguir [fazer na próxima semana]".

De que forma esta comunidade de aprendizagem alcança este "nós" no ato de planejar? Andreia documenta e edita a documentação. A partilha da documentação editada (no momento de *Conselho*) permite que as conversas entre Andreia e as crianças se configurem enquanto revisitação da aprendizagem e negociação para aprendizagens futuras, o que possibilita o estabelecimento de *compromissos* e decisões conjuntas para o planejamento educacional da semana seguinte, o qual sustentará novo ciclo de desenvolvimento de atividades, o que, por sua vez, garante a possibilidade de ver novamente as crianças em ação e fazer nova documentação. Estamos no âmago daquilo que chamamos de *planejamento solidário*, que é sustentado na revisitação coletiva da documentação das aprendizagens e que dialogado pensa a experiência educacional passada e projeta a experiência educacional futura. Andreia (a educadora), as crianças e Maria (a auxiliar), por vezes os pais, criam a pedagogia do "nós".

DO PLANEJAMENTO SOLIDÁRIO À APRENDIZAGEM SOLIDÁRIA

Planejamento solidário

A Figura 6.6 representa o nosso modo imagético de dar sentido ao conceito de *planejamento solidário*. A Pedagogia-em-Participação promove o planejamento colaborado das atividades educacionais harmonizando os propósitos das crianças e a intencionalidade da equipe educativa. A documentação pedagógica constitui a base para o processo de negociar e decidir, em conjunto, o planejamento educacional, que assim se tranforma em planejamento solidário.

Monitorar a aprendizagem solidária

O dever cívico de Andreia para com as suas crianças e suas famílias a desafia a encontrar modos múltiplos de revelar a aprendizagem e de monitorar a progressão da aprendizagem. Para isso, ela faz uma triangulação de instrumentos pedagógicos de observação, de tempos pedagógicos e de vozes dos atores educacionais. Isso lhe permite ver, compreender e mostrar a aprendizagem das suas crianças. É desafiada pela pedagogia que pratica a tornar estes processos de revelação da aprendizagem solidária visíveis, compartilhados e públicos. Para tanto, organiza as jornadas de aprendizagem individual de cada criança em um portfólio, desenvolvendo simultaneamente o seu portfólio profissional. Esses portfólios ajudam-na a reconhecer e

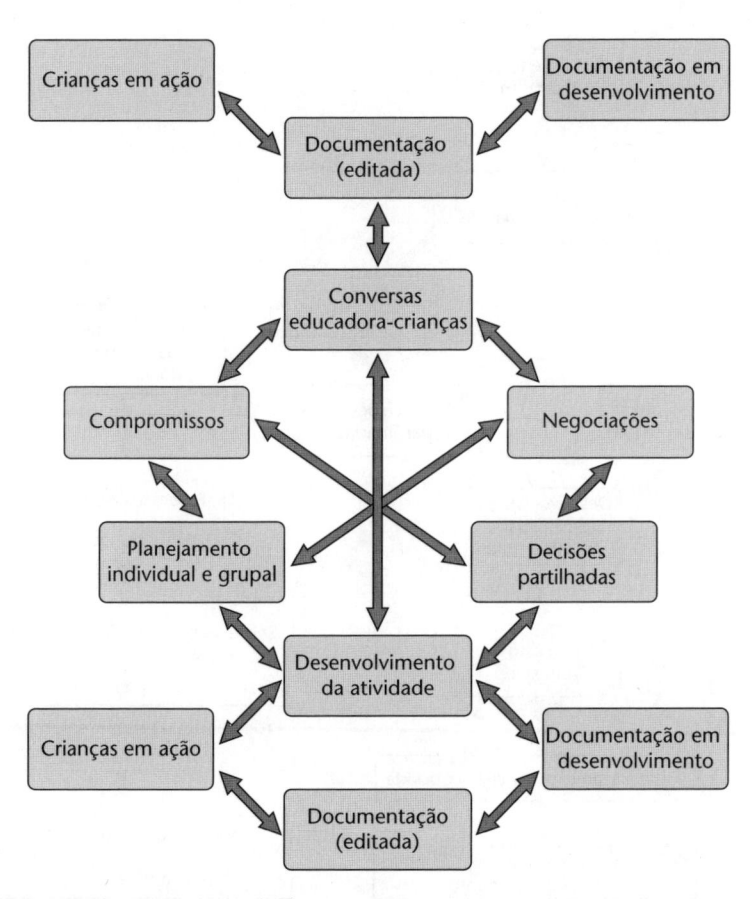

FIGURA 6.6 Planejamento solidário.

a celebrar a aprendizagem e a tornar visíveis os progressos individuais e coletivos da aprendizagem. Nesta sala de aula, o primeiro propósito da avaliação da aprendizagem é o de contribuir para mais aprendizagem por meio de reflexões críticas sistemáticas sobre a aprendizagem solidária, como vemos na Figura 6.7.

Revelar a aprendizagem: documentar, monitorar e avaliar a aprendizagem solidária

A documentação da aprendizagem desenvolvida ao longo do tempo por parte de cada criança (portfólio individual) e pelo grupo constitui informação passível de várias análises mediante o uso de modos plurais de revelar aprendizagem (Figura 6.8). Para tal, é preciso interrogar a documentação, fazer falar as informações que a documentação nos oferece, usar a informação sobre a experiência educacional para a compreensão do

```
                    ┌──────────────┐
                    │ Documentação │
                    │   (editada)  │
                    └──────┬───────┘
                           ↕
                    ┌──────────────┐
                    │   Conversas  │
                    │educadora-crianças│
                    └──┬────────┬──┘
              ↙                    ↘
    ┌──────────────┐          ┌──────────────┐         ┌──────────────┐
    │ Compromissos │          │  Negociações │         │Desenvolvimento│
    └──────┬───────┘          └──────┬───────┘         │  da atividade │
           ↓                         ↓                 │  documentada │
    ┌──────────────┐          ┌──────────────┐         └───────┬──────┘
    │ Planejamento │          │   Decisões   │                 ↕
    │individual e grupal│     │  partilhadas │         ┌──────────────┐
    └──────┬───────┘          └──────┬───────┘         │  Processos   │
           ↘                         ↙                 │  reflexivos  │
                 ┌──────────────┐                      └───────┬──────┘
                 │Desenvolvimento│                             ↕
                 │ da atividade │              ┌──────────────────────────┐
                 │ documentada  │              │Sobre a ação experiencial negociada│
                 └──────┬───────┘              └─────────────┬────────────┘
                        ↕                                    ↕
                 ┌──────────────┐              ┌──────────────────────────┐
                 │  Processos   │              │Procurando explicar a aprendizagem│
                 │  reflexivos  │              │   em desenvolvimento     │
                 └──────┬───────┘              └─────────────┬────────────┘
                        ↕                                    ↓
    ┌──────────────────────────────┐          ┌──────────────────────────┐
    │Sobre a ação experiencial negociada│     │Aprendizagem dialógica em │
    └──────────────┬───────────────┘          │desenvolvimento; aprendizagem│
                   ↓                          │solidária em desenvolvimento│
    ┌──────────────────────────────┐          └─────────────┬────────────┘
    │Procurando explicar a aprendizagem│                    ↓
    │     em desenvolvimento       │          ┌──────────────────────────┐
    └──────────────┬───────────────┘          │Reflexão sobre a aprendizagem│
                   ↓                          │solidária em desenvolvimento│
    ┌──────────────────────────────┐          └──────────────────────────┘
    │Aprendizagem dialógica em desenvolvimento;│
    │aprendizagem solidária em desenvolvimento │
    └──────────────────────────────┘
```

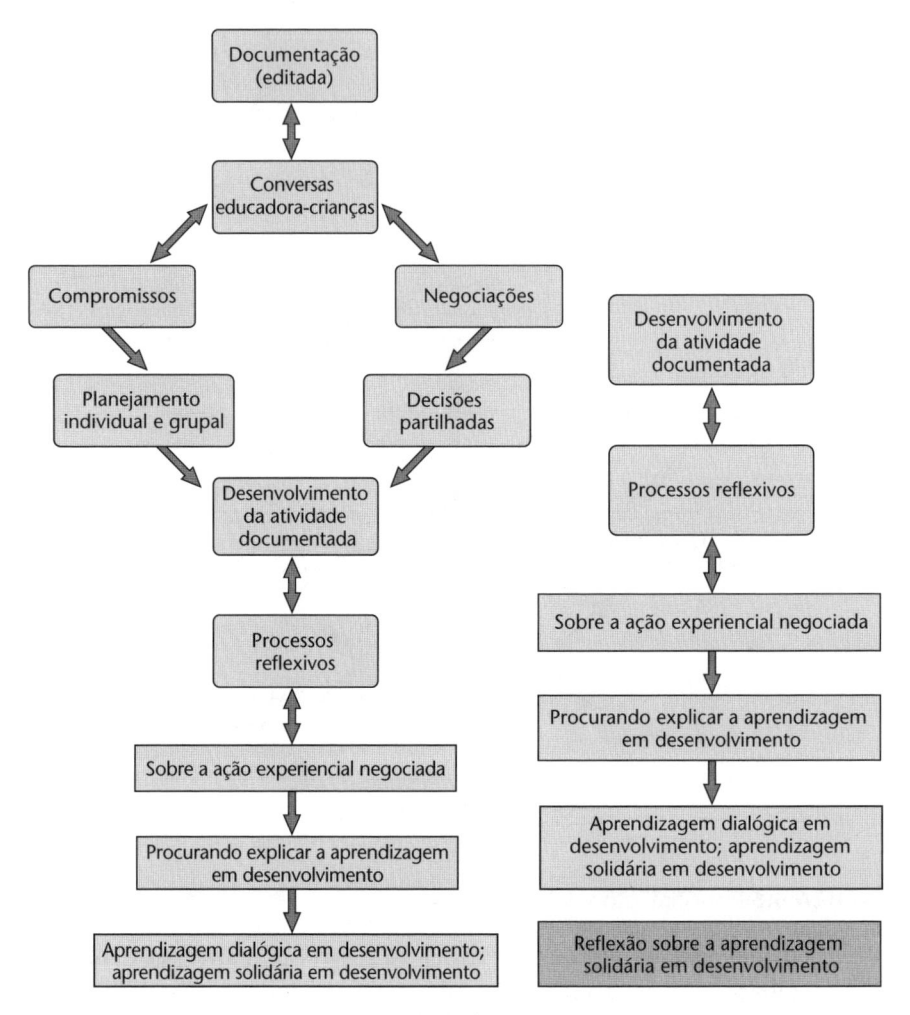

FIGURA 6.7 Monitoração da aprendizagem solidária por meio da reflexão profissional.

que se está fazendo, do que se está aprendendo, de como se está aprendendo, qual é o bem-estar do grupo e de cada um. Fazer falar a documentação significa fazer cortes epistemológicos em um todo orgânico, somente para efeitos de análise, que permitem a criação de olhares plurais e interativos que posteriormente reintegram o todo, tendo sempre presente a relação constitutiva entre o todo e as partes.

1. Eixos pedagógicos e áreas de aprendizagem da Pedagogia-em-Participação.
2. Áreas curriculares oficiais.

Documentação pedagógica e avaliação na educação infantil 129

```
                    Criação de informação
                    sobre a aprendizagem

   Processos de                              Aprendizagem
   aprendizagem em                           documentada
   desenvolvimento                           desenvolvida
                                             ao longo do tempo
                    Aprendizagem
                    solidária em
                    desenvolvimento

                    Como revelar
                    a aprendizagem?

   A partir dos fatos                        Com vista
                                             aos significados
                    Revelando os
                    modos de criação
                    de significado
   Os nossos eixos  das crianças             As nossas áreas
   pedagógicos                                de aprendizagem

              Narrativas            Metáforas
                        Simbolizações
```

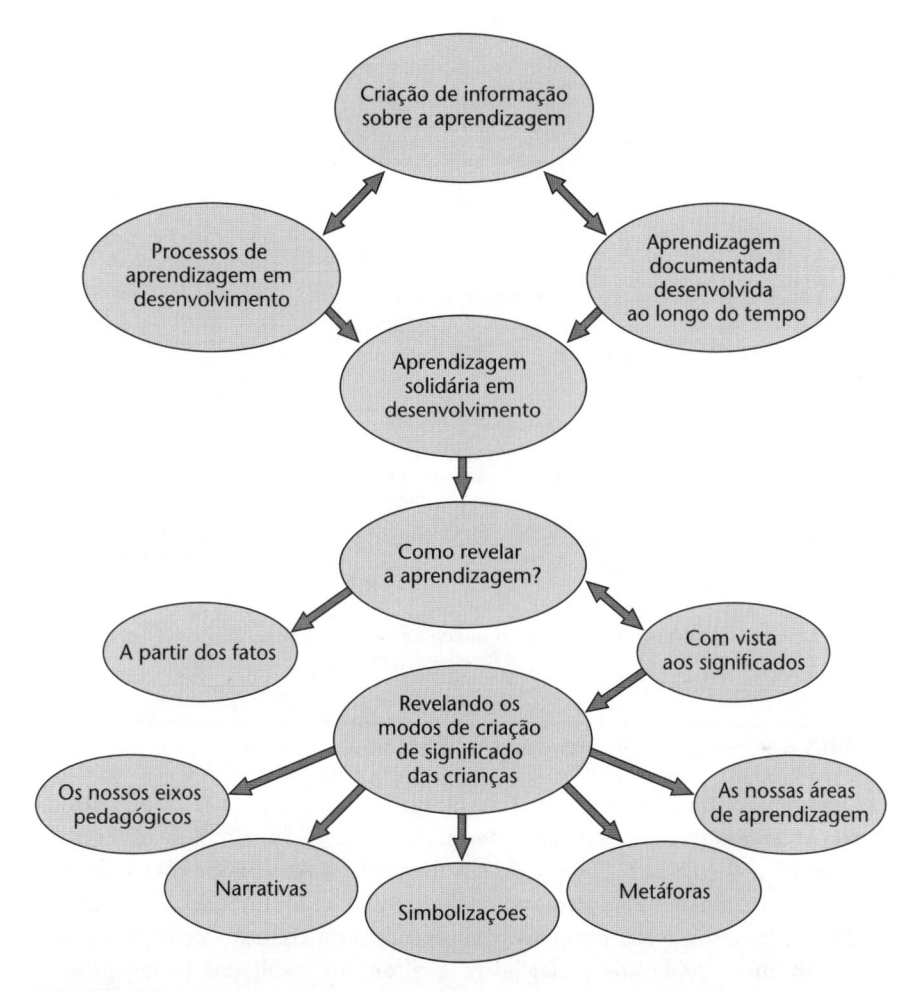

FIGURA 6.8 Revelação da aprendizagem para promover mais aprendizagem.

3. Narrativas das crianças, dos pais e dos educadores.
4. Diferentes tipos de simbolizações.
5. Instrumentos pedagógicos de observação.

A documentação da aprendizagem desenvolvida ao longo do tempo é um recurso aberto que pode ser questionado por vários formatos para monitorar e avaliar a aprendizagem. Em nossa jornada de aprendizagem experiencial sobre a documentação, questionamo-nos frequentemente: Como revelar a aprendizagem (Figura 6.9)? Como identificar, compreender e mostrar a progressão individual e coletiva na aprendizagem? Como monitorar a aprendizagem de forma a promo-

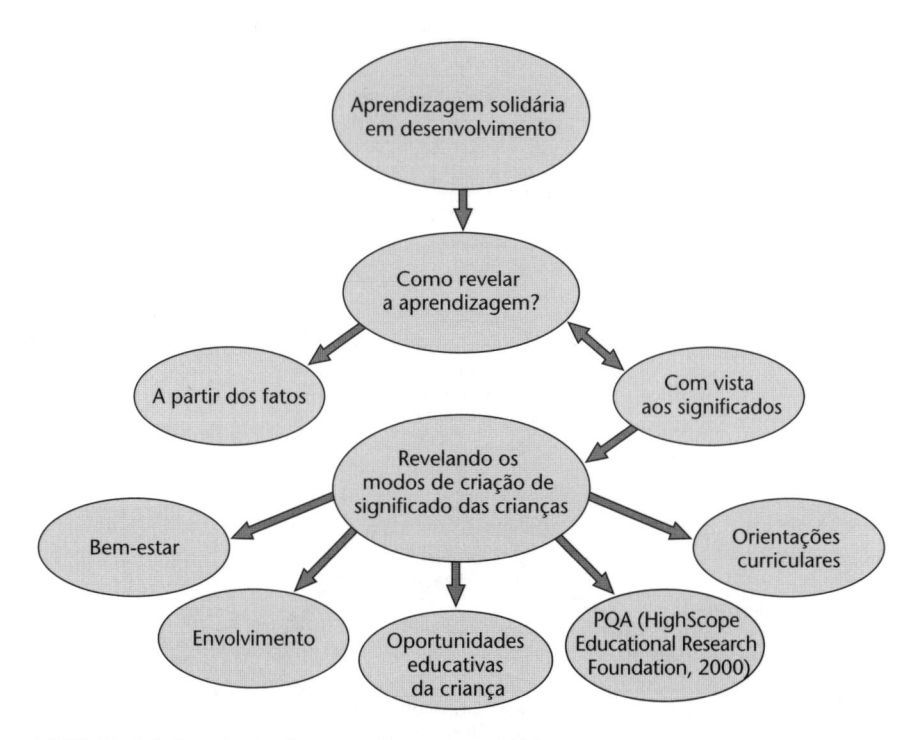

FIGURA 6.9 Revelação da aprendizagem solidária.

ver mais aprendizagem? Para este fim, utilizamos também o que chamamos de *instrumentos pedagógicos de observação*, tais como os instrumentos de observação do bem-estar (LAEVERS, 2005) e do envolvimento (LAEVERS, 1994), e de análise das oportunidades educativas da criança (BERTRAM; PASCAL, 2004, 2006).

Esses processos avaliativos envolvem os atores do contexto pedagógico, que desenvolvem os processos pedagógicos e alcançam resultados pedagógicos – crianças, educadores, pais. Motivam todos estes participantes a ver, escutar, observar, discutir, conversar, analisar e interpretar. Tais processos interpretativos dialogados, com base na documentação, servem para a compreensão da aprendizagem e do ensino. Revelam a criança no seu fazer, pensar, sentir, aprender, aprender a aprender. Revelam a criança autônoma, colaborativa, competente, participativa.

A ação documentada que se sustenta no pensamento conjunto, por meio de processos de planejamento, ação e reflexão compartilhados, está impregnada de possibilidades de revelação da criança e das suas aprendizagens. Desenvolver esses processos ao longo do tempo nos permite compreender a progressão na aprendizagem.

Em uma perspectiva inclusiva, falamos em fazer documentação e avaliação com todos os participantes, e não para eles. A avaliação, por meio da documentação, é conduzida por múltiplas vozes que conversam; a avaliação passa pelo escrutínio de vozes plurais em diversas circunstâncias. Revelar a aprendizagem solidária implica a triangulação de todas as vozes detentoras do direito democrático de participar, possibilitando que, dessa forma, sintam pertencimento ao processo de avaliação, tradicionalmente visto como uma arena de poder somente acessível aos profissionais.

A aprendizagem solidária empenha-se na criação de espaço para a participação e a competência das crianças

Concluímos este capítulo explorando o conceito de aprendizagem solidária. O breve exemplo que demos da sala de atividades de Andreia (que acompanharemos também no Capítulo 8), pela voz de Tiago, fala sobre o "nós" (*we-ness*) vivido no âmbito de processos pedagógicos conectados: o planejamento, a ação, a documentação e a reflexão, a monitoração e a avaliação. Isso implica uma autoria solidária da práxis pedagógica. Estamos perante diversas camadas que, de forma interativa, contribuem para o que chamamos de aprendizagem solidária.

Revisitamos concepções de aprendizagem em busca de esclarecimento da nossa compreensão acerca da criança e de suas aprendizagens. Compreendemos a aprendizagem das crianças enquanto aprendizagem dialógica. Isso significa que duas pessoas aparentemente independentes (criança e educador), com dois papéis aparentemente independentes (aprender e ensinar), tornam-se interdependentes através da comunicação, da interação e da negociação, e concedem-se conjuntamente o papel essencial de coconstrução do conhecimento, do saber, do significado e da aprendizagem. É o encontro entre crianças e educadores, a partir dos seus propósitos mútuos para a aprendizagem (outrora vistos como separados e até opostos), que produz uma nova ordem de realidade pedagógica – a da conectividade de pessoas, contextos e situações; a do diálogo sobre o aprender e ensinar; a da ética da prestação de contas, feita com base no cotidiano, incluindo aqueles que têm direito à participação. Tal encontro produz um tipo de união, simultaneamente complexa e simples, entre duas lógicas previamente opostas – a lógica do educador (antes, o detentor do conhecimento) e a lógica da criança (antes, um mero repositório para esse conhecimento).

Em vez de separar e isolar os diferentes contributos, diferenciamo-los e estabelecemos as suas relações. Isso exige a criação de uma nova compreensão das diferenças e de uma nova práxis que integre as diferenças, garantindo o direito das crianças de serem participantes e o dever cívico dos educadores de promover essa participação. Exige uma compreensão profunda – usando a terminologia de Dewey (1897) – dos *poderes das crianças*, que mostram os poderes e processos democráticos dos educadores.

O exemplo do planejamento solidário, antes apresentado, revela que este saber-fazer profissional é sustentado por uma atitude ética – a suspensão intencional da voz, do poder e do conhecimento do educador para a criação dos direitos das crianças de participar no planejamento educacional, para a criação de um espaço de poder equilibrado entre as duas vozes. A aprendizagem solidária empenha-se na criação de espaço para a competência e a participação das crianças, uma vez que se desenvolveu consciência das suas *cem linguagens* e inteligências múltiplas, bem como do seu direito de desempenhar um papel ativo no processo de ensino-aprendizagem. O conhecimento de como fazer isso é um desafio constante a que a documentação pedagógica serve. O desenvolvimento da aprendizagem solidária é libertador para as crianças e os educadores e promissor para as sociedades democráticas.

REFERÊNCIAS

ARAÚJO, S. B. *Pedagogia em creche*: da avaliação da qualidade à transformação praxeológica. Tese (Doutorado em Estudos da Criança) – Universidade do Minho, Braga, 2011.

AZEVEDO, A. *Revelando a aprendizagem das crianças*: a documentação pedagógica. Dissertação (Mestrado em Educação de Infância) – Universidade do Minho, Instituto de Estudos da Criança, Braga, 2009.

AZEVEDO, A.; SOUSA, J. A documentação pedagógica em contexto de creche: a partilha de poder. *Cadernos de Educação de Infância*, n. 91, p. 34–39, 2010.

BERGER, P. L.; LUCKMANN, T. *The social construction of reality*: a treatise in the sociology of knowledge. Garden City: Anchor Books, 1966.

BERTRAM, T.; PASCAL, C. *The Baby Effective Early Learning Programme*: improving quality in early childhood settings for children from birth to three years. Birmingham: Centre for Research in Early Childhood, 2006.

BERTRAM, T.; PASCAL, C. *The Effective Early Learning Programme*. Birmingham: Centre for Research in Early Childhood, 2004.

BOURDIEU, P. *Practical reason*: on the theory of action. Cambridge: Polity, 1998.

BOURDIEU, P. *The logic of practice*. Cambridge: Polity, 1990.

CARR, M.; LEE, W. *Learning stories*: constructing learner identities in early education. London: Sage, 2012.

CRAVEIRO, M.C. *Formação em contexto*: um estudo de caso no âmbito da pedagogia da infância. Tese (Doutorado em Estudos da Criança) – Universidade do Minho, Braga, 2007.

DEWEY, J. *Democracy and education*: an introduction to the philosophy of education. New York: Macmillan, 1916.

DEWEY, J. *Experience and education*. Indiana: Kappa Delta Pi, 1938.

DEWEY, J. *Experiência e educação*. São Paulo: Companhia Editora Nacional, 1971.

DEWEY, J. *My pedagogic creed*. School Journal, v. 54, p. 77–80, 1897.

DUNNE, J. *Back to the rough ground*: phronesis and techne in modern philosophy and in Aristotle. Notre Dame: University of Notre Dame, 1993.

EMILSON, A.; SAMUELSON, P. Documentation and communication in Swedish preschools. *Early Years: An International Research Journal*, v. 34, n. 2, p. 75–187, 2014.

FLEET, A.; PATTERSON, C.; ROBERTSON, J. (Ed.). *Conversations*: behind early childhood pedagogical documentation. New South Wales: Pademelon Press, 2012.

FOCHI, P. *Afinal, o que os bebês fazem no berçário?* Comunicação, autonomia e saber-fazer de bebês em um contexto de vida cotidiana. Porto Alegre: Artmed, 2015.

FOLQUE, M. A. *An investigation of the Movimento da Escola Moderna (MEM) pedagogy and its contribution to learning to learn in Portuguese Pre-schools*. Tese (Doutorado em Educação) – University of London, Institute of Education, London, 2008.

FORMOSINHO, J. *Educating for passivity*: a study of Portuguese education. 1987. 544 f. Tese (Doutorado em Educação) – University of London, London, 1987.

FORMOSINHO, J. *O currículo uniforme pronto-a-vestir de tamanho único*. Ramada: Pedago, 2007.

FORMOSINHO, J.; OLIVEIRA-FORMOSINHO, J. Pedagogia-em-Participação: a documentação pedagógica no âmago da instituição dos direitos da criança no cotidiano. *Em Aberto*, v. 30, n. 100, p. 115-130, 2017.

FORMOSINHO, J.; OLIVEIRA-FORMOSINHO, J. Towards a social science of the social: the contribution of praxeological research. *European Early Childhood Education Research Journal*, v. 20, n. 4, p. 591–606, 2012.

FREIRE, P. *Pedagogia do oprimido*. Rio de Janeiro: Paz e Terra, 1970.

LAEVERS, F. et al. *SiCs [ZiCo]* – Well-being and involvement in care: a process-oriented self-evaluation instrument for care settings – manual. Bruxelas/Leuven: Kind & Gezin and Research Centre for Experiential Education, 2005.

LAEVERS, F. *The Leuven Involvement Scale for Young Children LIS-YC*. Leuven: Centre for Experiential Education, 1994.

LAVE, J.; WENGER. E. *Situated learning*: legitimate peripheral participation. New York: Cambridge University, 1991.

LINO, D. *Da formação escolar à formação em contexto*: um percurso de inovação para a reconstrução da pedagogia. Tese (Doutorado) – Universidade do Minho, Instituto de Estudos da Criança, Braga, 2005.

MACHADO, I. *Avaliação da qualidade em creche*: um estudo de caso sobre o bem-estar das crianças. Dissertação (Mestrado em Educação de Infância) – Universidade do Minho, Instituto de Educação, Braga, 2014.

MAIRS, K.; PEN GREEN TEAM. *Young children learning through schemas*: deepening the dialogue about learning in the home and in the nursery. Oxon: Routledge, 2013.

MALAGUZZI, L. History, ideas, and basic philosophy: an interview with Lella Gandini. In: EDWARDS, C.; GANDINI, L.; FORMAN, G. (Ed.). *The hundred languages of children*: the Reggio Emilia approach – advanced reflection. Greenwich: Ablex, 1998. p. 49-97

MORIN, E. *On complexity*. Cresskill: Hampton, 2008.

NIZA, S. *Escritos sobre educação*. Lisboa: Tinta-da-China, 2012.

NOVO, R. *A aprendizagem profissional da interacção adulto-criança*: um estudo de caso. Tese (Doutorado) – Universidade do Minho, Instituto de Estudos da Criança, Braga, 2010.

OLIVEIRA-FORMOSINHO, J.; FORMOSINHO, J. *Pedagogy-in-Participation*: Childhood Association Educational Perspective. Porto: Porto, 2012.

OLIVEIRA-FORMOSINHO, J. A avaliação holística: a proposta da Pedagogia-em-Participação. *Revista Interacções*, v. 10, n. 32, p. 27-39, 2014.

OLIVEIRA-FORMOSINHO, J. A formação de professores para a formação pessoal e social: relato de uma experiência de ensino. In: SOCIEDADE PORTUGUESA DE CIÊNCIAS DE EDUCAÇÃO. *Formação pessoal e social*. Porto: Sociedade Portuguesa de Ciências de Educação, 1992. p. 151-163.

OLIVEIRA-FORMOSINHO, J. Fundamentos psicológicos para um modelo desenvolvimentista de formação de professores. *Psicologia*, v. 5, n. 3, p. 247-257, 1987.

OLIVEIRA-FORMOSINHO, J. *O desenvolvimento profissional das educadoras de infância*: um estudo de caso. Tese (Doutorado em Estudos da Criança) – Universidade do Minho, Braga, 1998.

OLIVEIRA-FORMOSINHO, J. Pedagogia(s) da infância: reconstruindo uma práxis de participação. In: OLIVEIRA-FORMOSINHO, J.; KISHIMOTO, T. M.; PINAZZA, M. (Ed.). *Pedagogias(s) da infância*: dialogando com o passado, construindo o futuro. Porto Alegre: Artmed, 2007. p. 13-36.

OLIVEIRA-FORMOSINHO, J. The specific professional nature of early years education and styles of adult/child interaction. *European Early Childhood Education Research Journal*, v. 9, n. 1, p. 57-72, 2001.

OLIVEIRA-FORMOSINHO, J.; FORMOSINHO, J. (Ed.). *Associação Criança*: um contexto de formação em contexto. Braga: Livraria Minho, 2001.

OLIVEIRA-FORMOSINHO, J.; KISHIMOTO, T. M.; PINAZZA, M. (Ed.). *Pedagogias(s) da infância*: dialogando com o passado, construindo o futuro. Porto Alegre: Artmed, 2007.

PARENTE, C. *A construção de práticas alternativas de avaliação na Pedagogia da Infância*: sete jornadas de aprendizagem. Tese (Doutorado) – Universidade do Minho, Instituto de Estudos da Criança, Braga, 2004.

PASCAL, C.; BERTRAM, T. Listening to young citizens: the struggle to make real a participatory paradigm in research with young children. *European Early Childhood Education Research Journal*, v. 17, n. 2, p. 249-262, 2009.

PIRES, C. *A voz da criança sobre a inovação pedagógica*. Tese (Doutorado em Estudos da Criança) – Universidade do Minho, Braga, 2013.

PORTUGAL. Ministério de Educação. *Orientações curriculares para a educação pré-escolar*. Lisboa: Ministério de Educação, 1997.

RINALDI, C. *Diálogos com Reggio Emilia*: escutar, investigar e aprender. São Paulo: Paz e Terra, 2012.

ROGOFF, B. *Apprenticeship in thinking*: cognitive development in social context. Oxford: Oxford University, 1990.

VIEIRA, F. *A aprendizagem da profissão*: um estudo de caso de portefólios reflexivos de educadores de infância. Tese (Doutorado) – Universidade do Minho, Instituto de Estudos da Criança, Braga, 2010.

VYGOTSKY, L.S. *Mind in society*. Cambridge: Harvard University, 1978

WERTSCH, J. V. *Vygotsky and the social formation of mind*. Cambridge: Harvard University, 1985.

WERTSCH, J.V. *Voices of the mind:* a sociocultural approach to mediated action. Cambridge: Harvard University, 1991.

WHALLEY, M. (Ed.). *Involving parents in their children's learning*. London: Paul Chapman Publishing, 2001.

Leituras recomendadas

BRONFENBRENNER, U. *Making human beings human:* bioecological perspectives on human development. Thousand Oaks: Sage, 2004.

BRONFENBRENNER, U. *The ecology of human development:* experiments by nature and design. Englewood Cliffs: Harvard University, 2006.

FORMOSINHO, J.; OLIVEIRA-FORMOSINHO, J. *Developing learning communities:* the final report on the evaluation of the impact of the National Professional Qualification in Integrated Centre Leadership (NPQICL) leadership programme. London: National College for School Leadership, 2005.

VALSINER, J.; VAN DER VEER, R. *The social mind:* construction of the idea. New York: Cambridge University, 2000.

Parte 3

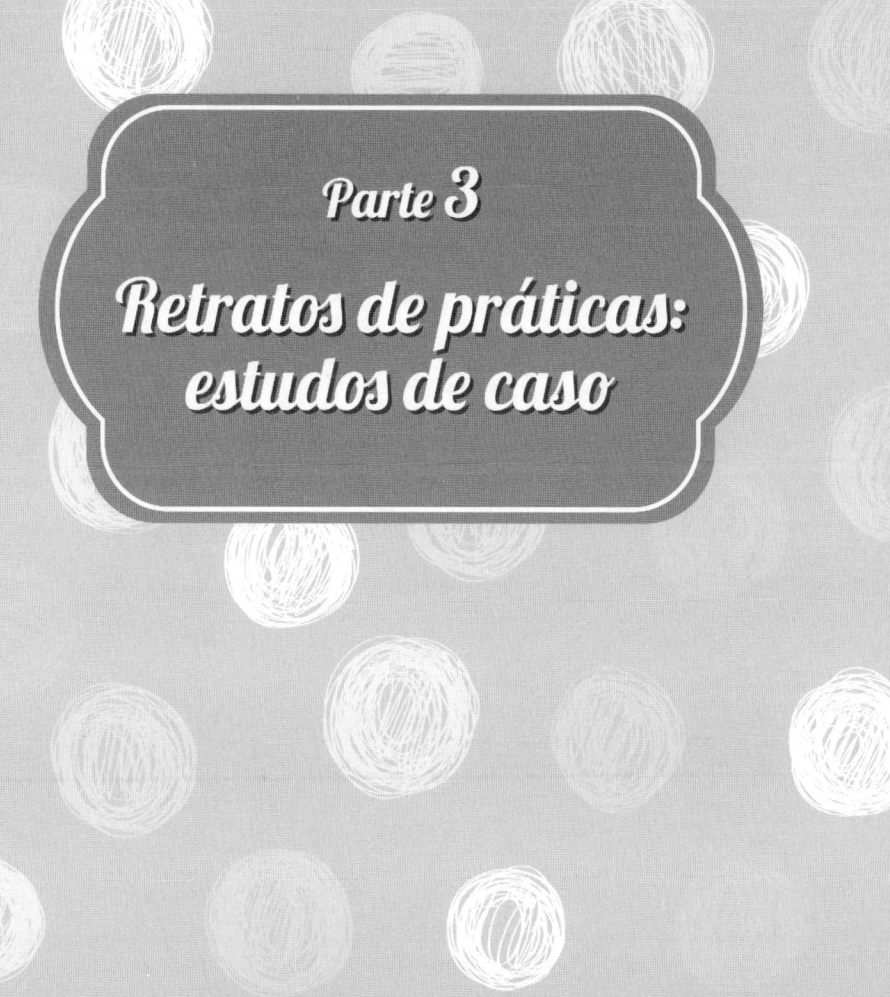

Retratos de práticas: estudos de caso

7

Princípios éticos para uma avaliação pedagógica holística

Júlia Oliveira-Formosinho, João Formosinho,
Christine Pascal e Tony Bertram

INTRODUÇÃO

Desenvolvemos agora o nosso Credo Pedagógico para uma avaliação pedagógica holística sustentado na imagem de criança e de educador, em nosso entendimento da natureza de escola e de educação, de pedagogia da infância e de avaliação pedagógica. Propomos 12 princípios que inspiram uma avaliação pedagógica orientada pela ética. Apresentamos os princípios do nosso Credo Pedagógico na introdução desta obra; aqui fazemos uma apresentação mais aprofundada.

TRÊS INSTÂNCIAS PARA A ORGANIZAÇÃO DOS PRINCÍPIOS ÉTICOS

Para pensar os princípios pedagógicos de uma perspectiva de avaliação holística, organizamos a apresentação dos princípios pedagógicos em três instâncias: a instância paradigmática, a instância teórica e a instância praxeológica. Na verdade, a maioria dos princípios que assumimos pode ser enquadrada em mais de uma dessas instâncias.

A *instância paradigmática* é construída a partir de *crenças, valores e princípios*. As crenças são representações mentais, fusões entre pensamento e sentimento, entre cognições e emoções, que não buscam ter suporte empírico. As crenças sobre a vida incluem a visão de mundo, o respeito pelas pessoas, o respeito pelas vozes, as relações entre as pessoas e o conhecimento. Essas crenças geram prioridades para a ação: a primeira é o respeito por todas as pessoas envolvidas nos processos de avaliação: as crianças, os pais, os professores e os pesquisadores. Isso significa que todos têm voz no processo de avaliação, ou seja, que todos têm o direito a ser respondidos.

A *instância teórica* é construída a partir de uma teoria da educação. A nossa teoria da educação encontra-se no cruzamento das pedagogias participativas (FORMOSINHO; OLIVEIRA-FORMOSINHO, 2008; OLIVEIRA-FORMOSINHO; FORMOSINHO, 2014) com a abordagem sociocultural do desenvolvimento humano (WERTSCH, 1985). A visão educacional à qual nos referimos considera a educação situada no tempo, no espaço e na cultura e desenvolvida por meio da participação pedagógica com vista à integração na aprendizagem experiencial das competências de ação, pensamento e sentimento, permitindo a construção do conhecimento.

A nossa teoria da educação, ao nível da avaliação, surgiu de um diálogo muito específico entre a Pedagogia-em-Participação (OLIVEIRA-FORMOSINHO, 1998; FORMOSINHO; OLIVEIRA-FORMOSINHO, 2008; OLIVEIRA-FORMOSINHO, FORMOSINHO, 2014) e o Projeto Effective Early Learning (EEL), traduzido para o português como Desenvolvendo a Qualidade em Parceria (BERTRAM; PASCAL, 2004, 2006).

Esta visão da educação baseia-se em imagens: a imagem da criança que aprende e a imagem do educador. Baseia-se também em conceitos: o conceito de educação e de escola, os modos do processo de ensino/aprendizagem, o conteúdo e a avaliação. Esclarece a avaliação como uma dimensão que tem de ser coerente com as demais dimensões pedagógicas.

A *instância praxeológica* nos diz que é indispensável pensar em torno das respostas sobre como fazer a avaliação. Após fazermos esta jornada reflexiva sobre os princípios e as teorias, precisamos promover uma ação congruente. É indispensável desenvolver uma práxis coerente da avaliação, caso contrário, esta prejudicará o *ethos* da pedagogia praticada. A escuta, a observação e a negociação documentadas são as ferramentas centrais; podem ser utilizadas com o suporte de vídeos, câmeras, gravadores de áudio, narrativas de aprendizagem e outros meios. É fundamental organizar a informação coletada constituindo-a em documentação para uso pela comunidade de aprendizagem. A ação profissional na área da avaliação integra a emoção e a cognição (o coração e a mente). Essa ação exige crenças sustentadas pelos conhecimentos, experienciadas cotidianamente no ensino e na aprendizagem e compartilhadas no seio da comunidade aprendente.

Os 12 princípios para a avaliação pedagógica holística, quando integrados, devem garantir o pensamento ético e promover a coerência do pensamento pedagógico com a práxis cotidiana. Eles convidam os profissionais a pensar sobre a ética, os fundamentos teóricos e a práxis da avaliação pedagógica.

Na Tabela 7.1, apresentamos nosso Credo Pedagógico, ou seja, nossos princípios éticos para a práxis da avaliação pedagógica holística.

TABELA 7.1 Credo pedagógico (princípios éticos) para a avaliação pedagógica holística na educação infantil

Qualquer avaliação na educação infantil deve:

1. Servir melhor as crianças e as famílias, seguindo o princípio filosófico do bem maior para todos.
2. Ser democrática e participativa.
3. Envolver ativamente as crianças.
4. Respeitar a aprendizagem holística das crianças.
5. Buscar a participação dos pais e de outros cuidadores das crianças.
6. Ser ecológica, isto é, deve levar em conta os contextos, os processos e os resultados.
7. Apoiar a jornada de aprendizagem individual de cada criança e do grupo.
8. Favorecer as jornadas de aprendizagem das crianças em interatividade com as jornadas de aprendizagem dos profissionais.
9. Ser (inter)culturalmente relevante.
10. Ser documentada, ou seja, fundamentada nos registos de aprendizagem de cada criança.
11. Fornecer informações úteis para as crianças e suas famílias, para os profissionais e suas escolas, para os formadores dos professores e para os decisores políticos.
12. Contribuir para a formação de um espírito cívico de responsabilidade.

PRINCÍPIOS PARA A AVALIAÇÃO PEDAGÓGICA HOLÍSTICA NA EDUCAÇÃO INFANTIL

Princípio 1: A documentação e a avaliação devem servir as crianças e as famílias, seguindo o princípio filosófico do bem maior para todos

A história da educação infantil desenvolveu lentamente três fundamentos lógicos para os seus serviços (BENNETT, 2014; LLOYD; PENN, 2014), que interpretamos como:

a. Contribuir para a aprendizagem e o desenvolvimento das crianças.
b. Apoiar as famílias, sobretudo as mães trabalhadoras, nas suas necessidades e no seu direito a ter um emprego remunerado e a ter acesso à educação e aos cuidados para os seus filhos.
c. Contribuir para o desenvolvimento da justiça social e da equidade e para a redução da pobreza, proporcionando a todas as crianças, especialmente às mais vulneráveis, educação de qualidade, facilitando o seu acesso ao capital cultural, o que aumentará muito as suas oportunidades de sucesso na vida.

O *primeiro fundamento* foi estabelecido nos anos iniciais do desenvolvimento da educação infantil e diz que a educação e os cuidados da primeira infância têm como objetivo central a promoção da aprendizagem e do desenvolvimento. Esse objetivo tem sido sujeito a múltiplas interpretações, dependendo do que é esperado das crianças e de qual é a imagem que a sociedade tem da infância e das crianças. Cada sociedade cria sua imagem de criança e de aprendente, a qual é influenciada por suas expectativas acerca das crianças; essa imagem, por sua vez, tem influência contínua nas expectativas ao longo do tempo.

Temos uma imagem de criança competente com direito a coconstruir jornadas de aprendizagem que favoreçam sua identidade integrada. Assim, o nosso entendimento desse fundamento diz que a educação da primeira infância deve contribuir para a aprendizagem holística em vários níveis, tais como cuidados e educação, brincadeira e aprendizagem, autonomia e cooperação, sentimentos e razão, bem como uma abordagem integrada à apropriação de linguagens plurais e inteligências múltiplas. A documentação e a avaliação, como dimensões pedagógicas, precisam ser congruentes com a perspectiva pedagógica praticada.

O *segundo fundamento* situa-se historicamente nos tempos da revolução industrial e nos movimentos de liberação das mulheres, com a necessidade da indústria de empregar mais mão de obra e com o direito das mulheres a terem uma vida profissional. Entendemos que a educação da primeira infância deve dar suporte às crianças e às suas famílias, principalmente às mães trabalhadoras, em suas necessidades e em seus direitos a terem empregos remunerados e a irem para o trabalho sentindo que seus filhos estão sendo bem cuidados e bem educados. As percepções e os entendimentos que as famílias têm sobre o bem-estar e a aprendizagem de suas crianças são cruciais para o bem-estar dos pais e representam uma contribuição à qualidade de seu próprio trabalho. Defendemos que as crianças e as sociedades precisam de serviços educativos que cuidem de modo interativo dos direitos e deveres tanto das crianças quanto de suas famílias.

Nos últimos 20 anos, as pesquisas têm enfatizado um *terceiro princípio* (BENNETT, 2014) baseado na evidência de que somente uma educação de qualidade abre portas e dá acesso ao capital cultural das crianças e de suas famílias. Entendemos que esse fundamento é extremamente relevante, pois estamos cientes de que o acesso à sociedade do conhecimento por meio da educação e da cultura é crucial para a real aprendizagem das crianças e para seu posterior acesso ao emprego e ao desenvolvimento da identidade. Os sistemas e os centros educacionais têm o dever de ter qualidade e de torná-la disponível e acessível a todas as crianças. Como diz João Formosinho: equidade e qualidade são dois lados da mesma moeda.

Os direitos e as competências das crianças serão melhor servidos pela promoção da interconexão do bem-estar das crianças e das famílias; pela postura ética de desafiar os sistemas educacionais a desenvolver formação de qualidade para os professores e para os centros de educação infantil; pelo fomento da monitoração cívica dos serviços pelos profissionais que os prestam.

A documentação e a avaliação da aprendizagem das crianças não podem ser conduzidas em um vácuo, como se estivéssemos observando processos isolados, separados e independentes. Elas precisam ser conduzidas e entendidas com a mente aberta, que olha para a criança holística em contexto pedagógico, social e cultural.

Princípio 2: A documentação e a avaliação devem ser democráticas e participativas

O primeiro serviço prestado às crianças e suas famílias – e, na verdade, à sociedade mais ampla – é o desejo de alcançar o objetivo cívico de ajudar cada criança a se tornar um sujeito participativo. Isso exige uma visão democrática do mundo, bem como competências técnicas, profissionais e reflexivas sintonizadas com a filosofia educacional que as embasa.

Faundez e Freire (1992), em *Learning to question: a pedagogy of liberation*, inspiram-nos a pensar que fazer questionamentos críticos e trabalhar com eles em um modo reflexivo e dialógico constitui uma libertação, em virtude de trazer dinamismo, novos entendimentos, novas possibilidades à realidade que enfrentamos. Aprender a perguntar de modo profundo sobre a documentação e a avaliação pode, em determinado momento, liberar-nos de respostas prontas a questões do tipo: Por que avaliar? O que avaliar? Como avaliar? Para que avaliar?

As respostas a essas questões devem inspirar os métodos pedagógicos que dão voz às crianças na vida, na escola, nas situações de aprendizagem. As crianças têm direito à voz na esfera pedagógica da avaliação. A maneira de fazer isso requer uma jornada de aprendizagem profissional que deve ser realizada em companhia, no contexto de uma organização que sustenta o profissionalismo ético.

A primeira resposta à primeira questão (*por que* avaliar) faz com que nosso pensamento sobre documentação e avaliação comece com as crenças e os princípios. A resposta à questão sobre *o que* avaliar se refere à imagem de criança que desejamos avaliar em face de uma decisão ética de monitorar a qualidade das práticas profissionais. A avaliação deve nos ajudar a ver melhor a criança-em-ação e sua aprendizagem para fazer da avaliação uma instância de afirmação da criança competente, com poder de ação e participação.

Um centro de educação da infância que desenvolve uma pedagogia participativa na vida diária precisa criar o *ethos* de uma visão de mundo democrática e participativa que desenvolva o cuidado com todos e que defina o princípio da ação que procura o bem maior para todos. Esse *ethos* deve permear o centro educacional e cada um de seus espaços de aprendizagem. O princípio central do bem maior para todas as crianças será mais bem sustentado com a congruência de um *ethos* democrático e participativo entre o sistema educacional, o centro educacional e a abordagem pedagógica.

Princípio 3: A documentação e a avaliação devem envolver ativamente as crianças

O conceito de democracia desenvolve-se em um contexto de respeito pelos direitos humanos (incluindo os direitos das crianças; em especial, o direito a aprender) e de desenvolvimento da identidade das crianças e dos profissionais. A documentação e a avaliação devem ser congruentes com uma abordagem sustentada em direitos. A primeira preocupação é certificar-se de que a avaliação não prejudique a criança, centrando-se no que ela ainda não faz em vez de centrar na compreensão do que ela faz. A avaliação não deve se concentrar nos chamados déficits das crianças, o que constitui um ataque ao seu bem-estar. Ela deve respeitar o direito das crianças à proteção da imagem como pessoas e aprendentes competentes. Tem de recusar a rotulagem precoce das crianças por meio de diagnósticos prejudiciais. Tem de evitar a observação das crianças em situações artificiais de aprendizagem induzidas por observações e avaliações feitas com escalas e tarefas descontextualizadas.

Estamos falando de crianças muito pequenas, cujos direitos devemos proteger: o direito a uma imagem positiva, o direito ao bem-estar, o direito a uma identidade respeitada, o direito ao desenvolvimento de uma identidade aprendente. Isso significa que é eticamente indispensável começar a avaliação dos contextos educacionais junto com a avaliação dos processos educativos. A aprendizagem não acontece em um vácuo. A qualidade dos contextos educacionais e dos processos educativos tem impacto na qualidade da aprendizagem. Profissionais, pesquisadores e políticos não têm o direito de procurar resultados abstratos que são obtidos por meio de procedimentos descontextualizados que prejudicarão o percurso de uma criança em direção a uma identidade aprendente positiva.

Princípio 4: A documentação e a avaliação devem respeitar a aprendizagem holística das crianças

Uma das questões essenciais sobre a avaliação é perguntar o que queremos avaliar. A resposta a essa questão depende da imagem de criança e da concepção de educação. No que pode ser chamado de *família das pedagogias participativas*, a criança é competente, detém poder de ação e direito à participação e ao uso integrado dos sentidos, da cognição e da emoção. A educação infantil visa salvaguardar a educação da criança holística.

A avaliação precisa nos informar sobre:

- *O que a criança faz*: tornando visível a criança-em-ação: desenvolvendo os compromissos de aprendizagem negociados entre as crianças, os profissionais e os pais.
- *O que a criança sente*: tornando visível a criança-em-manifestação do seu sentir: desfrutando de bem-estar físico e psicológico, integrando ação, cognição e sentimentos.
- *O que a criança aprende*: tornando visível o que a criança aprende: como aprende a aprender, como aprende sobre si própria, como aprende sobre o mundo, a natureza e o mundo social. Desenvolver uma mente questionadora e provocadora que explore o mundo com energia e prazer.

Documentar e avaliar é se preocupar com descobrir e compreender os modos como as crianças atribuem significados a suas experiências de aprendizagem, criando narrativas em processos comunicativos.

Princípio 5: A documentação e a avaliação devem buscar ativamente a participação dos pais e de outros cuidadores das crianças

Pais e outros primeiros cuidadores devem estar envolvidos na aprendizagem de seus filhos. Devem estar envolvidos na documentação das jornadas de aprendizagem das crianças e, portanto, em coerência, devem estar envolvidos na reflexão crítica acerca das trajetórias das crianças para aprender.

Em nossa pesquisa, o processo de tornar a aprendizagem visível por meio da documentação dos processos envolvidos nas situações educacionais revelou-se um espaço para o bem-estar das crianças, das famílias e dos educadores. Ele exige que se acredite firmemente nos direitos de todos os atores envolvidos, bem como na abertura empática. Por último, mas não menos importante, exige rigorosos conhecimentos profissionais práticos.

Se tudo isso estiver garantido, pode-se dizer que as jornadas de aprendizagem dos educadores são enriquecidas com a aprendizagem dos pais acerca da aprendizagem das crianças. O envolvimento dos pais e de outros primeiros cuidadores na avaliação da aprendizagem das crianças promove sua cooperação nos processos educativos cotidianos e facilita o apoio que eles podem oferecer a seus filhos nos processos de transição, especificamente na transição para o ensino fundamental.

Princípio 6: A documentação e a avaliação devem ser ecológicas, isto é, devem levar em conta contextos, processos e resultados

A documentação e a avaliação devem ser contextualizadas e situadas tanto na práxis pedagógica específica como nas circunstâncias, identidades, contextos e culturas das crianças. Uma avaliação holística é *ecológica*, ou seja, é contextual, situa-se em uma cultura e em um tempo. A documentação e a avaliação pedagógicas englobam a apreciação de todas as dimensões ecológicas – contextos, processos e resultados – e reconhecem a interatividade entre essas dimensões.

É muito comum ver profissionais que defendem uma teoria educacional progressiva, mas que fazem afirmações incongruentes e desenvolvem práticas inconsistentes quando se trata da avaliação. Isso pode ser explicado pela falta de conhecimentos disponíveis e sustentação no pensamento e na ação nesse nível, bem como em função das pressões externas que favorecem os sistemas tradicionais de avaliação, exclusivamente orientados para resultados.

Princípio 7: A documentação e a avaliação devem apoiar a jornada de aprendizagem individual de cada criança e do grupo

A importância da educação infantil para a coconstrução da aprendizagem-em-ação exige apoiar cada criança no desenvolvimento das suas possibilidades como um aprendente competente que identifica as situações de aprendizagem; toma consciência acerca de seu interesse pelas situações; decide participar (ou não); cria propósitos; usa suas competências para participar (sozinho ou em cooperação); persiste na dinâmica da situação de aprendizagem; identifica e supera dificuldades; aceita os erros sem experienciar sentimentos de incapacidade; reflete e celebra realizações; narra o aprender.

As teorias socioculturais construtivistas da aprendizagem que são usadas em diferentes pedagogias participativas para a educação da primeira infância chamam a atenção para o fato de que esta se desenvolve por meio de processos de aprender a aprender. A pedagogia da infância precisa se envolver com o desafio de que é necessário apoiar a criança em seus processos situados de aprendizagem que revelam a criança-em-ação e o aprendente em construção.

O clima social humanista e participativo que deve ser vivenciado nos centros de educação infantil e nas salas de aula precisa criar espaço para a expressão de cada criança e garantir-lhe respeito, seja ao nível da aprendizagem ou ao nível da avaliação pedagógica.

Princípio 8: A documentação e a avaliação devem favorecer as jornadas de aprendizagem das crianças em interatividade com as jornadas de aprendizagem dos profissionais

A documentação e a avaliação da aprendizagem devem apoiar a criança e o educador no entendimento e na vivência das jornadas de aprendizagem e facilitar o desenvolvimento de aprendizagens mais profundas. O primeiro objetivo da documentação e da avaliação pedagógicas é apoiar a jornada de aprendizagem individual de cada criança e do grupo por meio de processos de reflexão sobre a vida cotidiana e as atividades diárias, a fim de promover novas aprendizagens.

Ouvir as crianças, olhar para elas, estabelecer conversas e diálogos, alcançar compromissos entre os propósitos das crianças e os dos profissionais, planejar para a realização desses compromissos, documentar todo o processo, refletir sobre a documentação que torna visível a jornada de aprendizagem de cada criança e a jornada coletiva – tudo isso prepara o terreno para que a documentação e a avaliação sejam vistas como um suporte das jornadas de aprendizagem. Os profissionais que olham para a aprendizagem-em-processo das crianças por meio da documentação-em-construção criam as condições para o desenvolvimento reflexivo e significativo de suas próprias jornadas de aprendizagem profissional. As jornadas de aprendizagem das crianças e dos profissionais são profundamente interdependentes, porque a criança aprende no ambiente educativo onde se desenvolve o cotidiano de aprendizagem experiencial.

O intuito é que o respeito pelas intenções, motivações e propósitos das crianças seja negociado com as intencionalidades e os propósitos dos profissionais, criando encontros produtivos de vozes e culturas. Dessa maneira, a documentação e a avaliação devem respeitar as identidades, intencionalidades e propósitos dos profissionais em conectividade com os propósitos das crianças.

Quando a documentação e a avaliação são conduzidas com uma abordagem psicológica (seja psicométrica, seja desenvolvimentista), os educadores perdem poder e identidade, pois a pedagogia (não a psicologia) é seu domínio profissional. Para que sintam o dever cívico de ser responsáveis pelas jornadas de aprendizagem de cada criança, devemos pedir aos educadores que desenvolvam a monitoração, a documentação e a avaliação no quadro da pedagogia da infância, uma vez que essa é sua base de conhecimento profissional e sua esfera de ação. Os profissionais têm o direito ao respeito por sua identidade profissional, têm o dever de ser coerentes com essa identidade e mostrar o que alcançam quando sua identidade profissional é respeitada. A sustentabilidade de uma avaliação pedagógica da aprendizagem cotidiana lhes permite tornar essa aprendizagem visível e pública e, assim, visualizar melhor a criança competente.

Apenas uma educação de primeira infância de qualidade abre as portas para a cultura e o poder da sociedade do conhecimento. Para que se desenvolva uma educação de qualidade, é necessário apoiar os educadores em seu pensar e fazer (práxis), promover uma pedagogia participativa ética que olha para a avaliação como um valor para todos e a conduza como uma avaliação pedagógica da aprendizagem para incentivar mais aprendizagem.

Contudo, precisamos nos lembrar de que professores competentes precisam de organizações educacionais competentes, e ambos exigem sistemas educacionais competentes.

Princípio 9: A documentação e a avaliação devem ser (inter)culturalmente relevantes

Uma teoria educacional democrática parte da conscientização das diferenças psicológicas, sociais e culturais entre as pessoas, os lugares e as culturas e exige uma abordagem plural e integrada à vida, à aprendizagem e à avaliação pedagógica.

Quando falamos de aprendizagem das crianças, estamos falando sobre identidades plurais. Em congruência com o que é dito sobre a documentação e a avaliação das crianças, devemos falar sobre a avaliação de processos plurais e resultados plurais, desenvolvidos por identidades também plurais por meio de jornadas de aprendizagem plurais.

O desafio de seguir esse princípio em ação é o da necessidade de uma pedagogia intercultural que seja sistematicamente desenvolvida e monitorada. De fato, para que a pedagogia da infância seja relevante para as escolas de hoje, precisa lidar sistematicamente com semelhanças e diferenças de modo a apoiar a coesão social.

A documentação e a avaliação precisam revelar as consequências de uma abordagem pedagógica que se quer intercultural. Elas devem mostrar que a pedagogia da infância é necessariamente intercultural em virtude de a diversidade de atores, contextos e culturas exigir jornadas de aprendizagem plurais. Isso, por sua vez, requer abordagens inclusivas à documentação e à avaliação que estejam sintonizadas com as todas as diferenças e semelhanças presentes.

Princípio 10: A documentação e a avaliação devem ser fundamentadas nos registros de aprendizagem de cada criança

O desenvolvimento da documentação e da avaliação pedagógicas se beneficia de ser considerado dentro do quadro de uma pedagogia holística que exige a coerência do pensar para todas as dimensões do ambiente educativo, incluindo assim a avaliação. A visão de mundo e a teoria da educação fundamentais devem inspirar todas as dimensões do ambiente educativo e devem informar a dimensão específica da avaliação. Assim constituirão um cotidiano coerente.

Uma abordagem pedagógica à avaliação surge do conhecimento praxeológico. A avaliação da aprendizagem tem sido conduzida tradicionalmente com técnicas psicológicas (psicométricas ou desenvolvimentistas).

A introdução da documentação por parte de Malaguzzi (1998) contribuiu profundamente para uma revolução copernicana na pedagogia da infância, pois permite ao educador ver (e revisitar) os processos de aprendizagem das crianças e compreendê-las como coconstrutoras do conhecimento e da ética.

Nessa visão complexa de ensino e aprendizagem, os profissionais buscam métodos de avaliação confiáveis, o que implica credibilidade (confiança na verdade das coisas) e neutralidade (suspensão de si próprios), a fim de criar espaço para as crianças. Isso permite que a avaliação seja configurada pelas motivações, interesses, ações das crianças em conectividade com as ações dos professores, e não configurada meramente por programas predeterminados e descontextualizados que centram os processos no professor.

Princípio 11: A documentação e a avaliação devem fornecer informações úteis para as crianças e suas famílias, para os profissionais e suas escolas, para os formadores dos professores e para os decisores políticos

Para que se faz documentação e avaliação pedagógicas? Para que elas servem? Segundo nosso entendimento, a documentação e a avaliação estão, primeiramente, a serviço da criança e da família porque as ajudam a ver e a entender essas jornadas de aprendizagem e o desenvolvimento das crianças como identidades aprendentes.

Estão também a serviço dos profissionais, porque sustentam a sua reflexão sobre a qualidade do ambiente educativo e o cotidiano da aprendizagem experiencial, suas oportunidades de aprendizagem e as respostas das crianças a essas oportunidades. A documentação e a avaliação buscam sustentar a conscientização dos profissionais sobre suas estratégias, competências e motivações para apoiar a jornada de aprendizagem individual de cada criança e a jornada de aprendizagem do coletivo de crianças.

A documentação e avaliação estão ainda a serviço dos líderes dos centros de educação, porque permitem analisar e refletir sobre os serviços que estão sendo oferecidos. Por último, mas não menos importante, os decisores políticos podem se beneficiar de uma vasta informação obtida por meio de processos de documentação e avaliação rigorosos e válidos em todo o sistema. Isso pode se constituir em uma base sólida para a tomada de decisões e para a inovação. Na verdade, essa é a única maneira que os decisores políticos têm de acessar avaliações pedagógicas autênticas, em oposição a avaliações abstratas e descontextualizadas.

Essa é uma importante contribuição que professores e escolas podem dar ao sistema e que mais ninguém pode dar. De fato, a investigação praxeológica (FORMOSINHO; OLIVEIRA-FORMOSINHO, 2012; PASCAL; BERTRAM, 2012) mostra de forma clara que a única maneira de gerar a mudança e melhorar a qualidade se faz por meio da documentação da ação sistematicamente analisada e interpretada que cria significado e conhecimento.

Princípio 12: A documentação e a avaliação devem contribuir para a formação de um espírito cívico de responsabilidade

Quando a documentação e a avaliação são conduzidas no âmbito da perspectiva presente nos princípios antes apresentados, os profissionais assumem que ela é parte integrante de sua práxis cotidiana. Ser empoderado pela sua própria base de conhecimento, ser reconhecido e respeitado pela sua própria práxis profissional acarreta, simultaneamente, direitos e deveres. O direito a ser responsável pela avaliação significa o dever de compartilhá-la com os atores-chave envolvidos na aprendizagem: crianças, pais, profissionais, atores organizacionais, comunidades locais e sociedade.

A experiência de compartilhar os processos complexos da documentação, da monitoração e da avaliação é profissionalmente gratificante e institui o espírito cívico de responsabilidade e prestação de contas.

Como profissionais, precisamos encontrar maneiras de documentar e avaliar que sejam compatíveis com nossos princípios fundamentais de democracia e participação, e com os direitos, as motivações, os interesses e os propósitos das crianças. A documentação e a avaliação devem contribuir para melhorar os processos de aprendizagem. Seus processos e resultados devem ser compartilhados com o espírito democrático de colaboração e a consciência de um espírito profissional e cívico de responsabilidade e prestação de contas.

REFERÊNCIAS

BENNETT, J. Disadvantage and social justice. *European Early Childhood Education Research Journal*, v. 22, n. 3, special issue, 2014.

BERTRAM, T.; PASCAL, C. *The Baby Effective Early Learning Programme:* improving quality in early childhood settings for children from birth to three years. Birmingham: Centre for Research in Early Childhood, 2006.

BERTRAM, T.; PASCAL, C. *The Effective Early Learning Programme*. Birmingham: Centre for Research in Early Childhood, 2004.

FAUNDEZ, A.; FREIRE, P. *Learning to question:* a pedagogy of liberation. New York: Continuum, 1992.

FORMOSINHO, J.; OLIVEIRA-FORMOSINHO, J. *Pedagogy-in-Participation:* childhood association's approach. Lisboa: Aga Khan, 2008.

FORMOSINHO, J.; OLIVEIRA-FORMOSINHO, J. Towards a social science of the social: the contribution of praxeological research. *European Early Childhood Education Research Journal*, v. 20, n. 4, p. 591-606, 2012.

LLOYD, E.; PENN, H. Childcare markets in an age of austerity. *European Early Childhood Education Research Journal*, v. 22, n. 3, p. 386-396, 2014.

MALAGUZZI, L. History, ideas, and basic philosophy: an interview with Lella Gandini. In: EDWARDS, C.; GANDINI, L.; FORMAN, G. (Ed.). *The Hundred Languages of Children:* the Reggio Emilia approach – advanced reflection. Greenwich: Ablex, 1998. p. 49-97

OLIVEIRA-FORMOSINHO, J. A avaliação holística: a proposta da Pedagogia-em-Participação. *Revista Interacções*, v. 10, n. 32, p. 27-39, 2014.

OLIVEIRA-FORMOSINHO, J. *O desenvolvimento profissional das educadoras de infância: um estudo de caso*. Doutorado em Estudos da Criança – Universidade do Minho, Braga, 1998.

PASCAL, C.; BERTRAM, T. Praxis, ethics and power: developing praxeology as a participatory paradigm for early childhood research. *European Early Childhood Education Research Journal*, v. 20, n. 4, p. 477-492, 2012.

WERTSCH, J. V. *Vygotsky and the social formation of mind*. Cambridge: Harvard University, 1985.

Leituras recomendadas

OLIVEIRA-FORMOSINHO, J.; FORMOSINHO, J. (Ed.). *Associação Criança*: um contexto de formação em contexto. Braga: Livraria Minho, 2001.

OLIVEIRA-FORMOSINHO, J.; FORMOSINHO, J. *Pedagogy-in-participation: Childhood Association Educational Perspective*. Porto: Porto, 2012.

8

Estudo de caso 1

Por que as crianças do rio Omo se pintam? Os caminhos de uma avaliação baseada na documentação pedagógica

Júlia Oliveira-Formosinho, Andreia Lima e Joana de Sousa

INTRODUÇÃO

A contextualização deste estudo de caso começa em uma sala de atividades (a sala de Andreia), em um centro de educação infantil (Centro Infantil Olivais Sul) e em um programa (Programa de Educação e Desenvolvimento da Infância) que se desenvolve em uma parceria entre a Fundação Aga Khan e a Associação Criança, visando ao desenvolvimento integrado da pedagogia da infância, do desenvolvimento profissional e da pesquisa. O estudo de caso praxeológico prossegue com a apresentação de um trabalho de projeto que torna visível a relação entre a aprendizagem das crianças e a aprendizagem dos educadores, a documentação e a avaliação. Terminamos demonstrando como a documentação sustenta a ação e o planejamento solidários, permitindo, por sua vez, revelar a aprendizagem solidária.

CONTEXTUALIZAÇÃO DO CASO

O Centro Infantil Olivais Sul faz parte de um programa maior (o Programa de Educação e Desenvolvimento da Infância) que inclui uma rede de centros onde se utiliza o triângulo (trans)formativo da Associação Criança: uma abordagem à pesquisa (pesquisa praxeológica), uma abordagem à pedagogia da infância (Pedagogia-em-Participação) e uma abordagem ao desenvolvimento profissional (Formação Participada em Contexto), além de programas de mestrado e doutorado (em colaboração com a Universidade Católica Portuguesa de Lisboa).

Em 2009, a Fundação Aga Khan de Portugal assinou um convênio com o Ministério da Segurança Social para a gestão deste centro de educação infantil. A Fundação Aga Khan e a Associação Criança formam uma parceria que tem permitido que o apoio pedagógico a crianças e educadores e a pesquisa, neste centro, sejam feitos pela Associação Criança. Em tal centro, e nos centros a ele associados, a abordagem pedagógica utilizada é a Pedagogia-em-Participação, desenvolvida ao longo dos anos pela Associação Criança, com o apoio da Fundação Aga Khan.

Sabe-se que a educação infantil pode gerar efeitos benéficos de curto e longo prazo. Sabe-se que ela pode aliviar os efeitos da pobreza desde uma idade precoce. Diversos relatórios e estudos mostram que as famílias de baixa renda e as minorias sociais têm acesso desigual à educação infantil e frequentemente matriculam as crianças em instituições que prestam serviços de baixa qualidade (BENNETT, 2014).

João Formosinho tem chamado a atenção para o fato de que a qualidade e a equidade são dois lados da mesma moeda (FORMOSINHO; FIGUEIREDO, 2014). Isso significa que, se a educação infantil deseja realmente lutar contra a pobreza, precisa tornar acessível e economicamente viável uma educação infantil de qualidade para todas as crianças. A qualidade faz a diferença na aprendizagem, e a equidade exige que a aprendizagem de qualidade, com impacto nas oportunidades de vida futuras, seja disponibilizada a todas as crianças, e não somente a algumas (FORMOSINHO; FIGUEIREDO, 2014).

A privatização e as práticas mercantilistas estão ampliando o acesso desigual e a matrícula das crianças desfavorecidas em instituições de baixa qualidade. É necessário que as políticas cívicas/públicas atuem no âmbito dessas questões. No Centro Infantil Olivais Sul, tentamos reverter aquela tendência, tornando os serviços disponíveis, acessíveis e economicamente viáveis para os grupos minoritários (15%) e para as famílias de baixa renda (48%), integrando-as com famílias majoritárias e de renda mais elevada.

O serviço deste centro é acessível e viável, mas também útil, pois inclui outros serviços, tais como horário ampliado de atendimento (antes e depois do horário letivo); integração de crianças entre 0 e 3 anos e 3 e 6 anos e creche familiar (serviços de babá); serviços para portadores de necessidades especiais; e um programa de transição para o ensino fundamental.

Outra faceta da contextualização deste estudo de caso é a abordagem pedagógica explícita utilizada neste centro e na sala de Andreia (também coautora deste estudo), a qual vem sendo desenvolvida nos últimos 25 anos (FORMOSINHO; OLIVEIRA-FORMOSINHO, 2008; OLIVEIRA-FORMOSINHO, 1998; OLIVEIRA-FORMOSINHO; FORMOSINHO, 2001; SOUSA, 2016). O primeiro desafio colocado ao desenvolvimento desta abordagem pedagógica foi a integração de uma visão de mundo com uma teoria da educação, uma epistemologia e uma metodologia de investigação (Figura 8.1). O desafio tem sido respondido por meio de um processo-em-progresso, mediante integração do desenvolvimento de uma práxis experiencial e sua reconstrução constante.

Torna-se claro que enfrentamos outro desafio: criar uma tessitura entre as teorias fundamentais e as práticas do cotidiano com vista ao desenvolvimento da práxis.

A conceitualização da pedagogia como práxis desafia o nosso entendimento tradicional sobre o ensino e a aprendizagem, pois se refere à ação fundamentada na ética e nas teorias, e desenvolvida por meio de situações cotidianas, experienciais e colaborativas entre os diferentes atores do processo educativo (OLIVEIRA-FORMOSINHO, 2007).

FIGURA 8.1 Pedagogia-em-Participação.

O conhecimento pedagógico é desenvolvido pela ação situada e impregnada de teorias e crenças (crenças, valores e princípios). A pedagogia é um espaço "ambíguo" entre a ação, as teorias e as crenças, em uma integração solidária das contribuições de todas essas instâncias.

Desafia-nos a desconstruir situações de transmissão, nas quais os conteúdos são passados aos alunos mediante um sistema "bancário" (FREIRE, 1970), e a reconstruir a criação de ambientes e situações educacionais, no cotidiano pedagógico, em que as crianças e os educadores desenvolvem juntos uma aprendizagem e uma avaliação participativas e experienciais.

A ação pedagógica que visa ao desenvolvimento da aprendizagem da criança e do aprender a aprender, por meio da interação e da comunicação, é complexa: envolve cognição, sentimentos, emoções e motivações e exige a regulação, em especial a regulação social que cria um contexto de autorregulação.

A monitoração e a avaliação são partes integrantes do processo de auto e heterorregulação, uma vez que visam monitorar e compreender os processos e as realizações da ação pedagógica. A ação pedagógica orientada para a aprendizagem exige que os profissionais desenvolvam estratégias de autorregulação que ajudem a entender se os processos de aprendizagem estão sendo cívicos, integrados e efetivos. A documentação que coleta informação e a organiza permite monitorar e avaliar e constitui-se em meio para desenvolver estratégias de regulação profissional da aprendizagem da criança e do profissional.

No âmbito da Pedagogia-em-Participação, avaliamos a aprendizagem tendo em mente as âncoras pedagógicas para o desenvolvimento da aprendizagem. Para nós, a monitoração e a avaliação devem ser capazes de nos dizer como as crianças estão progredindo em nossos eixos de intencionalidade educativa:

- O desenvolvimento das identidades relacionais.
- O sentimento de pertencimento.
- A participação na vida e na aprendizagem.

- As explorações comunicativas do mundo, das pessoas e do conhecimento por meio das *cem linguagens*.
- A narração das suas aprendizagens.
- A criação de significado sobre a aprendizagem.
- O entendimento de si próprias como aprendentes.

Ensinar, aprender e avaliar são desenvolvidos em contexto. A aprendizagem relaciona-se com o ensino, e ambos se desenvolvem em um ambiente pedagógico que estimula (ou não) a natureza das crianças. Para nós, a qualidade dos contextos educacionais é fundamental (é um "segundo educador"), porque esta é (ou não) a primeira mediadora da intencionalidade educativa que adotamos.[1]

Entramos agora na especificidade do estudo de caso, o qual faz uma apresentação densa de um trabalho de projeto a partir da documentação sistemática do seu desenvolvimento, tornando visível a fusão de ensino e aprendizagem, de documentação e avaliação. A literatura na área mostra a necessidade de desenvolver modos inovadores de monitoração e avaliação da aprendizagem (CARR, 2001; BRADBURY, 2013; DUBIEL, 2014).

A documentação pedagógica é o espaço no qual a ação profissional se torna visível e é compreendida na relação com a aprendizagem das crianças (MALAGUZZI, 1998; RINALDI, 2012). Assim sendo, a documentação pedagógica deve revelar a criança competente e com direitos, bem como os processos pedagógicos. Deve ainda produzir informação sobre as suas consequências para a aprendizagem das crianças e para a aprendizagem dos seus educadores. Uma contribuição essencial deste estudo de caso é evidenciar o respeito pela complexidade da relação entre as situações de aprendizagem e as situações de avaliação. Procura-se uma avaliação pedagógica que esteja próxima da experiência cotidiana da criança e dos seus educadores.

A natureza metodológica deste estudo de caso é praxeológica (FORMOSINHO; OLIVEIRA-FORMOSINHO, 2012; PASCAL; BERTRAM, 2012). Isso significa que é pensamento (logos) sobre a natureza evolutiva da práxis densamente documentada, a fim de criar modos inovadores de desenvolver uma avaliação holística. A documentação densa dos processos de mudança em ação nos permite não somente compreender a transformação, como também criar conhecimento sobre a transformação, com vista à avaliação pedagógica e à sua pesquisa.

Os critérios-chave para um estudo praxeológico são os de permitir a entrada em uma situação transformacional vivencial, densamente estudada por meio da documentação (permitindo, assim, a entrada na pesquisa), envolvendo os atores centrais (permitindo, desse modo, a entrada na participação). A revelação simultânea da fenomenologia da experiência vivida, dos processos de estudo da transformação e da participação das pessoas envolvidas, permite-nos produzir conhecimento praxeológico (OLIVEIRA-FORMOSINHO; FORMOSINHO, 2012).

---

[1] Ver os Capítulos 2 e 6.

Entremos agora na sala de Andreia (a educadora da sala na qual se desenvolve o estudo de caso)[2] para acompanhar o estudo de um trabalho de projeto chamada "Por que as crianças do rio Omo se pintam?".

A motivação do grupo para estudar as crianças do rio Omo tem como ponto de partida a contribuição de uma mãe que se sente capaz de colaborar (empoderada) e que vem ao encontro de Andreia, com uma sugestão de atividade, que resulta do interesse de sua filha:

> Andreia, a Ana gosta muito das pinturas das crianças do rio Omo. Será que ela pode trazer algumas imagens para partilhar com os colegas?

Esta mãe está acostumada à atitude aberta e receptiva de Andreia em relação às contribuições e ao envolvimento das famílias. Essa mãe e Andreia conversam e refletem sobre como usar tal motivação para transformá-la em uma oportunidade de aprendizagem para todos. Assim, chega o momento de iniciar conjuntamente o processo de planejamento educacional. A sugestão da mãe e o interesse da sua filha criam uma situação de aprendizagem que foi refletida como tendo (ou não) o potencial para desenvolver a intencionalidade educativa da Pedagogia-em-Participação. São levados em consideração os eixos pedagógicos e as áreas de aprendizagem da Pedagogia-em-Participação (bem como as oportunidades da rotina pedagógica). Define-se a intencionalidade educativa específica para esta situação de aprendizagem: atender às diversidades e culturas presentes no grupo e aprender sobre diversidades e culturas distantes; compartilhar informação, imagens, vídeos do contexto familiar; partilhar os seus interesses, ideias, pensamentos, gostos, motivações.

Embora a mãe não possa estar presente para compartilhar as imagens do rio Omo com as crianças, sua filha, Ana, executa a situação educacional com assertividade e entusiasmo, confiando em um ambiente educativo que respeita as crianças e provoca a sua participação. Ana, sendo uma criança competente e segura, desenvolve a situação de aprendizagem apresentando com entusiasmo o seu interesse e as suas ideias sobre as imagens que quis trazer e que, para ela, são tão significativas. As imagens foram previamente preparadas por Andreia em um formato grande o suficiente para que pudesse ser partilhado pelo grupo (Figura 8.2).

Inspirados pelo inesperado, pela surpresa e pela estética das imagens (Figura 8.3), os colegas de Ana ficam curiosos e interessados e apresentam as suas ideias sobre as imagens das crianças do rio Omo:

— Estas crianças do rio Omo têm o rosto pintado, têm folhas e flores na cabeça.
— Elas se pintam porque é Carnaval.

---

[2] A primeira autora, Júlia Oliveira-Formosinho, decidiu realizar um estudo praxeológico sobre esse projeto e convidou Joana de Sousa para se juntar a ela, tanto no nível do desenvolvimento da práxis como no seu estudo. Este é um esclarecimento eticamente importante, pois significa a primeira autora tem particular interesse no caso, por ser um dos criadores da Pedagogia-em-Participação, a abordagem pedagógica que fundamenta a práxis neste caso.

FIGURA 8.2 Compartilhando em grupo.

— Não é Carnaval. Elas se pintam porque são da África.
— Elas se pintam para ficar mais coloridas.
— Elas vão a um casamento.
— As pinturas do rosto das crianças do rio Omo são lindas. A família é muito bonita. Elas parecem estátuas.

Esta educadora receptiva e competente sente a necessidade de reunir novas informações (Figura 8.4), não apenas para ampliar a quantidade de informação disponível às crianças, mas também – como Tiago, outra das crianças, referiu muito bem – "para pesquisar as coisas que ela não sabe". Estas crianças estão cientes de

FIGURA 8.3 Moda natural: a decoração tribal da Etiópia (África): pessoas do vale do rio Omo (© Hans Silvester).

que a educadora não é dona do conhecimento, e a educadora incentiva o desenvolvimento dessa tomada de consciência.

As crianças estabelecem conversas múltiplas entre si (estão acostumadas com o estilo conversacional da pedagogia de Andreia), com a equipe educativa e os seus pais. As conversas aprofundam as ideias, provocam diálogos, suscitam questões e possíveis focos de interesse que queiram continuar buscando (Figura 8.5).

- Olha, são os meninos e as meninas com os rostos pintados! Eles são tão bonitos. Eles têm listras brancas.
- Por que eles pintam os rostos?
- Para ficarem mais bonitos.
- Para irem a casamentos.
- É porque eles são da África e têm costumes diferentes.
- Eu não sei. Nós temos que pesquisar.

Ao expressar as suas próprias ideias, confrontá-las, questioná-las, as crianças tentam criar sentido, assumindo abertamente que não sabem e que precisam pesquisar. Assumem-se (as crianças e a educadora) como identidades aprendentes em desenvolvimento.

FIGURA 8.4 Os rostos decorados das crianças do vale do rio Omo (© Hans Silvester).

Andreia documentou estas situações de aprendizagem, editou a documentação e a devolveu às crianças durante um dos momentos da rotina pedagógica, o conselho (Figura 8.6). Esta comunidade de aprendizagem reflete sobre as aprendizagens anteriores para projetar aprendizagens futuras (apoiada pela documentação editada). Juntas, crianças e educadora, elaboram questões para a pesquisa:

— Queremos saber onde vivem as crianças do rio Omo.
— Por que as crianças do rio Omo se pintam?

Andreia e as crianças planejam juntas para a semana seguinte, negociando propósitos e ações e assumindo compromissos. A Pedagogia-em-Participação é uma pedagogia conversacional e comunicacional entre as crianças e entre as crianças e os seus educadores, que desenvolve encontros dialógicos, onde os interesses e propósitos mútuos se tornam solidários. A criação do planejamento solidário, baseado na documentação partilhada e analisada em grupo, é uma das respostas à nossa conceitualização de criança participativa. A "suspensão" intencional do poder do adulto cria espaço para o exercício, nas palavras de Dewey, dos poderes das crianças (OLIVEIRA-FORMOSINHO, 1998).

Este planejamento em companhia é seguido de um novo ciclo de atividades das crianças em cooperação com a ação profissional de Andreia, que é a de documentar as crianças em ação. Mais uma vez, Andreia assume uma atitude ética de "suspen-

FIGURA 8.5 As crianças estudando os rostos das crianças do vale do rio Omo.

são": recua, observa e escuta cada criança e o grupo (OLIVEIRA-FORMOSINHO, 1998). A sua ação é a "suspensão" da ação... mas permitindo a ação da criança e permitindo-se a si própria ver a ação da criança. Andreia cria, para si própria, espaço e tempo para ver, ouvir, escutar. Atribui outra tarefa para si própria: documentar a aprendizagem-em-ação das crianças. Andreia atende à aprendizagem experiencial individual, procurando descrever, interpretar e compreender as ideias, as hipóteses e os saberes de cada criança por meio de narrativas estéticas e artísticas. As crianças representam as suas ideias por meio da pintura, combinando narrativas visuais com narrativas orais (Figura 8.7).

Então, Andreia sintoniza a sua voz com as vozes das crianças e provoca:

FIGURA 8.6 Documentando as crianças em ação.

— Quais são as nossas fontes de informação para responder às nossas questões da pesquisa?

As crianças apresentam prontamente suas sugestões e assumem compromissos:

— Vamos procurar em livros e na internet e perguntar aos nossos pais e mães.

A aprendizagem experiencial deste grupo é sustentada pelo envolvimento dos pais e das famílias no desenvolvimento do trabalho de projeto, contribuindo com diversas fontes de informação: pesquisas na internet, busca de vídeos e imagens, pesquisas em livros, mapas e atlas; coleta de artefatos culturais. Os pais e as famílias apoiam as situações de aprendizagem do grupo de crianças participando na rotina pedagógica, contribuindo com materiais e diálogos que sustentam a progressão da aprendizagem. Aqui, pais e famílias, crianças e educadora exercem os seus poderes de cooperação, facilitados por este ambiente educativo democrático, e constituem-se enquanto comunidade de aprendizagem (WENGER, 1998) dentro de uma comunidade educativa mais ampla (FORMOSINHO, 1989) e exercem a sua competência, assumindo-se como aprendentes.

As Figuras 8.8 a 8.12 mostram grupos de crianças trabalhando com um pai que trouxe um mapa-múndi, com outro que trouxe um artefato cultural e com uma mãe que trouxe máscaras feitas por ela a partir de imagens impressas. A dinâmica educativa é composta por essas contribuições plurais que as crianças apreciam profundamente.

— É um mapa-múndi. Tem muitos países. O rio Omo passa na Etiópia. Fica no continente africano. *(Partilha de um pai.)*

— Olha, olha, eu conheço aquela imagem. São as crianças do rio Omo.

FIGURA 8.7 Representações das ideias das crianças.

— Os meninos do rio Omo pintam-se para se distinguirem uns dos outros. *(Partilha de uma mãe.)*
— Eles não usam roupa como nós. Eles se pintam também para falarem entre eles. Eles vivem perto do rio e comem peixes. *(Partilha de um irmão.)*
— É porque são amigos.
— Eles usam menos roupas. [...] Eles pintam seus corpos porque não têm roupas como nós. A pintura também é importante para protegê-los dos insetos, para não serem picados. *(Partilha de uma mãe)*
— Fizemos máscaras como as das crianças do rio Omo. *(Partilha de uma filha.)*

FIGURA 8.8 A participação familiar.

- Os homens e as mulheres usam os corpos como um espaço de expressão artística. Em muitos casos funciona como um vocabulário entre eles. As pinturas também têm uma finalidade prática porque, quando misturadas com urina de vaca, transformam-se em um poderoso repelente natural. *(Pesquisa e representação de uma mãe.)*
- Desenhei os meninos da Etiópia. Não fui pesquisar na internet. Mas já descobri que eles se pintam para falarem uns com os outros. Foi Rita quem me disse. Desenhei os rostos deles pintados e alguns são da mesma cor porque são amigos e falam uns com os outros. Podemos colocar este desenho no meu portfólio. *(A voz de uma criança que não somente fez o desenho, como expressou o desejo de vê-lo no seu portfólio de aprendizagem.)*

FIGURA 8.9 Compartilhando conhecimentos e participando.

— Trouxemos esta estátua de madeira de uma amiga que a comprou durante uma viagem à África. Ela se parece com um menino do rio Omo, mas é de outra tribo. O corpo e o rosto também estão pintados. *(Partilha de um pai.)*

As rotinas (enquanto ritmos regulares, mas flexíveis) fazem parte desta cultura pedagógica. Ao longo do dia, as crianças passam por uma sucessão de ritmos diferentes, que lhes permitem experimentar grupos distintos, uma diversidade de experiências de aprendizagem e uma riqueza de situações comunicativas em busca de ações e significados. Mais uma vez, reunindo-se em conselho, as crianças e a sua educadora passam por um processo reflexivo sustentado por documentação pedagógica que foi cuidadosamente editada por Andreia para permitir

> **As crianças do rio Omo que vivem na Etiópia**
>
> A África é linda, e ainda mais linda com as incríveis pinturas das crianças do rio Omo. Homens e mulheres usam seus corpos como espaço para expressão artística e cultural, muitas vezes funcionando como um código de comunicação entre eles. As pessoas desta região não apenas criam sua moda, como também suas pinturas servem para muitos propósitos. As pinturas podem servir como repelente natural de insetos quando misturam elementos específicos da natureza, com cinzas e urina de vaca.

FIGURA 8.10 Contribuição de uma mãe para a pesquisa das crianças.

às crianças envolverem-se em conversas sobre experiências, processos, descobertas e realizações.

Os processos e as realizações são debatidos criando-se uma reflexão que estabelece o caminho para uma nova ação experiencial negociada. As decisões negociadas e compartilhadas surgem para redefinir e criar novos compromissos, gerando novos planejamentos em grupo e individuais. Estamos imersos em um planejamento solidário, no qual a educadora suspende o seu poder de fazer sozinha o planejamento educacional e dá espaço para as contribuições das crianças e dos seus pais. Transforma, assim, as situações de aprendizagem em oportunidades de exercício do poder de ação da criança, em oportunidades de empoderamento dos pais.

— Queremos saber que tintas as crianças do rio Omo usam para pintar os seus rostos e corpos.

A documentação pedagógica editada torna-se o meio para fazer um planejamento solidário como base para a ação educacional cooperada. Como diz Iram

FIGURA 8.11 Representação de uma criança.

FIGURA 8.12 Uma estátua de madeira pintada.

Blatchford, o *pensamento compartilhado e sustentado* é poderoso para a aprendizagem, mas as nossas pesquisas (OLIVEIRA-FORMOSINHO, 1998; SOUSA, 2017) nos permitem pensar que o poder está na relação do pensamento e da ação compartilhada. Os processos reflexivos relacionados às situações de aprendizagem experiencial que acompanharam este planejamento conjunto contêm em si possibilidades para a aprendizagem significativa. O pensamento conjunto sustentado em articulação com a ação conjunta sustentada dispõe de elevado poder para o desenvolvimento da aprendizagem significativa, a qual pode ser facilmente lembrada pelas crianças, permitindo a metacognição.

Em novo ciclo de atividades documentadas, a cooperação com um pai é de extrema relevância para dar resposta às decisões compartilhadas pelo grupo e ao planejamento conjunto: conhecer que tintas as crianças do rio Omo usam para pintar os seus rostos e corpos.

A partir de conversas entre o pai e a educadora, chega-se a um acordo sobre a cooperação, assumem-se compromissos e cria-se um planejamento conjunto da próxima situação de aprendizagem (Figura 8.13). O pai reúne os materiais naturais necessários para produzir as tintas, e a educadora organiza o ambiente educativo para responder ao planejamento negociado, bem como aos requisitos das orientações curriculares nacionais e ao desenvolvimento de eixos de intencionalidade educativa da Pedagogia-em-Participação.

— Os meninos da Etiópia usam pedras, lama do rio, frutas, folhas e flores para se pintar.
— Eles são muito bonitos e mágicos. Fazem cores lindas.
— É preciso ter muita força para conseguir quebrar o barro e deixá-lo em pedaços pequeninhos. O pai da Maria tem muita força.
— A framboesa é muito doce e muito vermelha. Fica com uma cor muito bonita.
— O mirtilo e amora são pequenininhos e escuros. Eu colho lá no monte como os meninos do rio Omo. São doces e têm cheiro bom. Estes são azedos.
— Eu gosto de me pintar como os meninos do rio Omo. As tintas são perfumadas, têm cheiro bom. As nossas não têm cheiro bom.
— Eles também usam o xixi das vacas para afastar os insetos. Nós usamos uma pomada.

Entusiasmadas com a descoberta da transformação dos materiais para fazer tintas naturais, as crianças são motivadas a usá-las e a transformarem-se, adotando outras identidades (Figura 8.14). Elas têm a oportunidade de vivenciar a realidade intercultural que estão estudando e, assim, abrir-se para outros mundos, para os quais a imaginação os transporta.

— *(Colocando argila no seu rosto)* Olha, estou parecida com a Maria *(de origem africana)*.
— Meus colegas não vão saber que sou eu, quero deixar assim...
— Ficou muito legal!
— Estou muito bonito, pareço um menino do rio Omo!
— A máscara dele está muito linda!
— Eu estou muito linda! Pareço uma girafa, e depois uma menina do rio Omo.
— Eu gosto muito de me pintar. Eu queria me pintar todos os dias...
— A Sandra tem três bolinhas na testa, como eu.

FIGURA 8.13 A colaboração entre um pai e a educadora.

O trabalho de projeto está chegando ao fim. É hora de compreendermos o que aprendemos. É o momento de ver se respondemos às questões da pesquisa. Isso será feito com uma triangulação de métodos avaliativos e vozes dos atores. Primeiro, ouvimos o grupo de crianças explicando a sua aprendizagem acompanhando a jornada do trabalho de projeto.

As crianças começam pela identificação do surgimento da jornada de aprendizagem que este projeto desenvolveu:

— A Ana trouxe fotografias das crianças do rio Omo.
— Nós gostamos muito das fotografias. As crianças eram diferentes. Elas têm palha na cabeça, frutas e flores.

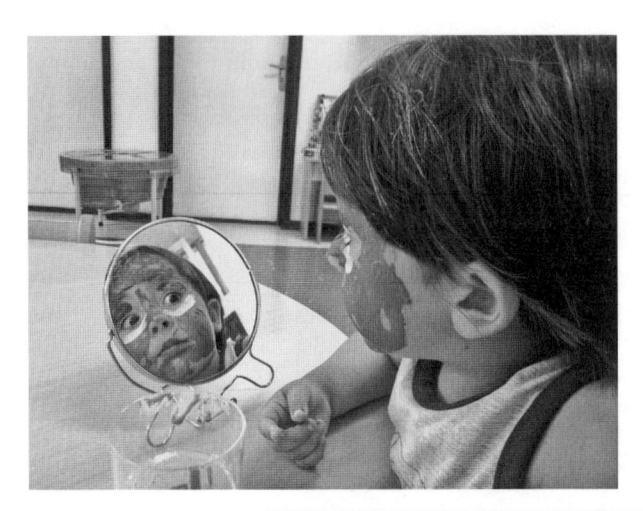

FIGURA 8.14 Fundindo a natureza com a imaginação.

— Nós queríamos saber por que se pintam e onde vivem.

Continua-se, identificando as fontes e as informações coletadas:

— Elas vivem muito, muito longe. Nós fomos pesquisar no mapa. O país delas é a Etiópia, que fica na África. Nossos pais e mães pesquisaram na internet e depois vieram aqui nos contar.

— Eles na verdade se pintam para falar uns com os outros e porque são muito amigos.

— Eles não usam tintas como as nossas. O pai da Maria veio nos mostrar o que tinha descoberto: eles usam frutas, folhas, lama do rio, pedras para fazer as tintas.

E, por fim, as crianças explicam a aprendizagem e o significado que coconstruíram:

— Demora muito tempo para fazer a tinta. Precisamos de muitas folhas.
— Eles quase não usam roupa. Usam colares, pintam-se de muitas formas: bolinhas grandes e pequenas, listras, com muitas cores ou com poucas.
— Eles não têm elásticos de cabelo como os nossos. Eles fazem tranças e enfeitam com frutas, paus e palha. Eu gosto, são muito bonitos.
— Os meninos do rio Omo parecem iguais a mim. São da minha cor e um pouco como a do Lucas.
— Nós somos brancos e os meninos do rio Omo são mais castanhos, um pouquinho mais para o preto.

Chega então o momento de Andreia exercer o seu dever cívico com o grupo e os pais e prestar contas da aprendizagem. Andreia mostra que as crianças desenvolveram aprendizagem experiencial nas áreas-chave de aprendizagem da Pedagogia-em-Participação (compatíveis com as diretrizes curriculares nacionais para a educação infantil):

- *Identidades:* desenvolveram a noção de identidade pessoal, de identidade relacional e de diferenças.
- *Relações:* desenvolveram consciência dos processos de aprendizagem na companhia dos colegas e adultos.
- *Linguagens: linguagem oral* (leram imagens e fizeram narrativas dos eventos relacionados com as mesmas imagens; comunicaram as suas ideias aos colegas e adultos); *linguagem artística* (apreciaram a estética das imagens e fizeram pinturas); *linguagem científica* (pesquisaram em diferentes fontes de informação; refletiram sobre as experiências vivenciadas e usaram essas reflexões para entender o mundo ao seu redor; levantaram questões e elaboraram hipóteses); *linguagem matemática* (criaram símbolos; coordenaram elementos com coerência em espaços específicos).
- *Significados* – criaram significados a partir das experiências de descoberta do mundo social; relacionaram conhecimentos construídos em experiências prévias com a realidade atual.

Agora queremos ouvir a voz individual de uma criança: ouvimos Tiago.[3] Ele tem um tempo para apresentar a sua explicação individual sobre o desenvolvimento do trabalho de projeto. Senta-se com Andreia e juntos revisitam a documentação pedagógica do trabalho de projeto "Por que as crianças do rio Omo se pintam?"

Tiago recorda e narra:

---

[3]No Capítulo 6, começamos pelo acompanhamento da apresentação do ambiente educativo da sala de Andreia e da sua cultura de aprendizagem, sendo que Tiago mostrou-se muito entusiasmado com a ideia de sua colega Ana ter compartilhado as imagens das crianças do rio Omo.

Eu me lembro do projeto das crianças do rio Omo. Lembro que a mãe da Ana trouxe fotografias de alguns meninos do rio Omo. Lembro que fomos pesquisar sobre onde eles viviam. Vimos no mapa que ficava na Etiópia. É muito longe da nossa escola. Depois fomos pesquisar sobre por que eles se pintavam. Descobrimos que eles se pintavam para afastar os bichos; para pertencerem à mesma família; para conversarem uns com os outros e para ficarem bonitos. Lembro-me de que eles iam apanhar coisas da natureza: flores, palhas, folhas. Eu desenhei um menino do rio Omo. Depois veio aqui o pai da Maria nos ajudar a fazer tintas com pedras, barro, abacate, amoras, framboesa, folhas. Depois pintamos o nosso rosto. Eu lembro que a minha pintura no rosto parecia uns dragões, perto do olho e do cabelo. Nós estávamos juntos, em um pequeno grupo, e tínhamos um espelho e estávamos nos vendo uns aos outros.
Aprendi que os meninos do rio Omo se pintam e são diferentes de nós.
Eles pintam o corpo e o rosto e nós usamos muita roupa. Claro que na Etiópia é muito calor, e é por isso que não usam muita roupa. O que mais gostei foi de me pintar porque ficamos bonitos. Eu gostaria de ser um menino do rio Omo porque gostaria de me pintar todos os dias. Gostaria de saber mais sobre por que nós não colocamos, assim como eles, coisas da natureza na cabeça. Eu acho que poderíamos ser assim como eles. Eu gostaria!

Isso pode parecer redundante... Sabemos que Tiago está aprendendo, mas Andreia quer reunir evidências que lhe permitam apresentar argumentos sobre a jornada de aprendizagem desta criança. Precisa fazer isso para si própria enquanto profissional responsável, mas também quer fazê-lo porque sente que é seu dever cívico ser responsável pela jornada de aprendizagem individual de cada criança.

O repertório de práticas de Andreia quanto à documentação pedagógica inclui portfólios de atividades e projetos, bem como portfólios individuais das crianças, que narram as suas jornadas de aprendizagem. Andreia inclui nessas jornadas de aprendizagem uma seleção de sequências de documentação – fundindo imagens, a voz da criança e a narrativa escrita da educadora (Figura 8.15).

Tiago representa as suas ideias sobre "Por que as crianças do rio Omo se pintam?" através da pintura.

Começa por selecionar a imagem que quer representar e as cores das tintas correspondentes às da imagem que escolheu. Envolve-se no desenvolvimento da sua tarefa, encontrando-se durante a maior parte do tempo absorvido pela execução dos detalhes pictóricos.

Finalmente, descreve o resultado da sua ação:

— Fiz um homem da Etiópia. Ele pintou o rosto para ir ao Carnaval e dançar. Colocou folhas secas no rosto para ficar mais bonito.

Andreia analisa e interpreta a experiência de Tiago com a *Ficha de Observação das Oportunidades Educativas* (PASCAL; BERTRAM, 1997; BERTRAM; PASCAL, 2009), respeitando as normas para o uso deste instrumento pedagógico de observação:

FIGURA 8.15 Apreciação do trabalho de Tiago pelos colegas.

- *Zona de iniciativa (da criança)*: nível 4 (é dada total liberdade de escolha a Tiago para desenvolver a sua experiência).
- *Grupo*: momento de trabalho em pequenos grupos (PG).
- *Nível do envolvimento*: atividade intensa prolongada (durante o período de observação, Tiago mostra sinais claros de envolvimento na atividade: precisão, energia, motivação, criatividade, persistência e satisfação).
- *Interação*: CA – A (interação equilibrada entre Tiago [a Criança-Alvo, CA] e a educadora [o Adulto, A]).
- *Áreas de Conteúdo* (OCEPE – as Orientações Curriculares para a Educação Infantil Portuguesa):

- *Área de formação pessoal e social*: Tiago escolhe materiais e decide o que fazer com eles; toma consciência de si como um ser capaz de criar; procura os pares para compartilhar o resultado da sua ação.
- *Área de expressão e comunicação*: interpreta relações espaciais em desenhos (domínio da matemática); representa as suas ideias por meio da pintura (expressão plástica); comunica verbalmente as suas observações (domínio da linguagem oral).

A riqueza de um estudo de caso denso em informações sobre a aprendizagem e a avaliação é posta à prova por sua abertura a várias formas de avaliação. De fato, a jornada de aprendizagem de Tiago neste estudo de caso é revelada por Andreia pela diversidade de meios interativos: diferentes instrumentos pedagógicos de observação, narrativas, artefatos, os eixos de intencionalidade educativa, as áreas de aprendizagem... Contudo, queremos seguir outro procedimento: rever o estudo de caso à luz dos nossos próprios princípios para a avaliação (apresentados no Capítulo 7). Queremos ver sua presença ou ausência no caso que estudamos.

Este procedimento, assim como ver a aprendizagem das crianças, permite ver o ensino dos educadores. No presente estudo de caso, fica muito evidente que Andreia envolve ativamente as crianças no ensino, na aprendizagem e na avaliação, como indica o Princípio 2 (*ser democrática e participativa e envolver as crianças ativamente*), e envolve os pais, como indicado no Princípio 5 (*buscar a participação dos pais e de outros cuidadores das crianças*); que ela *leva em conta a aprendizagem holística das crianças* (como referido no Princípio 4); que procura conhecimento *(inter)culturalmente relevante* (como diz o Princípio 9); e que *fornece informações úteis para as crianças e suas famílias, para os profissionais e suas escolas, para os formadores dos educadores e decisores políticos* (como diz o Princípio 11).

A documentação pedagógica como instrumento de monitoração e avaliação nos dá um elevado sentido de autenticidade porque representa um conhecimento próximo da criança. Também fornece uma riqueza de informação que produz evidências que mostram a aprendizagem e argumentam a favor da competência das crianças para aprender e para aprender a aprender. A documentação pedagógica constitui-se ainda em fonte de monitoração e avaliação da aprendizagem e de progressão na aprendizagem situada de crianças e profissionais.

Este modo de sustentar a monitoração e avaliação na documentação pedagógica constitui um antídoto para desenvolver a resiliência profissional contra a pressão para usar formatos de monitoração e avaliação abstratos e descontextualizados que levam a uma avaliação uniforme pronto-para-vestir de tamanho único (FORMOSINHO, 1987, 2007).

REFERÊNCIAS

BENNETT, J. Disadvantage and social justice. *European Early Childhood Education Research Journal*, v. 22, n. 3, special issue, 2014.

BERTRAM, T.; PASCAL, C. *Manual DQP – desenvolvendo a qualidade em parceria*. Lisboa: Ministério da Educação, 2009.

BRADBURY, A. *Understanding early years inequality: policy, assessment and young children's identities*. London: Routledge, 2013.

CARR, M. *Assessment in early childhood settings: learning stories*. London: Paul Chapman Publishing, 2001.

DUBIEL, J. *Effective assessment in early years foundation stage*. London: Sage, 2014.

FORMOSINHO, J. De serviço de estado a comunidade educativa: uma nova concepção para a escola portuguesa. *Revista Portuguesa de Educação*, v. 2, n. 1, p. 53-86, 1989.

FORMOSINHO, J.; FIGUEIREDO, I. Promoting equity in an early years context: the role of participatory educational teams. *European Early Childhood Education Research Journal*, v. 22, n. 3, p. 397-411, 2014.

FORMOSINHO, J.; OLIVEIRA-FORMOSINHO, J. *Pedagogy-in-Participation: childhood association's approach*. Lisboa: Aga Khan, 2008.

FORMOSINHO, J.; OLIVEIRA-FORMOSINHO, J. Towards a social science of the social: the contribution of praxeological research. *European Early Childhood Education Research Journal*, v. 20, n. 4, p. 591-606, 2012.

FREIRE, P. *Pedagogia do oprimido*. Rio de Janeiro: Paz e Terra, 1970.

MALAGUZZI, L. History, ideas, and basic philosophy: an interview with Lella Gandini. In: EDWARDS, C.; GANDINI, L.; FORMAN, G. (Ed.). *The hundred languages of children*: the Reggio Emilia approach – advanced reflection. Greenwich: Ablex, 1998. p. 49-97

OLIVEIRA-FORMOSINHO, J. *O desenvolvimento profissional das educadoras de infância: um estudo de caso*. Tese (Doutorado em Estudos da Criança) – Universidade do Minho, Braga, 1998.

OLIVEIRA-FORMOSINHO, J. Pedagogia(s) da infância: reconstruindo uma práxis de participação. In: OLIVEIRA-FORMOSINHO, J.; KISHIMOTO, T.M.; PINAZZA, M. (Ed.). *Pedagogias(s) da infância: dialogando com o passado, construindo o futuro*. Porto Alegre: Artmed, 2007. p. 13-36.

OLIVEIRA-FORMOSINHO, J.; FORMOSINHO, J. (Ed.). *Associação Criança: um contexto de formação em contexto*. Braga: Livraria Minho, 2001.

OLIVEIRA-FORMOSINHO, J.; FORMOSINHO, J. Praxeological research in early childhood: a contribution to a social science of the social. *European Early Childhood Education Research Journal*, v. 20, n. 4, special issue, 2012.

PASCAL, C.; BERTRAM, T. *Effective early learning: case studies in improvement*. London: Sage, 1997.

PASCAL, C.; BERTRAM, T. Praxis, ethics and power: developing praxeology as a participatory paradigm for early childhood research. *European Early Childhood Education Research Journal*, v. 20, n. 4, p. 477-492, 2012.

RINALDI, C. *Diálogos com Reggio Emilia: escutar, investigar e aprender*. São Paulo: Paz e Terra, 2012.

SOUSA, J. *Formação em contexto: um estudo de caso praxeológico*. 2017. Dissertação (Mestrado em Educação de Infância) – Faculdade de Ciências Humanas, Universidade Católica Portuguesa, Lisboa, 2017.

WENGER, E. *Communities of practice: learning, meaning and identity*. Cambridge: Cambridge University, 1998.

Leituras recomendadas

ARAÚJO, S.B. *Pedagogia em creche: da avaliação da qualidade à transformação praxeológica*. Tese (Doutorado em Estudos da Criança) – Universidade do Minho. Braga, 2011.

AZEVEDO, A. *Revelando a aprendizagem das crianças: a documentação pedagógica*. 2009. Dissertação (Mestrado em Educação de Infância) – Universidade do Minho, Instituto de Estudos da Criança, Braga, 2009.

9
Estudo de caso 2
Sintonia pedagógica: documentando a aprendizagem de crianças em contexto de creche

Júlia Oliveira-Formosinho, Sara Barros Araújo e Hélia Costa

CONTEXTUALIZAÇÃO PEDAGÓGICA E CULTURAL

Este estudo de caso foi desenvolvido na Creche e Pré-Escola Albano Coelho Lima, uma instituição do setor privado localizada na vila Pevidém, município de Guimarães, no noroeste de Portugal (Figura 9.1).

Pevidém é uma cidade no centro de uma das principais regiões industriais do país, onde predomina a indústria têxtil. Por ocasião da realização deste estudo de caso, essa região estava sendo particularmente afetada pela crise econômica pela

FIGURA 9.1 Creche e Pré-Escola Albano Coelho Lima localizada em Pevidém, Portugal.

qual Portugal vinha passando nos últimos anos e que levou ao fechamento de muitas fábricas, ao aumento contínuo das taxas de desemprego e à degradação das condições socioeconômicas de muitas famílias.

A Creche e Pré-Escola Albano Coelho Lima é uma instituição que desde o início dos anos de 1990 colabora com a Associação Criança e a Universidade do Minho, em um processo contínuo de desenvolvimento profissional. As seis professoras de educação infantil que trabalham neste estabelecimento completaram estudos de pós-graduação em educação infantil. A diretora pedagógica apoia as jornadas de aprendizagem das professoras de educação infantil. Uma das consequências dessa motivação para aprender, extremamente focada nas abordagens pedagógicas para a infância, foi a decisão de contextualizar a Pedagogia-em-Participação (apresentada no Capítulo 2 deste livro) em todas as salas do centro.

Este estudo de caso foi desenvolvido no âmbito da Pedagogia-em-Participação, a perspectiva pedagógica da Associação Criança. Essa perspectiva considera que a pedagogia da infância está organizada ao redor de conhecimentos construídos em ações situadas, articulados com a teoria e com crenças e valores, em uma triangulação interativa. A pedagogia da infância tenta responder a diferentes níveis de complexidade, direta ou indiretamente envolvidos na ação educacional, por meio de processos interativos de diálogo e confrontação entre a teoria, as práticas e as crenças. Assim, a pedagogia da infância assume uma natureza profundamente holística e integrada, centrada em uma práxis da participação (OLIVEIRA-FORMOSINHO, 2007).

Na Pedagogia-em-Participação, a aprendizagem experiencial é transversal (FORMOSINHO; OLIVEIRA-FORMOSINHO, 2008). A Pedagogia-em-Participação propõe a criação de situações experienciais para o desenvolvimento de identidades e relações (identidades relacionais), pertencimento e participação (pertencimentos participativos), linguagens e comunicação (aprendizagem experiencial comunicativa), narrativas e significados (a criação de significados por meio de narrativas para a aprendizagem cotidiana). A Pedagogia-em-Participação organiza o ambiente educativo a fim de criar oportunidades que são ricas em possibilidades experienciais para exploração, representação, comunicação e criação de significados. Segundo essa perspectiva, os espaços pedagógicos são plurais. Isto é, as crianças não devem ficar confinadas a espaços únicos, e sim ter acesso a espaços plurais, como espaços na natureza, na comunidade, no centro escolar, bem como a conexões entre os contextos do centro e da família.

Os materiais pedagógicos precisam ser responsivos a todos os tipos de diferença: idade, gênero, classe social e origem étnica, religião, temperamento e personalidade. Assim, livros, brinquedos, músicas, jogos e canções devem ser cuidadosamente selecionados para serem responsivos a todas essas diferenças (OLIVEIRA-FORMOSINHO; ARAÚJO, 2011).

O entendimento cruzado dos estudos da psicologia, pedagogia e neurociência claramente evidencia a necessidade de uma educação precoce em prol da diversidade, que deve começar desde o nascimento. Uma razão crucial para isso é que os processos sociais de criação de todos os tipos de preconceito são estabelecidos cedo na vida das crianças, por volta dos 3 anos de idade (OLIVEIRA-FORMOSINHO; ARAÚJO, 2011). Em uma revisão da literatura sobre a base de conhecimentos acerca do respeito pela diversidade, MacNaughton (2006) ressalta que há evidências de que as crianças com idades entre 9 e 14 meses já conseguem distinguir características raciais nas faces dos adultos. A autora reforça que há uma certeza relativa de que as crianças têm consciência racial por volta dos 3 anos de idade, que sua própria raça influencia o entendimento racial e os marcadores raciais que usam para identificar as diferenças raciais e que mesmo crianças muito novas já mostram atitudes positivas e negativas em relação à diversidade racial. De fato, Aboud (1988) sugere que, a partir dos 3 anos de idade, as crianças são capazes de desenvolver atitudes negativas e preconceitos em relação a diferenças raciais. No estudo feito por MacNaughton (2006), a autora também afirma que a consciência e a identidade de gênero de uma criança são estabelecidas por volta dos 3 anos de idade. Ao redor dos 3 ou 4 anos de idade, as crianças não somente sabem seu gênero como também estão cientes das preferências de jogos, comportamentos e expectativas que os adultos preferem para esse gênero. Assim, é razoável pressupor que as concepções e as atitudes em relação à diversidade são construídas a partir do nascimento e que os sistemas ecológicos nos quais a criança vive têm importante influência sobre a formação dessas concepções e atitudes, inclusive os contextos de educação e cuidados para a primeira infância.

Este estudo de caso foi desenvolvido com as crianças da sala de atividades de uma das autoras deste capítulo, Hélia Costa.

A natureza metodológica desse estudo de caso é praxeológica (FORMOSINHO; OLIVEIRA-FORMOSINHO, 2012; PASCAL; BERTRAM, 2012). Isso significa que é um pensamento vívido (logos) sobre a natureza evolutiva da práxis densamente documentada, a fim de criar maneiras inovadoras de conduzir uma avaliação holística. A densa documentação dos processos de mudança em ação permite não somente o entendimento da transformação como também a criação de conhecimento sobre a transformação no âmbito da avaliação pedagógica.

O critério-chave para um estudo praxeológico é o de permitir o ingresso em uma situação transformacional densamente estudada por meio da documentação, possibilitando, dessa maneira, a entrada na pesquisa, envolvendo os atores centrais e, portanto, permitindo a entrada na participação, revelando simultaneamente a fenomenologia da experiência vivida, os processos de estudo e a participação das pessoas envolvidas e, por meio disso, criando conhecimento praxeológico (OLIVEIRA-FORMOSINHO; FORMOSINHO, 2012).

CESTOS MUSICAIS: DOCUMENTANDO SINTONIA E APRENDIZAGEM

A sala de atividades onde esta situação pedagógica ocorreu era frequentada por crianças de 2 anos. A situação pedagógica que buscamos apresentar e analisar começa com um interesse visível das crianças pelos instrumentos musicais. Após várias experiências com instrumentos musicais, o grupo de crianças gosta de explorá-los, manipulá-los e produzir sons. As crianças demonstram satisfação e autoconfiança durante essas atividades. A fim de valorizar esse interesse, Hélia sugere uma atividade: um cesto musical. Seis crianças envolvem-se na proposta: cinco meninos e uma menina. A atividade foi desenvolvida com base em vários instrumentos musicais: paus-de-chuva, pandeiro, reco-reco de madeira, xilofone de bambu, metalofone, tambor africano, castanholas, maracas, flauta de Pã, apitos de madeira, gaita de boca (harmônica), chocalhos.

Além do interesse visível das crianças por instrumentos musicais, Hélia levou em conta outros critérios para escolher esses instrumentos específicos: o apelo multissensorial e a diversidade cultural que representam. Além disso, tinha em mente os eixos pedagógicos da Pedagogia-em-Participação a fim de garantir oportunidades significativas, integradas e estimulantes ao nível da aprendizagem, desenvolvimento e bem-estar das crianças. A intencionalidade de Hélia foi expressa também em outras decisões pedagógicas:

- *Organização do espaço*: ela cuidadosamente optou por um espaço pedagógico que fosse seguro e confortável e que garantisse oportunidades para movimentos amplos, cheio de luz natural.
- *Organização do grupo*: um pequeno grupo de crianças, o que facilita trocas, jogo social, comunicações.

Isso permite, antes da ação, pensar condições e oportunidades para que cada criança e o grupo possa experienciar, comunicar, representar e dar significado à sua experiência. Essas opções pedagógicas foram guiadas pelos eixos pedagógicos da Pedagogia-em-Participação. De fato, a professora procura basear-se em uma pedagogia explícita que permite pensar a intencionalidade educativa naquilo que se refere a várias dimensões pedagógicas, inclusive a avaliação.

Essa organização pedagógica da situação cria um clima de expectativa e motivação, intensamente revelado pelas crianças, como mostram as notas escritas por Hélia:

Pedro[1] diz a outra criança: "João, silêncio! Hélia vai trazer os cestos. Ela vai! Ela vai..." João diz: "Os cestos! Eiiii" (ele bate palmas e grita) "Hélia! Vem!" Ricardo diz: "Os cestos! Que legal! Hélia, rápido!"

O grupo recebe com prazer os cestos musicais, olhando, tocando, pegando os instrumentos, se aproximando. As crianças expressam, desde o começo, sinais claros de bem-estar e envolvimento. A situação pedagógica criada provoca intensas sensações estéticas – é dinâmica, bela, colorida, envolvente.

As propriedades pedagógicas dos materiais (Figuras 9.2 e 9.3) criaram um profundo envolvimento inicial com a situação e dentro dela. De fato, há uma inquestionável pedagogicidade na materialidade do espaço, disse Paulo Freire a respeito de

---

[1] Os nomes das crianças deste estudo de caso foram mudados a fim de proteger suas privacidades.

FIGURA 9.2 Alguns dos cestos musicais.

FIGURA 9.3 Alguns dos instrumentos musicais.

sua visita a escolas da Rede Municipal de São Paulo, como Secretário de Educação do Estado de São Paulo. Ele escreveu:

> Esse fato chamou minha atenção [...] Como é possível exigir das crianças um respeito mínimo pelo ambiente físico que as rodeia quando as autoridades demonstram absoluta negligência e indiferença pelas instituições públicas que administram? É realmente inacreditável que sejamos incapazes de incluir todos esses elementos em nossa "retórica" sobre educação. Por que essa "retórica" não inclui higiene, limpeza, beleza? Por que ela negligencia o indispensável valor pedagógico da "materialidade" do ambiente escolar?(FREIRE, 1998, p. 48).

Hélia criou um clima de entusiasmo e então se sentou para observar as diferentes reações experienciais das crianças: observando os instrumentos musicais, tocando, pegando e começando a experimentá-los (Figura 9.4). O poder dos objetos pedagógicos é tão intenso que as crianças reagem instantaneamente. Elas são atraídas pelos objetos. Hélia recua, para dar espaço às crianças. Ela permanece atenta a elas – elas sabem que ela está lá, mas não está interferindo. Ela está conectada, mas sem se impor. Ela acredita nos poderes exploratórios das crianças.

As crianças compartilham a motivação, mas mostram diferentes interesses e estilos de exploração (Figura 9.5). Hélia sabe quando passar para a outra fase – uma fase instrumental de exploração de diferentes propriedades de cada instrumento musical: seus sons, suas texturas, suas cores, suas posições no espaço.

Esse é um longo processo, que desafia o entendimento profissional dos professores de permitir os ritmos das crianças e, ao mesmo tempo, aguardar. O *kairos* de cada criança é respeitado. A professora acompanha. A criança "fala" com os seus *sentidos inteligentes* (FORMOSINHO; OLIVEIRA-FORMSINHO, 2008), a professora escuta (Figura 9.6). Criança e professora entram em sintonia. Essa sintonia permitirá a documentação vinculada dos processos de aprendizagem, que é a base da avaliação pedagógica.

Agora vejamos com mais detalhes a documentação editada por Hélia, que revela a situação de aprendizagem de João (Figura 9.7).

João põe a harmônica na boca, mas ela não produz som algum. Ele tira a harmônica da boca e a observa com atenção.

Ele se aproxima da professora e diz: *"Hélia, não toca!"*

Ele põe a harmônica na boca da professora. A professora sopra a harmônica e ela emite um som. João põe de novo a harmônica em sua boca. A professora observa e diz: *"João, você tem que soprar!"*. E suavemente sopra em seu rosto. João fecha os olhos, sopra, mas não consegue produzir som algum.

A professora insiste: *"Sopra! Força!"* e sopra com força em seu rosto. Finalmente, João consegue soprar de maneira correta e emitir um som. Quando consegue fazê-lo, abre seus olhos. Ele olha para a professora, que ergue o polegar, para comemorar seu sucesso. Não é fácil para João ter energia suficiente para tocar a harmônica. A profes-

FIGURA 9.4 As reações experienciais das crianças.

sora acompanha seus movimentos com pequenos sopros de ar em seu rosto e, aos poucos, João ganha fôlego. João consegue diferentes tons. João está tocando a harmônica.

Partindo da descrição, Hélia passa a uma prática interpretativa, usando um conjunto rigoroso de instrumentos pedagógicos de observação que permitem a análise da experiência da criança no nível do bem-estar e do envolvimento (LAEVERS et al., 2005), bem como as experiências de aprendizagem com os eixos pedagógicos da Pedagogia-em-Participação.

Observação do bem-estar: João mostrou sinais muito intensos de bem-estar. Foi possível observar sinais claros de conforto, satisfação, relaxamento, vitalidade, abertura e autoconfiança. João estava em sintonia consigo próprio.

FIGURA 9.5 Explorando as diferentes propriedades dos instrumentos musicais.

FIGURA 9.6 O entendimento profissional da professora de esperar ativamente.

Observação do envolvimento: João mostrou sinais muito intensos de envolvimento, visíveis em sua concentração, energia, persistência, precisão, expressão facial e comentários verbais. O envolvimento de João foi mais do que uma reação inicial: ele reagiu aos novos desafios à medida que surgiram, ao longo da ação.

Observação das experiências de aprendizagem:

1. *Eixo do ser/estar (identidades e relações):* João expressou iniciativa, fez escolhas e organizou suas ações a fim de resolver problemas e realizar intenções

FIGURA 9.7 João e a sequência da harmônica – documentação editada pela professora Hélia.

que ele definiu para si; João interagiu com a professora, aprendeu a respeitar os momentos de intervenção e audição, gostou das descobertas e sensações provocadas pela exploração dos objetos.

2. *Eixo do explorar/comunicar (exploração comunicativa)*: João descreveu suas observações e explorações por meio da linguagem verbal, usou gestos e expressões faciais para comunicar seus interesses (surgimento da linguagem oral); desenvolveu a capacidade de observar e analisar objetos e relacionou a ação sobre os materiais com a produção de efeitos (surgimento de linguagem científica); João aprendeu sobre as características físicas e sonoras dos instrumentos musicais (surgimento da linguagem musical).

Tivemos o privilégio de ver essa situação graças a muitos fatos inter-relacionados. Em primeiro lugar, em virtude de uma identidade muito especial, a identidade profissional de Hélia em ação. Estamos nos referindo a seu senso e sensibilidade, empatia e respeito, que a ajuda a criar uma sintonia muito profunda com o grupo e com cada criança. A jornada profissional de Hélia em companhia orientada para as situações experienciais conjuntas com as crianças cria intersubjetividade (TREVARTHEN, 2011, 2012) com cada criança. Assim, ela percebe o que elas veem, sentem, pensam, esperam, e sintoniza suas respostas às motivações, aos desejos e às expectativas das crianças. Nessa relação de confiança, João vem pedir ajuda a Hélia. Ele confia que ela será responsiva. Ela mostra como ele deve fazer. Ele tenta de novo. Não consegue. Porém, persevera. A inventividade de Hélia cria novas respostas, adaptadas aos modos de aprendizagem das crianças. Ela começou com uma resposta visual e verbal, e então deu uma resposta tátil. Ela sabe que desde uma idade muito precoce as crianças se tornam (ou não) aprendentes bem-sucedidos e apoia a criação de respostas que lhes ajudam a ter sucesso.

A PRÁTICA DE DOCUMENTAÇÃO E AVALIAÇÃO: PRINCÍPIOS NA PRÁTICA

Nessa situação pedagógica, escolhemos três princípios do Credo Pedagógico (apresentado no Capítulo 7) para a prática de documentação e avaliação que nos permitem analisar a maneira pela qual os princípios e as práticas trabalham em uma sinergia coerente, criando oportunidades para o bem-estar, envolvimento e aprendizagem.

Em primeiro lugar, fica claro nesta situação que documentação e avaliação devem ser feitas com referência a contextos, processos e resultados no âmbito de uma aprendizagem cotidiana (Princípio 6). A documentação e a avaliação são centradas em uma situação específica, sem negligenciar as experiências prévias. Não se constituem em um procedimento artificial ou orientado para a mera realização esporádica. Estão centradas na ação cotidiana autêntica.

A professora reflete as várias dimensões pedagógicas do contexto, como a organização do espaço, dos materiais e do grupo. A avaliação pedagógica foca-se no *bem-estar e envolvimento* das crianças, que a professora de educação infantil usou para interpretar e construir significado sobre as experiências da criança, o ambiente educativo e suas práticas. Por fim, há um foco nos resultados. Hélia usou os eixos da Pedagogia-em-Participação para interpretar e dar significado à aprendizagem das crianças. Como afirmado no Capítulo 7, isso se constitui em uma importante base para o aprimoramento dessa aprendizagem, em um espírito cívico de responsabilidade profissional.

Em segundo lugar, essa situação pedagógica nos permite refletir sobre a maneira pela qual a documentação e a avaliação pedagógicas podem sustentar jornadas de aprendizagem individuais (Princípio 7). O fato de que Hélia documentou a situação pedagógica presente neste capítulo nos permite observar, por meio de uma narrativa vívida, o processo experimentado por João e Hélia, para que a criança aprendesse a tocar a harmônica. Acreditamos que, nessa situação em particular, João é reconhecido plenamente como um aprendente competente. A documentação pedagógica antes mostrada permite dizer que Hélia se empenhou no sucesso de João. João estava ciente de seu interesse na situação de aprendizagem; decidiu se envolver de maneira muito motivada, criou um propósito (ele queria aprender a tocar a harmônica); usou sua competência para participar cooperando (aproximou-se de Hélia, confiando que ela podia ajudá-lo a aprender). Persistiu na situação de aprendizagem (experimentou várias vezes, sempre prestando atenção às sugestões de Hélia e ao seu apoio). Identificou e superou suas dificuldades; aceitou-as sem sentimentos de fracasso. Celebrou sua conquista com Hélia.

Por fim, o estudo de caso reconhece a necessidade de a documentação e a avaliação pedagógicas serem (inter)culturalmente relevantes (Princípio 9). A documentação pedagógica claramente revela o respeito pelas identidades plurais das crianças: seus modos idiossincráticos de abordar o mundo, explorar, comunicar e criar significado. A mediação que se sintoniza com esses modos idiossincráticos é primordial. Na verdade, a maneira como Hélia usou sensações táteis para que João aprendesse a tocar a harmônica é uma expressão nítida do respeito pelas jornadas plurais de aprendizagem.

ALGUMAS REFLEXÕES FINAIS

Este estudo de caso nos permite algumas reflexões sobre o papel fundamental da documentação para a avaliação pedagógica. De fato, a documentação pedagógica nos possibilita descrever e interpretar, por meio de textos e imagem, as experiências de crianças e adultos no cotidiano pedagógico em torno da observação, do jogo, da experimentação e da mediação. A documentação pedagógica revela a aprendizagem-em-processo das crianças, tornando também visível a ação intencional do professor. Assim, esse é um processo inter-relacionado de encontros múltiplos que torna visíveis direitos inalienáveis: o direito à aprendizagem tanto de crianças como de adultos. Nesse caso em particular, estamos diante do direito de João e de todas as crianças de ter seus interesses e suas motivações respondidos e sustentados por um adulto atento, intencional e estimulante. Estamos também nos referindo ao direito de Hélia e de todos os profissionais de serem apoiados em jornadas de aprendizagem que certamente influenciarão as jornadas de aprendizagem das crianças.

Em última análise, também estamos falando da oportunidade que essa situação de aprendizagem documentada criou para todos nós aprendermos e sermos inspirados por estas fascinantes jornadas conjuntas.

REFERÊNCIAS

ABOUD, F. *Children and prejudice*. Oxford: Basil Blackwell, 1988.

FORMOSINHO, J.; OLIVEIRA-FORMOSINHO, J. *Pedagogy-in-Participation*: Childhood Association's approach. Lisboa: Aga Khan Foundation, 2008.

FORMOSINHO, J.; OLIVEIRA-FORMOSINHO, J. Towards a social science of the social: the contribution of praxeological research. *European Early Childhood Education Research Journal*, v. 20, n. 4, p. 591-606, 2012.

FREIRE, P. *Pedagogy of freedom*: ethics, democracy and civic courage. Lanham: Rowman & Littlefield, 1998.

LAEVERS, F., et al. *SiCs [ZiCo] – Well-being and involvement in care*: a process-oriented self-evaluation instrument for care settings – manual. Bruxelas/Leuven: Kind & Gezin and Research Centre for Experiential Education, 2005.

MACNAUGHTON, G. *Respect for diversity*: an international perspective. Haia: Bernard Van Leer Foundation, 2006.

OLIVEIRA-FORMOSINHO, J. Pedagogia(s) da infância: reconstruindo uma práxis de participação. In: OLIVEIRA-FORMOSINHO, J.; KISHIMOTO, T.M.; PINAZZA, M. (Ed.). *Pedagogias(s) da Infância*: dialogando com o passado, construindo o futuro. Porto Alegre: Artmed, 2007. p. 13-36.

OLIVEIRA-FORMOSINHO, J.; ARAÚJO, S. B. Early education for diversity: starting from birth. *European Early Childhood Education Research Journal*, v. 19, n. 2, p. 223-235, 2011.

OLIVEIRA-FORMOSINHO, J.; FORMOSINHO, J. Praxeological research in early childhood: a contribution to a social science of the social. *European Early Childhood Education Research Journal*, v. 20, n. 4, special issue, 2012.

PASCAL, C.; BERTRAM, T. Praxis, ethics and power: developing praxeology as a participatory paradigm for early childhood research. *European Early Childhood Education Research Journal*, v. 20, n. 4, p. 477-492, 2012.

TREVARTHEN, C. Finding a place with meaning in a busy human world: how does the story begin, and who helps? *European Early Childhood Education Research Journal*, v. 20, n. 3, p. 303-312, 2012.

TREVARTHEN, C. What young children give to their learning, making education work to sustain a community and its culture. *European Early Childhood Education Research Journal*, v. 19, n. 2, p. 173-193, 2011.

10

Estudo de caso 3

Avaliação da qualidade: comparação entre um ambiente educativo transmissivo e um ambiente educativo participativo

Inês Machado e Júlia Oliveira-Formosinho

CONTEXTUALIZAÇÃO PEDAGÓGICA

O contexto deste estudo é o de uma dissertação de mestrado em educação infantil chamada *Avaliação da qualidade em creche: um estudo de caso sobre o bem-estar das crianças*, defendida no Instituto de Educação da Universidade do Minho, em Braga (MACHADO, 2014).[1]

Pretendeu-se compreender a importância que a avaliação e a monitoração da qualidade do ambiente educativo em creche têm para a avaliação das aprendizagens das crianças, bem como apurar e comparar os níveis de bem-estar que as crianças experienciam em contextos com diferentes propostas pedagógicas.

As perguntas iniciais que guiaram a investigação foram: Quais os níveis de bem-estar das crianças que experienciam um contexto onde a Pedagogia-em-Participação é praticada? Quais os níveis de bem-estar das crianças que experienciam um contexto que pratica uma pedagogia transmissiva?

Ao longo deste capítulo, também são discutidos os seguintes aspectos:
- A necessidade de estudos praxeológicos que levem em conta a especificidade das pedagogias usadas nas salas de educação infantil como uma variável central para a compreensão das diferenças nas aprendizagens das crianças.
- A necessidade de a avaliação e monitoração da qualidade das aprendizagens das crianças ser antecedida pela avaliação e monitoração da qualidade do ambiente educativo.
- A necessidade de a pedagogia desenvolvida ser monitorada pela investigação.

---

[1]Esta dissertação de mestrado foi defendida em 2014 por Inês Machado, formadora em contexto na Fundação Aga Khan.

Uma das lacunas da investigação sobre os efeitos da educação infantil é o fato de ela não levar em conta uma variável central: as abordagens pedagógicas específicas que são praticadas nas salas de educação infantil estudadas. Levar em consideração a abordagem desenvolvida é essencial para compreender tanto o pensamento e a aprendizagem das crianças quanto a ação profissional dos educadores infantis.

Existem muito poucos estudos que analisam as perspectivas das crianças sobre a relação entre o papel dos educadores e a natureza da pedagogia que as crianças estão experienciando (OLIVEIRA-FORMOSINHO; LINO, 2008). Também são poucos os estudos sobre a relação entre as perspectivas das crianças e os estilos de interação educativa (OLIVEIRA-FORMOSINHO; ARAÚJO, 2004) ou ainda sobre o contraste de tudo isso com as perspectivas dos educadores infantis.

Os estudos praxeológicos, diferentemente da maior parte dos outros, preenchem esta lacuna ao contrastar as perspectivas das crianças que vivenciam uma pedagogia participativa com as perspectivas das crianças que experienciam uma pedagogia transmissiva.

A aprendizagem das crianças é contextual, e uma parte substancial desse contexto é influenciada pela qualidade do ambiente educativo. Assim, constitui-se em desafio ético avaliar o ambiente educativo antes de avaliar a aprendizagem das crianças. Este é um requisito ético expresso no sexto princípio para documentação e avaliação pedagógica na educação infantil, um dos 12 princípios que constam do Capítulo 7 deste livro.

Neste estudo, avaliou-se primeiro a qualidade dos espaços e materiais pedagógicos, bem como dos tempos pedagógicos, em contextos educacionais que utilizam diferentes abordagens pedagógicas. Depois, observou-se e avaliou-se o bem-estar das crianças e das suas aprendizagens nos dois contextos. Ambas as abordagens pedagógicas praticadas nos contextos de sala observados refletem uma escolha por parte das educadoras infantis, visto estarem inseridas no mesmo contexto de centro educacional.

Um dos contextos educacionais (denominado *sala A*) pratica a Pedagogia-em--Participação (FORMOSINHO; OLIVEIRA-FORMOSINHO, 2008; OLIVEIRA--FORMOSINHO; FORMOSINHO, 2012b) – a abordagem pedagógica da Associação Criança. Esta pedagogia pertence à família das pedagogias participativas, e o seu quadro teórico é comum à educação infantil (3 aos 6 anos) e à educação em contexto de creche (0 aos 3 anos). As finalidades educativas e a imagem de criança têm um fundamento teórico comum para a educação das crianças dos 0 aos 6 anos, com um *ethos* democrático e participativo (OLIVEIRA-FORMOSINHO, 2014; OLIVEIRA-FORMOSINHO; FORMOSINHO, 2016).

Nesta perspectiva pedagógica, o centro de educação infantil e as equipes educativas têm um papel de *conscientização* (FREIRE, 1970). Por meio da análise, do diálogo e da transformação, podem fazer uma jornada de crescimento no respeito pelas crianças e adultos, no reconhecimento das diferenças (sejam elas étnicas, linguísticas, culturais, raciais, de gênero, de condição social, ou de personalidade), na inclusão das diferenças (integrando a diferença e combatendo a discriminação e as desigualdades) e no incentivo à vivência dos princípios e valores democráticos no cotidiano (FORMOSINHO; MACHADO, 2007).

Estes processos democráticos têm por objetivo cultivar uma imagem de pessoa humana com direitos e deveres que se desenvolve a partir de uma criança que experiencia esses mesmos direitos e deveres. De fato, esta perspectiva educativa "advoga o poder de ação e a competência participativa de todas as crianças, sem reservas suscitadas por qualquer condição idiossincrática" (ARAÚJO; COSTA, 2010, p. 8). Os adultos que trabalham com crianças também são considerados pessoas com direitos participativos.

A Pedagogia-em-Participação considera que a pedagogia só consegue fazer a integração de todas as diversidades quando olha e escuta as crianças, documenta a sua ação e usa essa documentação para desenvolver a práxis. Tem sido demonstrado que este é um projeto atingível se for possível reconstruir, por meio de Formação em Contexto, o pensamento pedagógico em ação (OLIVEIRA-FORMOSINHO, 1998; OLIVEIRA-FORMOSINHO; KISHIMOTO, 2002; OLIVEIRA-FORMOSINHO, 2016).

A Pedagogia-em-Participação desenvolveu a sua própria conceitualização do ambiente educativo, das suas dimensões pedagógicas e suas interfaces:

> Para desenvolver a Pedagogia-em-Participação como um processo de escuta responsiva e sensível, é necessário pensar as diversas dimensões da pedagogia – os espaços, materiais e tempos pedagógicos; a organização dos grupos; a qualidade das relações e interações; a observação, a planificação e a avaliação da aprendizagem; as atividades e projetos que trazem vida e experiência à coconstrução da aprendizagem; a documentação pedagógica que cria memória, aprendizagem e meta-aprendizagem; o envolvimento dos pais, famílias e comunidades.
>
> (OLIVEIRA-FORMOSINHO; FORMOSINHO, 2012b, p. 24–25)

O contexto de sala denominado *sala B* utiliza uma pedagogia orientada por uma perspectiva transmissiva. A pedagogia transmissiva fundamenta-se na base de um *currículo pronto-para-vestir de tamanho único* (FORMOSINHO, 2007) sustentado no pensamento iluminista e que tem como "pressuposto organizacional fundamental a centralização: cabe aos serviços centrais a concepção e às escolas e aos professores, a execução" (FORMOSINHO, 2007, p. 19). Este currículo defende que o conjunto de conhecimentos pré-organizado por meio de materiais pré-organizados deve ser ensinado a todos de maneira uniforme, independentemente das identidades e dos ritmos de aprendizagem diferenciados. O currículo uniforme leva a uma pedagogia uniforme. Essa pedagogia não considera as efetivas diferenças que existem entre as diferentes crianças e os diferentes profissionais (FORMOSINHO, 2007).

Oliveira-Formosinho (2007) mostra, por meio de um quadro comparativo, que esta pedagogia transmissiva se concentra na aquisição de capacidades pré-acadêmicas, na aceleração da aprendizagem e em um modelo de compensação de déficits. Os educadores prescrevem objetivos e tarefas, fornecem informação a partir de materiais estruturados, moldam comportamentos e avaliam apenas os resultados. As crianças têm uma função respondente. Mediante uma atitude passiva inculcada, a criança recebe informação, memoriza e performa. Este é o início da inculcação da passividade cultural e cívica por meio da passividade educativa (FORMOSINHO, 1987).

As imagens de criança, de educação e de educador que advêm da pedagogia transmissiva refletem uma orientação "[...] mais para a obediência do que para a liberdade, mais para a submissão do que para a participação" (FORMOSINHO; MACHADO, 2007, p. 314).

CONTEXTUALIZAÇÃO METODOLÓGICA

No âmbito dos objetivos definidos para este estudo, o paradigma que sustenta a metodologia desta investigação é o qualitativo (LESSARD-HÉBERT et al., 2012; LINCOLN; GUBA, 1985), e o método é um estudo de caso praxeológico, de natureza observacional.

Recentemente, a revista da European Early Childhood Education Research Association (EECERA) publicou uma edição especial sobre a investigação praxeológica (OLIVEIRA-FORMOSINHO; FORMOSINHO, 2012a), demonstrando o elevado potencial que ela tem para a compreensão da transformação da realidade educacional e da sua correlativa construção do conhecimento. Nessa edição, além de uma densa teorização (FORMOSINHO; OLIVEIRA-FORMOSINHO, 2012; PASCAL; BERTRAM, 2012), são apresentados três estudos de caso que mostram a utilidade de investigar a intervenção educacional em diferentes níveis: o papel da Formação em Contexto e da Pedagogia-em-Participação para o bem-estar das crianças (PINAZZA, 2012); a interatividade entre a aprendizagem dos profissionais e a aprendizagem das crianças (ARAÚJO, 2012); e a assertividade de uma organização e sua equipe de profissionais, apoiados por docentes da Faculdade de Educação da Universidade de São Paulo, trabalhando no desenvolvimento da qualidade de serviços de cuidados a crianças em creche (KISHIMOTO, 2012).

A investigação praxeológica constitui-se em uma forma de procura de uma "ciência social para o social", de uma "ciência educacional para o educacional" (FORMOSINHO; OLIVEIRA-FORMOSINHO, 2012, p. 591) que permite monitorar o processo de transformação e, mediante uma densa, organizada e analisada documentação da ação, sustentar a construção do conhecimento. Esta poderá ser a resposta à necessidade, referida no início, de a pedagogia praticada, quer com crianças quer com adultos, ser monitorada pela investigação.

Entre os caminhos que tem percorrido na investigação, a Pedagogia-em-Participação propõe a investigação praxeológica (FORMOSINHO; OLIVEIRA-FORMOSINHO, 2012) como uma forma de revisitação da investigação-ação para responder aos desafios que os analistas da investigação-ação foram apresentando a este método de pesquisa (REASON; BRADBURY, 2001; NOFFKE; SOMEKH, 2010). Tem sido reconhecida a importância vital para a inovação educacional que advém da investigação-ação (MÁXIMO-ESTEVES, 2008), mas tem sido também salientada a necessidade de rigor nos processos de inovação desenvolvidos no âmbito da investigação-ação e no seu relato. A investigação praxeológica apresenta-se como uma possibilidade de conquistar rigor nos processos investigativos da transformação, sem perder o seu caráter de inovação (FORMOSINHO; OLIVEIRA-FORMOSINHO, 2012; PASCAL; BERTRAM, 2012). A investigação praxeológica, onde se enquadra o presente estudo, é um meio para monitorar a transformação, mas também para comparar resultados dos processos transformativos.

Para o desenvolvimento da investigação, foram coletados os documentos disponíveis na instituição para ajudar na caracterização geral dos contextos; no entanto, os *instrumentos pedagógicos de observação* (OLIVEIRA-FORMOSINHO, 2009) e as notas de campo foram os instrumentos principais para a coleta de informações.

A observação foi a técnica central deste estudo: além da observação naturalista que foi a base principal das notas de campo utilizadas, a observação semiestruturada também foi usada, orientada por instrumentos pedagógicos de observação (OLIVEIRA-FORMOSINHO, 2009). A documentação fotográfica foi um complemento da observação.

Foram utilizados dois formatos semiestruturados de observação: o PQA – HighScope Program Quality Assessment (HIGHSCOPE EDUCATIONAL RESEARCH FOUNDATION, 2000) e o instrumento de observação do bem-estar da criança (LAEVERS et al., 2005).

O PQA é um instrumento de observação que providencia informação sobre o ambiente educativo em creche, permitindo a monitoração sistemática da sua qualidade e o consequente planejamento adequado das atividades diárias. Pode também ter um papel facilitador na comunicação eficaz com as famílias e na formação das equipes educativas para assegurar a qualidade dos centros de educação infantil que providenciam cuidados e educação em creche. O instrumento é composto por sete domínios, em que cada um contém itens que se dividem em indicadores específicos de práticas "exemplares". Cada item é avaliado individualmente em uma escala ascendente de 5 pontos que vai representando o grau de qualidade que lhe é atribuído no programa. A pontuação dos itens está organizada para que, no final da utilização do instrumento, seja possível criar um perfil de qualidade geral do programa que foi avaliado. Este instrumento possibilita também utilizar apenas alguns dos seus domínios para se obter informações específicas.

Nesta investigação, para se estudar os ambientes das duas salas, optou-se pelo enfoque em duas dimensões pedagógicas específicas. O PQA foi utilizado a fim de permitir a caracterização e a avaliação da qualidade dos espaços, dos materiais, dos horários e rotinas dos dois contextos educacionais estudados.

Como o principal objetivo desta investigação é o estudo da avaliação da qualidade em contextos de creche, foi utilizado o instrumento pedagógico de observação do bem-estar da criança (LAEVERS et al., 2005). Esse instrumento foi desenvolvido pela equipe de Ferre Laevers da Universidade de Leuven, na Bélgica; a sua utilização em diferentes contextos oferece a possibilidade de comparar os dados sob diversas perspectivas e também a de avaliar e monitorar a qualidade dos contextos.

Este instrumento dispõe de sete indicadores de bem-estar da criança: satisfação; relaxamento; paz interior; vitalidade; abertura; autoconfiança; e estar em sintonia consigo própria. Os indicadores revelam-se por sinais comportamentais que a criança evidencia e que o educador/investigador observa, registra e incorpora na documentação pedagógica sobre o que a criança está fazendo. Com esses dados, é possível analisar e atribuir níveis de bem-estar (a partir de uma escala Likert, com pontuação de 1 a 5) que podem ajudar a interpretar melhor a situação de bem-estar em que a criança se encontra.

Nesta investigação, a utilização deste instrumento pedagógico de observação permitiu coletar informações sobre os níveis de bem-estar que as crianças experienciam em contextos de sala com diferentes abordagens do processo de ensino-aprendizagem e das suas práticas pedagógicas diárias.

As observações das crianças foram realizadas mediante o consentimento por escrito dos seus pais ou responsáveis. Foi assegurado o anonimato das crianças, das educadoras e auxiliares, bem como da instituição. O critério para a ética da investigação enquadra-se no Código de Ética da EECERA para a Investigação da Infância (EECERA, 2015), disponível no *website* da EECERA,[2] tendo-se revelado muito útil para este estudo.

Foi utilizada a estatística descritiva para analisar as informações coletadas. Esta proporcionou a criação de gráficos que ajudaram na compreensão mais profunda dos dois contextos educacionais.

A triangulação dos dados, que garante a validade do estudo, foi alcançada por meio do cruzamento de dados obtidos pelas diferentes técnicas utilizadas – as notas de campo, a documentação fotográfica e os dados das observações naturalistas e das observações semiestruturadas (com recurso ao PQA e ao instrumento pedagógico de observação do bem-estar das crianças).

APRESENTAÇÃO DOS DADOS DA INVESTIGAÇÃO

Em relação ao *estudo dos ambientes educativos* das salas, realizaram-se observações para apurar a qualidade dos espaços e materiais pedagógicos, bem como dos tempos pedagógicos. A análise das plantas das salas, da documentação fotográfica dos espaços, materiais e rotina diária e ainda das notas de campo permitiu a atribuição de níveis para cada indicador no que se refere às categorias de "ambiente

---

[2]Código de Ética da EECERA. Disponível em: http://www.eecera.org/custom/uploads/2016/07/EECERA-Ethical-Code.pdf

físico" e de "planos e rotinas" do PQA. Os dados encontrados resultaram em uma pontuação média para a organização do espaço, dos materiais e dos tempos pedagógicos para cada contexto de sala.

Na sala A, que pratica a Pedagogia-em-Participação, a pontuação média encontrada em relação à organização do espaço e materiais foi de 4,25 e, em relação ao tempo pedagógico, foi de 4,78, revelando-se muito elevadas e refletindo uma alta qualidade dos serviços educativos que são proporcionados às crianças no que diz respeito a estas categorias do ambiente educativo.

Na sala B, que se enquadra na tradição educativa transmissiva, a pontuação média encontrada em relação à organização do espaço e materiais foi de 2,38 e, em relação ao tempo pedagógico, foi de 2,00, revelando-se muito baixas e refletindo uma baixa qualidade dos serviços educativos que são proporcionados às crianças no que diz respeito a estas categorias do ambiente educativo.

Em relação ao *estudo do bem-estar das crianças*, pretendeu-se apurar os níveis de bem-estar que as crianças experienciam em contextos de sala com diferentes abordagens pedagógicas. Para tanto, utilizou-se o instrumento de observação do bem-estar da criança.

A sala A, que utiliza a Pedagogia-em-Participação, é composta por uma educadora, uma auxiliar e oito crianças de 1 ano, das quais foram observadas seis. A sala B, que utiliza uma pedagogia de tendência transmissiva, é composta por uma educadora, uma auxiliar e dez crianças de 1 ano, das quais foram observadas também seis.

Cada criança que fez parte deste estudo foi observada seis vezes em um dia, em segmentos de três minutos, perfazendo um total de 18 minutos diários, em momentos distintos da rotina: acolhimento, atividades conduzidas pela educadora, atividades de escolha da criança, recreio e almoço. No total, foram observadas 12 crianças: seis crianças no contexto de tendência transmissiva e seis crianças no contexto participativo. Todas as crianças tinham 1 ano de idade e para cada contexto foram escolhidas aleatoriamente três crianças do sexo feminino e três crianças do sexo masculino.

As observações nos dois contextos educacionais foram documentadas fotograficamente e por escrito (descrições rigorosas da ação da criança, sem qualquer tipo de inferência). Esses registros (fotográficos e escritos) foram incorporados em tabelas para a organização da informação coletada e para a análise reflexiva com os indicadores de bem-estar, permitindo a posterior atribuição de níveis de bem-estar das crianças.

As informações coletados foram as seguintes: na sala A, que pratica a Pedagogia-em-Participação, o uso do instrumento pedagógico de observação revelou que os níveis de bem-estar das seis crianças observadas são muito elevados (Figura 10.1). O total dos níveis de bem-estar observados resulta em uma pontuação média de 4,61. Na sala B, que pratica uma pedagogia de tendência transmissiva, o uso do instrumento pedagógico de observação revelou que os níveis de bem-estar das seis crianças observadas são baixos (Figura 10.2). O total dos níveis de bem-estar observados resulta em uma pontuação média de 2,22.

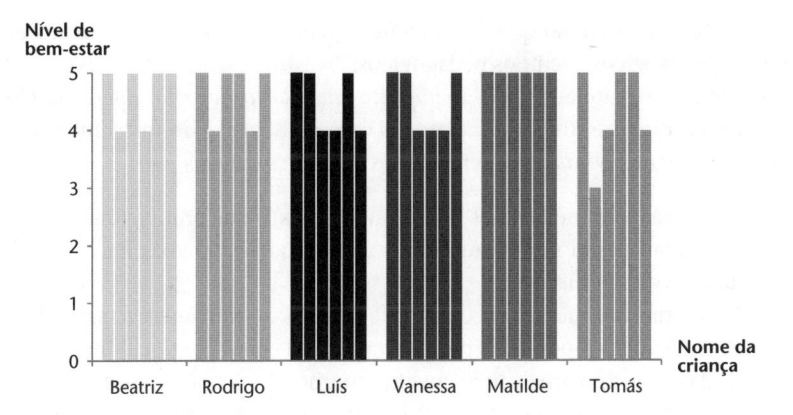

FIGURA 10.1 Níveis de bem-estar de cada criança observada na sala A (sala que pratica a Pedagogia-em-Participação).

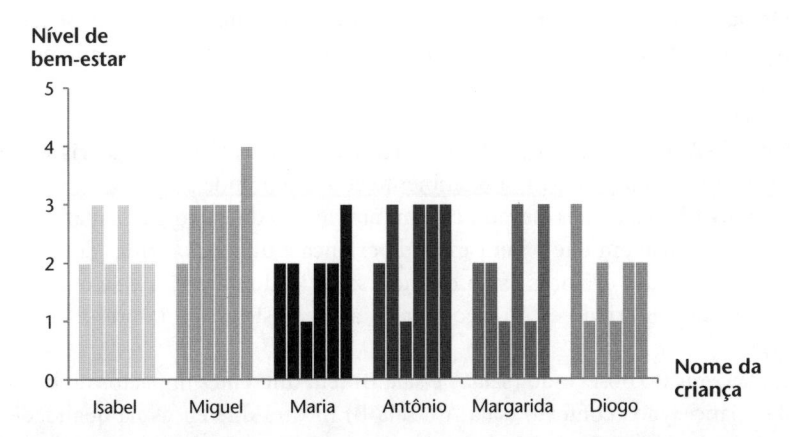

FIGURA 10.2 Níveis de bem-estar de cada criança observada na sala B (sala que pratica uma pedagogia de tendência transmissiva).

ANÁLISE E INTERPRETAÇÃO DOS DADOS OBTIDOS NA INVESTIGAÇÃO

Em relação à *avaliação da qualidade dos ambientes educativos,* nas categorias analisadas com o PQA, os dados coletados revelam que a sala A (que pratica a Pedagogia-em-Participação) apresenta uma pontuação média de qualidade do ambiente educativo mais elevada do que a sala B (onde se pratica uma pedagogia de tendência transmissiva). Esses dados podem nos remeter para uma relação entre a pedagogia praticada (e o acesso que ela dá ao desenvolvimento dos profissionais) e a qualidade do ambiente educativo, no que diz respeito à qualidade dos espaços pedagógicos, materiais pedagógicos e tempos pedagógicos.

No que diz respeito ao *estudo do impacto que duas pedagogias diferentes têm no bem-estar das crianças*, os dados coletados com a utilização do instrumento pedagógico de observação nos permitem tirar as seguintes conclusões:

- As pontuações médias observadas no contexto que pratica uma pedagogia participativa são muito superiores às pontuações médias encontradas no contexto transmissivo.
- As pontuações médias encontradas no contexto transmissivo são inferiores aos 3,63 pontos apontados por Laevers (2011) como ponto médio de bem-estar da criança em um estudo que incorporou 12.000 episódios de observação.
- No contexto que pratica a Pedagogia-em-Participação, as pontuações observadas revelaram-se superiores a esse mesmo ponto médio definido por Laevers (2011).

Os dados coletados parecem apontar para a conclusão de que o bem-estar da criança pode variar conforme a pedagogia específica que é praticada no contexto educacional onde ela está integrada (avaliado nesta investigação por meio do PQA).

Considera-se importante refletir acerca das razões pelas quais a criança tem um bem-estar menos elevado no ambiente educativo onde se pratica uma pedagogia transmissiva e mais elevado em um ambiente educativo participativo. Laevers (2011) considera que o bem-estar da criança é uma das formas de medir se as experiências das crianças estão criando significado para elas e se o ambiente de aprendizagem criado está respondendo às necessidades e interesses de cada criança.

Cada contexto observado (sala A e sala B) tem diferentes impactos no bem-estar da criança; cada contexto (sala A e sala B) mostra diferenças na qualidade do ambiente educativo. Os dados deste estudo confirmam as conclusões de estudos anteriores sob a égide da Pedagogia-em-Participação. Estes mostram claramente que as dimensões pedagógicas do ambiente educativo tais como o espaço, os materiais, o tempo, as interações, o planejamento, a documentação e a avaliação têm um impacto interativo na aprendizagem das crianças (OLIVEIRA-FORMOSINHO, 1998; AZEVEDO, 2009; ARAÚJO, 2011).

Usando o conceito de Júlia Oliveira-Formosinho, pode-se dizer que o bem-estar é *um estado e não um traço*, o que significa que é altamente dependente da natureza do contexto educacional, e não apenas da natureza da criança. Isso representa um desafio para os profissionais, para os formadores e para a investigação. É necessária mais pesquisa que compare os sentimentos, as cognições e as ações das crianças em ambientes que diferem na abordagem pedagógica específica para a aprendizagem e para a vivência em diferentes contextos educacionais.

Uma revisão da investigação realizada por Araújo (2011) mostra que é altamente provável que esta variável (a especificidade da pedagogia praticada no contexto educacional) tenha um grande impacto no bem-estar das crianças e que tal variável tem sido negligenciada em estudos de investigação. As intervenções educacionais da Associação Criança, por meio da Formação em Contexto (OLIVEIRA-FORMOSINHO, 1998; OLIVEIRA-FORMOSINHO; FORMOSINHO, 2001; OLIVEIRA-FORMOSINHO, 2016), têm-se concentrado na ideia central de que a prestação de serviços qualidade a crianças e famílias precisa criar uma práxis dinâmica aberta à transformação. Essa transformação precisa da mediação pedagógica a partir do desenvolvimento profissional situado e da monitoração da mudança por meio de investigação praxeológica. A experiência educacional vivida pelas crianças na creche depende da práxis pedagógica vivida diariamente.

CONCLUSÕES

As pedagogias participativas colocam no centro o respeito pela criança desde o seu nascimento (OLIVEIRA-FORMOSINHO; ARAÚJO, 2011), o que implica a promoção do seu bem-estar.

Os dados coletados nos dois contextos educacionais de sala desta investigação são bastante discrepantes e revelam o impacto que a prática de diferentes tipos de pedagogias tem no desenvolvimento do bem-estar das crianças. Tal conclusão nos encoraja a pensar que o bem-estar é uma variável contextual, influenciada pela qualidade geral do serviço educativo prestado e pela pedagogia específica que é praticada.

Segundo Laevers (2011, p. 2), "[...] níveis elevados de bem-estar conduzem no final a níveis elevados de desenvolvimento da criança", motivo pelo qual é importante que os profissionais tenham consciência da necessidade de proporcionar a cada criança um ambiente educativo de qualidade onde ela possa crescer e aprender com bem-estar.

Entre os princípios apresentados no Capítulo 7 deste livro, o sexto princípio para a documentação e avaliação pedagógica na educação infantil afirma que "[...] a documentação e a avaliação devem ser contextualizadas e situadas," ou seja, deve ser ecológica. Por isso, antes de documentar e avaliar a aprendizagem das crianças, os profissionais devem avaliar a qualidade dos contextos da aprendizagem, dos ambientes educativos e das oportunidades proporcionadas a todas as crianças e a cada uma. Sabe-se que a autoavaliação é um fator contribuinte central para a qualidade educacional. Este princípio afirma que o conhecimento prático rigoroso é indispensável ao desenvolvimento da monitoração do ambiente educativo, das oportunidades que estão, ou não estão, sendo proporcionadas e das aprendizagens das crianças.

Aqui surge o problema central da formação dos profissionais: qual é o acesso que a formação proporciona aos profissionais sobre o pensamento e a prática de pedagogias participativas? Qual é o acesso que a formação dá aos profissionais sobre o desenvolvimento de formas de avaliar e monitorar os contextos de aprendizagem? Que tipo de formação pode ser mais eficaz?

Para responder ao desafio de uma pedagogia da infância participativa, temos que responder ao desafio de uma pedagogia do adulto de natureza participativa (OLIVEIRA-FORMOSINHO, 1998). A pesquisa precisa sustentar ambos os processos e proporcionar informação sobre práticas transformativas.

REFERÊNCIAS

ARAÚJO, S. B.; COSTA, H. Pedagogia-em-Participação em creche: concretizando o respeito pela competência da criança. *Cadernos de Educação de Infância – Revista da Associação de Profissionais de Educação de Infância*, n. 91, p. 8–10, 2010.

ARAÚJO, S. B. *Pedagogia em creche: da avaliação da qualidade à transformação praxiológica*. 2011. Tese (Doutorado em Estudos da Criança – Especialização em Metodologia e Supervisão da Educação de Infância) – Universidade do Minho, Braga, 2011.

ARAÚJO, S. B. Researching change: a praxeological case study on toddlers' educational contexts. *European Early Childhood Education Research Journal*, v. 20, n. 4, p. 505-517, 2012.

AZEVEDO, A. *Revelando as aprendizagens das crianças*: a documentação pedagógica. 2009. Tese (Mestrado em Educação de Infância) – Universidade do Minho, Braga, 2009.

EUROPEAN EARLY CHILDHOOD EDUCATION RESEARCH ASSOCIATION. *Ethical code for early childhood researchers*. Birmingham: EECERA, 2015. Disponível em: <http://www.eecera.org/wp-content/uploads/2016/07/EECERA-Ethical-Code.pdf>. Acesso em: 5 abr. 2015.

FORMOSINHO, J. *Educating for passivity – a study of Portuguese education, 1926-68*. 1987. Dissertation (phD) – University of London, Institute of Education, London, 1987.

FORMOSINHO, J. *O currículo uniforme pronto-a--vestir de tamanho único*. Mangualde: Pedago, 2007.

FORMOSINHO, J.; MACHADO, J. Anónimo do século XX: A construção da pedagogia burocrática. In: OLIVEIRA-FORMOSINHO, J;. KISHIMOTO, T. M; PINAZZA, M.A. (Eds). *Pedagogia(s) da Infância*: dialogando com o passado, construindo o futuro. Porto Alegre: Artmed, 2007. p. 292-328.

FORMOSINHO, J.; OLIVEIRA-FORMOSINHO, J. *Childhood Association's approach. Research Report*. Lisbon: Aga Khan Foundation, 2008.

FORMOSINHO, J.; OLIVEIRA-FORMOSINHO, J. Towards a social science of the social: the contribution of praxeological research. *European Early Childhood Education Research Journal*, v. 20, n. 4, p. 591-606, 2012.

FREIRE, P. *Pedagogia do oprimido*. São Paulo: Paz e Terra, 1970.

HIGHSCOPE EDUCATIONAL RESEARCH FOUNDATION. *HighScope Program Quality Assessment*: infant/toddler version. Ypsilanti: HighScope Educational Research Foundation, 2000.

KISHIMOTO, T. The integration of care and education: a case study concerning the problem of noise. *European Early Childhood Education Research Journal*, v. 20, n. 4, p. 493-503, 2012.

LAEVERS, F. Experiential education: making care and education more effective through well-being and involvement. In: LAEVERS, F.; HEYLEN, L. (Eds.). *Involvement of children and teacher style, insights from an international study on experiential education*. Leuven: University Press, 2005. p. 13–24. (Studia Paedagogica, 35).

LAEVERS, F. Experiential education: making care and education more effective through well-being and involvement. In: R.E. Tremblay, R. E. et al. *Encyclopedia on early childhood development*. Montreal: Centre of Excellence for Early Childhood Development, 2011. Disponível em: <www.child-encyclopedia.com/documents/LaeversANGxp1.pdf>. Acesso em: 5 mar. 2015

LAEVERS, F., et al. *SICs [ZICo] Well-Being and involvement in care*: a process-oriented self-evaluation instrument for care settings [Manual]. Leuven: Research Centre for Experiential Education, Leuven University, 2005.

LESSARD-HÉBERT, M., GOYETTE, G.; BOUTIN, G. *Investigação qualitativa*: fundamentos e práticas. Lisboa: Instituto Piaget, 2012. (Epistemologia e Sociedade).

LINCOLN, Y. S.; GUBA, E. G. *Naturalistic inquiry*. Beverly Hills: Sage, 1985.

MACHADO, I. *Avaliação da qualidade em creche*: um estudo de caso sobre o bem-estar das crianças. 2014. Tese (Mestrado em Educação de Infância – Especialização em e Supervisão e Pedagogia da Infância) – Instituto de Educação da Universidade do Minho, Braga, 2014.

MÁXIMO-ESTEVES, L. *Visão panorâmica da investigação-acção* Porto: Porto, 2008. (Infância, 13).

NOFFKE, S.; SOMEKH, B. (Eds.). *The sage handbook of educational action research*. London: Sage, 2010.

OLIVEIRA-FORMOSINHO, J. A avaliação holística: A proposta da Pedagogia-em-Participação. *Revista Interacções*, v. 10, n. 32, p. 27-39, 2014.

OLIVEIRA-FORMOSINHO, J. (Coord.). *Desenvolvendo a qualidade em parcerias*: estudos de caso. Lisboa: Direção-Geral de Inovação e de Desenvolvimento Curricular, Ministério da Educação, 2009.

OLIVEIRA-FORMOSINHO, J.; ARAÚJO, S. B. Children's perspectives about pedagogical interactions. *European Early Childhood Education Research Journal*, v. 12, n. 1, p. 103-114, 2004.

OLIVEIRA-FORMOSINHO, J.; ARAÚJO, S. B. Early education for diversity: starting from birth. *European Early Childhood Education Research Journal*, v. 19, n. 2, p. 223-235, 2011.

OLIVEIRA-FORMOSINHO, J.; FORMOSINHO, J. *Associação Criança*: um contexto de formação em contexto. Braga: Minho, 2001.

OLIVEIRA-FORMOSINHO, J.; FORMOSINHO, J. *Pedagogy-in-Participation*: childhood association educational perspective. Porto: Porto, 2012b.

OLIVEIRA-FORMOSINHO, J.; FORMOSINHO, J. Pedagogy-in-Participation: the search for a holistic praxis. In: OLIVEIRA-FORMOSINHO, J.; PASCAL, C. (Eds.). *Assessment and evaluation for transformation in early childhood*. London: Routledge, 2016. p. 26-55.

OLIVEIRA-FORMOSINHO, J.; FORMOSINHO, J. Praxeological research in early childhood: a contribution to a social science of the social. *European Early Childhood Education Research Journal*, v. 20, n. 4 (special issue), 2012a.

OLIVEIRA-FORMOSINHO, J.; KISHIMOTO, T. (Eds.). *Formação em contexto*: uma estratégia de integração. São Paulo: Thompson Learning, 2002.

OLIVEIRA-FORMOSINHO, J.; PASCAL, C. *Assessment and evaluation for transformation in early childhood*. London: Routledge, 2016.

OLIVEIRA-FORMOSINHO, J. A formação em contexto: a mediação do desenvolvimento profissional praxiológico. In: CANCIAN, V. A; GALLINA, S. F. S.; WESCHENFELDER, N. (Org.). *Pedagogias das infâncias, crianças e docências na educação infantil*. Brasília: Ministério da Educação, 2016.

OLIVEIRA-FORMOSINHO, J. *O desenvolvimento profissional das educadoras de infância*: um estudo de caso. 1998. Tese (Doutorado em Estudos da Criança) – Universidade do Minho, Braga, Portugal, 1998.

OLIVEIRA-FORMOSINHO, J. Pedagogia(s) da infância: reconstruindo uma práxis de participação. In: OLIVEIRA-FORMOSINHO, J.; KISHIMOTO, T.; PINAZZA, M. (Eds.). *Pedagogia(s) da infância*: dialogando com o passado, construindo o futuro. Porto Alegre: Artmed, 2007. p. 13-36.

OLIVEIRA-FORMOSINHO, J.; LINO, D. Os papéis das educadoras: as perspetivas das crianças. *Educação em foco*, v. 13, n. 2, p. 9-29, 2008.

PASCAL, C.; BERTRAM, T. Praxis, ethics and power: developing praxeology as a participatory paradigm for early childhood research. *European Early Childhood Education Research Journal*, v. 20, n. 4, p. 477-492, 2012.

PINAZZA, M. A. The right of young children to well-being: a case study of a crèche in Portugal. *European Early Childhood Education Research Journal* v. 20, n. 4, p. 577-590, 2012.

REASON, P.; BRADBURY, H. *Handbook of action research*: participative inquiry & practice. London: Sage, 2001.

11

Estudo de caso 4

Como trazer as vozes das crianças para os relatórios de avaliação? Uma proposta de trabalho realizada em duas escolas municipais de educação infantil de São Paulo

Maria Malta Campos e Cristina Aparecida Colasanto

Este estudo é baseado nos dados de uma pesquisa-ação desenvolvida em duas escolas municipais de educação infantil de São Paulo, nos anos de 2011/2012.[1] Este capítulo descreve de que forma, a partir de uma questão inicial mais ambiciosa a respeito de como a criança participa de seu próprio processo de avaliação, o foco da pesquisa teve de ser alterado para poder responder questões mais simples, quando a realidade das duas escolas se tornou mais concreta para a pesquisadora. Algumas das questões formuladas posteriormente tratavam de como modificar as práticas das professoras no espaço da sala, de modo a possibilitar que as crianças fossem ouvidas, fazendo com que suas vozes fossem incluídas nos relatórios de avaliação. Ao longo desse processo, sucessivas observações da prática cotidiana foram documentadas, e o significado que lhes era atribuído pelas professoras teve de ser explorado e transformado.

A pesquisa-ação seguiu uma metodologia baseada no trabalho de Thiollent (2004). Ela consistiu em uma intervenção pedagógica realizada pela pesquisadora com a participação voluntária de dois grupos de educadoras (professoras e coordenadoras pedagógicas[2]) das duas escolas de educação infantil. Os dois grupos introduziram mudanças em suas práticas, documentaram essas mudanças e desenvolve-

---

[1] Esta pesquisa foi descrita e analisada na tese de doutorado de Cristina Aparecida Colasanto, que é coordenadora pedagógica da Secretaria Municipal de Educação de São Paulo. Maria Malta Campos foi sua orientadora no Programa de Graduação em Educação e Currículo da Universidade Católica de São Paulo. O texto foi escrito especialmente para a edição publicada em inglês, traduzido para o português e revisto pelas autoras para esta edição brasileira.

[2] No feminino, pelo fato de todas as profissionais citadas neste capítulo serem mulheres.

ram um processo coletivo de reflexão com a pesquisadora. Os grupos participaram de todas as decisões, auxiliaram na coleta de informações e discutiram os resultados conjuntamente ao longo do processo.

CONTEXTO EDUCACIONAL E SOCIAL DA CIDADE DE SÃO PAULO

Para compreender este retrato de práticas em particular, é necessário lidar com dois aspectos dessa realidade: primeiramente, o cenário urbano de uma das maiores metrópoles do mundo; em segundo lugar, o estado da arte das ideias e argumentos que fazem parte do atual debate a respeito da avaliação na educação infantil no Brasil.

A cidade de São Paulo possui uma população de 11 milhões de pessoas e a região metropolitana da cidade, 19 milhões. É a cidade mais rica do país, mas também reproduz em sua área as extremas desigualdades sociais do Brasil. As duas escolas de educação infantil onde a pesquisa foi desenvolvida estão situadas em uma área em que a porcentagem de domicílios com renda mensal *per capita* maior do que cinco salários mínimos é de 1,5% e onde metade deles tem renda *per capita* mensal menor do que um salário mínimo (AÇÃO EDUCATIVA, 2013, p. 33).

Os professores das escolas municipais de educação infantil (EMEIs, para crianças entre 4 e 5 anos de idade) possuem o mesmo *status* e regime de trabalho dos professores do ensino fundamental municipal e podem trabalhar tanto em escolas de educação infantil quanto nos anos iniciais do ensino fundamental. Desde 2006, de acordo com a lei federal, crianças de 6 anos foram transferidas da educação infantil para o 1º ano das escolas de ensino fundamental. O número de crianças por adulto nas pré-escolas municipais de São Paulo é muito grande: até 35 crianças por professor. A maior parte dos professores trabalha quatro horas por dia; então se uma criança fica na escola o dia inteiro, ela terá dois ou três professores diferentes por dia; crianças que ficam seis horas na EMEI possuem seu próprio professor por quatro horas, e nas duas horas restantes – o período intermediário –, as crianças ficam com outro professor.[3]

Como pano de fundo, é importante descrever algumas ideias a respeito da avaliação na educação infantil que prevalecem no país atualmente. Nos últimos 10 ou 15 anos, um discurso pedagógico novo e sedutor surgiu entre profissionais e acadêmicos especializados, sob a influência de experiências italianas com educação infantil na região de Reggio Emilia e em outras localidades ao norte da Itália. Ao mesmo tempo, a literatura sobre a sociologia da infância foi traduzida por editores brasileiros e adotada nos departamentos de educação das universidades. Essas influências reforçaram a

---

[3] A rede municipal de educação infantil de São Paulo atende crianças de 0 a 3 anos de idade em creches, chamadas de centros de educação infantil (CEIs), e crianças de 4 e 5 anos em escolas municipais de educação infantil (EMEIs). Poucas unidades recebem crianças das duas faixas etárias. As EMEIs são quase todas diretas; os CEIs podem ser diretos ou conveniados com entidades sem fins lucrativos. As carreiras, as jornadas de trabalho e o número de crianças por turma são diferentes para EMEIs e CEIs.

crença de que a maioria das decisões a respeito de currículo e de metodologias de avaliação deve ser tomada pela equipe escolar e pelos professores no nível da sala de aula.

As *Diretrizes curriculares nacionais para a educação infantil*[4] (BRASIL, 2010) definem os parâmetros gerais para avaliação das crianças nas escolas de educação infantil: os resultados das avaliações não podem conduzir à repetência; devem ser baseados na observação das crianças ao realizarem as atividades diárias; as informações podem ser registradas de diversas maneiras; os resultados das avaliações devem ser comunicados às famílias. Os currículos e as formas de avaliação podem ter sido modificados nos documentos e nas orientações oficiais, mas não mudaram muito no que se refere à prática real nas escolas, uma vez que a maior parte dos professores obteve seus diplomas em instituições de ensino superior de baixa qualidade, onde aprendem muito pouco sobre como trabalhar com crianças pequenas nas escolas de educação infantil. A maioria das escolas e professores continua reproduzindo antigas práticas tradicionais no seu trabalho diário com crianças pequenas (CAMPOS; FULLGRAF; WIGGERS, 2006; CAMPOS et al., 2011).

Na rede municipal de São Paulo, novas grades de horários foram oferecidas aos professores, de modo a incluir momentos de reunião e planejamento nas suas jornadas de trabalho e respectivos salários.[5] O período de planejamento permitiu o trabalho de professoras e coordenadoras pedagógicas[6] com a pesquisadora, de acordo com a metodologia adotada da pesquisa-ação, discutindo suas práticas de avaliação e as mudanças introduzidas nessas práticas durante o período de intervenção em cada uma das escolas.

PROMOVENDO MUDANÇAS NA DOCUMENTAÇÃO E NAS PRÁTICAS AVALIATIVAS

Inicialmente, o principal interesse que orientou o projeto de pesquisa foi investigar a participação das crianças em seu próprio processo de avaliação. A autora trabalhava como coordenadora pedagógica em uma EMEI e pretendia desenvolver sua pesquisa de doutorado em outras escolas de educação infantil. Com o auxílio de uma supervisora de ensino municipal, duas EMEIs foram selecionadas na região oeste da cidade, conhecidas como escolas que promoviam a participação das crianças em suas práticas pedagógicas.

Depois dos primeiros contatos com as duas equipes, um grupo de professoras em cada escola decidiu fazer parte da intervenção. Eram dois grupos bastante distintos: na escola 1, elas trabalhavam no período intermediário, com as crianças do turno da manhã nas primeiras duas horas e com as crianças do turno da tarde nas

---

[4]Este documento foi preparado pelo Conselho Nacional da Educação e se aplica a todas as instituições de educação da primeira infância do país: públicas, privadas e sem fins lucrativos e subsidiadas.
[5]Esses horários de planejamento estão previstos somente para as unidades diretas, e não para as conveniadas.
[6]Os coordenadores pedagógicos são para cada escola municipal de São Paulo. Nas 13 Diretorias Regionais de Educação, há também um grupo de supervisores pedagógicos, que devem visitar e monitorar todas as escolas.

últimas duas horas. Faziam parte de um projeto especial desenvolvido para incentivar a roda de leitura, com momentos de contação de histórias e uma seleção de livros para que as crianças levassem para casa e pedissem para que os pais os lessem para elas. Na escola 2, as educadoras trabalhavam com as salas de aula no turno da manhã ou da tarde, utilizando o turno contrário para o planejamento.

As duas escolas eram conhecidas na região por suas "assembleias de crianças" ou "conselhos mirins", nos quais representantes escolhidos em cada sala discutiam e decidiam muitas questões. Desse modo, uma das primeiras situações observadas em cada escola foi uma assembleia. Na escola 1, as crianças discutiam o que gostariam de fazer no parque e que equipamento gostariam que a escola comprasse para esse espaço. Na escola 2, elas discutiam a programação escolhida para a "Semana da Criança" na escola. Uma parte dos diálogos observados em cada escola está reproduzida a seguir: as moderadoras nas duas escolas foram as coordenadoras pedagógicas (CPs).

Assembleia, escola 1:

CP: O que era para vocês conversarem com os colegas?
Muitas crianças falando juntas: Sobre o parque.
Carlos: Era para perguntar o que a gente gosta do parque.
(Muitas crianças mencionam brinquedos e lugares no parque: balanços, escorregadores e caixas de areia.)
[...]
CP: E como vocês brincam no balanço? Vai todo mundo junto?
Mirian: Não dá para ir, pois o balanço está quebrado.
(Segue-se uma discussão sobre como o balanço quebrou; as crianças descrevem como brincam em balanços e escorregadores e por que algumas delas caem no chão.)
CP: Como vocês se sentem quando brincam no parque?
Mirian: Bom, eu fico no escorregador e aí eu e minhas amigas ficamos lá brincando, mas o menino fica correndo tentando pegar a gente.
Janaína: Ele é o monstro.
[...]
CP: Pelo que estou entendendo, o parque não é só legal por causa dos brinquedos, mas os colegas também são importantes.
Mirian: É porque eles fazem as brincadeiras ficarem mais legais ainda!
Janaína: Eles inventam brincadeiras.
CP: Existem outras brincadeiras que vocês inventam no parque?
Janaína: De monstro, tem que correr, e pedir para o menino se ele quer ser o monstro, aí ele te pega e leva para a prisão, então tem que correr para tentar escapar.
CP: Nesta brincadeira brincam meninos e meninas juntos?
Mirian: Sim, mas só brinca um menino; os outros meninos são ajudantes do monstro.

(COLASANTO, 2014, p. 96–97).

Assembleia, escola 2:

CP: O que vocês gostariam para a Semana da Criança? Tem coisas que vocês vão falar que dá para a gente fazer, mas tem coisa que não dá, então a gente vai explicar por que não. Quem quer começar?
João: Eu pedi um celular para o meu pai.
(Muitas crianças falam ao mesmo tempo.)
CP: A gente quer fazer uma semana bem legal e divertida para vocês, vamos construir essa semana juntos e depois vocês têm uma responsabilidade muito importante que é levar a decisão para o grupo de colegas e contar tudo o que a gente conversou aqui. Vamos combinar o seguinte: quem quiser falar deverá levantar a mão, pois se falarem juntos a gente não vai entender.
Lucas: Nesse final de semana eu fui para o churrasco na minha tia...
CP: É legal falar sobre o final de semana, mas neste momento a gente vai conversar sobre a semana das crianças, e depois a gente conversa sobre o final de semana, pode ser? Vamos começar por aqui.
(Aponta para a direção de uma das crianças.)
Carla: Eu quero um pula-pula.
Sara: Eu, uma piscina de bolinhas.
Carlos: Um escorregador diferente.
Sara: Um que vai até o céu.
(CP não faz comentários a esse respeito.)
(Muitas crianças continuam a mencionar coisas diferentes: um equipamento especial para pular e outro para fazer escaladas na parede; bolhas de sabão; tatuagens; pinturas.)
CP: E para comer?
Várias crianças falam juntas: Cachorro-quente, brigadeiro, hambúrguer, refrigerante, bolo, frango, maçã, pirulito, chiclete...
CP: Eu vou falar o nome das coisas que anotei, e vamos ver o que vai dar para a gente comprar; o que não for possível, vocês irão saber.

(COLASANTO, 2014, p. 109).

Na escola 1, a moderadora estava atenta ao que as crianças estavam dizendo e fazia perguntas que motivavam as crianças a explorar mais as memórias a respeito dos tipos de atividades que mais gostavam de fazer no parque. A disponibilização de novos equipamentos não pareceu ter a mesma importância para as crianças em comparação com as interações entre seus pares. No segundo exemplo, as questões pareciam mais limitadas do que os assuntos sobre os quais as crianças gostariam de conversar; nos diálogos, muitos assuntos pareceram estar bastante orientados para o consumo. As exceções – um escorregador diferente, um que vai até o céu – perderam-se entre as outras sugestões.

As expectativas da pesquisadora acerca das práticas pedagógicas adotadas nessas escolas eram muito positivas no início. Todavia, depois dos primeiros contatos, ela teve de modificar seu foco: em vez de analisar a participação das crianças nas próprias avaliações, ela identificou a necessidade de investigar como as professoras registravam a participação das crianças nas atividades diárias. Ela passou então a discutir com os dois grupos de professoras os tipos de relatórios de avaliação utilizados em cada uma das escolas.

Na escola 1, as professoras que trabalhavam no turno intermediário adotavam uma ficha de avaliação. Essa ficha era composta de poucas questões simples, como "A criança reconta a história?", que poderiam ser respondidas com as alternativas "sim" e "não". Na escola 2, as professoras tinham de preparar relatórios descritivos individuais para cada criança, mas quando a pesquisadora examinou esses relatórios, verificou que o que constava neles era a descrição do planejamento pedagógico para o grupo de crianças, e não a participação individual da criança nas atividades. Os dois tipos de relatórios de avaliação tinham espaço para que os pais acrescentassem comentários pessoais.

No início da intervenção, a pesquisadora promoveu momentos de estudo com os dois grupos, nos quais eles liam artigos sobre concepções de infância e avaliações na educação infantil.[7] Quando as professoras foram questionadas a respeito de como registravam as vozes e iniciativas das crianças na sala de aula, elas relataram o quanto essa tarefa lhes parecia difícil.

A pesquisadora então observou e filmou algumas das situações que as professoras vivenciaram com as crianças, e essas imagens e diálogos foram discutidos em cada um dos grupos. Ela pôde perceber que era difícil registrar as vozes e a participação das crianças por diferentes razões: a organização da sala não favorecia as iniciativas das crianças e escolhas individuais nas rotinas diárias; as professoras não observavam e registravam o comportamento e as vozes individuais das crianças durante as atividades diárias; as professoras não sabiam como motivar as crianças a falar sobre suas experiências de aprendizagem e brincadeira.

Depois das primeiras discussões, cada grupo procurou encontrar soluções para suas dificuldades práticas: na escola 1, as professoras se organizaram melhor durante o momento de contação de histórias e quando as crianças escolhiam livros para levar para casa, de modo a fazer observações e tomar nota da participação das crianças nessas atividades; na escola 2, as salas de aula já eram organizadas em "pequenos cantos" e as crianças podiam escolher onde brincar, mas as professoras não sabiam como lidar com o grande número de crianças para poder interagir com grupos pequenos ou com uma criança individualmente e poder registrar as participações delas. Também desenvolveram diferentes projetos temáticos, mas tiveram dificuldade em registrar as reações e contribuições das crianças para esses projetos ao longo do percurso. A pesquisadora sugeriu que tentassem superar essas dificuldades; na escola 1, a equipe decidiu solicitar a outros professores que as

---

[7] Os textos eram dos seguintes autores: Sarmento (2007); São Paulo, Secretaria Municipal da Educação (2007); Colasanto (2007); e Oliveira-Formosinho e Azevedo (2008).

acompanhassem na sala de aula, permitindo que tivessem mais tempo para observar e interagir com as crianças individualmente. Nessa altura, pequenas mudanças começaram a ser observadas em cada escola.

Escola 1. Crianças selecionando livros para levar para casa:

Professora M: Oi, Carlos, você pegou o livro *Quem tem medo de lobo?* Por que você escolheu este livro?
Carlos: Porque eu gosto de lobos.
Professora A (olhando a planilha de controle dos livros): Olha, ele está lendo toda a coleção. Carlos, você já pegou os livros *Quem tem medo de fantasma, Quem tem medo de monstro* e, agora, *Quem tem medo de lobo!*
Carlos: Quem está lendo sou eu, minha mãe e meu pai.
[...]

(COLASANTO, 2014, p. 104).

Escola 2. Momento de contação de histórias:

Professora J: Hoje eu trouxe duas histórias para ler para vocês. O título é *Lúcia já-vou-indo*, da autora Maria Heloísa Penteado. (A professora abre o livro e mostra as páginas às crianças.) Quem consegue ler esta escrita do livro?
Crianças: O Rogério! (O livro está escrito em Braille.[8])
Professora J: Olhem, os dois livros são iguais, mas este está escrito em Braille. A Mariana irá ajudar o Rogério a ler. (A professora entrega o livro aberto para Rogério, posicionando seus dedos sobre o título da obra e sobre o contorno da imagem.)

(COLASANTO, 2014, p. 113).

Nesses dois exemplos, é possível identificar algumas mudanças que, embora pequenas, são bastante significativas: na escola 1, as professoras fizeram perguntas e utilizaram suas anotações para interagir com o menino na hora de sua escolha; a pesquisadora havia sugerido que, em vez de perguntar "Você gosta do livro?" (uma pergunta que leva a respostas padrão sim ou não), as professoras poderiam perguntar "Por que você escolheu este livro?"; na escola 2, a professora J explicou sua escolha para as crianças, mostrando como respeitar e ajudar um colega deficiente visual. A avaliação da pesquisadora a respeito desse momento salienta que não é possível encorajar a participação das crianças se não forem incluídas todas as crianças nas atividades.

---

[8]Braille é um sistema de escrita e leitura tátil para pessoas com deficiência visual. Foi criado pelo francês Louis Braille na França em 1825.

No entanto, mesmo quando as professoras começaram a criar as condições necessárias para uma participação mais ativa das crianças no cotidiano, com mais interações entre adultos e crianças, a pesquisadora observou que essas mudanças não foram registradas em seus relatórios escritos.

Uma observação da pesquisadora sobre essa fase:

> Quando assistimos às gravações em vídeo das atividades, observamos as interações das crianças, seus questionamentos, as intervenções da professora; entretanto, verificamos a ausência dessas experiências no registro por escrito, em um caderno ou folha avulsa e no relatório de avaliação das crianças.
> (COLASANTO, 2014, p. 80).

Estratégias distintas foram planejadas com os dois grupos de professoras para auxiliá-las a observar e organizar seus registros. Algumas dessas estratégias estavam relacionadas com a estrutura textual dos relatórios escritos. A maior parte dos professores apresenta dificuldades na produção escrita dos relatórios de avaliação. O título de mestrado da pesquisadora havia sido obtido em um programa de Linguística, onde ela aprendeu a aplicar uma metodologia para analisar a organização textual de relatórios de avaliação (COLASANTO, 2007). Essa metodologia ajudou-a no processo de aprimorar a estrutura textual dos registros escritos dos professores, utilizando a seguinte sequência argumentativa, de acordo com Bronckart (2003), "premissas, argumentos, contra-argumentos e soluções".[9]

Escola 1. Exemplos de registros de professoras:

Professora J: Noto que Júlia não gosta muito de relatar as histórias, apresenta timidez, pois ela baixa a cabeça e o olhar. E não me responde. Pergunto: "Júlia, qual o livro que você levou?" Eu mostro as figuras, mas ela mantém a mesma postura. Porém, observo que ela conversa com os colegas na mesa sobre assuntos variados [...]

Professora O: Renato fica atento quando seus amigos estão contando as histórias que levaram para casa. Ele sabe recontar as histórias que leva para casa. Certa vez levou o livro *Marcelo, marmelo, martelo* e o Renato dizia: "conta a parte que o leite chamava suco de vaca [...]"

(COLASANTO, 2014, p. 142–143).

Escola 2. Exemplos de registros de professoras:

Professora F: Na linguagem movimento, Jonathan demonstrou avanços no que diz respeito às regras e combinados, como, por exemplo, ficar no time para o qual foi escolhido, esperar sua vez para ser goleiro [...]

---

[9] Planejamento do texto e organização com base na "sequência de argumentação", de Bronckart (2003).

Professora J: Ryan gosta muito de jogos de mesa, como xadrez, quebra-cabeça e outros jogos de construção. No início do ano começou a aprender e entender como as peças do jogo de xadrez se movimentam, cria estratégias de jogo para mover a rainha, pois captura a peça do adversário [...]
(COLASANTO, 2014, p. 148-150).

Em sua análise, a pesquisadora mostra como esses registros foram qualificados com o uso de exemplos concretos sobre as experiências de aprendizagem das crianças, oferecendo evidências para as avaliações dos professores nos relatórios.

Além disso, os dois grupos de professoras decidiram fazer entrevistas individuais com as crianças, para explorar suas opiniões e registrar sua própria avaliação sobre as experiências escolares. Depois de ler a discussão de Oliveira-Formosinho e Azevedo (2008) a respeito de como é importante encorajar as crianças a revisarem suas experiências e tomarem consciência de seu aprendizado, cada grupo planejou suas questões e decidiu como organizar as crianças para as entrevistas.

Escola 1. Relatos das entrevistas:

Professora E: Fabiana gostou mais da história *Como pegar uma estrela*. Então perguntei: "Qual parte da história você mais gostou?" Ela respondeu: "Gostei mais quando o menino viu o reflexo da estrela na água da praia".

A história preferida de Francisco foi a mesma, mas o trecho lembrado foi diferente:

Francisco: Eu gostei mais da parte que o menino consegue pegar a estrela e brincar com ela.

Professora V: O que você aprendeu com as histórias que levou para casa, Felipe?

Felipe: Aprendi que quando a mãe e o pai contam história, tem que ficar quieto, se não eles gritam e param de contar para a gente. Aprendi que é mais legal ouvir a história do que jogar *videogame*. Aprendi também que se a capa for chata, a história pode ser legal, e é divertido pegar outro livro.
(COLASANTO, 2014, p. 162–163).

Escola 2. Relatos das entrevistas; respostas dadas pelas crianças às questões sobre o projeto "Animais":[10]

Gabriela: Eu aprendi que o bicho-preguiça dorme de cabeça para baixo. E que o lobo-guará[11] tem pernas longas.

---

[10] Esse projeto foi desenvolvido quando as crianças encontraram um filhote de paca na caixa de areia do pátio da escola.

[11] O lobo-guará é encontrado nas Regiões Centro-Oeste e Sudeste do Brasil.

Rodolfo:	Tem animais que nascem do ovo: o filhote do pato, do cocoricó e o jacaré.
Willian:	Aprendi que o leão tem ossos. Formiga não tem ossos. Cobra tem ossos. O lobo-guará tem ossos e a onça tem ossos.
Jean:	Que os dinossauros botam ovos. E que o vulcão tem aquela chaminé que pega fogo e queima tudo o que tem na frente. Eu aprendi que quem nasce do ovo não mama no peito da mamãe e quem bota ovo não é mamífero.

(COLASANTO, 2014, p. 165).

As professoras ficaram muito satisfeitas com seus resultados. Planejaram como poderiam continuar utilizando aquilo que aprenderam em suas práticas pedagógicas. Ao longo do ano, outros professores passaram a fazer parte do grupo de pesquisa-ação em cada uma das escolas, o que revelou sua necessidade de aprender mais sobre metodologias de observação e análise. Essas conquistas foram reconhecidas ao final da intervenção, quando as professoras puderam avaliar o que haviam aprendido ao longo do processo.

Escola 1

Professora O:	Eu gostei muito da proposta de registrar a fala da criança para servir de apoio na escrita do relatório. Vou levar isso para mim daqui para frente.
Professora V:	Para o próximo ano eu não farei registro semanal: farei uma folha individual por aluno. Estou buscando formas de me organizar...

(COLASANTO, 2014, p. 171).

Escola 2

Professora P:	Em primeiro lugar foi a criança se avaliando, dizendo sobre seu aprendizado e si mesma; foi bem legal, foi um acesso novo... pontuar a intervenção da professora.
Professora J:	A gente faz, mas não registra; outra coisa foi o resgate da fala da criança: a gente percebe o quanto fez e muitas vezes não registra.
Professora F:	A questão da intervenção – muitas vezes você nos colocou que não valorizamos nosso trabalho, não colocamos as nossas intervenções para o avanço do aluno. A questão da autoavaliação, são três pontos que me fizeram pensar, o que eles aprenderam, perguntar a eles. Colocar a participação da criança e registrar essa fala foi muito importante.

(COLASANTO, 2014, p. 176).

As professoras também registraram o que aprenderam com as crianças, quando podiam ouvir e registrar suas vozes. O exemplo dado pela professora P da escola 2 é muito significativo.

Professora P: A gente sempre tem uma visão dos "mais mais": os que mais falam, mais produzem, mais agridem. E tem um grupo que não aparece, os quietinhos; quando chamei um por um, me surpreendi com aqueles que quase não conversam, com aqueles que desenham, mas não contam detalhes. As crianças me surpreenderam. Teve uma criança que disse que queria aprender quem curava os animais que ficavam doentes e abandonados. Fiquei sem palavras... Às vezes a gente já vem com tudo pronto, mas e o que eles querem aprender?
(COLASANTO, 2014, p. 178).

Outro resultado do aperfeiçoamento das práticas de registros pode ser verificado nas reações dos pais, expressas em seus comentários escritos ao final dos relatórios de avaliação de seus filhos. Quando os pais deram exemplos concretos da participação de seus filhos nos relatórios, eles estavam reconhecendo as características de seus próprios filhos, e não apenas recebendo as informações gerais sobre as atividades realizadas, como antes. Alguns de seus comentários auxiliaram as professoras a analisar melhor as mudanças de cada criança ao longo do ano escolar.

Pai A: Gosto do jeito que as atividades são feitas. E por poder participar com meu filho nas leituras, brincadeiras e desenhos. Isso tem retorno positivo em casa. Obrigado!

Mãe B: A Fabiana se desenvolveu muito no decorrer deste ano. Seus desenhos ganharam forma. Ela conversa sobre tudo, e fala cada palavra que eu mesma me admiro. Ela é curiosa; agora pede para aprender a ler e eu digo que na hora certa ela aprenderá, e que deve aproveitar para ser criança. Quando saímos e tem coleta seletiva, ela procura exatamente o lixo correto, porque a professora ensinou. Agradeço a vocês todo o carinho e dedicação com a Fabiana.

Mãe C: O Jean está com um desenvolvimento muito bom na escrita e já faz pequenos cálculos, somando com os dedos. Ele se alimenta melhor; antes não comia legumes, mas como ele se serve sozinho na escola, aprendeu a gostar [...]
(COLASANTO, 2014, p. 157, 159).

As professoras reconheceram essas mudanças: a professora V, da escola 1, observou que "os registros se aproximaram dos pais, eles começaram a ler os relatórios e a conversar mais conosco". A pesquisadora percebeu que as melhorias introduzidas na linguagem empregada nos relatórios de avaliação ajudaram os pais a compreender a proposta pedagógica da escola (COLASANTO, 2014, p. 172).

Nas conclusões de sua tese, Colasanto resume os resultados mais importantes de todo o processo desenvolvido nas duas escolas. Ela começa reconhecendo a necessidade inicial de modificar o foco da pesquisa, da "participação das crianças em suas avaliações" para "as condições prévias" que precisam existir para possibilitar que essa participação ocorra.

> Propus, então, um processo de formação, começando pela análise das práticas, trabalhando com trechos de gravação das atividades, enfatizando o importante papel que as professoras possuíam na interação com as crianças, bem como a participação delas, que, se fossem "registradas", não seriam esquecidas, o que poderia auxiliá-las no processo de avaliação.
> (COLASANTO, 2014, p. 182-183).

A pesquisa também demonstrou que as práticas democráticas que já ocorriam nas duas escolas permitiram que ocorressem as modificações que foram promovidas durante a pesquisa-ação. Antes, as práticas de participação das crianças aconteciam apenas em algumas ocasiões ao longo do ano escolar; era necessário aprender como adotar essas práticas nas atividades diárias.

Em sua tese, a pesquisadora também relata outros resultados obtidos com as mudanças introduzidas nos relatórios de avaliação: eles ajudaram as coordenadoras pedagógicas a disponibilizar orientações mais objetivas às professoras e as auxiliaram a modificar seus planejamentos para adequá-los às necessidades e interesses das crianças. Ela encerra as conclusões com comentários a respeito de seu próprio processo de aprendizado:

> O envolvimento com as participantes e com a escola contribuiu para a minha formação enquanto professora e pesquisadora [...] o trabalho fortaleceu minha convicção de que as crianças devem participar da própria avaliação e de que seu protagonismo deve estar visível tanto por imagens, como pela escrita nos instrumentos de avaliação, sejam eles portfólios, relatórios, documentações [...]
> (COLASANTO, 2014, p. 188-189).

DESAFIOS E POSSIBILIDADES

Essas duas experiências mostram que, dadas certas condições, é possível modificar as práticas de avaliação dos professores de tal modo que a participação de cada criança seja encorajada e registrada em atividades diárias, bem como documentada e reconhecida nos relatórios de avaliação. É possível concluir que um processo de transformação teve início nas duas escolas, motivado pela participação das professoras na pesquisa-ação. Não foram apenas suas práticas que se transformaram: suas concepções a respeito do potencial das crianças se modificaram nesse processo.

Podemos reconhecer nos dois estudos de caso muitas características importantes da avaliação e documentação que foram examinadas por Rinaldi (2012).

Ela argumenta que a documentação é importante quando está inserida nos processos de aprendizagem; seu valor não reside apenas em reconstituir a memória de algo que já ocorreu e pode ser revisitado, não importa o quão importante isso seja. Quando Colasanto iniciou sua pesquisa, percebeu o quão distante a documentação da avaliação preparada pelas professoras estava das experiências diárias das crianças.

Escutar os outros não é fácil – requer que nossos julgamentos sejam suspensos e estejam abertos a mudanças, de acordo com Rinaldi; é necessário desenvolver um "contexto de escuta", onde possamos aprender a ouvir e a construir narrativas (RINALDI, 2012, p. 125). O desenvolvimento dessa qualidade exige apoio, compreensão e tempo: "[...] tempo que as crianças têm, mas os adultos não têm ou não querem ter" (RINALDI, 2012, p. 127).

Os processos de mudança descritos neste estudo levaram um ano e estavam apenas nos primeiros passos nas duas escolas ao final do ano. Quando esse processo é vivido em um grupo, adultos e crianças tomam consciência de suas experiências, podendo desenvolver suas próprias representações e narrativas. A documentação pedagógica torna-se uma "escuta visível"; isso é essencial para os processos metacognitivos dos professores e das crianças (RINALDI, 2012, p. 130). É possível identificar alguns traços dessas conquistas nas narrativas da pesquisa de Colasanto. Outros aspectos da documentação e de seu papel na avaliação das crianças, de acordo com Rinaldi, também poderiam ser observados nos dados da pesquisa: para construir uma documentação efetiva, os professores precisam ter boas habilidades de leitura e escrita; a documentação deve ser compreensível para outros, como os pais; os professores devem cultivar sua sensibilidade e compreensão para serem capazes de fazer parte desse "contexto de escuta" nas escolas (RINALDI, 2012, p. 134–138).

Contudo, não é possível prever quanto tempo essas mudanças podem levar ou que outros tipos de mudanças positivas elas podem produzir nas práticas pedagógicas adotadas nas duas escolas. É necessário levar em conta algumas características do sistema municipal de educação de São Paulo que podem, por um lado, explicar por que esse processo de formação em serviço foi possível e, por outro lado, determinar quais tipos de obstáculos estruturais poderiam dificultar a adoção de experiências similares em outros espaços de educação infantil na mesma cidade.

Os profissionais podem deixar de trabalhar em uma escola e ir para outra, se assim o desejarem, em momentos de remoção periódica definidos pelo sistema, e essas mudanças podem provocar instabilidades nas escolas e interferir no trabalho pedagógico e no bem-estar das crianças. A liderança dos diretores e coordenadores pedagógicos pode desempenhar um papel importante nesse contexto, tornando algumas equipes de professores mais estáveis do que outras, como se verificou nas duas escolas em que a intervenção relatada foi feita. Porém, muitas decisões que podem ter impactos significativos nas escolas individuais são tomadas em outras esferas da estrutura de poder da Secretaria Municipal da Educação.

Uma característica importante das escolas públicas de educação infantil de São Paulo é o direito que os professores têm a períodos de tempo para planejamento das aulas em seus locais de trabalho. Essa era uma exigência para o desenvolvimento da pesquisa em ambas as escolas e é um pré-requisito para o tipo de formação de professor "no contexto", descrita por Oliveira-Formosinho e Formosinho (2002). Esses autores propõem uma metodologia contextualizada de formação no local de trabalho que integra o desenvolvimento profissional dos professores ao desenvolvimento e à inovação institucionais. Essa concepção se baseia na perspectiva ecológica de Bronfenbrenner sobre o desenvolvimento humano; Oliveira-Formosinho e Formosinho reconhecem as várias esferas da realidade que contextualizam a formação profissional de um professor (OLIVEIRA-FORMOSINHO; FORMOSINHO, 2002, p. 11-18). Isso significa que o desenvolvimento profissional dos professores tem de ser sustentado pelo desenvolvimento da instituição. No caso de uma das duas escolas de educação infantil de São Paulo, esse desenvolvimento organizacional foi possibilitado pela existência de um horário para planejamento, da presença de coordenadores pedagógicos, do suporte da diretoria e da intervenção da pesquisadora.

No entanto, essas condições não estão presentes em todos os centros municipais de educação infantil: as creches sem fins lucrativos conveniadas com a prefeitura não oferecem as mesmas condições de trabalho a seus professores e representam a maioria das creches municipais (as EMEIs são administradas diretamente pelo poder público). Por outro lado, muitas creches públicas não se beneficiam com o tempo de planejamento dos professores, como fazem as duas pré-escolas descritas na pesquisa de Colasanto: ou elas não têm o suporte de uma liderança pedagógica positiva, ou sofrem com a alta rotatividade de funcionários. Em uma rede escolar gigantesca[12] como esta, não é fácil para a administração monitorar, apoiar e guiar todas as creches com uma concepção pedagógica comum.

Concluindo, é importante comentar sobre algo que determina uma das condições fundamentais para esse tipo de experiência educacional: a democracia. O conceito de escola democrática de Dewey fez parte da base teórica da tese de Colasanto. A história recente do sistema educacional de São Paulo inclui o período em que Paulo Freire foi secretário municipal de educação e outro período em que a prefeitura adotou metodologias participativas na administração da cidade. As experiências pedagógicas e políticas desenvolvidas nesses dois períodos anteriores ainda estão presentes na memória dos educadores e nas práticas adotadas por ambas as escolas, como as assembleias de crianças. Mas a democracia precisa ser construída em todos os níveis e na vida cotidiana. As práticas democráticas precisam ser incentivadas e preservadas: elas podem ser facilmente perdidas.

---

[12] Em 2015, a rede municipal de São Paulo contava com cerca de 2.500 unidades de educação infantil.

REFERÊNCIAS

AÇÃO EDUCATIVA. *Educação e desigualdades na cidade de São Paulo*. São Paulo: Ação Educativa/Rede Nossa São Paulo, 2013.

BRASIL. Ministério da Educação. *Diretrizes curriculares nacionais para a educação infantil*. Brasília: MEC, 2010.

BRONCKART, J. P. *Atividade de linguagem, textos e discursos*: por um interacionismo sócio-discursivo. São Paulo: Educ, 2003.

CAMPOS, M. M.; FULLGRAF, J.; WIGGERS, V. A qualidade da educação infantil brasileira: alguns resultados de pesquisa. *Cadernos de Pesquisa*, v. 36, n. 127, p. 87-128, 2006.

CAMPOS, M. M., et al. A qualidade da educação infantil: um estudo em seis capitais brasileiras. *Cadernos de Pesquisa*, v. 41, n. 142, p. 20-54, 2011.

COLASANTO, C.A. *A linguagem dos relatórios*: uma proposta de avaliação para educação infantil. Dissertação (Mestrado em Linguística Aplicada e Estudos de Linguagem) – Pontifícia Universidade Católica de São Paulo, São Paulo, 2007.

COLASANTO, C. A. *Avaliação na educação infantil*: a participação da criança. Tese (Doutorado em Educação) – Pontifícia Universidade Católica de São Paulo, São Paulo, 2014.

OLIVEIRA-FORMOSINHO, J.; AZEVEDO, A. A documentação da aprendizagem: a voz das crianças. In: OLIVEIRA-FORMOSINHO, J. (Ed.). *A escola vista pelas crianças*. Porto: Porto, 2008. p. 117-143.

OLIVEIRA-FORMOSINHO, J.; FORMOSINHO, J. A formação em contexto. a perspectiva da Associação Criança. In: OLIVEIRA-FORMOSINHO, J.; KISHIMOTO, T.M. (Ed.). *Formação em contexto*: uma estratégia de integração. São Paulo: Pioneira/Thomson Learning, 2002. p. 1-40.

RINALDI, C. *Diálogos com Reggio Emilia*: escutar, investigar e aprender. São Paulo: Paz e Terra, 2012.

SÃO PAULO. Secretaria Municipal da Educação. *Orientações curriculares*: expectativas de aprendizagens e orientações didáticas para educação infantil. São Paulo: SME, 2007.

SARMENTO, M. J. Visibilidade social e estudo da infância. In: SARMENTO M. J.; VASCONCELLOS, V. M. R. (Ed.). *Infância (in)visível*. Araraquara, Brasil: Junqueira & Marin, 2007. p. 25-49.

THIOLLENT, M. *Metodologia da pesquisa-ação*. São Paulo: Cortez, 2004.

12

Estudo de caso 5

O Programa Desenvolvendo a Qualidade em Parceria (*Effective Early Learning*): coleta de informações e avaliação no contexto de uma creche privada

Sue Ford e Christine Pascal

Este estudo de caso examina os desafios e os benefícios de usar uma autoavaliação sustentada e participativa e um programa de melhorias dentro do contexto de uma creche do setor privado localizada em uma grande cidade metropolitana da Inglaterra. Mostra como o Programa Desenvolvendo a Qualidade em Parceria (EEL, do inglês *Effective Early Learning*) (BERTRAM; PASCAL, 2006) foi implementado, como uma ferramenta para melhorar a qualidade, por profissionais dentro do programa municipal de melhoria da qualidade da educação na primeira infância, bem como mostra o impacto que o programa teve na qualidade das experiências das crianças e em seus resultados. O estudo de caso também nos mostra como as informações desse programa contextualizado de autoavaliação e melhoria vêm sendo empregados para dar suporte ao processo estratégico de planejamento municipal para sustentar a melhoria da qualidade em uma gama maior de contextos educacionais da primeira infância. Evidencia que processos de avaliação e melhoria eticamente robustos, participativos e autodirecionados são capazes de sustentar mudanças significativas na qualidade da prática oferecida em contextos de educação da primeira infância e têm a capacidade de mostrar isso em uma grande área metropolitana, de modo que possa influenciar no planejamento e no desenvolvimento estratégico.

CONTEXTO: A LOCALIZAÇÃO PEDAGÓGICA E CULTURAL DO TRABALHO DE COLETA DE INFORMAÇÕES E AVALIAÇÃO

Este estudo de caso foi realizado em uma creche consolidada do setor privado localizada no sul de um grande município das Midlands, Inglaterra. O distrito no qual o estudo de caso foi realizado apoia outras nove creches privadas, voluntárias e independentes (PVI[1]), um centro de educação infantil, uma creche pública e 24 cuidadores de criança. A cidade tem uma população diversificada e crescente, incluindo algumas das áreas mais pobres do país. O crescimento estimado da população no distrito em que ocorreu o estudo de caso é de 0 a 10,5% entre 2011 e 2013. Dentro do distrito e por toda a cidade, há um longo histórico de parcerias que objetivam trabalhar para proporcionar serviços de creche e educação para crianças desde o nascimento até a idade escolar, buscando oferecer vagas para todas as crianças que precisam desses cuidados. As instituições do setor privado, voluntário e independente oferecem a maior parte das vagas para crianças em idade pré-escolar, sendo que a maioria recebe verbas municipais para a educação da primeira infância. A creche onde ocorreu este estudo de caso recebe verbas para crianças de 3 e 4 anos e está registrada desde 1989.

As instalações foram construídas especialmente para a creche e ficam no terreno da casa do proprietário. Há um jardim fechado e seguro para as crianças brincarem ao ar livre, além de acesso a uma área ampla onde se encontra uma horta escolar. O acesso às instalações encontra-se no nível térreo, pela frente, e há um acesso lateral para cadeirantes. A creche tem licença no Registro da Primeira Infância da Inglaterra para atender 17 crianças. Ela tem condições de receber crianças com necessidades educacionais especiais e também pode cuidar de crianças cuja língua materna não é a inglesa. A equipe é formada por seis profissionais, todos qualificados no nível 3 ou acima.[2] É uma equipe consolidada e de baixa rotatividade. Ela também emprega estagiários da escola técnica local. A creche esforça-se continuamente para oferecer serviços da mais alta qualidade às crianças, e tem participado de vários programas de controle e melhoria da qualidade oferecidos pelo município.

COLETA DE INFORMAÇÕES E AVALIAÇÃO DA PRÁXIS: DESCRIÇÃO DO PROGRAMA DE COLETA DE INFORMAÇÕES E AVALIAÇÃO DO TRABALHO E DA PRÁTICA

Após a eleição do governo trabalhista na Inglaterra em 1997, têm havido diversas mudanças em nível nacional dentro do setor de creches e escolas da primeira infância, junto com o aumento do nível de subsídio governamental, permitindo às autoridades locais investir em um nível superior de apoio para esse setor. Isso trouxe um maior nível de responsabilidade, para garantir que "creches de baixo custo, acessíveis e de qualidade" fossem disponibilizadas para todas as crianças e famílias (NATIONAL CHILDCARE STRATEGY – DfEE[3], 1998). Em resposta a isso, a prefeitura criou uma estrutura de garantia da qualidade que foi empregada para elevar a qualidade

---

[1] N. de R.T. *Private, voluntary and independent (PVI) nursery* é um tipo específico de serviço de atendimento de creche realizado no contexto inglês.
[2] N. de R.T. Profissional de nível 3 é a designação dada àqueles que possuem formação de nível superior.
[3] N. de R.T. Documento da Estratégia Nacional de Cuidados da Criança do Departamento de Educação da Inglaterra (DfEE, do inglês *Departament for Education and Employment*).

das instalações que cuidam de crianças pré-escolares em toda a cidade. O sistema de qualidade elaborado oferecia premiação bronze, prata e ouro para a qualidade e, ao longo do tempo, foi adotado em uma estrutura de garantia da qualidade para todo o condado e utilizado por outros cinco condados ou áreas metropolitanas inglesas. Em 2002, a estrutura de garantia da qualidade recebeu a certificação do esquema "Investidores em Crianças" (*Investors in Children*), junto com a acreditação de vários outros sistemas de qualidade locais, incluindo o Programa EEL.

O programa de garantia da qualidade funcionou efetivamente na cidade entre 2000 e 2006, quando se decidiu avaliar sua efetividade e gerar novas documentações que refletissem as mudanças correntes na política e na prática. A partir de 2006, houve um período de análise, avaliação e consultas, resultando na produção de apenas uma ferramenta de melhoria da qualidade que poderia ser empregada em uma diversidade de ambientes de educação da primeira infância. Essa ferramenta foi lançada em 2009, no mesmo momento em que o governo produziu o Programa de Apoio à Melhoria da Qualidade na Primeira Infância (EYQISP, do inglês *Early Years Quality Improvement Support Programme*), que aumentou a capacidade e o vigor desse trabalho de melhoria da qualidade. Usando o EYQISP como diretriz, a autoridade local elaborou um programa de apoio para instituições pré-escolares e creches. Esse programa identificou nove critérios, que funcionavam como um conjunto de indicadores de qualidade e compreendiam:

- Exigências de bem-estar.
- Profissionais e liderança.
- Exigências de liderança e desenvolvimento.
- Resultados para as crianças.
- Parcerias com pais, cuidadores e profissionais associados.
- Provisão/inclusão de atendimento a necessidades educacionais especiais.
- Formação e desenvolvimento profissional continuado.
- Transições.
- Questões de sustentabilidade no planejamento do negócio.

Esses critérios foram empregados para analisar todas as instituições que recebiam verbas da cidade e para identificar o nível de apoio necessário (isto é, de alta, média ou baixa prioridade). A equipe de servidores de desenvolvimento da autoridade municipal visitou as instituições periodicamente para discutir qual nível de suporte elas precisavam, o qual foi registrado com base nos sinais de um semáforo – ou seja, as instituições com sinal vermelho eram as que mais precisavam de apoio. Essa equipe de servidores públicos envolvidos com o desenvolvimento da educação, trabalhadores de apoio e consultores se reuniam mensalmente para identificar qual apoio era necessário e quem ou qual equipe seria responsável por ele. Havia uma variedade de ferramentas disponíveis para as instituições, incluindo a ferramenta de melhoria da qualidade da autoridade local, uma estrutura para as questões relativas a inclusão/necessidades educacionais especiais e um programa de desenvolvimento físico e alimentação saudável. Esses programas atenderam às necessidades da maioria das instituições educacionais sob a jurisdição local, embora várias delas – que haviam sido identificadas com o sinal verde porque precisavam de pouco apoio – tenham sido identificadas como carentes de uma orientação autônoma e alternativa para o aumento da qualidade. A autoridade local então decidiu que a ferramenta mais adequada para essas instituições seria o programa EEL, em especial porque também havia o outro programa desenvolvido para o segmento creche (BEEL, do inglês *Baby Effective Early Learning*), especificamente elaborado para crianças de até 3 anos de idade, em que muitas vezes a qualidade era mais variável.

O EEL é um programa de autoavaliação sustentada e de melhoria para todas as instituições que oferecem educação e cuidados para a primeira infância. São três seus objetivos:

1. Desenvolver uma estratégia participativa e gerenciável para a avaliação e melhoria da qualidade do aprendizado e do desenvolvimento da primeira infância, bem como a efetividade dos resultados disponíveis a crianças pequenas em uma ampla gama de contextos de educação e cuidado.
2. Conseguir isso por meio de um processo colaborativo, sistemático e rigoroso de autoavaliação, que é sustentado e validado externamente, e que contribui de modo direto para a qualidade e o processo de inspeção.
3. Gerar evidências que sejam diretamente enviadas a processos de inspeção e melhoria da qualidade.

O EEL começa com um programa de treinamento intensivo, seguido de um processo ampliado de autoavaliação dirigido pela própria instituição, mas com um bom suporte externo. A autoavaliação envolve a coleta sistemática de evidências que demonstre como a instituição cumpre a *English Early Years Foundation Stage (Curriculum) Framework*,[4] as exigências legais do *Safeguarding and Welfare*[5] e a nova estrutura de inspeções, além de avaliar a qualidade do aprendizado e das experiências de desenvolvimento oferecidas e sentidas pelas crianças muito jovens. Essa autoavaliação é conduzida pela equipe de profissionais da instituição, mas também envolve os pais/responsáveis e as crianças.

As evidências coletadas permitem a identificação das boas práticas e ressaltam o que é necessário para que se melhore a qualidade dos serviços. Um portfólio de evidências é reunido em um Relatório de Avaliação, que oferece a base de um plano de ação negociado para melhorar a qualidade dos serviços. As instituições recebem, então, o apoio para pôr em prática o plano de ação para a melhoria da qualidade. O sucesso desse plano é avaliado mediante a reflexão e novas avaliações, levando a um novo ciclo de ação e aperfeiçoamento. Tanto o programa voltado para a creche (BEEL) quanto o programa voltado para a pré-escola (EEL) funcionam exatamente

---

[4] N. de R.T. Documento governamental inglês de orientação curricular.
[5] N. de R.T. Documento inglês com orientações de cuidado e proteção à criança e ao adolescente.

da mesma maneira. O treinamento cobre ambos os programas, e as instituições podem escolher com qual querem trabalhar – elas podem usar o EEL, o BEEL ou um programa conjunto EEL/BEEL.

Observamos que o portfólio de evidências reunidas por meio do processo de autoavaliação do EEL não somente oferece às escolas as informações necessárias para demonstrar o cumprimento das exigências da Etapa Fundamental da Primeira Infância, dos requisitos legais do *Safeguarding and Welfare, da inspeção do Office for Standards in Education Children's Services and Skills* (Ofsted)[6] e das exigências de melhoria da qualidade, como também encoraja as instituições a realizarem um processo de desenvolvimento organizacional de nível profundo e de longo prazo. Dessa maneira, o programa EEL oferece uma estratégia clara e focada para mudanças, que se baseia nas habilidades existentes e nos conhecimentos especializados daqueles que trabalham com crianças pequenas em uma variedade de instituições de atendimento à primeira infância e que busca ampliar essas capacidades.

Todas as instituições, ao longo do programa de apoio de melhoria da qualidade, foram patrocinadas pela autoridade local por meio do programa de acreditação de três anos. No início, duas instituições fizeram o treinamento EEL/BEEL, mas, alguns meses depois, outras sete se uniram a ele. No total, 79 instituições em 11 grupos separados completaram o programa de treinamento EEL/BEEL entre 2009 e 2015.

O programa de treinamento se desenvolve ao longo de dois dias. Ele começa com uma introdução, que inclui:

- O fundamento lógico do programa.
- O que o programa oferece.
- A identificação das bases teóricas do programa.
- Como o programa funciona.

Depois são identificadas as 10 dimensões da qualidade (BERTRAM; PASCAL, 2006):

1. Propósitos e objetivos.
2. Experiências de aprendizagem/currículo.
3. Estratégias de ensino e aprendizagem.
4. Planejamento, análise e realização de registros.
5. Profissionais/voluntários.
6. Relações e interações.
7. Inclusão, igualdade e diversidade.
8. Parceria com os pais/responsáveis e conexão com a comunidade.
9. Ambiente físico.
10. Liderança, monitoração e avaliação.

---

[6] N. de R.T. The Office for Standards in Education Children's Services and Skills (Ofsted) é um departamento não ministerial do governo do Reino Unido vinculado ao Parlamento.

Os princípios de operação e do ciclo de qualidade, avaliação e aperfeiçoamento são explicados:

- Avaliação e aperfeiçoamento são vistos como inseparáveis.
- O processo de avaliação e aperfeiçoamento é compartilhado, democrático e colaborativo.
- O processo promove a igualdade de oportunidades e reconhece a diversidade cultural.
- O processo não é imposto; é uma opção.
- A estrutura da avaliação é rigorosa, mas flexível e não faz julgamentos.
- Os planos de ação são seguidos do início ao fim.
- O objetivo é fazer o processo desenvolver e empoderar os profissionais, e não os ameaçar ou julgar.

Durante o treinamento, são feitos exercícios práticos para apresentar a metodologia e são discutidos os tipos de coleta de informações, as barreiras, os benefícios e a ética. Três conjuntos de observações também são apresentados:

- Acompanhamento da criança (*Child Tracking*).
- Envolvimento da criança (*Child Involvement*).
- Engajamento do adulto (*Adult Engagement*).

A parte final do treinamento envolve a discussão e o consenso para o avanço de cada instituição e o planejamento de uma linha do tempo de 18 meses.

O contexto do estudo de caso

O estudo de caso inseriu-se dentro do segundo grupo de EEL/BEEL, que iniciou em novembro de 2009 e foi planejado para ser completado em maio de 2011. O proprietário/diretor da instituição frequentou o programa de treinamento, sendo orientado pelo treinador do EEL/BEEL. No início, os participantes tiveram dificuldade em entender como colocar o programa em prática dentro da instituição, especialmente como gerenciar o processo e envolver profissionais, pais e crianças. A autoridade local então implementou uma estrutura de suporte contínuo para as instituições, que incluía reuniões em grupo e visitas regulares de um consultor do EEL (um funcionário da autoridade local). Devido às dificuldades no início do programa, ele foi estendido até março de 2012.

Após o programa de treinamento, o proprietário da instituição (que também era o diretor da creche) se tornou responsável por transmitir o treinamento dentro da creche, informando e treinando profissionais, pais e crianças. A implementação do programa se beneficiou do compromisso de uma direção proativa, que se esforçou para liderar dando o exemplo, baseando-se em seu próprio desenvolvimento acadêmico de habilidades de liderança e avaliação identificadas por Moles (2010), que descreve o diretor de uma instituição voltada para a primeira infância como tendo, em uma situação ideal, o mesmo nível de qualidades de liderança e gerenciamento. Durante a introdução do EEL, embora a direção tenha ficado um pouco desanimada com a quantidade de papelada que parecia ser necessária, ela se manteve comprometida com o programa, sabendo que ele beneficiaria a creche e enriqueceria as experiências e o desenvolvimento dos profissionais, das crianças e dos pais.

O primeiro objetivo foi apresentar o programa aos profissionais. Depois ele foi apresentado aos pais/responsáveis, que foram informados em detalhes sobre seu fundamento lógico, processo e participação necessária. Também foi necessária a concordância das crianças que seriam observadas. Esse compartilhamento inicial de informações foi posteriormente aproveitado para a inclusão de discussões com os pais, a fim de explorar como eles sentiam a instituição e suas experiências pessoais e das crianças durante sua permanência na creche.

As discussões com os pais, profissionais, voluntários, direção ou órgãos administrativos e as crianças geraram dados significativos para o Relatório de Avaliação. O apoio dos pais e familiares é parte importante do programa EEL e uma das dimensões de qualidade identificadas. Ele identifica que as instituições devem trabalhar de modo ativo, em parceria com os pais, para atender às necessidades das crianças. A coleta de informações e as evidências de trabalho colaborativo são utilizadas para avaliar sua efetividade e as áreas que devem ser aprimoradas. A apresentação do EEL aos pais no início do programa foi importante, dando-lhes a oportunidade de fazer perguntas e expressar suas preocupações. Uma das principais preocupações era a confidencialidade das informações, e os pais tiveram de receber a garantia de que informações delicadas não seriam compartilhadas. A explicação de quais informações eram necessárias, como elas seriam utilizadas e quem teria acesso a elas foi importante para garantir a paz de espírito dos pais. Para os pais, foi reconfortante saber que o foco eram os dados coletivos, e não os de qualquer criança individual, e que eles poderiam ler o relatório final. Isso ficou comprovado com o apoio prático oferecido pelos pais, quando a compilação das informações se tornou um desafio. As discussões com os pais produziram então outro conjunto de informações úteis, que contribuíram para criar o plano de ação. Os pais afirmaram que o processo de EEL havia melhorado a creche e lhes permitido se envolver mais com o aprendizado e as brincadeiras de seus filhos. Parte do processo foi mostrar aos pais como eles operavam e como tiravam conclusões de suas observações. Os pais notaram uma mudança no planejamento e na aplicação de objetivos e desenvolvimento. Os questionários confirmaram que os pais ficaram muito satisfeitos com a instituição ("Não consigo imaginar nada que pudesse ser melhor"). Os dados confirmaram que as parcerias parentais e a relação com os lares e a comunidade foi produtiva, em virtude de comentários como "acolhedora", "descoberta", "continuação em casa das experiências do dia na creche".

Foi importante que as crianças opinassem, para garantir que pudessem comentar suas experiências dentro da creche. Elas colaboraram bastante e gostaram de responder as perguntas e de participar da compilação de evidências fotográficas. As crianças não conseguiram responder a algumas das perguntas feitas pelos profissionais. Contudo, quando elas foram divididas e os profissionais usaram suas habilidades para fazer as mesmas perguntas de diferentes maneiras, elas conseguiram participar plenamente. Suas opiniões foram registradas e sustentaram a ideia de que as crianças da creche entendiam claramente o conceito de aprendizado e conseguiam lembrar o horário central com seu educador principal. Os comentários feitos pelas crianças destacaram seu conhecimento dos papéis dos profissionais, afirmando que a direção ficava na "sala dos profissionais" (em particular durante a coleta de informações do EEL). Um dos profissionais ajudou as crianças na organização e as apoiou para "aprender os sons" (usando uma caixa fônica durante os horários-chave do grupo), enquanto outro "conversava com as mamães e os papais" e "brincava lá fora". Esse terceiro funcionário era o coordenador dos pais e, portanto, passava muito tempo com eles.

Como mostra a Figura 12.1, a coleta e o registro das informações foi importante durante a análise de todos os aspectos da prática da creche. Para os profissionais, uma das primeiras tarefas foi completar uma biografia profissional. Essas biografias forneceram informações sobre o conhecimento e a experiência dos profissionais

FASE DA AVALIAÇÃO
Documentação da qualidade
Formulário com o histórico
Evidência documental
Formulário do ambiente físico
Fotografias
Biografias profissionais
Discussões com gestor, profissionais/voluntários, pais/responsáveis, administradores/proprietários e crianças
Observações de acompanhamento da criança (*Child Tracking*)
Observações do envolvimento da criança (*Child Involvement*)
Observações do engajamento do adulto (*Adult Engagement*)
Dados reunidos em um Relatório de Avaliação

FASE DA REFLEXÃO
Monitoração e reflexão crítica do impacto da **Fase do Aperfeiçoamento**. Os efeitos da ação serão reunidos em um **Relatório Resumido e Reflexivo do EEL**. Isso deve levar a um novo ciclo de avaliação.

FASE DO PLANEJAMENTO DA AÇÃO
Um **Plano de Ação** é desenvolvido com os participantes.

FASE DO APERFEIÇOAMENTO
O Plano de Ação é implementado.
São reaplicados os instrumentos pedagógicos de observação do envolvimento da criança e do engajamento do adulto.

FIGURA 12.1 O ciclo de melhoria e avaliação da qualidade do aprendizado do programa EEL.

dentro da creche e exploraram as razões para o ingresso na profissão, bem como as aspirações futuras. A metodologia do EEL foi elaborada para refletir uma ênfase na importância do processo, reconhecendo seu papel no desenvolvimento de posturas positivas de aprendizado, que são cruciais para o sucesso acadêmico no longo prazo. A análise concentra-se na maneira como a criança se envolve no processo de aprendizado e no modo como os adultos a apoiam e facilitam a aprendizagem. Os instrumentos pedagógicos de observação do envolvimento da criança (*Child Involvement*) e do engajamento do adulto (*Adult Engagement*) empregados para complementar as observações das crianças e dos adultos, que se seguem às observações do acompanhamento da criança (*Child Tracking*), oferecem os dados para informar os processos de avaliação e planejamento da ação. Essa fase da avaliação do programa é elaborada para levar entre 9 e 12 meses, mas, devido às dificuldades enfrentadas no início do programa, levou um pouco mais de tempo.

A fase seguinte foi o planejamento das ações. Após a análise e avaliação de todos os dados e finalização do Relatório de Avaliação que examinou as 10 dimensões da qualidade dentro da creche, o plano de ação detalhou o que foi posto em prática na Fase de Aperfeiçoamento. Isso incluiu uma segunda rodada de observações das crianças e dos adultos. A última etapa do programa foi a Fase de Reflexão, quando as informações coletadas ao longo da Fase de Aperfeiçoamento foram mais uma vez analisadas e avaliadaos, e completou-se um resumo reflexivo que mostrava o progresso e as melhorias de qualidade obtidas com a participação no programa. Uma vez finalizado o relatório, ele foi submetido à certificação do Centro para Pesquisas da Primeira Infância (Centre for Research in Early Childhood), obtida em março de 2012. A acreditação foi dada para um período de três anos, desde que fosse completado um Relatório Anual a cada ano. A creche manteve sua certificação e obteve a acreditação final em março de 2014. Nesta etapa, ela estava em posição de decidir como queria prosseguir – completar o programa de certificação novamente ou implementar o EEL, para obter resultados melhores, com a flexibilidade de expandir ou adaptar aspectos específicos do programa ou de seus recursos.

TRÊS PRINCÍPIOS NA PRÁTICA: OS PRINCÍPIOS PARADIGMÁTICO, TEÓRICO E METODOLÓGICO DENTRO DA PRÁTICA DE COLETA DE INFORMAÇÕES E AVALIAÇÃO

O processo do programa de 18 meses foi uma jornada contínua de desenvolvimento profissional para toda a equipe de projeto. Durante as etapas iniciais do programa, os profissionais mostraram-se céticos, fazendo comentários como "Mais papelada, e para que tudo isso?" ou "Já somos excelentes, então por que precisamos mudar nosso método de observação e nos dedicarmos mais ainda a fazer registros?". A direção, embora receptiva aos profissionais, foi autocrática ao iniciar o processo e liderou, por meio de suporte temporário, o processo de completar as observações, por exemplo, explicando que o método forneceria dados explícitos e esclarecedores e contribuiria para o desenvolvimento pessoal dos profissionais e das crianças e o do ambiente. Os profissionais precisaram de um período para se ajustar, pois as observações para eles já eram uma prática diária, mas as observações do Programa EEL eram mais intensas e exigiam certas habilidades dos participantes. O uso do vídeo de treinamento incluído nos recursos do programa foi benéfico, e a creche também buscou o apoio dos profissionais municipais. O uso dos instrumentos de observação durante as brincadeiras foi crucial para o sucesso na produção de dados honestos e claros. Para a direção, isso ofereceu uma oportunidade para refletir sobre seus estudos anteriores sobre as teorias do jogo, em particular as advindas do pensamento de Froebel, que sugeriu que a brincadeira é o modo pelo qual as crianças integram e reúnem em um todo tudo o que sabem, entendem e sentem. A direção compartilhou isso com os profissionais e destacou que era esse tipo de jogo que permitia aos profissionais completar as observações quando os níveis de envolvimento das crianças eram elevados, uma vez que estavam muito envolvidas naquilo que faziam e praticando o que já sabiam. O processo do EEL mostra vários dos princípios discutidos no Capítulo 7, como "a avaliação pedagógica deve ser significativa e útil para cada criança, apoiando as jornadas de aprendizagem individuais de cada uma delas". Os profissionais tinham experiência em complementar as observações das jornadas de aprendizagem de cada criança; contudo, o EEL lhes permitiu olhar mais fundo e identificar os níveis de envolvimento e bem-estar de cada criança. As informações coletadas permitiram aos profissionais criar um ambiente no qual as crianças se tornassem aprendentes competentes, proporcionando espaços e oportunidades com adultos que eram sensíveis às suas necessidades.

A análise dos dados se mostrou um desafio, mas a direção, como a trabalhadora de apoio ao EEL, usou as habilidades desenvolvidas durante sua formação em educação da primeira infância, juntamente com o auxílio dos pais/responsáveis, que ofereceram seu apoio ao longo da introdução do programa. Após as primeiras análises dos dados, os profissionais conseguiram ver os benefícios dos métodos de observação e adotaram uma postura de maior comprometimento ao EEL, tornando-se ávidos mentores dos novos estudantes e contribuindo com segurança para as observações dos colegas.

A creche identificou vários benefícios em participar do programa:

- A coleta e a análise dos dados permitiram aos profissionais reunir informações valiosas, que vêm sendo utilizadas para contribuir em áreas de desenvolvimento.
- Os profissionais têm sido capazes de comemorar o uso de boas práticas e manter sua certificação Ofsted na última inspeção.
- O mais importante de tudo é que o programa tem lhes dado as ferramentas e a autoconfiança necessária para a melhoria contínua.

Também tem sido identificado que isso mostra o princípio de que "a avalição pedagógica deve promover a autoconfiança e a participação, seguindo uma abordagem baseada em direitos". O EEL, com sua abordagem estruturada, dá aos profissionais as ferramentas para que eles possam avaliar sua prática e se tornarem indivíduos mais confiantes. As ferramentas identificam por que, o que e como eles estão avaliando e, depois, sustentam a coleta e a análise dos dados, levando ao planejamento das ações e à melhoria da qualidade. Esse processo é conduzido pelos próprios profissionais, conferindo-lhes propriedade em relação ao programa e a tomadas de decisões. Ao término do programa, aumentam-se as habilidades e os conhecimentos, o que resulta em profissionais mais confiantes e completos.

O EEL foi uma aventura coletiva para todo o contexto da creche do estudo de caso, incluindo profissionais, pais/responsáveis e crianças. Ele deu sustentação ao desenvolvimento profissional de todos os profissionais da creche; e à direção, em particular, reconheceu seu crescimento pessoal e profissional com o apoio do Conselheiro Externo do EEL ao longo de todo o processo. Um dos benefícios do EEL foi ter alguém que pudesse discutir a análise dos dados objetivamente, bem como aconselhar sobre aspectos práticos de se complementar o programa.

Essa objetividade é importante e sustenta o princípio que afirma que "a coleta de informações e a avaliação devem ser influenciadas por conhecimentos disponíveis, rigorosos, confiáveis e validados". Dos três objetivos do EEL apresentados anteriormente, dois deles são considerados chaves:

1. Desenvolver uma estratégia participativa e gerenciável para a avaliação e melhoria da qualidade do aprendizado e do desenvolvimento da primeira infância, bem como a efetividade dos resultados disponíveis a crianças pequenas em uma ampla gama de contextos de educação e cuidado.
2. Conseguir isso por meio de um processo colaborativo, sistemático e rigoroso de autoavaliação, que é sustentado e validado externamente, e que contribui de modo direto para a qualidade e o processo de inspeção.

Esse processo de autoavaliação exemplifica o princípio; os profissionais reúnem os dados necessários e complementam um processo de análise de dados para gerar um plano de ação. A avaliação é discutida e desafiada pelo Conselheiro Externo do EEL, a fim de garantir que seja confiável e válida.

REFLEXÕES: O QUE SE APRENDEU? DESAFIOS E POSSIBILIDADES DENTRO DA PRÁTICA DESCRITA

Na creche

A direção tornou-se mais autoconfiante. Hoje ela sente que tem como apoiar os profissionais para que se obtenha o mais alto nível de cuidado e educação na primeira infância. Ela também tem as habilidades de gestão necessárias para atender aos profissionais e a creche como um todo. Os profissionais têm frequentado cursos de formação, e, como liderança graduada no EEL, a direção tem conseguido guiar e sustentar o trabalho dos profissionais. Como equipe, conduziram o projeto *Early Years Foundation Stage*[7] (EYFS) (DEPARTMENT FOR EDUCATION, 2012), que se mostrou valiosíssimo durante o período de transição. A organização do treinamento foi feita pela pesquisa e em colaboração com outras boas práticas, uma vez que a autoridade local não ofereceu cursos até a implementação do EYFS. Com o uso das habilidades desenvolvidas com o término do EEL, os profissionais puderam usar os instrumentos pedagógicos de observação, como o instrumento de acompanhamento (*Child Tracking*), o de envolvimento (*Child Involvement*) e o de engajamento (*Child Engagement*), a fim de realizar uma análise clara e informativa de onde as crianças estavam dentro do EYFS durante suas primeiras semanas e onde estavam após o término de um período letivo. Os dados lhes mostraram que todas as crianças haviam progredido bastante, e que cada uma delas estava trabalhando dentro da faixa de desenvolvimento para sua idade. Eles obtiveram uma alta porcentagem de crianças trabalhando em um nível acima de sua faixa etária, o que confirma que estavam atendendo tanto crianças com desempenho superior como crianças com necessidades educacionais especiais, que estavam sendo apoiadas por planos de educação individual. Esses dados forneceram as evidências de que seu o entendimento sobre o resultado dos novos EYFS foi realmente positivo, o que lhes incentivou a continuar avançando no treinamento e desenvolvimento, a fim de sustentar cada criança em seu ambiente de aprendizagem.

Como parte do EEL, o planejamento foi avaliado, resultando no planejamento pessoal-chave de base diária para cada criança. Completar a pesquisa e a análise dos dados foi uma grande conquista, e a equipe pôde celebrar com as evidências de que o processo havia funcionado bem e que todos ao redor das crianças tinham um papel a cumprir para a sua aprendizagem e desenvolvimento. Como resultado da aprendizagem de como analisar os dados, a direção conseguiu coletar dados informativos no início do período letivo (setembro), que claramente identificaram quais crianças estavam tendo baixo desempenho, quais estavam com desempenho normal e quais estavam com desempenho superior em relação ao esperado para sua faixa etária. Isso coincidiu com as observações do EEL e deu aos profissionais um caminho claro para progredir e oferecer oportunidades de desenvolvimento em áreas específicas.

Outro resultado positivo do programa foi trabalhar em parceria com os pais/responsáveis. O envolvimento dos pais foi aprimorado com o apoio dado a eles para identificar e reconhecer as áreas principais e específicas de aprendizagem e lhes mostrar como poderiam apoiar o desenvolvimento de seus filhos. A pessoa-chave trabalhou arduamente com os pais para ajudá-los a entender o EYFS e como eles poderiam contribuir para a aprendizagem dos seus filhos em casa. Também foram

---

[7] N. de R.T. O *Early Years Foundation Stage* é um documento inglês que estabelece objetivos para os serviços direcionados à primeira infância, os quais estão relacionados ao bem-estar e ao desenvolvimento das crianças de 0 a 5 anos. Este documento se organiza em seis áreas-chaves, em torno das quais as atividades das instituições devem se organizar: desenvolvimento pessoal, social e emocional; comunicação, linguagem e alfabetização; resolução e solução de problemas e raciocínio lógico; conhecimento de mundo; desenvolvimento físico; e desenvolvimento criativo.

desenvolvidos documentos em colaboração com os pais e as crianças. Os interesses das crianças em casa e na creche foram, em particular, muito valiosos para gerar um plano individual para cada criança focado no ponto em que ela se encontrava e em como ela poderia progredir. Os pais também foram envolvidos no acompanhamento da situação de seus filhos dentro do EYFS; isso foi registrado por uma folha de objetivos individuais, utilizada como guia para cada criança. Os pais receberam uma cópia e puderam ver como seus filhos poderiam sentir e desenvolver cada objetivo. O foco nas brincadeiras e nos interesses tornou o novo currículo uma ferramenta divertida para os pais, uma vez que eles puderam usar brincadeiras familiares que as crianças apreciavam. A creche, formando todo um contexto, foi capaz de mostrar aos pais como usar as ferramentas e as atividades de diferentes maneiras a fim de motivar seus filhos a pensar criticamente ou a mudar de estratégia para executar uma tarefa.

O ambiente da creche foi constantemente analisado e avaliado quanto à efetividade, e, durante o programa, foi possível adquirir um terreno contíguo à escola, que acomodou uma horta. Os pais trabalharam junto com os profissionais e as crianças para plantar e cultivar suas próprias verduras, e isso introduziu uma abordagem do tipo "escola floresta" às experiências externas. Um artista foi recebido por três dias inteiros para apresentar às crianças como se autoexpressarem no ambiente externo; por exemplo, as crianças puderam criar com recursos naturais e misturá-los com tintas e itens reciclados, para fazer uma área de tecelagem. A criação da horta escolar e o aumento das habilidades práticas dos profissionais para oferecer um ambiente de aprendizagem mais ampla reforçou a oportunidade que as crianças tinham para experimentarem e se desenvolverem por meio do aprendizado com o uso de suas próprias habilidades, pensando e explorando com a orientação dos profissionais e pais, que estavam envolvidos nas tarefas.

O impacto do EEL foi útil para o desenvolvimento das qualificações de alguns profissionais. A direção estava motivada para obter sua graduação e usou suas habilidades de observação dentro de seu grupo de crianças para ter uma ideia clara das necessidades e dos interesses individuais. As observações feitas com o EEL foram intimamente relacionadas com o EYFS, oferecendo um diálogo detalhado do envolvimento e de como as crianças se envolviam nas brincadeiras e nas experiências de aprendizagem. A direção também conduziu o treinamento dos profissionais e apoiou a implementação do EYFS. Outros profissionais preferiram desenvolver suas habilidades de implementação do EYFS por meio de um curso de educação a distância; isso lhes deu a oportunidade de trabalhar em seu próprio ritmo e usar a internet em casa. A direção utilizou suas habilidades e conhecimentos obtidos com o EEL, colocando em prática seus estudos sobre os teóricos e o papel que eles desempenhavam nas observações e estratégias educativas. Isso a levou mais além, permitindo-lhe considerar como poderia refletir a respeito de seu próprio desenvolvimento profissional e como poderia continuar seus estudos. Para a direção, ficou claro que o EEL havia lhe inspirado a progredir e a buscar o entendimento acerca das observações que os profissionais poderiam ter sobre a aprendizagem de cada criança individualmente.

Todos os profissionais continuaram desenvolvendo-se profissionalmente; uns desenvolveram suas habilidades como coordenadores de pais, elaborando questionários e oferecendo informações, de modo que os pais conseguissem aproveitar seus envolvimentos com a aprendizagem das crianças. Esses profissionais também orientaram os pais a ficarem na escola, brincarem, participarem das sessões de aprendizagem e a cozinharem, algo que teve muito sucesso e continua sendo desenvolvido. Todos os profissionais completaram seus cursos individuais para apoiar seu desenvolvimento pessoal e profissional.

Por ser uma creche certificada, inspirar os profissionais a refletirem sobre suas práticas por vezes pareceu um desafio; contudo, as observações dos colegas continuaram a ser um elemento-chave de seu sucesso. Ao término do programa de certificação de três anos, eles conseguiam refletir sobre seu aprendizado e a decidir como usar o EEL como ferramenta dentro da creche. Foram desenvolvidos instrumentos de observação do envolvimento dos adultos de modo a incluir as estratégias de ensino, o ambiente e os recursos, e criou-se um quadro resumo. Os profissionais também ajustaram suas observações de envolvimento com as crianças para que refletissem como estas estavam aprendendo, especificamente com relação às características de aprendizagem. Ter a confiança de uma liderança permitiu à direção modificar a documentação da qualidade do aprendizado e usar as pesquisas como chave para suas descobertas, algo por ela afirmado como sendo um dos resultados de ter completado o EEL.

O impacto mais amplo

A autoridade local abandonou o programa de melhoria da qualidade após a implementação das mudanças na legislação, que identificou o Ofsted como o único árbitro da qualidade. O foco principal do apoio da autoridade local foi direcionado para as creches classificadas como "Inadequadas" ou "Exigindo Melhorias" após as inspeções feitas pelo Ofsted. O apoio para essas instituições também precisou ser focado nas ações identificadas pelo Ofsted. Nenhuma creche nova pôde entrar no EEL, mas as instituições que já haviam começado o programa continuaram, e as reuniões regulares em grupos também foram mantidas a fim de garantir que elas tivessem o apoio necessário. Uma avaliação do EEL e do BEEL também foi finalizada nessa época. As primeiras escolas, que começaram o programa em 2009, completaram o programa de certificação de três anos e as revisões anuais e continuam usando o EEL/BEEL em seus ciclos contínuos de planejamento, observação e coleta de informações. As instituições que aderiram entre 2010 e 2013 estão em diferentes etapas do programa de três anos.

Uma avaliação do programa mostra que, das 79 instituições originais, 10 das 20 que o abandonaram eram centros de educação infantil ou creches vinculadas a eles – várias tendo desistido por terem sido fechadas e outras por participarem de outros programas. Cinco eram escolas (Local Education Agency [LEA] ou independentes) e cinco eram creches do tipo privadas, voluntárias e independentes (PVI), cuja maioria teve uma mudança nos profissionais ou na direção que as impediu de continuar o programa.

Uma auditoria de instituições de educação da primeira infância registrada para receber verbas governamentais em janeiro de 2015 revelou que, das 372 registradas, 67 foram certificadas como "Excepcionais" pelo Ofsted e, dessas, 21 haviam completado o EEL/BEEL (31%). Quando analisamos as escolas que estavam ativamente envolvidas no programa, podemos ver na Figura 12.2 que segundo a classificação do Ofsted, duas estavam no nível "Satisfatória", duas no "Necessita de Melhorias", 18 no nível "Boa" e 19 no nível "Excepcional".

Esse resultado, que mostra que 90% das escolas participantes do EEL/BEEL receberam classificação "Boa" ou "Excepcional", sugere que o programa teve resultado positivo para as instituições que dele participaram. Isso foi reforçado pelo resultado das inspeções do Ofsted para várias creches que haviam participado do EEL/BEEL:

> Os documentos de planejamento e análise comprovam que se planejou de modo muito efetivo para os interesses das crianças. Os planos são completos e compartilhados com os pais para se manterem atualizados em relação aos tópicos e às atividades com os quais as crianças estão envolvidas no momento.

> Há excelentes sistemas para avaliar e refletir a prática e implementar planos para melhorias futuras. A autoavaliação extremamente focada e a monitoração cuidadosa do programa educacional são evidentes. A equipe administrativa e os profissionais mostram grande comprometimento com a melhoria dos resultados para todas as crianças.

> Os profissionais se envolvem bastante com o desenvolvimento de boas parcerias tanto com os pais quanto com os demais profissionais para garantir que as necessidades individuais das crianças sejam reconhecidas e recebam prioridade máxima.

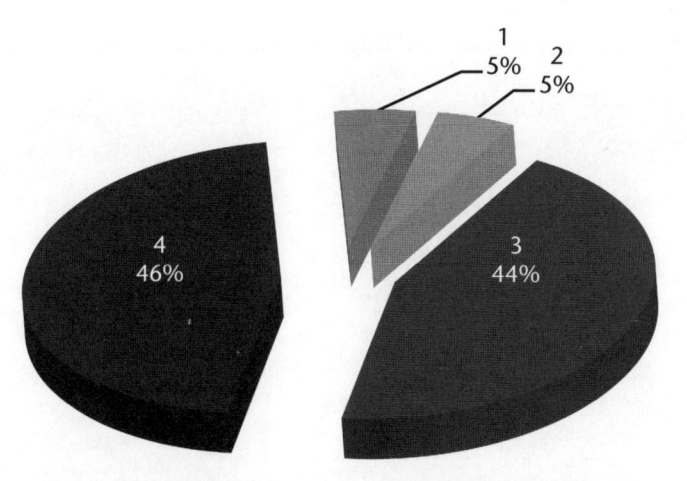

FIGURA 12.2 Classificações das instituições dadas pelo Ofsted após a implementação do programa de EEL.

Duas das creches tiveram apenas uma recomendação do Ofsted: "ampliar os sistemas de compartilhamento das práticas de inspiração da instituição com outras creches".

Com base nessa evidência, a autoridade local tomou a decisão de fazer o plano-piloto do Programa Desenvolvendo a Qualidade em Parceria direcionado para a creche (BEEL) em um pequeno número de instituições. Os critérios para aceitação eram principalmente que a creche deveria aumentar o acesso a crianças de 2 anos que pudessem receber verbas, passando da classificação "Necessita de Melhorias" para "Boa", segundo o Ofsted. Uma sessão introdutória, seguida de um programa de treinamento de dois dias, ocorreu em fevereiro de 2015, e o primeiro grupo de três creches, no sul da cidade, começou no final daquele mês. O pacote de treinamento do BEEL também incluiu referências e ações para a creche a cada um dos Relatórios Ofsted, identificando como cada aspecto do programa BEEL abordaria suas ações para o Ofsted. Esse programa-piloto continuará sendo monitorado e avaliado.

REFERÊNCIAS

BERTRAM, T.; PASCAL, C. *Effective Early Learning (EEL)*: a handbook for evaluating, assuring and improving quality in early childhood settings. Birmingham: Amber Publishing, 2006.

DEPARTMENT FOR EDUCATION. *Statutory Framework for the Early Years Foundation Stage*: setting the standards for learning, development and care for children from birth to five. London: DFE, 2014.

MOLES, J. *The excellence of play*. 3rd ed. Berkshire: Open University Press, 2010.

NATIONAL CHILDCARE STRATEGY. *National Childcare Strategy Green Paper:* 'Meeting the Childcare Challenge'. London: Department for Education and Employment, HMSO, 1998.

13

Estudo de caso 6

O Programa de Suporte Inicial à Aprendizagem ao Longo da Vida: coleta de informações participativas com os pais

Donna Gaywood e Christine Pascal

Este estudo de caso revela os desafios e benefícios de se utilizar um modelo participativo de coleta de informações e avaliação dentro de uma rede de creches. Ele mostra como o Programa de Suporte Inicial à Aprendizagem ao Longo da Vida (AcE, do inglês *Accounting Early for Lifelong Learning Programme*) (BERTRAM; PASCAL; SAUNDERS, 2008) foi adotado como ferramenta de coleta de informação por profissionais e como funcionou como catalisador dos profissionais para que reconsiderassem profundamente e reformulassem suas relações tanto com os pais quanto com as crianças dentro do processo de aprendizagem. O estudo de caso também revela como os dados gerados pelo processo de coleta de informações participativo são empregados para contribuir para o processo de planejamento e garantir que a aprendizagem, nos centros de educação e em casa, seja individualizada e significativa tanto para as crianças quanto para seus pais.

CONTEXTO: A LOCALIZAÇÃO PEDAGÓGICA E CULTURAL DO TRABALHO DE COLETA DE INFORMAÇÕES E AVALIAÇÃO

Este estudo de caso foi realizado dentro de um grupo de cinco creches no sudoeste da Inglaterra. As creches foram criadas durante o último governo trabalhista (1997-2010) para garantir que todas as crianças com até 5 anos de idade tivessem acesso universal a serviços de saúde, grupos de alta qualidade, creche subsidiada e educação na primeira infância, com o objetivo de promover o desenvolvimento e a aprendizagem das crianças desde cedo. As creches foram inicialmente construídas em áreas muito degradadas de toda a Inglaterra e buscavam oferecer serviços às crianças mais vulneráveis e suas famílias, com a intenção clara de identificar os problemas desde cedo e oferecer suporte a elas. Como resultado, os serviços das creches foram desenvolvidos com uma força de trabalho qualificada que tinha capacidade para construir e sustentar relações com as famílias que frequentemente passavam por situações difíceis, como desemprego, violência doméstica, luto, dependência de drogas e álcool e relacionamentos familiares conturbados. O governo britânico atual se esforça para que os serviços das creches se tornem um elemento-chave para reduzir a diferença de resultado entre as crianças das famílias mais pobres em relação aos demais, que pareciam ter desempenho constantemente superior ao término do 1º ano do ensino fundamental, aos 5 anos de idade (CHILD POVERTY STRATEGY, 2014). Como resultado, o trabalho realizado sobre esses serviços tem desenvolvido uma abordagem clara para a promoção da aprendizagem infantil e engajamento dos pais no processo.

A área sob jurisdição da autoridade local é conhecida como uma localidade rica e próspera, mas há bolsões de pobreza no condado, que costumam ficar ocultos ao público em geral. Como consequência, as creches da região servem a uma demografia variada. A maioria das famílias que têm acesso aos serviços está vivendo na pobreza, frequentemente em lares com desemprego, embora seja crescente o número de famílias consideradas como "trabalhadores pobres". A maior parte das famílias que têm acesso ao serviço é de trabalhadores brancos da classe baixa, embora em duas das creches haja uma taxa maior de acesso de famílias de grupos étnicos e minoritários negros, incluindo migrantes econômicos e asilados. Também há muitas famílias de viajantes que buscam os serviços por todo o condado. Cada uma das creches tem áreas nas quais existem altos índices de privação econômica, isolamento rural, má saúde mental dos pais, obesidade infantil e acidentes com crianças. A cada uma dessas áreas são enviados grupos de permanência regular e grupos de brincadeiras (*play groups*[1]).

O trabalho, quanto à coleta de informações e avaliação da aprendizagem das crianças dentro dos serviços das creches, vem sendo continuamente aprimorado e tem crescido organicamente por meio da escuta e reflexão das respostas de profissionais, pais e crianças. De início, nossa abordagem foi implementada dentro de uma creche diurna muito movimentada que recebe crianças que moram predominantemente em uma área muito pobre, com mais de 80% sendo consideradas "vulneráveis", de acordo com o critério de inspeção nacional. Hoje são utilizados métodos de coleta de informações e avaliação similares em todos os serviços de creche. Esses serviços incluem duas creches do condado, grupos universais e específicos de pais e filhos,[2] apoio familiar e trabalho de proteção em cinco creches. Atualmente,

---

[1] N. de R.T. *Play groups* são serviços alternativos para que as famílias se encontrem com certa periodicidade e vivenciem experiências de brincadeiras junto aos seus filhos. Na Espanha, por exemplo, esses lugares são chamados de espaços familiares (*Espais familiar*, em catalão).

[2] N. de R.T. Este trabalho de intervenções universais e intervenções específicas é um tipo de ação de provisão realizada pelo governo com foco na comunicação e linguagem. O nome deste programa é *Speech, Language and Communication Needs* (SLCN), e ele envolve um conjunto de ações realizadas junto das famílias e das crianças com o intuito de garantir a inclusão de todos que possam apresentar qualquer dificuldade de fala, comunicação ou linguagem.

as cinco creches originais estão sendo fundidas a outras quatro, de modo que esses processos e pedagogias estão sendo compartilhados com os novos colegas.

Os profissionais mais antigos, que foram os catalisadores desse trabalho, formam uma equipe multidisciplinar com formação em saúde, serviço social, educação em geral e educação da primeira infância, que compartilham os objetivos gerais e as metas para o serviço. Filosófica e pedagogicamente, eles são apaixonados pelas crianças acolhidas nas creches, seja qual for o motivo, e consideram que as vozes das crianças muito pequenas devem ser ouvidas, registradas e elucidadas por meio de observações sensíveis e bem interpretadas.

Da mesma maneira, há um entendimento explícito de que, para que as crianças estejam "prontas para a escola", elas precisam ter as habilidades, os atributos e as posturas que lhes permitam se tornar aprendentes competentes e independentes. Isso vai além de apenas estar preparado para ler, escrever e ter conhecimentos básicos de matemática. A equipe acredita que as crianças devem ter a capacidade de lidar com qualquer decepção, entender como se portar dentro da sociedade e ter o desejo de explorar coisas novas.

Além disso, a equipe gestora está muito comprometida com o empoderamento dos pais, acreditando que eles são os participantes mais importantes para o resultado de uma criança. Corroborando essa ideia, há a crença de que as crianças precisam de relações acolhedoras, responsivas e recíprocas com seus responsáveis para que consigam bons resultados depois da primeira infância. Quando se trabalha com pais frequentemente estigmatizados em razão de sua situação socioeconômica, é importante criar um modelo de serviço coconstruído que inclua esses princípios e traga a perspectiva e as experiências dos pais para o processo de análise.

Conduzindo esse trabalho, há um forte comprometimento com o programa AcE e as pedagogias participativas, além da crença de que as crianças que são empoderadas e suas famílias serão consequentemente mais aptas a vencer a diferença de resultados em relação a seus colegas que não estão em situação de risco. Essa abordagem tem se tornado fundamental para a oferta de serviços para as crianças e suas famílias em toda a rede de creches.

COLETA DE INFORMAÇÕES E AVALIAÇÃO DA PRÁXIS: DESCRIÇÃO DO PROGRAMA DE COLETA DE INFORMAÇÕES E AVALIAÇÃO DO TRABALHO E DA PRÁTICA

Em janeiro de 2010, a autoridade local tomou a decisão de adotar o programa AcE (BERTRAM; PASCAL; SAUNDERS, 2008) como um método para engajar os pais no aprendizado dos filhos em casa. Esse programa é um modelo participativo baseado em ajudar os pais e profissionais a identificarem mais o que as crianças são capazes de fazer do que aquilo que não são, por meio do conhecimento dos pais sobre seus filhos, da conversa e da observação de seus filhos brincando. Ele se baseia em descobertas feitas por pesquisas, que consideramos extremamente poderosas para o envolvimento dos pais. As observações e conversas formam a base de uma análise inicial que coloca a criança e suas competências no centro, garantindo que todos os planos para a promoção da aprendizagem sejam centrados nela e construam aquilo que os pais sabem e conseguem ver. Isso permite que o aprendizado se desenvolva individual e organicamente e por meio de relações. O programa AcE identifica cinco áreas ou domínios que cobrem as principais áreas de aprendizagem identificadas pelo currículo inglês para a Primeira Infância (*Early Years Foundation Stage* [EYFS]). Contudo, os indicadores conferem aos pais um entendimento mais claro sobre as competências específicas que seus filhos precisam desenvolver para que possam se tornar aprendentes competentes por toda a vida. Tendo os pais e profissionais feito uma avaliação clara sobre as capacidades correntes de seus filhos, eles desenvolvem um plano para a promoção da aprendizagem futura. Os pais concordam em brincar com seus filhos de certa maneira, ou apoiá-los de modo diferente, para garantir o progresso em todas as áreas da aprendizagem. Os profissionais também concordam em oferecer atividades extras, que também sustentam esses desenvolvimentos, seja no centro de educação infantil, na creche ou em uma visita ao lar. Após certo período, os pais e profissionais têm uma reunião de acompanhamento para discutir qualquer desenvolvimento ou progresso, mais uma vez se baseando nas observações que os profissionais fizeram da criança.

O programa de apoio à primeira infância, *Flying Start*, é oferecido aos pais de crianças que têm direito a uma vaga por dois anos em uma creche financiada pelo Estado. Esse programa significa que, antes que a criança entre na creche, um profissional da primeira infância a visitará em casa e dará apoio aos pais sobre como eles devem brincar com seus filhos, construindo um diário de brincadeiras. Uma reunião de "equipe de apoio à criança", que inclui profissionais da educação, saúde e serviço social, é então realizada, e a criança é apoiada pela creche por meio dessa equipe multidisciplinar. Os resultados desse programa têm sido encorajadores, pois parece haver menos falta de envolvimento dos pais e maior permanência das crianças nas creches, contribuindo para que elas possam ingressar com sucesso na educação universal, aos 3 anos de idade. A abordagem participativa de coleta de informações e avaliação do programa AcE tem sido adotada por toda a variedade de tipos de serviços oferecidos pelas creches, conforme detalhado a seguir.

Na creche: do nascimento aos 5 anos de idade

Cientes do sucesso do programa *Flying Start*, os profissionais de uma das creches estavam ansiosos para se desenvolver com base nesse modelo e usar o programa AcE como forma de reforçar a participação parental na aprendizagem das crianças. Após tentar essa abordagem, foi tomada a decisão de utilizar os indicadores de aprendizagem e domínios do programa para embasar as coletas de informações preliminares das crianças. Esses indicadores incluem empatia, resiliência, responsabilidade, alfabetização emocional e exploração da linguagem.

Essas coletas de informação têm permitido aos profissionais acompanhar o progresso individual das crianças e também fazer análises claras do processo de desenvolvimento do educador das crianças. Além disso, os profissionais têm conseguido refletir sobre o ambiente de aprendizagem e as oportunidades oferecidas às crianças, considerando a qualidade e o impacto destas no processo de aprendizagem.

Por exemplo, para um professor ficou claro que muitas crianças estavam atrasadas em sua alfabetização emocional. Como resultado, introduziu-se a escala de avaliação da dor de Wong-Baker (BAKER; WONG, 1987), que é empregada no cuidado de crianças para ajudá-las a analisar seus próprios níveis de dor. Crianças muito pequenas rapidamente conseguiram indicar como se sentiam naquele dia, e logo sabiam como relacionar esses sentimentos a experiências, dizendo, por exemplo, "quero a mamãe". Os níveis de alfabetização emocional das crianças subiram rapidamente.

Utilizando a observação individual das crianças para considerar seu bem-estar e aprendizagem como um todo, o grupo inteiro de professores se consolidou na prática. Os profissionais começaram a identificar os padrões de aprendizagem das crianças. Por exemplo, foi observado que as crianças que sofreram violência doméstica tendem a ter dificuldade em se tornar assertivas. Consequentemente, todas as crianças aprendem as primeiras etapas de serem assertivas com as outras. Elas são encorajadas a dizer "Para – eu não gosto disso!" e a usar um gesto com as mãos para indicar que estão desconfortáveis com o modo como um colega ou adulto está se relacionando com ela. As crianças se tornaram mais confiantes, e as mudanças em seus níveis de realização se tornaram mais visíveis.

Os documentos que são empregados para registrar o aprendizado das crianças são mantidos sob revisão contínua, para garantir que sejam adequados àquele propósito e possam ser usados tanto pelos profissionais como pelos pais.

Os indicadores do programa AcE foram introduzidos aos pais por meio de reuniões regulares, onde estes são encorajados a contribuir. Contudo, reconhece-se que, dentro do contexto da creche, os pais precisam de mais informações, além de estar mais intimamente envolvidos com a aprendizagem de seus filhos, em particular no caso das análises iniciais. Como resultado disso, os profissionais estão começando a visitar os pais e as crianças em suas casas após elas estarem adaptadas à creche, de modo que possam completar a análise inicial da aprendizagem da criança com os pais.

Grupo universal e grupos-alvo

O princípio de usar o programa AcE para dar suporte à aprendizagem e desenvolvimento de um grupo de crianças e seus pais vem sendo desenvolvido ainda mais pelos profissionais, que o estão usando para melhorar a aprendizagem das crianças tanto por meio dos grupos focais como do grupo universal da creche. Foi desenvolvida uma estratégia tríplice:

- Usar os indicadores para o planejamento do grupo.
- Usar o programa AcE para engajar os pais.
- Usar as coletas de informações individuais para acompanhar o progresso das crianças.

Os pais são introduzidos a esse programa por meio de apresentações e conversas com os profissionais. Como um grupo, são encorajados a escolher um indicador dentro do programa AcE que tenha ressonância para si e para seus filhos.

Os profissionais podem mudar essa seleção, como resultado de suas observações do grupo ou dos dados da creche para a área, que pode incluir estatísticas de saúde, indicadores de crime ou dados reunidos nas escolas locais, no final do ano de ingresso no ensino fundamental, quando a criança tem 5 anos de idade. Esses dados são então utilizados pelas autoridades locais para analisar as necessidades de aprendizagem das crianças que estão sendo preparadas para entrar na escola de ensino fundamental (isto é, com menos de 5 anos). Por exemplo, dentro do grupo, talvez tenha se notado que as crianças tinham muito poucas oportunidades de exercer escolhas e de ser autônomas. Os profissionais podem discutir isso com os pais e talvez fazer modificações no horário do lanche, reestruturando-o para promover a autonomia de modo ativo. Assim, as crianças são motivadas a preparar seus lanches, servir suas bebidas e limpar seus pratos.

São estabelecidos planos de médio prazo, que determinam a direção do grupo, e os pais têm a oportunidade de fazer análises individuais das crianças na área de aprendizagem escolhida junto com os professores e, então, são encorajados a apoiar a aprendizagem de seus filhos tanto no grupo como em casa. A seguir, é feita uma análise do progresso das crianças.

Pais e professores mantêm diários para documentar a aprendizagem dos filhos. Os pais são encorajados a participar, tirando fotografias, colando-as e registrando a aprendizagem de seus filhos.

Essas coletas de informações individuais das crianças geram dados, que evidenciam claramente o percurso de cada uma delas dentro do grupo, em uma área de aprendizagem. Começamos a usar esses dados para produzir relatórios de uma página que ressaltem o impacto positivo que o grupo teve na aprendizagem e nas conquistas das crianças. Alguns exemplos desses relatórios são mostrados nas Figuras 13.1 e 13.2.

O apoio familiar

Os profissionais utilizam uma estratégia similar a essa para obter o apoio da família. A equipe acredita que o programa AcE é uma abordagem empoderadora de coleta de informações, extremamente positiva para analisar as crianças e suas famílias. Os pais, que podem estar tendo sensações negativas em relação a uma criança e seu comportamento, têm respondido bem a isso. As crianças não são

RELATÓRIO DE IMPACTO

Grupo de área focal "Fique e brinque" (*Stay and play*)

Novembro de 2014

Período: 19/09/14 – 24/10/14

O grupo de área focal "Fique e brinque" ocorre semanalmente durante o período letivo dentro da creche.

As famílias que o frequentam em geral já estão colaborando com os serviços do centro de educação infantil.

O grupo é estável e atualmente já conta com seis famílias participantes. Esse grupo também age como uma ponte para as famílias da localidade que estiverem com dificuldades para ter acesso aos grupos ou serviços da creche.

Os professores têm tentado engajar os pais, usando o programa AcE. Dois dos seis pais puderam fazer uma análise da resiliência de seus filhos em setembro. As crianças cujos pais participaram do programa AcE têm 16 meses, 18 meses e 3 anos de idade.

Por meio de conversas sobre esse indicador, professores e pais têm trabalhado juntos para apoiar as três crianças em casa e com as atividades do grupo.

Resumo

100% das crianças envolvidas pertenciam a grupos reconhecidos como vulneráveis
67% eram de grupos étnicos e minoritários negros
33% eram meninas
67% eram meninos
100% das crianças haviam presenciado abuso doméstico

Em apenas um mês

	Assertividade: indicadores AcE dos percursos		
	Setembro de 2014	Outubro de 2014	Percurso
Criança A	25%	50%	25%
Criança B	50%	75%	25%
Criança C	25%	50%	25%

25% – em risco de atraso significativo
50% – em risco de atraso
75% – dentro da faixa normal
100% – acima do nível esperado

FIGURA 13.1 Relatório do impacto do grupo de área focal "Fique e brinque".

A voz dos pais

"Ela está mais segura – mais confiante. Ela sabe que as ações têm consequências. Ela tenta, até conseguir, vestir suas roupas, sapatos e meias." (24/10/14)

"Ele brinca mais e olha para a mãe, sorri e corre com seus brinquedos, volta e brinca com a mãe de novo." (24/10/14)

"Ele ajuda em casa, combina e pede ajuda para a mãe, dizendo 'por favor' e 'obrigado'". (24/10/14)

Análise

Um terço dos pais que frequentaram o grupo participou da análise de seus filhos e, a partir dela, ficou demonstrado que os resultados de longo prazo das crianças foram afetados de modo significativo e positivo.

Os profissionais têm mostrado que, por meio da relação com os pais, é possível, em um grupo-alvo universal apoiar os pais para que foquem mais os resultados de seus filhos e sejam mais efetivos em seus papéis como primeiros educadores.

O trabalho foi medido em apenas um breve período. Uma das crianças atualmente faz parte de um plano de proteção à criança. Seus níveis melhorados de assertividade com um trabalho tão breve farão uma diferença significativa em seus resultados futuros.

Os pais estão começando a entender como suas contribuições podem afetar os resultados de longo prazo de seus filhos.

Aprendizado dos profissionais

- É possível usar o programa AcE em um grupo-alvo universal.

- O sucesso de engajar os pais para que entendam seus papéis como primeiros educadores das crianças depende da força dos relacionamentos formados.

- É possível uma mudança significativa nas crianças em um breve período, se todos os profissionais e pais decidirem trabalhar juntos.

- É crucial registrar a voz dos pais como parte da análise.

- É importante ter a confiança de segmentar o programa AcE aos poucos, em segmentos de trabalho menores.

- Converter o processo de coleta de informações em dados é um método simples, mas poderoso de mostrar o impacto do trabalho e dos resultados alcançados.

FIGURA 13.2 O registro das vozes dos pais.

avaliadas de acordo com suas idades e etapas, então não podem ser vistas como sendo "reprovadas". Da mesma maneira, a ênfase está claramente em como dar suporte à criança para que desenvolva suas habilidades, de modo que os pais se sintam menos acusados e mais capacitados, tornando-se, portanto, mais engajados no apoio ao aprendizado de seus filhos. Essa maneira de trabalhar tem sido tão bem-sucedida que os profissionais que apoiam as famílias estão incluindo essa abordagem nos planos do Quadro de Avaliação Comum (CAF, do inglês *Common Assessment Framework*). Esses planos são utilizados como modo de planejar o envolvimento dos diversos serviços oferecidos para as crianças a fim de garantir que seus pais conheçam e se envolvam com o plano desenvolvido, e cada profissional seja responsabilizado por esse plano. Isso ajuda todos a agirem de modo consistente em benefício da criança. Esses planos evitam que as famílias sejam sobrecarregadas com informações e conselhos profissionais, garante que as necessidades das crianças sejam prioritárias e regularmente revisadas, para se manterem oportunas.

Grupos de Crianças

Mais recentemente, o serviço do centro de educação infantil tem desenvolvido Grupos de Crianças. Os profissionais sêniores decidiram mudar o nome de "creche" para "Grupos de Crianças", ao ter o entendimento fundamental de que uma experiência de aprendizagem rica deve ser a prioridade-chave, dando às crianças oportunidades para melhorarem seus resultados. Chegou-se ao consenso de que, sempre que possível, as crianças devem ter resultados de aprendizado similares aos de seus pais, mas diferenciados para suas idades.

Sentiu-se que, para garantir que os Grupos de Crianças permanecessem fiéis à nossa pedagogia, sempre que possível, deveria haver visitas aos lares. O ideal seria que os profissionais usassem essas visitas domiciliares para trabalhar com os pais, fazendo análises iniciais das crianças, com o uso do programa AcE. Contudo, quando isso se torna muito difícil em termos práticos, os profissionais observam as crianças brincando e então fazem uma análise inicial após o período de adaptação. Usando os mesmos princípios de planejamento para um grupo de crianças, os profissionais planejam dinamicamente, respondendo ao comportamento, ao desenvolvimento e às interações sociais das crianças. Ao término do curso, é feita uma análise final e os profissionais têm como compartilhar essa análise com seus pais junto com seus diários de aprendizado, que comprovam pictoricamente o aprendizado das crianças. Dessa maneira, o uso do programa AcE tem se mostrado uma ferramenta valiosa para evidenciar o impacto dos grupos nos resultados das crianças. As Figuras 13.3 a 13.5 são um exemplo de um relatório que foi apresentado a um comitê, após o término de um Grupo de Crianças que estava dando suporte a um curso de pais chamado Anos Incríveis (*Incredible Years*).

CENTRO DE CRIANÇAS AB

Incredible Years Children's Group
(Grupo de Crianças "Anos Incríveis" em livre tradução)

SET. – DEZ. 2014

Este foi o primeiro Grupo de Crianças realizado de acordo com o novo padrão.

Os profissionais utilizaram o programa AcE para avaliar a aprendizagem e o desenvolvimento das crianças.

Fazendo-se uma análise

Foram selecionados três indicadores do programa AcE, que refletem mais diretamente os resultados dos adultos:

• Resiliência.
• Empatia.
• Alfabetização emocional.

Os professores fizeram uma análise do aprendizado das crianças no início e no término do grupo, com base em suas observações das crianças dentro do grupo e em situações de brincadeiras.

Essa avaliação permite ao centro de educação infantil medir o impacto positivo do grupo para as crianças.

Informações sobre as crianças
9 crianças frequentaram o grupo. (1 criança frequentou apenas uma sessão.)
Das 8 crianças que frequentaram regularmente o grupo:

• 100% estavam nas categorias de vulnerabilidade descritas pelo Office for Standards in Education Children's Services and Skills (Ofsted).
• 63% eram meninas.
• 37% eram meninos.
• 37% falavam inglês como segunda língua.
• 25% eram de grupos étnicos e minoritários negros.

FIGURA 13.3 O uso do programa AcE para avaliar a aprendizagem e o desenvolvimento das crianças.

Grupos de pais

O centro de educação infantil oferece oportunidades regulares para que as famílias possam frequentar o curso "Anos Incríveis". Quando os pais estão frequentando os grupos, as crianças são cuidadas pelos Grupos de Crianças coordenados por um profissional mais experiente em primeira infância. À medida que os profissionais têm se tornado mais conscientes da importância de apoiar os pais para que

Análise inicial	Resiliência	Empatia	Alfabetização emocional
Em risco de atraso significativo	37%	50%	50%
Em risco de atraso	63%	37%	37%
No nível esperado		13%	13%
Acima do esperado			

Análise final	Resiliência	Empatia	Alfabetização emocional
Em risco de atraso significativo			
Em risco de atraso	25%	50%	25%
No nível esperado	75%	13%	62%
Acima do esperado		37%	13%

Análise dos dados das tabelas

No início, 100% das crianças que participavam do grupo estavam passando por uma forma de atraso em seus níveis de resiliência.

A maioria das crianças (87%) apresentava atraso em suas habilidades de empatia e alfabetização emocional (ou seja, a capacidade de entender e lidar com suas emoções).

Como resultado de seus pais terem frequentado o curso "Anos Incríveis" para pais e de as próprias crianças terem frequentado o Grupo de Crianças, a maioria delas (75%) apresentou melhorias em seus níveis de resiliência, tornando-se capazes de operar dentro dos níveis esperados.

50% das crianças aumentaram suas habilidades de empatia, passando ao nível esperado ou superando-o.

75% das crianças já não tinham qualquer atraso em sua alfabetização emocional.

FIGURA 13.4 Análise inicial e final do Grupo de Crianças usando o programa AcE.

se tornem primeiros educadores confiantes para seus filhos e vejam os resultados positivos quando usam o programa AcE, foi acrescentada uma sessão ao curso, que inclui os princípios de sustentação do programa AcE em casa, no qual a pedagogia do serviço é compartilhada com os pais. Os pais têm respondido bem e gostam de levar para casa os indicadores para refletir e começar a oferecer novas oportunidades de desenvolvimento a seus filhos. Por exemplo, uma mãe retornou na semana

Percurso de cada criança (%)

Criança	Resiliência	Empatia	Alfabetização emocional
A	25%	50%	25%
B	25%	25%	25%
C	25%	25%	25%
D	25%	25%	50%
E	25%	25%	50%
F	25%	25%	25%
G	25%	50%	25%
H	50%	25%	25%

Todas as crianças tiveram aumento de 25% em todas as áreas como resultado da frequência no Grupo de Crianças.

Algumas crianças tiveram progressos significativos (de 50%) em certas áreas.

Nenhuma das crianças permaneceu estática em seus níveis de realização.

Resumo

No curso "Anos Incríveis", o grupo de crianças foi conduzido de acordo com a nova norma, que se baseia em uma forte prática de vínculos. Ela garante que cada aspecto do grupo seja estabelecido de modo a oferecer as mais ricas experiências para as crianças, e as características da aprendizagem são promovidas continuamente.

As crianças são analisadas por meio das habilidades, atitudes e atributos que são essenciais para o programa AcE.

Todas as análises são feitas por meio das observações dos profissionais, de acordo com práticas de alta qualidade para a primeira infância.

O Grupo de Crianças é conduzido por profissionais experientes da primeira infância, para garantir que as crianças obtenham o mais alto nível de habilidades para suas faixas etárias.

Como resultado, esse grupo tem sido uma experiência de aprendizado extremamente positiva para as crianças que o frequentam. Como resultado de terem frequentado o grupo, todas as crianças aumentaram sua resiliência e capacidade de empatia e se tornaram melhores no que tange ao campo das emoções.

Foram feitas análises basais robustas, e o percurso de cada criança pode ser acompanhado. É evidente o impacto positivo do grupo.

Próximos passos recomendados

- Aumentar o nível de envolvimento dos pais na análise inicial e final, de modo que possam entender melhor seus papéis no apoio ao aprendizado de seus filhos em casa.
- Melhorar o entendimento das crianças quanto a suas próprias aprendizagens nos grupos compartilhando os diários de aprendizagem e conversando sobre o que elas aprenderam.

FIGURA 13.5 Análise do "percurso individual" de cada criança.

seguinte e compartilhou conosco como ela começou a abordar a aprendizagem por meio das brincadeiras. Ela disse: "Na verdade, foi divertido". Outros pais preferiram completar um Plano de Aprendizagem em Casa, para se lembrarem do que queriam conquistar com seus filhos.

Atividades extracurriculares

Quatro dos cinco centros infantis oferecem um clube de atividades extracurriculares, onde são atendidas crianças que estão passando por dificuldades emocionais ou comportamentais. Essas atividades são sustentadas por um psicólogo educacional. Os profissionais usam dois dos cinco domínios do programa AcE para analisar e avaliar o aprendizado das crianças: "Bem-Estar Emocional" e "Competência Social e Autoconhecimento".

Assim como ocorre nos grupos universais, os planos de médio prazo são utilizados para sustentar o desenvolvimento social do grupo, bem como de cada criança. Para isso, é identificado um indicador relevante dos dois domínios, com base nas observações do grupo feitas pelos profissionais. Por exemplo, se todas as crianças do grupo estivessem passando por dificuldades para conseguir regular suas emoções, o indicador Alfabetização Emocional seria selecionado. Os profissionais então criariam um plano de médio prazo, que inclui quaisquer intervenções terapêuticas necessárias para garantir que o ambiente permita à criança aprender como começar a se tornar hábil nas competências individuais do indicador.

Quando uma criança é identificada no grupo, o profissional entra em contato com o pai e marca uma reunião inicial, em geral sem a presença da criança. O funcionário explica ao pai como é o grupo e introduz os indicadores do programa AcE. Os pais são, então, encorajados a usar os indicadores para fazer uma avaliação de seus filhos em casa, tendo o apoio do profissional, a fim de identificar se a criança demonstra os atributos, as atitudes ou as habilidades descritas marcando: raramente, às vezes, frequentemente ou constantemente. A criança começa, então, a frequentar o grupo. O profissional estabelece um tempo para que a criança se adapte e se sinta confortável. Uma vez que a criança está adaptada, começa o trabalho individual. O profissional introduz os indicadores do programa AcE para a criança e, juntos, eles fazem uma análise do desenvolvimento dela. A criança é encorajada a entender seu próprio desenvolvimento e a trabalhar com os professores para criar um plano que lhe ajude a desenvolver as habilidades de que necessita. Esse trabalho individual continua durante todo o tempo de permanência da criança no grupo. As revisões são feitas com os pais, quando a análise inicial é revisitada, de modo que o progresso possa ser acompanhado.

As crianças não frequentam o grupo infinitamente. Existe o entendimento de que esse grupo deve apoiar o desenvolvimento emocional e social das crianças, ajudando-as a lidar com seus comportamentos de forma segura no grupo, e, uma vez que a criança tenha tido um progresso significativo, sua necessidade de frequentar o grupo diminui e ela vai adiante. Uma análise final é feita usando-se os indicadores do programa AcE, para acompanhar seus ganhos de aprendizagem como resultado de ter frequentado o grupo.

Embora o trabalho externo de se usar o programa AcE varie conforme o caso, há diversos elementos em comum. São feitas análises das observações das brincadeiras e dos comportamentos das crianças, e os pais contribuem com seus conhecimentos a respeito das crianças e suas relações com elas. Essas análises se baseiam mais naquilo que a criança consegue fazer, e não no que não conseguem. Espera-se que o ambiente de aprendizagem e "a maneira como fazemos as coisas" promovam o aprendizado, em vez de as crianças terem de se adaptar para se inserir no grupo. O envolvimento profundo dos pais é fundamental e precisa ser continuamente trabalhado por meio de relações positivas. A análise inicial e as análises subsequentes são vitais para que se evidenciem as aprendizagens. Os dados dessas análises são utilizados como evidência do impacto do serviço sobre as vidas reais das crianças.

TRÊS PRINCÍPIOS NA PRÁTICA: OS PRINCÍPIOS PARADIGMÁTICO, TEÓRICO E METODOLÓGICO DENTRO DA PRÁTICA DE COLETA DE INFORMAÇÕES E AVALIAÇÃO

Muitos dos princípios descritos no Capítulo 7 são cruciais para o trabalho da equipe do centro de educação infantil. Em particular, acreditamos profundamente que:

- A documentação e a avaliação devem contribuir para facilitar o encontro das vozes, permitindo o aprendizado coletivo.
- A documentação e a avaliação devem promover a competência e a participação, seguindo uma abordagem baseada nos direitos da criança.
- A documentação e a avaliação devem ser significativas e úteis para cada pessoa, permitindo a individualização.

As vozes dos pais

Grande parte de nossa jornada tem sido sobre a criação de um novo modelo de parceria com os pais que seja tanto significativo como os veja como parceiros iguais. Surgiram (e continuam surgindo) muitos desafios, inclusive na confiança dos profissionais, no tempo para estabelecer relações e nas percepções que os pais têm do serviço. Por exemplo, a fim de que os profissionais se sintam confiantes para ter uma conversa significativa com os pais sobre o aprendizado de seus filhos, eles precisam entender como as crianças aprendem e se sentem autoconfiantes para fazer análises. Boa parte do tempo tem sido investida nos profissionais de todo o serviço para apoiá-los em seus próprios entendimentos

Plano de aprendizagem em casa do programa AcE					
Nome da criança: Todas elas! (família com quatro crianças)					
Data de início: Outubro de 2014 Data de revisão: Janeiro de 2015					
Indicador do programa AcE: Independência					
O que você observou	O que você fará em casa	Como foi	Qualquer diferença que você observou na criança	O que você poderia fazer a seguir
A mãe faz tudo na casa. Limpa a casa, cozinha, arruma os quartos, etc.	Estabelecer regras. Usar tabelas/recompensas. Parar de fazer as coisas para eles quando souber que eles são capazes. Conversar com eles sobre as novas regras. Recompensar e elogiar.	B. agora se oferece para me fazer uma xícara de chá quando está preparando seu café da manhã. S. me disse: "Mamãe, a gente não conseguiria se virar sem você, pois você faz tudo." J. agora guarda uma coisa antes de pegar a outra. O. gosta de ajudar a lavar a louça.	S. consegue ver tudo o que a mãe tem de fazer e agora se oferece para ajudar.	Manter as rotinas. Não assumir as coisas; deixar que elas ajudem. Recompensá-las por ajudarem.

FIGURA 13.6 Um plano de aprendizagem em casa do programa AcE.

da pedagogia e a interpretar suas observações das brincadeiras e comportamentos de uma criança.

As vozes das crianças

Envolver as crianças na avaliação de suas próprias aprendizagens foi – e continua sendo – um desafio para a equipe. Dentro do contexto das creches, onde há fortes práticas educativas na primeira infância com observações focadas na criança e a abordagem da pessoa-chave está bem consolidada, tem sido mais fácil iniciar o processo de envolver as crianças na reflexão e direção de suas próprias aprendizagens. Atualmente, a pessoa-chave compartilha de forma rotineira diários de aprendizagem com as crianças, dando-lhes oportunidades para refletir e comentar sobre suas brincadeiras. Os comentários das crianças são registrados nos diários. Encoraja-se a apropriação dos diários de aprendizagem, de modo que as crianças possam desenhar ou marcar, destacando as histórias de aprendizagem já documentadas. A voz das crianças é registrada em expositores e histórias de aprendizagem fotográfica que gravam partes específicas da aprendizagem em grupo, por exemplo, os passeios ao bosque ou o horário de saída com o ursinho de pelúcia.

Fantoches de girafas "que aprendem" são utilizados diariamente em pequenos grupos. As crianças, a partir dos 2 anos de idade, são encorajadas a conversar com suas girafas sobre o que têm feito e o que estão pensando durante a sessão.

Os profissionais da creche estão atualmente discutindo novas maneiras de promover a participação das crianças na análise de suas aprendizagens e desenvolvimento.

A introdução mais ampla desse modelo participativo da criança nos serviços do centro de educação infantil continua sendo um desafio. As razões para isso permanecem pouco claras. Talvez seja porque tanto os pais quanto os profissionais não estejam seguros em relação à capacidade das crianças de refletir e direcionar suas aprendizagens, ou talvez porque a cultura dos grupos focais "Fique e brinque" não tenha espaço para oferecer essa oportunidade para as crianças.

Os profissionais mais experientes se mantêm fortemente comprometidos com a garantia de que o serviço considere a voz das crianças em todos os níveis. Tem havido uma reorientação do foco nos últimos anos, resultando em Planos Familiares sendo escritos a partir da perspectiva da criança (Figura 13.7).

As cronologias dos casos que registram claramente as vozes e os pontos de vista das crianças estão sendo buscadas como parte do processo de recrutamento. Contudo, isso precisa ser mais desenvolvido permitindo-se tempo para que os profissionais possam refletir e planejar como envolver as crianças mais profundamente na consideração de suas aprendizagens.

Promovendo a competência e a participação e uma abordagem baseada nos direitos

Ao adotar uma abordagem participativa para a documentação da qualidade da aprendizagem e desenvolvimento das crianças, a equipe tem trabalhado com o pressuposto de que todos os pais, seja qual for a circunstância, desejam que seus filhos tenham bom desempenho na escola e sucesso na vida. A fim de garantir que as análises sejam centradas na criança, feitas com os pais e que estes sejam ouvidos, tanto os profissionais como os pais têm precisado mudar suas formas de entendimento. Essa tem sido uma mudança cultural que perdura na instituição. Os resultados têm nos permitido incluir a voz da criança nos planos utilizados nos encontros com vários profissionais. A reescrita dos documentos nessa maneira tem permitido que tanto os pais quanto os profissionais se certifiquem de que o trabalho permanece claramente focado nos resultados das crianças.

Um dos maiores desafios da equipe ainda é a observação e interpretação do comportamento das crianças. Tanto os pais como os profissionais às vezes ainda interpretam as brincadeiras e os comportamentos das crianças de modo negativo. A abordagem de coleta de informações que temos adotado usa a obser-

Exemplo de um plano familiar

Área de prioridade/ Voz da criança	Próximos passos/Ações	Por quem	Quando	Completado (data)
Promoção da saúde "Para a mamãe continuar falando sobre seus sentimentos e para a filha continuar tomando seu remédio até se sentir melhor" "Ter carpetes para manter nossa casa aquecida e evitar que o pó entre em casa"	A deve continuar indo nas consultas médicas Continuar tomando antidepressivos até que o médico a libere Contatar as instituições de caridade para tentar conseguir dinheiro para os carpetes	Para manter A sentindo-se positiva, de modo que não tenha uma recaída Para evitar que as crianças adoeçam	A, continuamente Assistente social da British Columbia (BC) tentará as instituições de caridade até 14 de novembro D pedirá um orçamento	D conseguiu uma verba do orçamento de CC para pagar pelos carpetes Orçamento: 14/out Carpetes instalados em jan/15
Redes sociais "Eu gostaria de brincar com crianças da minha idade, especialmente quando F se sentir melhor"	A e F devem tentar frequentar grupos, especialmente quando F se sentir melhor	F deve socializar-se com outras crianças A deve fazer novos amigos e ver seus pais	A, continuamente	
Apoiando a aprendizagem "Eu gostaria de ter um pouco de relação positiva, para manter o vínculo entre nós"	D deve fazer massagem no bebê em casa	D deve definir as datas	Nov/14 a jan/15	Datas organizadas e curso finalizado

FIGURA 13.7 Exemplo de um plano familiar do programa AcE.

vação e os relacionamentos como seus fundamentos. Os profissionais mais experientes acreditam na criação de oportunidades reflexivas e estão comprometidos com elas para pensar juntos como entendemos e interpretamos as brincadeiras das crianças e como isso pode se relacionar com suas aprendizagens e desenvolvimento.

Coleta de informações significativas, úteis e individuais

Esse princípio está claramente inserido em todas as áreas dos serviços, sobretudo em virtude do fato de que muitos membros da equipe de profissionais têm formação em educação da primeira infância que inclui a necessidade de jornadas de aprendizagem individual. Contudo, levou algum tempo para que os profissionais abraçassem totalmente a ideia de que a coleta de informações é importante. Em um grupo muito ocupado ou em uma creche, é fácil considerá-la como mais um "papel" que precisa ser preenchido, seja para fins "administrativos" ou para os inspetores da educação. Parece ter havido uma mudança enorme de opinião entre os profissionais quanto à consideração da importância de boas coletas de informações e de como uma jornada de aprendizagem cuidadosamente planejada pode afetar de maneira significativa e positiva a aprendizagem e o desenvolvimento de uma criança. Os profissionais mais experientes têm trabalhado muito para transmitir essa mensagem de modo consistente e têm dado muito apoio, treinamento e criado momentos de reflexão com os demais profissionais.

REFLEXÕES: O QUE SE APRENDEU? DESAFIOS E POSSIBILIDADES DENTRO DA PRÁTICA DESCRITA

Muito se conseguiu graças à equipe de profissionais que têm dedicado muito trabalho, tempo e energia, pois o serviço tem remodelado nossos sistemas e processos de coleta de informações e avaliação da aprendizagem das crianças para se tornar mais inclusivo, participativo e baseado nos direitos de todos os envolvidos. Acreditamos que nossa coleta de informações e avaliação hoje é mais coesiva e reflete de modo mais ético a pedagogia da organização. Com já descrito, essa tem sido uma jornada que evolui, e muito se tem aprendido com ela, como descrevemos a seguir.

A necessidade de ter uma abordagem flexível

Aprendemos que, para que o programa AcE funcione na prática, é preciso alto nível de flexibilidade. Por exemplo, por meio de tentativa e erro, os profissionais descobriram que o uso de todos os indicadores do programa AcE ao mesmo tempo (para fazer uma coleta de informações da aprendizagem da criança) pode sobrecarregar as famílias, que já se encontram vulneráveis. Assim, decidiu-se criar "segmentos" mais fáceis de "mastigar" para os grupos, as famílias e os profissionais. Identificar um ou dos indicadores por meio da discussão com os pais, incluir as observações das crianças e levar em conta as necessidades percebidas pelos pais possibilitou que todos os envolvidos pudessem se engajar com as conversas sobre a aprendizagem das crianças de uma nova maneira. Um dos membros da equipe comentou: "Foi importante para nós trabalhar com as famílias individuais, pois elas são todas tão diferentes. O fato de que temos conseguido usar a flexibilidade do programa AcE significa que podemos adaptá-lo a cada família com a qual trabalhamos". Um funcionário de apoio às famílias também observou,

> Quando uma família tem uma criança com necessidades especiais, ela talvez tenha muitos profissionais trabalhando com ela, com um monte de análises distintas. Poder discutir o AcE e escolher apenas alguns indicadores fez as pessoas se sentirem menos sobrecarregadas.

Embora ainda busquemos nos manter fiéis aos princípios de nossas crenças sobre as crianças e seus aprendizados, descobrimos que também é necessário para elas classificar os resultados indicados nos instrumentos pedagógicos de observação de Likert, de modo que os profissionais e os demais tenham uma ideia clara do que significam os dados gerados. Os profissionais mais antigos escolheram classificar as crianças em termos de realizações ou conquistas:

- *Raramente*: com sério risco de atraso.
- *Às vezes*: com risco de atraso.
- *Frequentemente*: dentro do desenvolvimento esperado.
- *Constantemente*: além do desenvolvimento esperado.

Essa classificação é problemática, pois muitas crianças pequenas podem estar tendo conquistas no nível "raramente" em todos os aspectos. Contudo, a expectativa é de que haja um movimento ou progresso em suas conquistas, em vez de que a criança alcance determinado nível de resultado no desenvolvimento. Também há uma questão filosófica, uma vez que muitos profissionais acham desafiador rotular dessa maneira crianças tão pequenas. Ser flexível significa adotar uma visão pragmática. O benefício de se usar o programa AcE tem sido ponderado em relação às consequências desse tipo de categorização. Apesar dessas reservas, chegou-se ao consenso de que coletar informações e avaliar a aprendizagem das crianças dessa maneira tem conferido ao serviço um modelo baseado em evidências que tem princípios éticos fundamentais em seu núcleo, uma linguagem profissional para a equipe e passos positivos para que os pais sustentem a aprendizagem de seus filhos. Além disso, a capacidade do serviço de acompanhar a aprendizagem das crianças e gerar dados robustos que claramente registrem o impacto do serviço é muito superior a esse problema relatado.

A natureza dinâmica da aprendizagem das crianças

Desenvolver essa nova maneira participativa de pensar sobre a aprendizagem das crianças tem ressaltado o fato de que a aprendizagem delas não é estática, que elas aprendem de diferentes maneiras e que tanto indivíduos como grupos passam por jornadas de aprendizagem. Os pais e profissionais também fazem parte dessa dinâmica. Embora a maioria dos profissionais da primeira infância saiba disso, essa natureza dinâmica ficou muito evidente com o uso do programa. A prestação de serviços jamais é enfadonha ou repetitiva, mas exige dos trabalhadores muitas habilidades e autoconfiança para responder a cada nova situação. Isso pode significar a remodelagem dos ambientes de aprendizagem ou da organização de um grupo, de acordo com as necessidades emergentes das crianças e dos pais. Às vezes, isso tem sido um enorme desafio para os profissionais, em todos os níveis.

Hoje estamos mais cientes de que os profissionais experientes devem permanecer alertas e ser responsivos aos relacionamentos instáveis dentro de uma estrutura viva, para garantir que os valores e princípios mais importantes permaneçam fundamentais na prestação dos serviços. Os profissionais que trabalham cotidianamente com as famílias precisam ter oportunidades para refletir sobre suas práticas, bem como se manter flexíveis dentro de um *continuum* de desenvolvimento.

O desafio de mudar a maneira como vemos as coisas

Um dos grandes desafios enfrentados pela equipe de profissionais mais experientes foi a necessidade de mudar a maneira pela qual eles veem a aprendizagem das crianças, para pôr em prática esse estilo participativo de coleta de informações. Para serem mais efetivos, os profissionais precisaram ver as crianças e seus pais como parceiros iguais. Essa é uma visão de mundo, uma maneira de fazer as coisas em vez de utilizar um conjunto de critérios de análise com quadrinhos a serem marcados. A mudança pode ser um desafio e, devido à natureza mutável do processo de aprendizagem e coleta de informações, que se baseia na relação com os pais e as crianças, às vezes pode parecer descontextualizado demais, infinito e sujeito a várias possibilidades. Consequentemente, os profissionais precisam se sentir confiantes quanto às suas habilidades, e é importante garantir que recebam uma supervisão prática mensal para conversar sobre a aprendizagem das crianças e como elas estão fazendo as análises com seus pais em uma variedade de situações.

Ser capaz de fazer coletas de informações rigorosas

Aprender a garantir que as coletas de informações sejam rigorosas tem sido vital nesse processo. A equipe descobriu que tanto os pais como os profissionais que trabalham intimamente com as crianças, seja em um papel de apoio à família, seja como uma pessoa-chave, querem muito representar as crianças da melhor maneira possível. Isso a princípio se mostrou como uma barreira a avaliações realistas e autênticas, que foram úteis para identificar os próximos passos da aprendizagem. A fim de abordar essa questão, esses profissionais passaram algum tempo considerando os conceitos de "Raramente", "Às vezes", "Frequentemente" e "Constantamente" utilizados no processo, de modo que se tornassem mais confiantes para fazer análises e mais capazes de apresentá-las aos pais.

Inclusão de crianças com deficiências e necessidades educacionais especiais

Um dos pontos fortes de usar o programa AcE tem sido o impacto positivo de se trabalhar com os pais das crianças que têm necessidades especiais. Quando essas crianças são analisadas com o uso de outros métodos, frequentemente se vê pouco progresso. Os pais precisam enfrentar inúmeros profissionais que lhes dizem todas as coisas que seus filhos não têm como fazer ou que talvez jamais consigam fazer. Descobrimos que, usando os indicadores do programa AcE, é possível que o desenvolvimento e a aprendizagem das crianças sejam vistos e registrados de modo positivo. Observe, por exemplo, uma criança com surdez grave que permaneça em um estado extremamente passivo, não só incapaz de manter contato com seus colegas, como de tentar fazê-lo. Em cada um dos encontros "Equipe de Apoio às Crianças", os vários profissionais envolvidos disseram a seus pais que ele não havia se desenvolvido. Usando o programa AcE, a creche conseguiu apoiar essa criança, que aprendeu a se tornar ciente da presença de seus colegas e, depois, passou a se dirigir a elas e tocá-las, para lhes chamar a atenção. Quando começou o ensino fundamental, o menino já estava correndo pelo pátio com seus colegas, batendo nas janelas para lhes chamar a atenção e acenando para os professores que reconhecia. Ao fazer análises concisas e claras, planejar suas necessidades, considerar o meio ambiente e oferecer apoio familiar intenso, os serviços do centro de educação infantil conseguiram comprovar sua aprendizagem de uma maneira que as outras formas de análise não haviam conseguido.

Office for Standards in Education (Ofsted)

Desde 2010, o centro de educação infantil já foi inspecionado pelo *Office for Standards in Education Children's Services and Skills* (Ofsted) cinco vezes. Nossa experiência é que o inspetor do Ofsted entende e aprova o método de coleta de informações e avaliação da aprendizagem das crianças que tem sido adotado em todos os serviços.

Nossa experiência também tem reforçado nossa forte crença de que o programa AcE proporciona dados robustos e permite aos profissionais não somente acompanhar a aprendizagem e as conquistas de cada criança, como também permite uma análise crítica desses dados, que pode facilmente ser traduzida em um planejamento estratégico para os serviços. Os padrões de comportamento podem ser identificados, e o aprendizado conjunto de grupos maiores de crianças pode ser entendido e desenvolvido. Também é importante o fato de ser uma experiência autêntica tanto para crianças como para seus pais a respeito de seus direitos dentro de um processo de coleta de informações que enfatize sua capacidade de autoanalisar e avaliar suas jornadas de aprendizagem ao longo da vida. A abordagem ética é muito apreciada por todos os envolvidos.

Em um grupo focal recente, um pai comentou: "Se não fosse pelo centro de educação infantil, eu certamente não teria conseguido tudo o que tenho com meus filhos". Outro pai disse: "Somente quando você começa a olhar para coisas desse tipo é que você passa a pensar sobre o que faz em casa e como as crianças aprendem".

REFERÊNCIAS

BAKER, C.; WONG, D. *Q.U.E.S.T*. A process of pain assessment in children. *Orthopaedic Nursing*, v. 6, n. 1, p. 11–21, 1987.

BERTRAM, T.; PASCAL, C.; SAUNDERS M. *Accounting Early for Life Long Learning (AcE)*: a handbook for assessing young children. Birmingham: Amber Publishing, 2008.

CHILD POVERTY STRATEGY. *UK Government Child Poverty Strategy 2014-17*. London: HMSO, 2014.

14

Estudo de caso 7

Um modelo participativo de coleta de informações em uma rede de centros infantis

Elizabeth Fee e Christine Pascal

O presente estudo de caso examina os desafios e benefícios para crianças, pais, profissionais, creches e autoridades locais de usar um programa de coleta de informações participativo para crianças de até 3 anos de idade em uma cidade grande do sudoeste da Inglaterra. Ele mostra como o Programa de Suporte Inicial à Aprendizagem ao Longo da Vida (AcE, do inglês *Accounting Early for Lifelong Learning*) (BERTRAM; PASCAL; SAUNDERS, 2008) foi colocado em prática como um processo de coleta de informações para toda uma jurisdição, como parte do foco municipal para evidenciar a melhoria dos resultados educacionais de todas as crianças. O processo de coleta de informações tem permitido uma mudança significativa no envolvimento dos pais na aprendizagem das crianças e também está progredindo para garantir a voz ativa da criança nos resultados da análise. Este estudo de caso também mostra que os dados desse programa de coleta de informações participativo estão sendo utilizados para colaborar com o processo de planejamento estratégico da cidade como um todo para a melhoria dos resultados educacionais com sua ampla variedade de creches. Ele demonstra que quando os processos de coleta de informações participativos são eticamente realizados, são capazes de sustentar mudanças significativas na qualidade da prática oferecida em creches e têm a capacidade de evidenciar isso em uma cidade grande, influenciando o planejamento estratégico e o desenvolvimento de suas creches.

A LOCALIZAÇÃO PEDAGÓGICA E CULTURAL DO TRABALHO DE COLETA DE INFORMAÇÕES E AVALIAÇÃO

Este estudo de caso foi realizado em uma grande cidade do sudoeste da Inglaterra. A prefeitura orgulha-se de seu histórico de investimentos no desenvolvimento e na manutenção de serviços de creche de alta qualidade, que são reconhecidos nacional e internacionalmente. O compromisso do Serviço da Primeira Infância de introduzir em 2012 um processo de coleta de informações para as crianças do nascimento aos 3 anos foi embasado em uma forte aspiração à melhoria da qualidade da educação da primeira infância e do oferecimento de serviços para as crianças bem pequenas. Estes serviços deveriam utilizar um processo de coleta de informações consistentes, confiáveis e válidas sobre o progresso das crianças para poderem ser compartilhadas com os pais ou responsáveis, a prefeitura e as agências externas. Os valores da cidade para a primeira infância se fundamentam em equidade, empoderamento, positividade e autenticidade. Os líderes da equipe de educação da primeira infância têm trabalhado muito para promover uma compreensão compartilhada, entre a comunidade da primeira infância, de que a coleta de informações é um processo dinâmico que reflete o contexto da criança e é colaborativo, ou seja, envolve os profissionais, pais ou responsáveis e as agências externas relevantes, tendo a criança como foco. Acima de tudo, a diversidade cultural e racial da cidade deve ser refletida em uma coleta de informações que seja inclusiva, abrace o histórico pessoal e o patrimônio cultural e seja uma celebração da unicidade da criança. As palavras de Carr (2002) sobre o processo de coleta de informações ressoam claramente as aspirações da prefeitura: "a criança é proprietária da coleta de informações; ele (o processo de coleta de informações) encoraja a reflexão, análise e interpretação, segue caminhos sem um roteiro".

Os catalisadores da introdução de um processo de coleta de informações do nascimento aos 3 anos de idade foram as novas diretrizes políticas nacionais de 2012. As principais inovações propostas pelo Departamento de Educação britânico (DfE, do inglês *Department for Education*) incluíram a ampliação do Benefício para Educação Gratuita da Primeira Infância (FEEE, do inglês *Free Early Education Entitlement*) para 40% das crianças de até 2 anos de idade com menos condições econômicas; a intenção do governo de introduzir um sistema integrado de progresso para todas as crianças entre 24 e 36 meses em 2015; e os fortes incentivos oferecidos às famílias para usarem as creches, de modo que mais mulheres possam retornar ao trabalho. O contexto de rápidas mudanças demográficas da cidade também influenciou as decisões sobre a prática da coleta de informações. A cidade vem passando por um período sem precedentes de mudanças demográficas e crescimento populacional ao longo da última década. O aumento do número de crianças com menos de 5 anos na cidade (35%) é um dos mais elevados no país, com o acréscimo de mais de mil crianças para cada grupo etário. Hoje, a cidade tem mais crianças do que já teve em qualquer momento dos últimos 30 anos, e o número de crianças com até 5 anos de idade é de aproximadamente 30.000.

Além disso, a população da cidade está se tornando cada vez mais diversificada e, em algumas comunidades locais, já mudou de forma significativa. A proporção da população da cidade que não é "britânica e branca" aumentou de 12 para 22% na última década. O percentual de partos por mães que não nasceram no Reino Unido passou de 16 para 28% nos últimos anos, sendo o maior acréscimo no número de filhos de mães da Somália. Cerca de uma em cada quatro crianças (24,9%) vive em famílias de baixa renda, enquanto a média nacional é de uma em cada cinco.

Ao planejar um programa de coleta de informações para as crianças bem pequenas, a equipe da primeira infância considerou cuidadosamente as necessidades dos profissionais por toda a gama de creches da cidade. Essa rede inclui 12 creches, das quais 11 hoje fazem parte de centros infantis, 24 centros infantis, 42 berçários vinculados a escolas, 99 turmas de admissão em escolas e academias mantidas pelo LA, 114 creches do tipo privadas, voluntárias e independentes (PVI[1]) e 439 cuidadores de crianças. As qualificações dos profissionais variam conforme os diferentes tipos de instituição. A cidade tem um alto percentual de graduados em creches, sobretudo em centros infantis e escolas independentes e públicas. Ao longo dos últimos 10 anos, os investimentos constantes do governo para a qualificação de profissionais da primeira infância têm aumentado o número de graduados em creches, onde a exigência legal hoje é de profissionais com qualificação do nível três.[2] A prefeitura tem oferecido um forte apoio e suporte para que os profissionais se qualifiquem mais, e atualmente cerca de 70% das instituições são dirigidas por alguém com formação superior, mas ainda há muitas instituições para a primeira infância privadas e voluntárias com apenas um único profissional com formação, o que, particularmente nas maiores, limita sua capacidade de contribuir para a melhoria da qualidade.

Um determinante-chave da opção da cidade pelo programa de crianças de até 3 anos foi apoiar os profissionais a desenvolverem uma cultura de aprendizagem reflexiva que genuinamente promovesse a aprendizagem criativa e crítica das crianças. A coleta de informações teve de dar suporte ao desenvolvimento dos conhecimentos, habilidades e entendimentos pedagógicos dos profissionais, bem como oferecer uma abordagem baseada nestes princípios para a monitoração da aprendizagem das crianças.

Apesar das significativas reduções orçamentárias do governo nos últimos anos, a prefeitura tem mantido um foco claro na melhoria dos resultados para as crianças mais pequenas e suas famílias, reconhecendo o imperativo moral da intervenção precoce e das conquistas educacionais, a coesão social e o bem-estar econômico e emocional das comunidades da cidade. Foram tomadas decisões estratégicas inovadoras e progressistas para a primeira infância a fim de garantir serviços universais de alta qualidade, com foco cada vez maior nas crianças e famílias mais carentes. Isso se conseguiu no contexto de uma estratégia de educação nacional que evoluiu em um sistema de liderança nas escolas, nas quais a melhoria dos serviços e da prática é conduzida pelas próprias instituições e prestadores de serviços para a primeira infância.

A decisão da prefeitura de manter uma rede próspera de 24 centros infantis, dos quais 11 fazem parte de creches, 12 de escolas de ensino fundamental e uma

---

[1] N. de R.T. *Private, voluntary and independent (PVI) nursery* é um tipo específico de serviço de atendimento de creche realizado no contexto inglês.
[2] N. de R.T. Profissional de nível 3 é o nome dado para aqueles que possuem formação em nível superior.

é gerida por uma pequena organização de voluntários locais, tem garantido a boa qualidade da educação na primeira infância, permitindo um envolvimento positivo com as famílias e uma forte capacidade de liderança e aprendizagem por toda a rede de serviços para a primeira infância na cidade, incluindo a liderança de um processo de coleta de informações sobre as crianças com menos de 3 anos de idade.

A prefeitura também enfrentou um desafio extra significativo: a criação de 2.400 vagas de boa qualidade para atender à política do governo de pagar pela educação da primeira infância de 40% das crianças mais carentes de até 2 anos de idade até 2014. Esse foi o contexto que promoveu a introdução de um processo de coleta de informações com propósito tríplice:

- Monitorar o progresso das crianças de até 2 anos com educação gratuita por meio de um programa que reflita os valores e princípios da cidade.
- Certificar-se de que o processo de coleta de informações agregasse valor à qualidade da aprendizagem e do desenvolvimento da criança e incluísse a participação da família ao longo do processo.
- Apoiar os profissionais em suas próprias jornadas de aprendizagem à medida que desenvolvem uma compreensão mais profunda de como as crianças aprendem e da construção de habilidades para fazer coletas de informações mais confiáveis e válidas.

A COLETA DE INFORMAÇÕES E AVALIAÇÃO DA PRÁXIS: INTRODUÇÃO DO PROGRAMA AcE

A equipe de educação da primeira infância da cidade está comprometida com um processo de coleta de informações fundamentado por uma base de valores e princípios que reflete a estratégia da cidade pela melhoria da qualidade. Nos anos anteriores, o Serviço da Primeira Infância havia envolvido os centros de educação da primeira infância em projetos de coleta de informações de pequena escala utilizando os instrumentos para a creche e pré-escola do Programa Desenvolvendo a Qualidade em Parceria (BEEL\EEL, do inglês *Effective Early Learning*), desenvolvidos pelos professores Christine Pascal e Tony Bertram no Centre for Research in Early Childhood (CREC) (BERTRAM; PASCAL, 2004, 2006).

Além disso, há quase 20 anos o processo de garantia da qualidade da cidade tem incluído o uso do "Padrão Municipal" (*City Standard*), uma estrutura que permite aos profissionais refletir sobre os serviços prestados e a prática por meio do uso de 10 dimensões da qualidade para autoavaliar e identificar prioridades de melhoria. Os professores Pascal e Bertram autorizaram a prefeitura municipal a adotar as 10 dimensões da qualidade que embasam o programa EEL. Nossas conexões sustentadas com a equipe do CREC e nossos conhecimentos e respeito pela pesquisa da equipe contribuíram para a decisão de implementar o programa AcE do CREC (BERTRAM; PASCAL; SAUNDERS, 2008). O programa AcE atende à prioridade da cidade de fazer um processo de coleta de informações ética de crianças com até 3 anos que enfatiza o desenvolvimento das habilidades das crianças para a aprendizagem ao longo de toda a vida e em todas as oportunidades da vida.

O programa AcE introduz uma estratégia para o registro sistemático de informações do desenvolvimento e bem-estar das crianças. Ele oferece uma maneira fácil, porém rigorosa, de acompanhar a coleta de informações sobre as crianças quando entram nos centros de educação infantil, para possibilitar seguir o progresso das aprendizagens ao longo do *Early Years Foundation Stage* (EYFS[3]) (DEPARTMENT FOR EDUCATION, 2014). O programa e seus instrumentos pedagógicos de observação de coleta de informações foram desenvolvidos com e para os profissionais e pais a fim de fornecer evidências dos resultados das crianças e dar suporte ao planejamento de uma prática da etapa da primeira infância efetiva, tanto no centro de educação infantil como em casa. O programa AcE surgiu de um projeto de pesquisa nacional que foi feito para dar suporte ao planejamento e à coleta de informações do desenvolvimento de crianças pequenas inicialmente em duas áreas-chave de aprendizagem: o Desenvolvimento Pessoal, Social e Emocional e a Comunicação, Linguagem e Alfabetização. A prefeitura trabalhou com o CREC para desenvolver indicadores de análise para o Desenvolvimento Físico e, portanto, incluiu as três principais áreas das exigências revisadas da EYFS (DEPARTMENT FOR EDUCATION, 2014). O programa estabelece estratégias práticas a fim de analisar de modo rigoroso o Desenvolvimento Pessoal, Social e Emocional, a Comunicação, Linguagem e Alfabetização e o Desenvolvimento Físico em crianças, desde o nascimento até os 5 anos de idade.

O programa AcE tem as seguintes características:

- Ele combina a coleta de informações do bem-estar (social/emocional) das crianças e o desenvolvimento cognitivo (linguagem e disposições) e físico.
- Ele permite uma coleta de informações formativa e somativa (coleta de informações da aprendizagem).
- O processo é tanto diagnóstico como avaliativo.
- Ele se baseia em um diálogo colaborativo e bem informado entre profissionais, pais e crianças sobre a aprendizagem e o desenvolvimento das crianças de modo individualizado.
- Os dados gerados fornecem um perfil do desenvolvimento da criança que é construído ao longo do tempo por meio da colaboração.

A estratégia de implementação e a metodologia do Serviço da Primeira Infância

Durante o biênio 2011/2012, o Serviço da Primeira Infância (*Early Years Service*) sustentou um projeto-piloto do programa AcE que envolveu três centros de edu-

---

[3] N. de R.T. Documento governamental de orientação curricular da Inglaterra.

cação infantil. O projeto-piloto começou com um curso do programa AcE de três dias solicitado à equipe do CREC direcionado para os principais professores e profissionais responsáveis pela liderança da oferta de educação para crianças com até 3 anos. Os membros da equipe do serviço da primeira infância também frequentaram o curso, para poderem oferecer um suporte de alta qualidade quando a coleta de informações do programa AcE fosse introduzida em outros centros de educação infantil. O curso do programa AcE foi seguido de um processo ampliado de implementação das estratégias e ações apresentadas durante o treinamento nas escolas. A cada período escolar, os centros do projeto-piloto frequentaram uma sessão de apoio liderada por um mentor do CREC (seis sessões no total).

Um fator-chave para o sucesso do projeto-piloto foram os encontros regulares do grupo-piloto para discussão do progresso e compartilhamento das estratégias de implementação. O grupo rapidamente reconheceu que era crucial estabelecer uma forte infraestrutura de apoio para futuros líderes do programa AcE, para garantir uma prática consistente e arraigada nos princípios e na metodologia do programa. As creches do projeto-piloto também acompanharam o sistema de gestão de dados do programa AcE do CREC, mas chegaram à conclusão de que ele não atendia às suas necessidades de informação, de modo que começaram a ser realizadas discussões com o encarregado pelos dados sobre primeira infância da cidade, buscando melhorar o sistema que registrava as descobertas das creches.

Um grupo diretor do programa AcE foi criado, incluindo os principais professores dos centros de educação infantil, os membros de equipes de consultoria da primeira infância e o servidor público responsável pelos dados, que teve um papel significativo no desenvolvimento de um sistema de gestão de dados do programa AcE para a cidade. O grupo diretor planejou a fase seguinte do desenvolvimento, e os principais professores concordaram em servir de mentores para as creches que estavam começando a ser treinadas durante sua etapa de implementação do programa AcE. Os profissionais líderes e servidores da prefeitura receberam treinamento extra do CREC para que o treinamento de três dias fosse facilitado. Esse grupo continuou se reunindo regularmente para compartilhar informações sobre as creches que estavam indo bem e as que precisavam de apoio. Essa necessidade é analisada principalmente com base na coleta de informações dos mentores do programa AcE que visitam as creches, bem como na coleta de informações da equipe de Desempenho, Informação e Inteligência da cidade, que coletam e analisam os dados do programa AcE de todas as instituições participantes.

Em 2012, os professores líderes e os líderes de sala de crianças com até 3 anos de 13 centros de educação infantil formaram o primeiro grupo do programa AcE a ser orientado pelos professores líderes do projeto e os servidores da prefeitura. A prefeitura arcou com o custo do treinamento e dos materiais de treinamento do programa AcE, enquanto as escolas de educação infantil se responsabilizaram por suas próprias despesas. Uma descoberta-chave do projeto-piloto foi sobre a importância do planejamento estratégico para a implementação efetiva do programa AcE após o treinamento de três dias. O curso incluiu um tempo para o planejamento das ações, para o detalhamento de quando e como o programa de coleta de informações seria introduzido à equipe como um todo das creches e para ver como o processo seria executado por todos os profissionais que cuidam de crianças de 2 anos de idade e trabalham em colaboração com os pais/responsáveis e as crianças.

As visitas de apoio que os mentores fizeram às creches mostraram claramente que uma liderança objetiva era crucial para garantir um forte senso de responsabilidade coletiva para a monitoração da aprendizagem das crianças e o desenvolvimento e incentivo das práticas participativas. É importante observar que, quando os diretores e gestores apoiaram o programa de coleta de informações e permitiram que o professor ou profissional responsável pusesse em prática o programa AcE, houve um maior comprometimento de toda a equipe que possibilitou, à medida que o tempo foi passando, o entendimento mais profundo do processo de coleta de informações e de seu impacto no ensino e na aprendizagem. O trecho a seguir, obtido em um relatório anual de revisão do programa AcE em uma creche, descreve como um profissional responsável pelo programa AcE apoiou os profissionais para que conseguissem entender totalmente os domínios e indicadores do programa AcE.

> Durante este ano, garanti que houvesse moderação e discussões sobre o AcE, mas, aos poucos, fiquei ciente das diferentes dificuldades que estavam inibindo o ritmo das mudanças. A primeira era que, embora os profissionais estivessem familiarizados com a linguagem empregada na ferramenta do AcE, ela parecia não estar sendo utilizada em suas observações. Nosso objetivo era que (embora talvez não pudéssemos usar o AcE em todas as observações que fazíamos de uma criança) cada observação fosse boa o suficiente para permitir o uso com o AcE. Algumas das observações ainda eram curtas demais ou continham informações subjetivas ("Ele gostou de brincar na área com água."), ou estavam em um nível muito superficial. Isso gerou um debate entre os profissionais sobre o que seria uma "observação curta", uma "observação longa" e uma "história de aprendizagem". Os argumentos e as justificativas para diferentes estilos e maneiras de fazer observações pareciam, à primeira vista, estar reduzindo a velocidade de implementação do AcE. Refletir sobre isso após um ano, contudo, foi lento, mas absolutamente necessário. A diferença no entendimento dos funcionários e em sua pedagogia foi aprimorada por esse processo, e uma sutil, porém profunda transformação ocorreu em seus métodos de trabalho, pois agora eles fazem observações em menor número, mas de maior qualidade.

Nos dois anos seguintes, três outros programas de treinamento do programa AcE foram realizados envolvendo mais centros de educação infantil e creches privadas e voluntárias subsidiadas que cuidam de crianças de 2 anos de idade. Até o final de 2014, 70 instituições e 170 profissionais já haviam participado do treinamento. Muitos dos centros de educação infantil e das creches privadas e voluntárias solicitaram vagas de treinamento extras para que os funcionários promovessem uma disseminação maior da capacidade de construção de processos de coleta de informações com o programa AcE, para garantir que os princípios fossem colocados em prática. Os mentores do grupo diretor observaram que a maior parte das creches precisava de pelo menos seis meses para introduzir o programa AcE à equipe e começar a fazer observações do programa e coletar dados. Os líderes de creches realizaram reuniões de funcionários regulares para discutir e chegar a um acordo sobre quais seriam as interpretações consistentes dos indicadores do programa AcE.

A seguinte descrição de um relatório anual de revisão do programa AcE da fase de implementação inicial, feito por um líder experiente em um centro de educação infantil, é típica de um processo por meio do qual os profissionais passam a entender completamente as possibilidades da coleta de informações neste tipo de programa.

> Minha impressão inicial do AcE foi como o formulário de observação geral poderia ser visto de duas maneiras: em uma, ele é uma boa maneira de focar o observador de modo que ele consiga "ver" as habilidades que a criança tem; na outra, ele se tornou uma ferramenta de reflexão que poderia ser empregada para se fazer considerações durante o planejamento e a discussão em termos mais gerais. A simplicidade da ferramenta é curiosa: enquanto um profissional que conhece o AcE e suas crianças suficientemente bem pode fazer uma coleta e análise de informações acurada muito rapidamente, também é possível ter uma sessão inteira de moderação com uma grande equipe de profissionais passando uma hora discutindo como realmente se vê a "conectividade" ou a "autoestima" e por que elas são vitais para criar oportunidades de aprendizagem ao longo de toda a vida. Essa flexibilidade do AcE é muito clara e evita impressões superficiais da aprendizagem das crianças. A aparente simplicidade da ferramenta de observação do AcE não corresponde à sua amplitude como uma maneira de não apenas observar e analisar as crianças, mas também de reforçar um *ethos* subjacente de uma creche e promover os conhecimentos dos profissionais.

À medida que as creches se familiarizaram com os indicadores e começaram a compartilhar suas observações com os pais, relataram que as discussões com estes se tornaram mais profundas, informativas e comemorativas dos progressos das crianças. Seus próprios entendimentos sobre como uma criança aprende e se desenvolve ficaram mais profundos e mais bem sintonizados com suas necessidades individuais.

Durante esse período intensivo de implementação do programa AcE nas creches, a equipe de Informações e Dados da prefeitura continuou a refinar seu sistema de gestão do programa AcE à medida que os profissionais participantes fizeram sugestões para melhorar a coleta e a apresentação de dados. Hoje, a cidade reúne dados do programa AcE de aproximadamente 900 crianças. A Figura 14.1 oferece um exemplo de coleta de informações de dados na escala da cidade e de sua apresentação visual.

As creches que praticam o programa AcE enviam seus dados à equipe de Desempenho, Informações e Inteligência da prefeitura três vezes por ano, em outubro, fevereiro e julho, em datas preestabelecidas. As observações do programa AcE que

Documentação pedagógica e avaliação na educação infantil 257

Legenda – Níveis de coletas de informações

■ 1 - Raramente ▫ 2 - Às vezes ■ 3 - Frequentemente ▫ 4 - Consistentemente

Um espaço vazio no topo de um gráfico indica erros na entrada de dados, isto é, um ou mais escores de dados estão faltando, fazendo a soma dos percentuais não chegar a 100%

Domínios da coleta de informações:
- Comunicação, linguagem e desenvolvimento da alfabetização: Exploração, Poder de ação, Alcance, Processamento
- Atitudes e disposições para a aprendizagem: Independência, Criatividade, Automotivação, Resiliência
- Competência social e autoimagem: Relacionamentos, Empatia, Responsabilidade, Assertividade, Autoimagem
- Bem-estar emocional: Alfabetização emocional, Conectividade, Empoderamento, Autoestima
- Desenvolvimento físico: Movimento, Habilidade manual, Saúde, Cuidado pessoal

Indicadores da coleta de informações

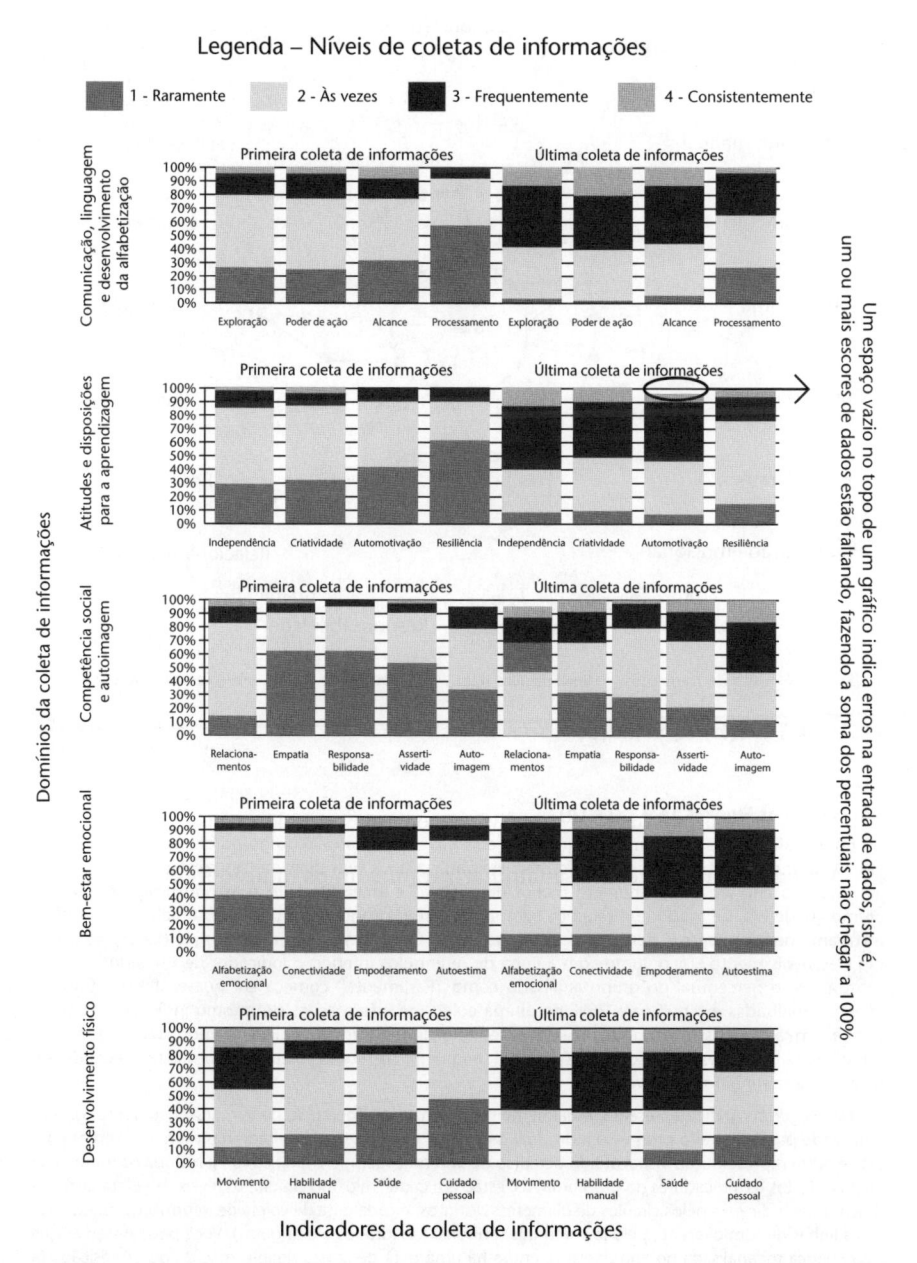

FIGURA 14.1(a) A coleta de informações de dados e a apresentação visual do programa AcE.

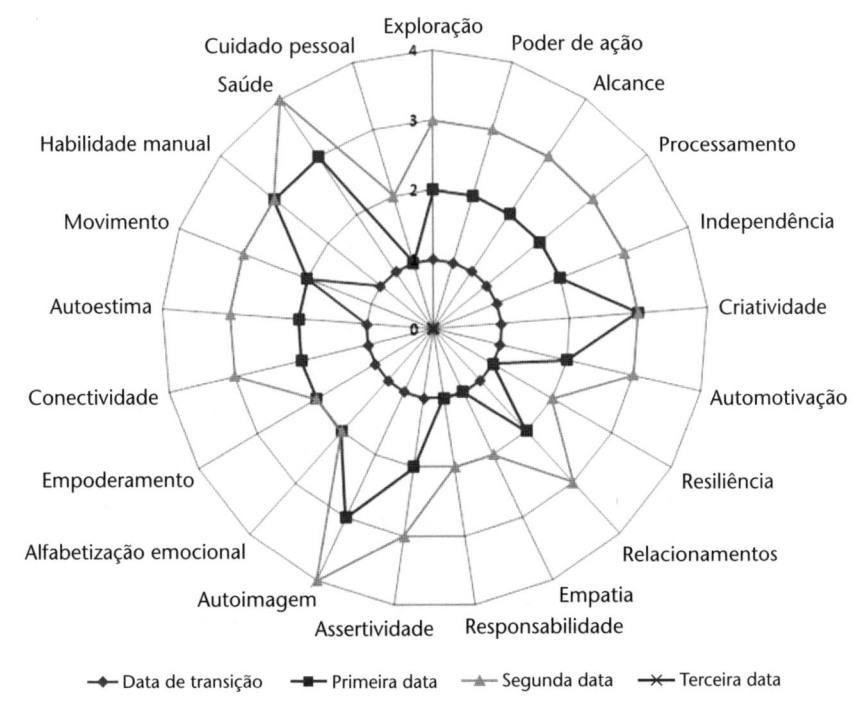

FIGURA 14.1(b) *continuação*

Notas para as Figuras 14.1 (a) e (b)

(a) Estes gráficos mostram o mesmo grupo de crianças e o percentual do grupo de cada nível que está em sua primeira e última coleta de informações. Cada criança tem duas ou três coletas de informações ao longo do ano letivo. Um número menor de crianças é analisado com o uso do programa AcE no último ano letivo, de modo que estamos comparando seus progressos a partir deste ponto. Os gráficos mostram imediatamente o percurso da aprendizagem. Por exemplo, no diagrama de barras, no domínio Desenvolvimento Físico, junto com a linha de retângulos inferior, o indicador de Cuidados Pessoais mostra que o percentual do grupo analisado como "Raramente" começa em quase 50% do total de crianças analisadas e reduz para 20% na última coleta de informações do mesmo indicador, na barra bem à direita. Você também pode observar que no início (na primeira coleta de informações) nenhuma das crianças tinha o escore "Consistentemente", enquanto na última coleta de informações cerca de 5% delas haviam atingido esse nível.

(b) Este segundo gráfico apresenta visualmente outra forma do "percurso de aprendizagem". Este gráfico é utilizado para mostrar o progresso individual da criança e pode ser aproveitado nas reuniões com os pais. Esta é outra representação visual útil do percurso de aprendizagem, além de contar a história da jornada da criança. Todos os indicadores do programa AcE estão em cada "raio" do círculo; os níveis de coleta de informações são indicados pelos círculos de diâmetros distintos; e cada data de coleta de informações é indicada pelas linhas de tom diferente pelo formato dos símbolos (quadrados e triângulos). Você pode observar que essa criança foi analisada no ano passado, então há uma data de coleta de informações de "Transição" (a linha interna) – esses seriam seus últimos escores de coleta de informações no ano letivo anterior. A primeira coleta de informações no ano letivo atual é mostrada pela linha com quadradinhos e a segunda, pela linha com triângulos. Você pode ver que essa criança progrediu em todas as áreas, pois as linhas da "rede" se tornam cada vez maiores.

os profissionais fazem dia após dia contribuem para os acompanhamentos resumidos que eles registram na forma de um escore, no sistema de gestão do programa AcE. O responsável oficial pelos dados dispõe de um período específico para reunir, processar e apresentar as informações. Os dados retornam então para as creches em uma reunião da rede, que é feita para ajudar as instituições a interpretá-los, tirar suas dúvidas e dar sugestões sobre como o sistema de gestão do programa AcE poderia ser aprimorado.

O uso dos dados do programa AcE ainda é variável nas diferentes áreas da cidade, uma vez que algumas instituições não têm experiência em analisá-los. Todavia, em algumas escolas, a coleta e análise de informações tem tido um impacto profundo, especialmente no apoio das comunicações dos profissionais com os pais a respeito do progresso de seus filhos. O compartilhamento dos dados de progresso tem ajudado a estabelecer relações e parcerias com a aprendizagem e o desenvolvimento das crianças. Com a exploração dos dados, os profissionais estão desenvolvendo uma compreensão maior de como ver os dados sobre indivíduos, colegas, refeições gratuitas nas creches, gêneros e grupos étnicos. Por exemplo, uma instituição ficou surpresa ao descobrir uma grande diferença nos resultados das crianças de gêneros diferentes e utilizou os dados do programa AcE para monitorar e avaliar suas interações, recursos e instalações internas e externas, visando à melhoria do progresso dos meninos.

Como parte da estratégia de implementação do uso da ferramenta de coleta de informações do programa AcE em toda a cidade, foi feito um investimento nos mentores do programa AcE e nos grupos de moderação do programa AcE. As instituições fortes do primeiro grupo do programa AcE facilitaram esses encontros de moderação. Hargreaves descreve esse modelo de desenvolvimento profissional conjunto e emergente como

> [...] menos sobre frequentar conferências e cursos, e mais sobre atividades baseadas na escola e entre colegas, cujo desenvolvimento é focado na prática da rotina. O desenvolvimento profissional se torna um processo contínuo e generalizado que constrói conhecimentos artesanais, em vez de uma atividade ocasional que se distingue nitidamente no tempo e no espaço do trabalho rotineiro em sala de aula. (HARGREAVES, 2012, p. 8).

Ele se refere a essa forma de desenvolvimento profissional como "construção do capital social". Embora as sessões tenham sido divulgadas como moderações, no início elas foram utilizadas mais como supervisões ou orientações em grupo, nas quais foram levantados os problemas e as dificuldades, e onde as experiências e os materiais dos outros foram compartilhados para permitir ao grupo como um todo aprender e crescer.

Um dos problemas mais citados nos encontros em rede foi o do envolvimento dos pais no processo do programa AcE de maneira significativa e sensível. Dois centros de educação infantil (StA e CP) trabalharam arduamente para desenvolver um conjunto de materiais voltado para os pais, os quais foram compartilhados com o restante da rede. Essa "construção do capital social" de compartilhamento reforça a confiança e as relações que são necessárias para o crescimento e a prosperidade das redes. Os folhetos inicialmente feitos pela Creche e Centro de Educação Infantil SW foram aproveitados pelas outras instituições e, por sua vez, estas desenvolveram cartazes e materiais adicionais para envolver os pais no processo de coleta de informações do programa AcE.

O trecho a seguir, retirado de um relatório anual do programa AcE elaborado pela Creche e Centro de Educação Infantil KW, ilustra o desafio de permitir uma genuína parceria dos pais.

> O verdadeiro divisor de águas ocorreu quando os profissionais adotaram as ideias do ciclo do Centro Pen Green. Na turma de crianças com 2 anos de idade, cada pessoa-chave tinha um cartaz no lado de fora da sala que perguntava aos pais o que as crianças tinham feito em casa ou no fim de semana. A resposta inicial foi ruim, e os profissionais chegaram à conclusão de que o que estava escrito talvez não estivesse da maneira mais natural, e eles ainda consideraram que os níveis de alfabetização dos próprios pais também tinham grande efeito em sua participação. O fato de que os comentários eram por escrito também excluía as crianças do processo. Contudo, gradualmente se aumentou a quantidade de registros em cada um dos cartazes, e os profissionais também passaram a acrescentar o que haviam feito fora da escola. Outros profissionais elaboraram histórias de aprendizagem para que todos os pais lessem e também criaram um "livro" sobre cada uma de suas crianças ilustrando suas famílias e seus interesses. Cada turma tinha um painel com fotografias e um resumo dos interesses das crianças durante a semana, além de incluir a linguagem do EYFS e do programa AcE, para tornar a aprendizagem visível. Esses painéis atualizados semanalmente se tornaram populares entre os pais e geraram muito interesse quando eram trocados, a cada semana.

Levando adiante a ideia do Ciclo de Pen Green (PEN GREEN RESEARCH, 2007; Figura 14.2) à sua conclusão natural e garantindo que os funcionários da creche criem oportunidades para que os pais iniciem e mantenham um diálogo aberto e contínuo, os profissionais da sala de crianças com 3 anos usaram vídeos para registrar as informações das crianças e as usaram como base para as reuniões com os pais. Vários desses encontros foram gravados, como parte de nossa pesquisa sobre a solução de problemas na creche. O que ficou imediatamente visível foi que o equilíbrio do diálogo entre pais e profissionais era quase igual e que os comentários feitos lembravam muito um diálogo de mera transmissão de informações.

O uso dos vídeos tem sido revolucionário e é muito recente. Pais, profissionais e crianças gostaram de assisti-los e compartilhá-los, e o que ficou evidente foi a maneira pela qual eles mostravam a criança na escola, com os comentários e as reflexões dos pais e profissionais sobre o que haviam visto. Esse processo democrático devolveu à família a autoria da aprendizagem, e o profissional tornou-se mais um facilitador da aprendizagem do que seu detentor. A necessidade de fornecer informações genui-

O Ciclo de Pen Green

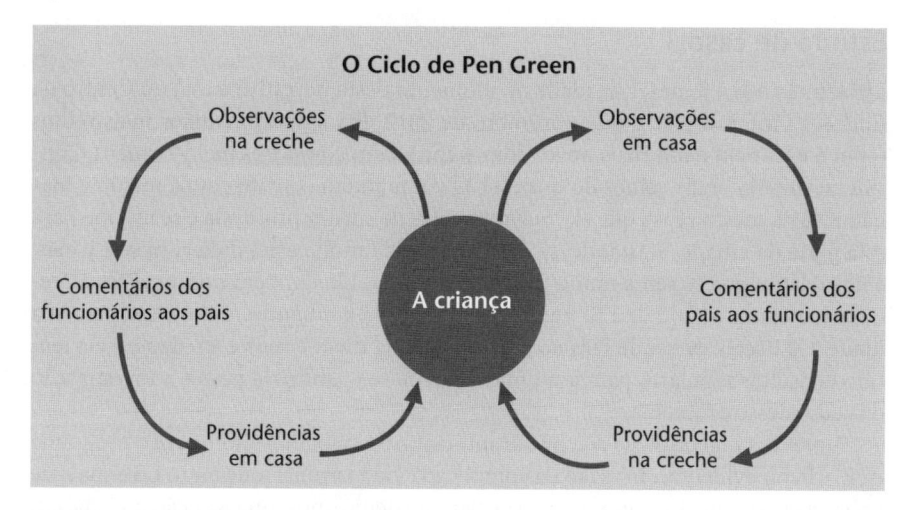

- Observações na creche
- Observações em casa
- Comentários dos funcionários aos pais
- A criança
- Comentários dos pais aos funcionários
- Providências em casa
- Providências na creche

FIGURA 14.2 O Ciclo de Pen Green.

namente significativas tem melhorado os conhecimentos e as habilidades dos profissionais, mas – o que é mais importante – tem envolvido os pais de uma maneira muito mais direta com as habilidades de aprendizagem ao longo de toda a vida de seus filhos. Não importa se as interações são por meio de vídeos, cartazes para os pais colocados fora da sala, histórias de aprendizagem nos corredores ou mesmo conversas significativas mais regulares, o resultado tem sido o mesmo: o entendimento mais profundo de como a vida é plena de experiências de aprendizagem.

OS PRINCÍPIOS NA PRÁTICA

As seguintes histórias de aprendizagem de três crianças envolvidas no programa AcE do Centro de Educação Infantil e Creche KW e Centro de Educação Infantil e Creche FA mostram os perfis iniciais das competências no começo do programa e de como o trabalho com os pais e as crianças ajudou a analisar e desenvolver os indicadores do Desenvolvimento Pessoal, Social e Emocional, Comunicação e Linguagem e Desenvolvimento Físico presentes no documento curricular nacional,[4] além de avaliar o impacto para pais e filhos. O primeiro estudo de caso ilustra os princípios de que "a documentação e a avaliação devem respeitar a aprendizagem holística das crianças" e "contribuir para a identificação das necessidades, dos propósitos e das vozes das crianças, isto é, para apoiar a jornada de aprendizagem individual de cada criança e do grupo". A sensibilidade do funcionário-chave ao contexto familiar da criança e a seu desenvolvimento físico foi crucial para a efetividade do processo de coleta de informações e avaliação.

---

[4] N. de R.T. Estes são indicadores do Documento de orientação curricular nacional inglês (EYFS, do inglês *Early Years Foundation Stage*).

Estudo de caso 1

LB[5] tem 3 anos e 9 meses de idade no momento desta narrativa e está no Centro de Educação Infantil KW desde novembro de 2012. Ela tem dois irmãos mais velhos (com 5 e 8 anos) e um mais novo (com 1 ano), bem como três meios-irmãos (consideravelmente mais velhos do que ela). O pai mantém contato com a menina, mas não vive na mesma casa que ela. Sua mãe sofre de surdez profunda e se mudou para esta parte da cidade, afastando-se de sua própria família estendida com sete irmãs, e nos relatou que se sente muito isolada e solitária. Ela também nos disse estar preocupada com a saúde de LB, pois a criança estava ganhando muito peso para sua idade. Os fiscais de saúde têm acompanhado sua dieta e seus exercícios, e ela tem tido consultas regulares para a monitoração de seu ganho de peso e a investigação da causa desse problema.

A menina ingressou na creche durante o ano do trabalho-piloto com o programa AcE, e ficou evidente, em razão da complicada vida familiar, que tanto LB e sua mãe precisavam do máximo apoio possível. Sempre dedicamos uma atenção especial em nossas visitas ao lar, pois sempre que suspeitamos que uma criança ou família estão vulneráveis, acreditamos que "[...] as visitas em casa ajudam a destruir estereótipos, uma vez que os profissionais aprendem sobre diferentes práticas, culturas e histórias familiares [...]" (WHEELER; CONNOR, 2006, p. 108). A profissional da creche encarregada pela menina era uma de nossas mais experientes, e o fato de que ela já havia trabalhado com a família anteriormente e era "de casa" aumentava a receptividade da mãe e, como já foi dito, "[...] os pais têm menos probabilidade [...] de se sentir confortáveis e desenvolver a confiança em um ambiente que não se esforce muito para refletir seu histórico ou representar diferenças na composição de sua equipe de profissionais [...]" (WHEELER; CONNOR, 2006, p. 78).

A profissional encarregada pela menina era muito sensível tanto à surdez da mãe como ao seu histórico sociocultural, assim sempre a tratava como uma igual, embora soubesse que a comunicação tinha de ser facilitada. "A linguagem empregada tinha de ser livre de jargões, acrônimos e frases que pudessem criar alguma ambiguidade [...] por exemplo, os pais às vezes não consideram uma criança surda como tendo um "problema de audição", mas se referem, em vez disso, à "surdez" da criança (BRODIE, 2013, p. 114). Isso foi facilitado pelo uso de mensagens de texto, que eram o meio preferido de comunicação da mãe, pois, embora ela fosse muito hábil na leitura labial "[...] a comunicação deve ser considerada de vários pontos de vista. O tom utilizado pode alterar a percepção por parte do ouvinte [...]" (SIRAJ--BLATCHFORD; WHEELER; CONNOR, 2009, p. 164).

LB se mostrava uma criança quieta e um pouco assustada, mas que prestava atenção e gostava de observar outros adultos e crianças. A coleta de informações geral sobre LB devia levar em consideração que se tratava de uma criança que vivia

---

[5] N. de R.T. Estas são as iniciais dos nomes das crianças que terão seus percursos de aprendizagem narrados na sequência do texto.

com sua mãe surda e que estava mais acostumada com a comunicação não verbal e, embora não preenchesse os requisitos presentes no documento de orientação curricular nacional inglês (EYFS), no indicador de Comunicação, Linguagem e Alfabetização, ela tinha alguns elementos muito interessantes no programa AcE, que mostravam níveis de comunicação muito superiores. Isso também fazia sentido com a análise de LB por parte de sua mãe, que sabia que a capacidade de compreensão da filha era muito forte, uma vez que ela própria estava sintonizada a esse modo de comunicação. Carr (2002, p. 141) afirma que "[...] as percepções que os pais têm das habilidades de seus filhos e esforços são uma previsão dos conceitos que a própria criança tem de suas habilidades e percepções de dificuldades de tarefas [...]" e, embora LB tenha passado quase um ano praticamente sem falar, quando ela começou a se comunicar verbalmente, sua habilidade era perfeitamente normal para a idade conforme os indicadores do EYFS, e ainda mostrava-se uma criança com variedade e poder de ação (agência) de linguagem "consistentes" em suas coletas de informaçõess do programa AcE.

Trabalhar com crianças e famílias vulneráveis pode ser uma tarefa muito delicada e sutil. O relacionamento com elas é fundamental, sobretudo nos casos em que os pais tiveram experiências negativas com outras organizações e instituições, como era o caso da família de LB. Como disse Bruce (2005, p. 177), "[...] os educadores que olham abaixo da superfície do que os pais ou responsáveis estão dizendo podem encontrar uma base compartilhada para trabalhar, sobre a qual é possível construir a confiança [...]". A profissional encarregada por LB discutia abertamente o peso da menina e como era difícil para ela fazer muitas das atividades de nossa creche, em especial as externas. Como a mãe sabia que estávamos trabalhando com profissionais da saúde e tentando ajudar LB em vez de criticar seus pais, ela também motivava LB a ser ativa fisicamente ao máximo em casa. A mãe de LB a trazia para frequentar aulas de ginástica especiais para crianças pequenas, e toda a equipe procurava incentivar a menina. Como observou Bilton (1998, p. 24): "[...] há fortes evidências sugerindo que é a qualidade da atividade física que tem impacto duradouro: quando as crianças saem da escola com uma postura positiva em relação à sua capacidade pessoal, têm mais chances de serem adultos fisicamente ativos [...]".

No fim do ano, sua capacidade física em termos de Desenvolvimento Físico no documento do EYFS era apenas levemente inferior ao esperado para sua idade e estágio, de acordo com Development Matters,[6] e sua coleta de informações do programa AcE em termos de Movimento e Cuidado Pessoal passaram de "às vezes" para "frequentemente" ao longo do ano. Embora ainda estivesse acima do peso, este havia reduzido, e – o mais importante – ela tinha desenvolvido novas habilidades e aumentado sua autoconfiança. (Automotivação: de "às vezes" para "consistentemente"; Resiliência: de "raramente" para "frequentemente"; e Empoderamento: de

---

[6]N. de R.T. Development Matters é um documento criado para apoiar os serviços voltados à primeira infância para o desenvolvimento das áreas indicadas no documento de orientação curricular nacional inglês (EYFS).

"às vezes" para "consistentemente".) LB teve um progresso muito bom com o uso da ferramenta de coleta de informações do documento do EYFS ou do programa AcE, mas o programa AcE também mostrou que ela ainda tinha classificação de apenas "às vezes" em Conectividade e Autoestima Positiva. Essas informações foram compartilhadas com sua mãe, e discutidos quais seriam os motivos, o que gerou novas discussões e observações sobre sua vida em casa que pudemos usar para mostrar à mãe alguns serviços relevantes que ela poderia acessar.

Resumo da coleta e análise de informações do programa AcE:

- LB teve progressos consistentes em todas as suas habilidades do Desenvolvimento da Comunicação, Linguagem e Alfabetização, particularmente na Variedade de Linguagem e Processamento de Linguagem, pois havia iniciado o ano como sendo uma criança com mutismo seletivo, mas terminado-o como produtora de linguagem.
- Nos indicadores de Atitudes e Disposições para o Aprendizado, LB mostrou progresso muito bom, na maioria classificado como "frequentemente".
- Em termos de Competência Social e Autoimagem, LB tinha classificação "frequentemente" ou "consistentemente", o que mostrava seu forte senso de empatia e de formar relacionamentos efetivos.
- O Bem-Estar Emocional era uma das áreas nas quais as habilidades de LB não eram desenvolvidas, como já foi discutido, e provavelmente seria "mascarado" no futuro por suas outras competências sociais bem desenvolvidas.
- Seu "Desenvolvimento Físico", como discutimos, era "frequentemente", no final do ano.

Estudo de caso 2

O segundo estudo de caso da Creche e Centro de Educação Infantil KW ilustra o princípio de que "a documentação e a avaliação devem favorecer as jornadas de aprendizagem das crianças em interativiadde com as jornadas de aprendizagem dos profissionais", ou seja, precisa ser praxeologicamente orientada.

OW tem 2 anos e 6 meses de idade no momento desta narrativa e frequenta a escola desde janeiro de 2014. Sua adaptação foi normal, ou seja, OW foi visitado em sua casa e então ele e sua família não mostraram ansiedade em se adaptarem à creche. A educadora responsável pelo menino era relativamente nova na instituição e há pouco tinha sido promovida de um nível de remuneração e responsabilidade a outro. Isso tem sido um bom desafio para ela, que passou a se responsabilizar por mais crianças e teve as expectativas quanto a suas habilidades aumentadas.

Suas primeiras e poucas observações sobre OW eram breves e continham fotografias além do texto, e ela fazia questão de mostrar o diário de aprendizagem de OW a seus pais regularmente. A professora, neste caso, estava usando o diário de aprendizagem como "[...] um catalisador para discussões e registro de diálogos [...]"

(CARR, 2002, p. 134), e isso ficou evidente na primeira reunião com os pais, onde foi dito: "OW está indo muito bem na escola; ele se mostrava agressivo durante os primeiros momentos, mas seu comportamento mudou e ele está muito melhor. OW adora a creche!". As conversas entre a professora responsável e os pais aliviaram a ansiedade destes em relação ao comportamento da criança, que os pais consideravam como muito preocupante, mas que a educadora contextualizou dentro das etapas normais de desenvolvimento e mostrou aos pais em suas observações do programa AcE, destacando que a criança tinha habilidades gerais de relacionamento classificadas como "frequentemente".

É interessante que, em outro comentário, os pais disseram que "A escola é fabulosa e estamos realmente satisfeitos como eles ajudaram no desenvolvimento de OW", empregando de propósito a palavra "desenvolvimento". Como diz Bruce (2005, p. 1 77), "[...] os professores precisam compartilhar o que sabem sobre o desenvolvimento das crianças e o currículo, em vez de guardar esses conhecimentos [...]". Os pais ficavam muito satisfeitos em discutir aspectos da linguagem, desenvolvimento pessoal e social e desenvolvimento físico, e a professora responsável relatou que era fácil explicar as áreas nas quais OW era muito confiante e outros aspectos de seu desenvolvimento que precisavam ser trabalhados. Como afirmou Siraj-Blatchford e colaboradores (2009, p.7) "nossas descobertas sugerem que quando os profissionais compartilharam os objetivos educacionais com os pais e encorajaram esforços pedagógicos em casa, bons resultados eram conseguidos com as crianças". Isso fica muito evidente nas coletas de informações do programa AcE, que mostram OW passando de "às vezes" e "frequentemente" para "frequentemente" e "consistentemente" no espaço de seis meses.

Sua professora relatou, no término do período de adaptação, que:

> OW adaptou-se muito bem à escola – ele explora todo o ambiente e busca os materiais de modo independente. Ele é muito curioso e se interessa pela maioria das coisas. Ele se sente confiante para abordar os adultos e se unir aos pares. Sua comunicação por meio da fala e linguagem é excelente.

Ela usou especificamente a linguagem do programa AcE no relatório, o que mostra sua compreensão da necessidade de se comunicar de modo efetivo com os pais, mas talvez algumas palavras, como "pares" e "ambiente", pudessem ser esclarecidas, de modo que a linguagem não atrapalhasse verdadeiramente a comunicação.

As observações de OW ficaram mais detalhadas e cada vez mais se tornaram histórias de aprendizagem com o passar do tempo. Isso, em parte, deve-se ao fato de que OW e a professora responsável iam estreitando seu relacionamento, mas também pelas observações acolhedoras dos demais profissionais e líderes de grupo da sala. Seu interesse particular pelo barro foi um dos pontos de partida do desenvolvimento de uma cozinha de lama (*mud kitchen*), e esse interesse era compartilhado de maneira descontraída e bem-humorada quando os profissionais e pais compartilhavam histórias de como OW em geral era visto totalmente coberto de barro e valorizavam as oportunidades de aprendizagem inerentes a isso.

O relatório que a professora responsável apresentou aos pais, quatro meses depois, concluía:

> OW teve excelentes progressos na turma dos 2 anos. Ele adora explorar o pátio, se molhar e se embarrar. Demonstra interesse, cuidado e preocupação com as coisas vivas. Ele adora livros e sempre participa das canções e ações na hora do círculo.

Ela também afirmou: "Seus próximos passos são ter apoio para formar novas relações". Como o programa AcE havia sido compartilhado com os pais com muito sucesso, os próximos passos foram entendidos de um modo ainda melhor, significando que a criança deveria desenvolver relações mais fortes com uma variedade maior de adultos e crianças.

A resposta da segunda reunião com os pais foi: "OW gosta de vir à creche todas as manhãs e nós (mãe e pai) estamos satisfeitos com o progresso que ele está tendo". Eles também relataram que "Acho que a escola é maravilhosa, e os profissionais e a professora de OW fazem um trabalho ótimo. Meu filho está muito feliz aqui!!! ... a escola tem uma atmosfera muito acolhedora e todos os profissionais são agradáveis e alegres". Concluindo, o uso do programa AcE permitiu que a relação entre a professora responsável, a criança e a família fosse forte e baseada na confiança, com um entendimento totalmente transparente da aprendizagem e do desenvolvimento de OW e de como suas habilidades estavam preparando-o para a vida no restante de sua trajetória na creche e mesmo após ela. Sua professora mostrou um forte nível de impacto e "[...] colocando em termos simples, aprendemos com a comunhão e conexão com os outros. O Comunicador poderia ser perfeitamente chamado de Conector" (ROSE; ROGERS, 2012, p. 51). A professora, a criança e sua família mostraram uma profunda conexão, que mostrou fazer uma diferença nítida.

Resumo da coleta e análise de informações do programa AcE:

- OW mostrou melhorias significativas no indicador Desenvolvimento da Comunicação, Linguagem e Alfabetização e, no final do ano, obteve "consistentemente" em todas as áreas, exceto em Processamento da Linguagem.
- Os indicadores Atitudes e Disposições para Aprender também se destacavam por terem obtido "consistentemente".
- Sua Competência Social e Autoimagem passaram de "raramente" e "às vezes" para "frequentemente", alinhadas com a discussão que seus pais e sua professora tiveram a respeito de Relacionamentos Efetivos.
- Seu Bem-Estar Emocional era "frequentemente" ou "consistentemente" em todos os indicadores.
- O indicador Desenvolvimento Físico foi classificado como "consistentemente".

Estudo de caso 3

O terceiro estudo de caso da Creche e Centro de Educação Infantil FA reflete o princípio de que "a documentação e a avaliação devem ser ecológicas, isto é, devem levar em conta os contextos, os processos e os resultados". A aprendizagem e o desenvolvimento da criança no estudo de caso estavam comprometidos por seu contexto social e emocional. O estudo de caso ilustra como a coleta de informações do programa AcE serviu de apoio para que os profissionais qualificados conseguissem atender às necessidades da criança e dos pais.

A criança A entrou na creche na turma dos 2 anos que era paga pela prefeitura, após uma análise das complexas necessidades e de seu atraso global de desenvolvimento. A criança também mostrava dificuldades comportamentais e emocionais. O suporte profissional dado pelas agências tinha sido inconsistente e descoordenado. Havia preocupações sobre a situação da criança em casa em relação ao estilo de cuidado dos pais e a possíveis abusos emocionais.

A coleta de informações do programa AcE da criança ao ingresso mostrava uma situação heterogênea, mas com baixos escores em termos de competência, autoimagem e bem-estar emocional. Na metade do ano, os escores do programa AcE em todos os domínios haviam piorado ou permanecido iguais. Em uma reunião da equipe, foi chamada a atenção dos funcionários quanto aos dados preocupantes. Os escores da criança em termos de atitudes, disposições e bem-estar emocional haviam caído. Os escores de desenvolvimento físico também tinham piorado, enquanto os de comunicação e competência haviam permanecido estáticos.

A equipe da creche considerou que a área em que a criança A merecia atenção mais urgente era o bem-estar emocional. Seu comportamento havia se tornado mais desafiador e exigia uma atenção considerável dos adultos para ser controlado. Examinando atentamente o domínio do bem-estar emocional, os profissionais concluíram que o indicador da criança A mais preocupante era a autoestima. Os escores de empatia e assertividade eram, na maioria, "raramente". A melhora do bem-estar emocional da criança A era uma prioridade para que se pudessem elevar os escores desses dois indicadores.

Discutiram-se as preocupações com a mãe, e chegou-se ao consenso de que a estratégia seria apoiar o bem-estar emocional da criança A na creche. Um Plano de Educação Individual (IEP, do inglês *Individual Education Plan*) foi elaborado, focando-se na interação social e na alfabetização emocional, ou seja, dar nome aos sentimentos. Os funcionários continuaram em contato íntimo com os profissionais e a mãe, que também trabalhou com a fala e a linguagem da criança A, tendo buscado ajuda de terapeutas ocupacionais para a criança.

O planejamento individual concentrou-se na melhoria do cuidado pessoal e da autoimagem positiva da criança A. Foi criada uma área de vestir na creche, de modo que os colegas pudessem fornecer modelos de cuidados pessoais e a criança aprendesse também por meio do jogo simbólico. Foi feita uma reunião multidisciplinar, para refletir sobre como se poderia apoiar a mãe. O caso também foi passado ao serviço social, para que avaliasse a situação no lar. Uma reunião de acompanhamento com os profissionais foi uma boa oportunidade para a troca de resultados positivos.

Nos últimos dois bimestres do ano escolar foi colocada em prática uma série de visitas à casa, concentrando-se em como aumentar a autoestima da criança A. A mãe colaborou com os profissionais para melhorar os resultados da criança e usou as estratégias que lhe foram apresentadas.

A fim de apoiar a transição da turma dos 2 anos para a da escola de educação infantil, foram implementadas estratégias para reforçar a competência social da criança A. Essa criança foi, então, transferida de turma junto com um amigo íntimo. No período de adaptação, o escore da criança A, no quesito bem-estar emocional, era "frequentemente". Todos os escores, ao término do período, eram superiores aos do ponto de partida. A coleta de informações individual da criança A não tinha nenhum escore de "raramente" quando ela saiu do grupo das crianças de 2 anos.

REFLEXÕES: O QUE SE APRENDEU? DESAFIOS E POSSIBILIDADES DENTRO DA PRÁTICA DESCRITA

A cidade conseguiu progressos significativos com a implantação da coleta de informações do programa AcE no nível municipal. O retorno dado pelas creches e centros de educação infantil ao grupo orientador e ao acompanhamento por meio das visitas e dos encontros de rede regulares indica que os profissionais não somente usam a coleta de informações cada vez com mais segurança e precisão, como também relatam que houve um progresso em seus entendimentos sobre a aprendizagem e o desenvolvimento das crianças e no envolvimento dos pais na aprendizagem dos filhos. Os profissionais estão encantados com a coleta de informações cada vez mais sofisticada dos dados do programa AcE que recebem três vezes por ano da Equipe de Inteligência e Dados da prefeitura, e muitas das escolas já estão usando essas informações para orientar sua agenda de melhorias. A prefeitura ainda não pode usar os dados para fazer uma monitoração confiável do progresso das crianças de 2 anos no nível municipal, uma vez que o programa AcE está sendo apresentado a novas escolas. No entanto, a coleta dos dados ocorre a nível de cada instituição, buscando identificar anomalias e necessidades de apoio adicionais.

A decisão estratégica da prefeitura de introduzir o programa AcE primeiro aos centros de educação infantil reforçou o plano de implementação. À medida que os profissionais dessas escolas se familiarizavam com o programa AcE, eles apoiavam as instituições privadas e voluntárias vizinhas. A "polinização cruzada" de ideias e a maneira coletiva de organizar recursos somente pode acontecer quando o capital social é elevado, e um dos aspectos fascinantes do programa AcE é o modo como algumas creches privadas e voluntárias o têm adotado. Algumas das maiores redes privadas têm usado o programa AcE para homogeneizar a coleta de informações das crianças de 2 anos em suas diferentes creches e, algo ainda mais encorajador, é o senso de cooperação e o clima de compartilhamento que há entre diferentes instituições, apesar de muitas concorrerem diretamente entre si. Para alguns profissionais e gestores, o treinamento do programa AcE e as reuniões de moderação eram os únicos momentos em que eles haviam conversado com colegas fora de suas escolas, que podem ser ambientes de trabalho muito isolados.

Um dos maiores desafios de implementar o programa AcE é que ele costuma exigir uma mudança cultural e profissional na prática de uma escola. Os profissionais, usando o programa AcE da maneira prevista, têm de se responsabilizar por suas próprias ações e, em especial, pelas interações com as famílias das crianças sob sua guarda. Durante o treinamento inicial, houve um forte foco na parceria crítica e intrínseca com os pais e no papel próprio dos profissionais como agentes de mudança. As visitas subsequentes dos mentores, bem como as reuniões das redes, facilitaram o intercâmbio de estratégias efetivas para a disseminação do programa AcE em suas escolas e para a promoção de parcerias bem-sucedidas com os pais.

Em muitas creches, particularmente nos setores privado e voluntário, a parceria dos pais na coleta de informações do programa AcE ainda precisa ser desenvolvida. Os profissionais citam a dificuldade de achar tempo para se reunirem com os pais, e os pais que trabalham fora de casa têm dificuldade de se reunirem com eles. Os profissionais estão se tornando cada vez mais inovadores no uso de equipamentos eletrônicos para se comunicarem com os pais, mas entendem que isso não oferece as oportunidades de diálogos ricos dos encontros presenciais.

As mudanças necessárias na prática para criar uma cultura de participação quando se implementa o programa AcE são um processo contínuo, mas com ritmo variado, conforme o entendimento pedagógico e a capacidade de liderança na escola. Na maioria das vezes, isso foi um processo tranquilo em creches onde há mais professores ou educadores de primeira infância com nível de escolaridade superior. Nesse caso, os sistemas e processos do programa AcE foram adotados mais rapidamente por todos os profissionais que assumiram a responsabilidade da coleta de informações do programa AcE. Em algumas creches, a liderança do programa AcE compete a um ou dois profissionais, e a comunidade de aprendizagem como um todo não vê tão claramente o objetivo e os benefícios dessa sistemática. Essas creches recebem um apoio mais constante dos mentores do programa AcE para a promoção de um entendimento compartilhado de como eles deveriam usar uma coleta de informações como o programa AcE e de como deve haver um objetivo compartilhado com os pais e as famílias das crianças envolvidas no processo. Siraj-Blatchford, Wheeler e Connor (2009, p. 163) observam que, em última análise, "[...] o sucesso depende da disposição dos funcionários de reconhecer os valores e as crenças dos pais, bem como do comprometimento dos funcionários à adoção de mudança que podem ser necessárias neles próprios".

O objetivo da prefeitura de introduzir a coleta de informações do programa AcE em creches que atendem crianças com menos de 3 anos com maiores desvantagens socioeconômicas já está quase totalmente alcançado. Hoje e no futuro, o desafio é usar a experiência do programa AcE obtida pelas creches nos últimos três anos para permitir que os profissionais, por meio de mentorias contínuas, se deem conta do potencial do sistema. Para isso, o Serviço da Primeira Infância recentemente contratou dois centros de educação infantil para se tornarem *hubs*[7] do programa AcE, que terão práticas bem desenvolvidas desse sistema e ficarão abertos a outros centros para visitas e observações da coleta de informações do programa AcE na prática.

O objetivo da prefeitura de introduzir uma coleta de informações baseada na ética já se tornou, hoje, um objetivo compartilhado pela comunidade de educadores da primeira infância. Juntos, almejamos por uma forte consolidação do programa AcE na prática como uma ferramenta de coleta de informações confiável e profunda e como o veículo para se trabalhar com parcerias iguais e genuínas com os pais, no sentido de apoiar as crianças a se tornarem aprendentes competentes, automotivados e resilientes ao longo de toda a sua vida.

REFERÊNCIAS

BERTRAM, T.; PASCAL, C.; SAUNDERS, M. *Accounting Early for Life Long Learning (AcE)*: a handbook for assessing young children. Birmingham: Amber Publishing, 2008.

BERTRAM, T.; PASCAL, C. *Baby Effective Early Learning (BEEL)*: a handbook for evaluating, assuring and improving quality in settings for birth to three year olds. Birmingham: Amber Publishing, 2006.

BERTRAM, T.; PASCAL, C. *Effective Early Learning (EEL)*: a handbook for evaluating, assuring and improving quality in early childhood settings. Birmingham: Amber Publishing, 2004.

BILTON, H. *Outdoor learning in the early years*. Oxford: David Fulton Publishers, 1998.

BRODIE, K. *Observation, assessment and planning in the early years*. New York: McGraw Hill Education, 2013.

BRUCE, T. *Early childhood education*. Oxford: Hodder Education, 2005.

CARR, M. *Assessment in early childhood settings*, London: Paul Chapman Publishing, 2002.

DEPARTMENT FOR EDUCATION. *Statutory Framework for the Early Years Foundation Stage*: setting the standards for learning, development and care for children from birth to five. London: DFE, 2014.

HARGREAVES, D. *A self improving school system*: towards maturity. Nottingham: National College for School Leadership, 2012.

PEN GREEN RESEARCH. *Parents involved in their children's learning (PICL) materials*. Corby: Pen Green, 2007.

ROSE, J.; ROGERS, S. *The Role of the Adult in Early Years Settings*. Maidenhead: Open University Press, 2012.

SIRAJ-BLATCHFORD, I.; WHEELER, H.; CONNOR, J. *Parents, early years and learning*. London: National Children's Bureau, 2009.

WHEELER, H.; CONNOR, J. *Parents, early years and learning*. London: National Children's Bureau, 2006.

AGRADECIMENTOS

Os autores agradecem as contribuições de Matthew Caldwell (Knowle West Children's Centre), Elizabeth Williams (Filton Avenue Nursery School e Children's Centre) e Jo Sloggett (Compass Point Children's Centre).

---

[7] N. de R.T. *Hub* e um termo em inglês utilizado para designar centros de inovação e disseminação de novas práticas.